中国金融报告

2023 中国特色金融发展之路

张晓晶　主　编
张　明　副主编

中国社会科学出版社

图书在版编目（CIP）数据

中国金融报告.2023：中国特色金融发展之路 / 张晓晶主编.
—北京：中国社会科学出版社，2024.3
ISBN 978-7-5227-3302-9

Ⅰ.①中… Ⅱ.①张… Ⅲ.①金融业—经济发展—研究报告—中国—2023 Ⅳ.①F832

中国国家版本馆 CIP 数据核字（2024）第 057491 号

出 版 人	赵剑英
责任编辑	王　衡
责任校对	朱妍洁
责任印制	王　超

出　　版	中国社会科学出版社
社　　址	北京鼓楼西大街甲 158 号
邮　　编	100720
网　　址	http://www.csspw.cn
发 行 部	010-84083685
门 市 部	010-84029450
经　　销	新华书店及其他书店

印刷装订	北京君升印刷有限公司
版　　次	2024 年 3 月第 1 版
印　　次	2024 年 3 月第 1 次印刷

开　　本	710×1000　1/16
印　　张	29.75
插　　页	2
字　　数	416 千字
定　　价	98.00 元

凡购买中国社会科学出版社图书，如有质量问题请与本社营销中心联系调换
电话：010-84083683
版权所有　侵权必究

各章节作者

主报告　张晓晶　董　昀　李广子　李俊成
第一章　费兆奇　谷丹阳
第二章　李广子
第三章　范云朋
第四章　张　珩
第五章　汪　勇　沈维萍
第六章　王向楠
第七章　王　庆
第八章　徐　枫
第九章　郭金龙　朱晶晶
第十章　胡志浩　江振龙
第十一章　张　策
第十二章　林　楠
第十三章　蔡　真
第十四章　曹　婧
第十五章　王　瑶　李俊成　郑联盛
第十六章　龚　云　李　霞

目 录

主报告　中国特色金融发展之路的历史逻辑、理论逻辑和
**　　　　现实逻辑** ·· （1）
　一　引言 ··· （1）
　二　中国特色金融发展之路的历史逻辑 ································· （2）
　三　中国特色金融发展之路的理论逻辑 ································· （7）
　四　中国特色金融发展之路的现实逻辑 ································· （17）
　五　结语 ··· （34）

第一章　着力营造良好的货币金融环境 ································· （36）
　一　建设现代中央银行制度 ·· （37）
　二　改革人民币发行机制 ·· （43）
　三　畅通货币政策传导渠道 ·· （51）

第二章　做好科技金融大文章 ·· （59）
　一　科技金融发展的理论基础 ··· （59）
　二　中国科技金融发展的政策与实践 ···································· （65）
　三　促进科技金融发展的建议 ··· （79）

· 1 ·

第三章 做好绿色金融这篇大文章 ……………………………（82）
  一 准确理解绿色金融 …………………………………………（83）
  二 科学把握绿色金融的发展原则 ……………………………（87）
  三 当前中国绿色金融发展的问题与挑战 ……………………（92）
  四 持续推进绿色金融体系建设，做好绿色金融这篇
    大文章 ………………………………………………………（101）

第四章 做好普惠金融大文章 ………………………………（108）
  一 新时代为做好普惠金融大文章赋予了更加深刻的内涵 ……（109）
  二 做好普惠金融大文章的特点 ………………………………（112）
  三 做好普惠金融大文章面临的问题与挑战 …………………（118）
  四 做好普惠金融大文章的对策建议 …………………………（123）

第五章 做好数字金融大文章 ………………………………（131）
  一 中国数字金融发展概况 ……………………………………（132）
  二 数字金融支持金融高质量发展的机制路径 ………………（139）
  三 中国数字金融发展面临的问题和挑战 ……………………（146）
  四 做好数字金融大文章，加快金融强国建设 ………………（151）

第六章 做好养老金融大文章 ………………………………（158）
  一 养老金融的概念和重要意义 ………………………………（159）
  二 金融部门推动养老财富积累 ………………………………（162）
  三 金融部门促进养老产业发展 ………………………………（174）
  四 做好养老金融大文章的建议 ………………………………（179）

第七章 发挥资本市场枢纽功能 ……………………………（183）
  一 中国特色资本市场枢纽理论 ………………………………（184）

二　当前中国资产市场发展存在的问题 ………………………… (190)
　　三　对于更好发挥资本市场枢纽功能的政策建议 …………………… (197)

第八章　建设世界一流投资银行 ………………………………………… (207)
　　一　当前中国投资银行发展的特征事实 ………………………… (208)
　　二　建设世界一流投资银行的国际经验 ………………………… (217)
　　三　多措并举加快建设世界一流投资银行 ……………………… (224)

第九章　发挥保险业的经济减震器和社会稳定器功能 ……………… (230)
　　一　发挥保险业经济减震器和社会稳定器功能：理论机制 …… (231)
　　二　发挥保险业经济减震器和社会稳定器功能：中国实践 …… (237)
　　三　政策建议 ……………………………………………………… (250)

第十章　以金融高水平开放助力金融强国建设 ……………………… (255)
　　一　新时代中国金融开放取得的重大成就 ……………………… (256)
　　二　中国金融市场制度型开放的模式及路径选择 ……………… (262)
　　三　上海和香港国际金融中心建设 ……………………………… (267)
　　四　跨境资本流动与资本账户开放 ……………………………… (273)
　　五　结论与政策含义 ……………………………………………… (281)

第十一章　改革和完善人民币汇率形成机制及其配套措施 ………… (286)
　　一　"8·11"汇改以来人民币汇率波动的特点 ………………… (287)
　　二　"8·11"汇改以来对人民币汇率形成机制的反思 ………… (300)
　　三　新时代如何推进人民币汇率形成机制改革 ………………… (307)

第十二章　稳慎扎实推进人民币国际化 ……………………………… (314)
　　一　人民币国际化是人民币成为强大货币必由之路 …………… (314)
　　二　稳步提升人民币国际化质效服务高水平开放 ……………… (326)

三　扎实推进人民币国际化统筹金融开放与安全……………（338）

第十三章　构建中国特色住房金融体系………………………（347）
　　一　中国住房金融体系的演进历史………………………（347）
　　二　当前中国住房体系面临的问题及新模式的方向……（355）
　　三　住房金融体系发展的国际经验………………………（359）
　　四　构建中国特色住房金融体系…………………………（363）

第十四章　防范化解地方政府债务风险………………………（370）
　　一　地方政府债务风险现状和传导路径…………………（371）
　　二　2023 年地方政府债务治理的新变化…………………（381）
　　三　防范化解地方政府债务风险的长效机制……………（388）

第十五章　加强和完善现代金融监管…………………………（393）
　　一　现代金融监管的内涵…………………………………（393）
　　二　金融监管改革的探索与成效…………………………（397）
　　三　新一轮金融监管改革动向……………………………（404）
　　四　对策建议………………………………………………（411）

第十六章　加强党对金融工作的全面领导……………………（417）
　　一　加强党对金融工作全面领导的依据…………………（418）
　　二　加强党中央对金融工作的集中统一领导……………（429）

参考文献……………………………………………………………（440）

后　　记……………………………………………………………（467）

主报告

中国特色金融发展之路的历史逻辑、理论逻辑和现实逻辑

一 引言

党的十八大以来，以习近平同志为核心的党中央带领全国各族人民积极探索新时代金融发展规律，不断加深对中国特色社会主义金融本质的认识，不断推进金融实践创新、理论创新、制度创新，积累了宝贵经验，逐步走出一条中国特色金融发展之路。2023年10月召开的中央金融工作会议**首次系统阐述了中国特色金融发展之路的基本要义**。2024年1月16日，习近平总书记在省部级主要领导干部推动金融高质量发展专题研讨班开班式上发表重要讲话进一步强调，"**中国特色金融发展之路既遵循现代金融发展的客观规律，更具有适合我国国情的鲜明特色，与西方金融模式有本质区别**"。[①]

纵观世界千年金融史，中国早期的金融发展可圈可点；但近代以来的落后使得中国金融发展落入"以西方为师、向西方合流"的窠臼。新中国成立以后，特别是改革开放以来，中国金融助力创造了世所瞩目的"两大奇迹"——经济快速发展奇迹和社会长期稳定奇迹，突破了从

[①]《习近平在省部级主要领导干部推动金融高质量发展专题研讨班开班式上发表重要讲话强调 坚定不移走中国特色金融发展之路 推动我国金融高质量发展之路 赵乐际王沪宁丁薛祥李希韩正出席 蔡奇主持》，《人民日报》2024年1月17日第1版。

分流到合流的演进逻辑，走出了一条中国特色金融发展之路。① 从历史逻辑、理论逻辑和现实逻辑三个维度准确把握中国特色金融发展之路的丰富内涵，是推进金融高质量发展、加快建设金融强国的必然要求，也是加快建构中国自主的金融学知识体系的核心要义。

二　中国特色金融发展之路的历史逻辑

近代以来，历经磨难的中华民族苦苦探索现代化之路，但在中国共产党诞生之前，都未能成功。中国共产党从成立之日起，就肩负起探索中国现代化道路的重任。金融是国民经济的血脉，是国家核心竞争力的重要组成部分，现代化建设事业需要金融的有力支撑。由此，中国特色金融发展之路的历史逻辑内嵌于中国式现代化的大逻辑。

推进中国式现代化是一项前无古人的开创性事业，中国特色金融发展之路是一条前无古人的开创之路。中国共产党人在革命和建设的各个历史时期始终致力于探索符合国情的现代化道路，以及内嵌于现代化道路之中的金融发展道路，从而突破了此前的以西方为师、从分流到合流的演进逻辑。回望来路，中国非但没有亦步亦趋地走西方国家几百年来走过的老路，而且在中国共产党的领导下创造性地利用了国家信用，提高金融服务实体经济能力，有力推动经济社会发展，走出了一条富有本国特色的金融发展道路。有效市场与有为政府协同配合的中国金融体系在快速动员资源、促进储蓄—投资转化、支持经济赶超方面发挥了关键性作用，并有效应对各类风险，避免了危机的发生。百余年来的实践探索表明，立足国情，独立自主，走中国特色金融发展之路，是推进和拓展中国式现代化的必然选择。

---

① 张晓晶、王庆：《中国特色金融发展道路的新探索——基于国家治理逻辑的金融大分流新假说》，《经济研究》2023 年第 2 期。

主报告 中国特色金融发展之路的历史逻辑、理论逻辑和现实逻辑

从晚清到民国,走的是以西方为师的道路,努力把西方发达国家行之有效的理论、制度和实践经验"搬运"到中国来。但这种"西天取经"思路主导之下的各种移植并不成功。在中国共产党早期探索的基础之上,自新中国成立以后,特别是改革开放以来,党和人民立足国情独立自主进行理论和实践双重探索,由此形成的金融发展道路助力创造了经济快速发展和社会长期稳定两大奇迹,取得了为世人惊叹的巨大成就。

(一) 新民主主义革命时期的探索 (1921—1949 年)

新民主主义革命时期是中国共产党百年奋斗历程的开端,也是党带领人民探索中国现代化道路的起步阶段,肩负着为实现现代化创造根本社会条件的重任。为了配合革命斗争的开展,这一时期党的金融工作核心特征是"**推动形成革命与生产相互促进的发展格局**"。

具体而言,在这一时期,中国共产党在革命斗争形势极为复杂严峻的情况下充分调动广大劳动人民的革命和生产积极性,努力推动革命与生产相互促进:经济实力的不断增强为军事斗争胜利和革命成功奠定了物质基础,军事斗争和政治斗争的胜利反过来有力地推动了社会生产。正如毛泽东同志所说的,"战争不但是军事的和政治的竞赛,还是经济的竞赛"。[①] 与经济工作的步调相一致,这一时期党的金融工作主要服务于革命斗争、根据地经济和工农大众,通过**独立自主发行货币,坚决开展对敌货币斗争,创新货币供应机制,优化信贷资源配置**等手段,为根据地军民的生产活动注入了宝贵的资金血液,在旧中国十分薄弱的自然经济基础上创造出支撑革命胜利的经济力量。

(二) 社会主义革命和建设时期 (1949—1978 年)

中华人民共和国成立之初,国际环境错综复杂、波谲云诡。西方资

---

① 《毛泽东选集》(第三卷),人民出版社 1991 年版,第 1024 页。

本主义国家对中国实行了政治上孤立、经济上封锁、军事上包围的战略，切断中国与西方世界的经贸往来。中国共产党人意识到，必须迅速改变旧中国落后的面貌，这就需要从苏联的社会主义建设实践中学习借鉴有益经验，尽快建立起一个独立的、比较完整的国民经济体系，特别是重工业体系。这一方面有利于捍卫国家主权，维护国家安全，避免受制于人，为现代化建设创造适宜环境，奠定政治前提；另一方面有助于推动国民经济快速增长，尽快实现对发达国家的经济赶超，从而为现代化建设奠定物质基础。从1953年开始实施"一五"计划，到1964年着手推进三线建设，这一时期的现代化建设始终注重在维护国家安全的前提下推动发展，以发展巩固国家安全。

与之相对应，这一阶段金融工作的核心特征是"为安全和发展服务"。这就要求建立一个与重工业优先发展战略相契合的"大一统"金融体系，形成金融信贷资源的计划配置方式，从而有力地动员分散在国民手中的资金等生产要素，来支持重工业部门的优先发展。

具体而言，在计划经济体制下，生产、资源分配以及产品消费等经济活动都按照政府的指令性计划展开。计划经济体制全面形成之后，国家预算、银行信贷和国营企业财务并存的社会性资金的分配和使用体系也相应形成。在财政和金融的关系上，呈现"大财政、小银行"的格局，金融体系高度简化。财政部门是计划体系中负责配置资金的部门，而金融部门只是计划体系的一个辅助性部门，配合财政体系在国家计划的控制下开展资金筹措和配置，监督和调控资金使用。这套"大一统"的金融体系具备很强的资源动员能力，为建设独立完整的重工业体系提供了有力支撑。

（三）改革开放时期（1978—2012年）

1978年12月，党的十一届三中全会胜利召开，确立了解放思想、实事求是的思想路线，做出把党和国家工作重心转移到经济建设上来、实行改革开放的历史性决策,实现了具有深远意义的伟大转折。

与之相对应,这一阶段中国金融发展的核心特征是"从计划转向市场,从封闭走向开放"。我们在坚持独立自主方针的基础上打开国门,借鉴各国金融发展的经验成果,注重更多发挥市场机制在金融资源配置中的作用,同时更好发挥政府在宏观调控和金融监管中的作用,逐步建立起党领导下的中央银行体系和以银行、证券、保险为主体的金融体系。改革开放时期中国金融发展的重大历史意义在于,它在一个以"一穷二白、人口众多"为基本国情的发展中大国里,有效地冲破了长期困扰发展中国家经济起飞的致命瓶颈——发展资金短缺问题,创造出了有效的动员和分配储蓄资源的体制机制,为经济高速增长奇迹的实现提供了充裕的资金保障。[①] 这个极具说服力的金融故事彰显出中国金融发展的巨大成就。

一方面,政府主导的金融体系在支持经济赶超中发挥了关键作用。这体现在政府创造性地利用了国家信用推动经济发展;[②] 以主导信贷配置方式加速了储蓄—投资转化;以政府兜底方式有效应对各类风险,避免了危机发生。**另一方面,改革开放有力地推动了经济主体的多元化、要素价格的市场化和资源配置的媒介化进程,大大提升了金融服务实体经济的效率**。第一,长期被压抑的利率(资金价格)随着市场化推进逐步得以纠正,使得广大经济主体的储蓄积极性相应地持续提高。第二,各类金融机构、金融市场、金融产品和金融服务如雨后春笋般地成长发展,推动金融资源的配置活动越来越多地由各类金融机构、金融市场、非金融部门的分散决策共同决定,为微观主体提供了日益宽广的

[①] 李扬、刘世锦、何德旭等:《改革开放40年与中国金融发展》,《经济学动态》2018年第11期。

[②] 包括斯蒂格利茨在内的多位学者对于中国开发性金融的贡献给予了高度评价。参见 Arezki, R., Bolton, P., Peters, S., et al., 2017, "From Global Savings Glut to Financing Infrastructure", *Economic Policy*, 32 (90): 221–261。

"摆布"自己储蓄的渠道。第三，金融对外开放进程也从20世纪八九十年代起开始破冰。我们充分利用两种资源、两个市场，借由开放推动改革，金融开放与金融改革相互促进，促进了金融资源配置效率的提高，并通过"物随钱走"的机制引导实体要素配置效率提升，支撑了中国经济的持续高速发展。

(四) 中国特色社会主义新时代（2012年至今）

党的十八大以来，中国特色社会主义进入新时代，中国社会主要矛盾已经转化为人民日益增长的美好生活需要和不平衡不充分的发展之间的矛盾。发展的不平衡不充分，归根到底是发展质量不高。这一问题在金融领域广泛存在。因此，推进金融供给侧结构性改革，提高金融服务实体经济质效，推动金融高质量发展，便成为新时代中国金融发展的主攻方向。简言之，这一阶段中国金融发展的**核心特征是"从高速增长转向高质量发展"**。

围绕高质量发展这个首要任务，以习近平同志为核心的党中央积极探索新时代金融发展规律，不断加深对中国特色社会主义金融本质的认识，提出了"经济金融共生共荣""把经济发展的着力点放在实体经济上""避免脱实向虚"等一系列重要判断，明确了"健全具有高度适应性、竞争力、普惠性的现代金融体系"战略目标，指明了防控风险这一金融工作的永恒主题，围绕"深化金融供给侧结构性改革"这一主线部署金融改革发展稳定各项工作，推动新时代金融取得了重大成就。

党对金融工作的集中统一领导不断强化，党领导金融工作的机制和方式进一步优化；中国特色金融宏观调控体系逐步形成，现代中央银行制度建设平稳推进；股票发行注册制改革等一批重大金融改革举措平稳落地，金融开放的大门越开越大；在新一代数字技术的驱动下，金融科技高速成长，金融产品日益丰富，金融服务普惠性增强，金融服务经济高质量发展的能力和效率大幅提升；金融监管得到加强和改进，牢牢守住了不发生系统性风险的底线。总之，金融有力地促进了经济平稳健康发展，支持打赢了脱贫攻坚战，为如期全面建成小康社会、实现第一个百年奋斗目标做出了重要贡献。

展望未来，金融还将为实现第二个百年奋斗目标即推动强国建设、民族复兴伟业提供有力支撑。

三 中国特色金融发展之路的理论逻辑

（一）"理论迷思"："落后"的金融何以创造"两大奇迹"

自工业革命以来，欧美国家率先迈上了现代化征程，也最早步入发达经济体行列。欧美学者基于本国现代化进程的经验提出了许多理解经济社会现代化过程的理论框架。或许正是基于实践和理论两个层面的自信，欧美主流经济学家常常抱着"西方文明中心论"的偏见去评判世界上其他类型的经济制度。在他们眼里，中国的金融体系无疑是落后的。恰恰就是这么一个被人认为是"落后"的、"低级"的金融体系却一方面通过服务于储蓄—投资的转化，促进了持续四十多年的经济高速增长；另一方面保持了长期的经济金融稳定，从未发生过金融危机，借此助力"两大奇迹"的实现，有力推动了中国式现代化进程！

上述事实充分表明，中国的金融发展成就卓著，只不过在西方主流经济金融理论框架中找不到破解中国金融成功之道的密码而已。美国经济学家米什金在其风靡全球的著名教科书《货币金融学》中不禁发出了这样的疑问："中国是金融发展重要性的反例吗？"[①] 隐含于

---

① ［美］弗雷德里克·S. 米什金：《货币金融学》（第十二版），王芳译，中国人民大学出版社2022年版。

其中的"悖论"是，金融既然对经济发展是至关重要的，那么中国在金融发展水平落后的情况下实现的经济高速增长则有悖常理，难以理解。这个令西方学者备感困惑的"悖论"无疑构成中国金融发展的迷思：**中国金融发展究竟做对了什么？为何能够助力推动中国式现代化？**

习近平总书记在中央金融工作会议和省部级主要领导干部推动金融高质量发展专题研讨班开班式上的重要讲话系统阐述了中国特色金融发展之路的基本要义，深刻回答了马克思主义经典作家没有讲过、我们的前人没有遇到过、西方金融理论始终无法解决的许多重大理论和现实问题，开拓了中国特色社会主义政治经济学关于金融理论的新境界，为我们破解中国金融发展的理论迷思，提炼中国特色金融发展之路的理论逻辑指明了方向。

探究中国特色金融发展之路的理论逻辑，必须搞清楚两个相互关联的问题：一是道路的形成机制，即业已形成的这条富有中国特色的金融发展道路是如何形成的，根本途径是什么？二是道路的基本特色，即这条金融发展道路上的"中国特色"是什么，体现在哪些方面？以下两小节将分别对这两个问题作出探索性回答。

（二）"两个结合"：开拓中国特色金融发展之路的根本途径

中央金融工作会议指出，党中央把马克思主义金融理论同当代中国具体实际相结合、同中华优秀传统文化相结合，努力把握新时代金融发展规律，持续推进我国金融事业实践创新、理论创新、制度创新，奋力开拓中国特色金融发展之路。[①] 这一重大判断表明，中国特色金融发展之路是马克思主义中国化时代化的产物；"两个结合"是开辟和发展中

[①] 《中央金融工作会议在北京举行　习近平李强作重要讲话　赵乐际王沪宁蔡奇丁薛祥李希出席》，《人民日报》2023年11月1日第1版。

国特色社会主义的必由之路，筑牢了中国特色金融发展的道路根基。锚定中国式现代化和加快建设金融强国这一目标，中国共产党人坚持以马克思主义金融理论为指导，同时又不断经由"两个结合"这一根本途径赋予其鲜明的中国特色和时代内涵，从而形成了中国特色金融发展之路。

1. 马克思主义是魂脉

马克思主义的基本原理和方法是中国特色金融发展之路的"魂脉"，是这条道路的理论支柱。马克思主义经典作家在科学总结、批判继承前人成果的基础上，对资本主义经济制度进行了深入分析，深刻揭示了资本主义经济发展与运行的规律和人类经济社会发展的一般规律，其中包含大量经济金融关系、货币、信用、资本及金融等方面的规律性认识。

从马克思在《资本论》第三卷中对资产阶级信用关系特征和虚拟资本行为规律的系统研究，到恩格斯对金融资本崛起现象的关注，再到列宁在《帝国主义是资本主义的最高阶段》中对银行、金融资本和金融寡头行为的深刻剖析，马克思主义经典作家基于劳动价值论、剩余价值论等重要学说构建了包括货币、信用、银行、资本等范畴的金融理论，深刻揭示了资本主义市场经济条件下金融的本质、运行规律和发展特点。

马克思主义金融理论对开拓中国特色金融发展之路的理论指导体现在两个层面。第一个层面是方法论和基本立场层面。马克思主义不是一成不变的教条，坚持马克思主义，最重要的是坚持马克思主义基本原理和贯穿其中的立场、观点、方法。这是马克思主义的精髓和活的灵魂。在马克思主义恢宏的理论体系中，辩证唯物主义和历史唯物主义是贯穿其中的世界观方法论，是马克思主义全部理论的基石。要创造性地将辩证唯物主义和历史唯物主义运用于金融工作中。一是要善于运用辩证唯物主义观察事物、分析问题、解决问题，在矛盾双方对立统一过程中把握事物发展规律，克服极端化、片面化。要学习和掌握物质生产是社会生活基础的观点。二是要学习和掌握人民群众是历史的创造者的观点，以史为鉴、知古鉴今，善于运用历史眼光认识发展规律、把握前进方向、指导现实工作。

第二个层面是理论框架和理论逻辑层面。马克思主义经典作家主要以资本主义生产为研究对象，其揭示的资本主义生产的原理以及金融寡头行为规律未必适用于社会主义制度下的中国。但同时也要注意，其关于市场经济特征和货币流通运行规律的分析对于分析社会主义市场经济条件下的中国经济金融现象，则具有重要指导意义。例如，马克思指出，现实经济生活中，存在金属货币、信用货币和纸币三类货币。一般而言，金属货币更多地发挥价值贮藏作用；信用货币发挥支付手段职能；纸币则仅仅是流通手段。在经济周期的不同阶段，这三种货币是相互转换的。而在经济危机时期，所有的货币都要求回到其耀眼的存在上去，即回到黄金。上述规律，如今依然适用。

需要注意，马克思主义政治经济学是一个开放的体系。马克思在构建理论体系的过程中注重借鉴人类文明的一切优秀成果，并对其进行批判性吸收和创造性转化，为后人的研究探索提供了范例。中国共产党人奋力开拓中国特色金融发展之路的探索历程，也始终坚持马克思主义的世界观和方法论，高度关注世界范围内金融理论、思潮、实践和制度的发展变化，注重借鉴世界各国金融理论与实践发展过程中的正反两方面经验。一方面积极借鉴西方国家在以金融革命推动工业革命过程中的有效做法和西方货币金融理论的有益成分，另一方面不断总结西方国家金融资本无序扩张带来的金融危机频发和贫富差距扩大等方面的深刻教训，避免再走他们走过的弯路。这充分展现了中国人面对外来学说和经验的开放包容心态和科学严谨态度。

2. 中华优秀传统文化是根脉

把马克思主义基本原理同中国具体实际相结合，蕴含着实事求是、

主报告 中国特色金融发展之路的历史逻辑、理论逻辑和现实逻辑

一切从实际出发的工作方法和思想方法,是中国共产党在各个历史时期始终坚持的方法论。在此基础上,习近平总书记提出了"第二个结合",即把马克思主义基本原理同中华优秀传统文化相结合。其重大意义在于,中华文明是世界上唯一绵延不断且以国家形态发展至今的伟大文明,只有立足波澜壮阔的中华五千多年文明史,才能真正理解中国道路的历史必然、文化内涵与独特优势。

中华民族有着深厚文化传统,形成了富有特色的思想体系和文化传统,体现了中国人几千年来积累的知识智慧和理性思辨,时至今日仍然影响着当代中国人的行为方式。在博大精深的中华优秀传统文化中,包含着生动的货币金融实践和深刻的货币金融思想。这是中国特色金融发展之路的根脉所在,为这条道路提供绵延不绝的丰厚滋养。

从货币金融实践层面看,马克斯·韦伯在其名著《儒教与道教——世界宗教的经济伦理》中指出,中国的货币体系有着鲜明的特点,"中国的货币制度在貌似现代的成分中保存着十分古朴的特征"。[1]彭信威在《中国货币史》中进一步阐明,世界上真正独立发展出来而长期保持其独立性的货币文化是极其少见的,但中国货币的发展,脉络很清晰,基本没有受外国文化的影响,在货币的职能、铸造方式、铸造技术、重量等方面都有自己的特点。[2]当代美国货币史学家万志英的研究[3]也进一步证实了古代中国货币体系存在与地中海和西亚等区域截然不同的特性。

从货币金融思想层面看,早在唐宋之前,中国古代思想家就对货币金融现象提出了许多富有创见的思考,有些见解还是世界货币史上的重

---

[1] [德]马克斯·韦伯:《儒教与道教——世界宗教的经济伦理》,王容芬译,中央编译出版社2018年版,第81页。
[2] 彭信威:《中国货币史》(上册),中国人民大学出版社2020年版,第4—13页。
[3] [美]万志英:《剑桥中国经济史:古代到19世纪》,崔传刚译,中国人民大学出版社2016年版。

要贡献。例如,《管子》的"轻重论",明确提出了世界上最古老最朴素的货币数量论,西汉贾谊的《谏除盗铸钱令》或许是世界货币理论史上有关国家统一货币发行权的最早讨论,等等。凯恩斯在 1912 年为陈焕章《孔门理财学》所作的书评中就曾经感叹道:"中国学者很早就懂得格雷欣法则(即劣币驱逐良币)和货币数量理论。"①

3. 关键在于魂脉和根脉的有机结合

习近平总书记深刻指出,"我们的社会主义为什么不一样?为什么能够生机勃勃、充满活力?关键就在于中国特色。中国特色的关键就在于'两个结合'"。② 这表明,**中国特色金融发展之路当中蕴含的中国特色,并不是马克思主义基本理论的移植,也不是中国传统货币金融思想观点与实践经验的再现,而是马克思主义魂脉和中华优秀传统文化根脉结合的产物**。这种结合不是拉郎配式的拼凑,不是简单的"物理反应",而是深刻的"化学反应"。

中国特色金融发展之路是中国特色社会主义道路的有机组成部分,而社会主义是从马克思主义那里来的。同时,中国文化中许多朴素的社会主义元素,如民为邦本、富民厚生、义利兼顾等,为我们接受马克思主义理论的科学指导提供了现实土壤。

正因为这些元素与马克思主义有相互契合之处,正因为有马克思主义基本立场观点和方法的引领,才使得中华文明的上述宝贵基因在新的时代条件下被激活、继承和发扬,实现了从民为邦本到人民至上、从富民厚生到共同富裕、从义利兼顾到以义取利等一系列创造性转化和创新性发展,逐步构筑起中国特色金融发展之路的道路根基和独特优势。

与此同时,当代中国发展的巨大潜力和中华文明的深厚底蕴也为推动马克思主义金融理论的中国化时代化提供了广阔天地。中国共产党在

---

① Keynes, J. M., 1912, "Book Review: The Economic Principles of Confucius and his School", *The Economic Journal*, 22 (88): 584 – 588.

② 习近平:《在文化传承发展座谈会上的讲话》,《求是》2023 年第 17 期。

主报告　中国特色金融发展之路的历史逻辑、理论逻辑和现实逻辑

探索道路的过程中始终注重把握中国社会主要矛盾的变化，紧紧围绕建设社会主义现代化国家这一中心任务，运用马克思主义的立场观点方法，科学研判金融改革发展稳定面临的机遇与挑战，创造性开展金融工作，在实践创新基础上推动马克思主义金融理论不断实现中国化时代化的新飞跃，显示出日益鲜明的中国风格与中国气派。

(三)"八个坚持"：中国特色金融发展之路的基本要义

习近平总书记以"八个坚持"对中国特色金融发展之路的基本要义作出精辟概括，即坚持党中央对金融工作的集中统一领导，坚持以人民为中心的价值取向，坚持把金融服务实体经济作为根本宗旨，坚持把防控风险作为金融工作的永恒主题，坚持在市场化法治化轨道上推进金融创新发展，坚持深化金融供给侧结构性改革，坚持统筹金融开放和安全，坚持稳中求进工作总基调。"八个坚持"是中国共产党人奋力开拓中国特色金融发展道路的规律性认识和学理化总结。仔细体会"八个坚持"，每一条都是"两个结合"的结晶，是马克思主义与中国具体实际以及中华优秀传统文化相互激荡的产物。"八个坚持"明确了新时代新征程金融工作怎么看、怎么干，是体现中国特色金融发展之路基本立场、观点、方法的有机整体。[①]

1. 中国特色金融发展之路的根本遵循

党的领导是中国特色社会主义制度的最大优势，坚持党对金融工作的集中统一领导是中国特色金融发展之路的根本遵循。历史雄辩地证明，中国人民和中华民族之所以能够扭转近代以后的历史命运，成功地以中国式现代化全面推进强国建设、民族复兴伟业，最根本的是有中国共产党的坚强领导。进入新时代，推进中国式现代化是最大的政治。作

[①] 《习近平在省部级主要领导干部推动金融高质量发展专题研讨班开班式上发表重要讲话强调　坚定不移走中国特色金融发展之路　推动我国金融高质量发展之路　赵乐际王沪宁丁薛祥李希韩正出席　蔡奇主持》，《人民日报》2024年1月17日第1版。

中国金融报告2023

为中国式现代化的重要支撑力量，金融是当之无愧的"国之大者"，具有鲜明的政治性。坚持金融工作的政治性，意味着必须始终坚持党中央对金融工作的集中统一领导，不断把政治优势、制度优势转化为金融治理效能，推动中国金融高质量发展，使金融更好地服务于中国式现代化，确保中国金融事业始终沿着正确方向前进。

坚持以人民为中心的价值取向，体现了中国特色金融发展之路的基本立场，是马克思主义人本观同"民惟邦本，本固邦宁""治国有常，而利民为本"等中华传统民本思想相结合的产物。从完成新民主主义革命实现人民当家作主，到改革开放时期解决人民温饱问题，从新时代全面实现小康到第二个百年征程迈向共同富裕，金融发展始终是增强人民群众获得感幸福感的关键要素和有力支撑。始终把实现人民对美好生活的向往作为一切金融工作的出发点和落脚点，更加注重金融发展的普惠性，让广大人民群众共享金融发展成果。这是中国特色金融发展之路与西方金融发展道路的显著区别，是金融工作人民性的充分体现。

2. 中国特色金融发展之路的核心任务

坚持把金融服务实体经济作为根本宗旨，坚持把防控风险作为金融工作的永恒主题，指明了走好中国特色金融发展之路的两个核心任务：提高金融服务实体经济质效，牢牢守住不发生系统性风险底线，二者是辩证统一的。金融服务实体经济质效提高，经济发展就能够实现质的有效提升和量的合理增长，从而为防范化解风险提供坚实的物质基础。反过来，有效防范化解金融风险，可以为实体经济发展创造稳定、安全、可预期的货币金融环境，有助于提高金融服务实体经济质效。

坚持把金融服务实体经济作为根本宗旨是对马克思主义金融理论的继承和发展。马克思在《资本论》第三卷中发现，"虚拟资本有它的独特的运动"。① 金融一旦脱离为实体经济服务的根本宗旨，就会患上

---

① 马克思：《资本论》（第三卷），人民出版社 2004 年版，第 527 页。

主报告 中国特色金融发展之路的历史逻辑、理论逻辑和现实逻辑

"企图不用生产过程作媒介而赚到钱"的"狂想病",进而引发金融风险,导致经济停滞和社会震荡。发达资本主义国家反复出现经济金融危机,与其金融业的脱实向虚不无关系。而在中华优秀传统文化中,也早已有金融服务实体经济的精辟论断。例如,司马迁在《史记》中的名言"农工商交易之路通,而龟贝金钱刀布之币兴焉"就表明,货币金融的发展植根于实体经济的发展和人民的交易需要,服务实体经济是货币金融体系的本源。马克思主义金融理论同中华优秀传统文化相结合,形成了"经济金融共生共荣"重要论断,以及经济和金融一盘棋思想,即经济是肌体,金融是血脉,二者共生共荣;金融活,经济活;金融稳,经济稳;经济兴,金融兴;经济强,金融强。"肌体"与"血脉"的生动比喻表明,在经济与金融的循环流转中,实体经济发展是根本,金融服务是支撑,金融工作必须服务于经济社会发展大局。一方面要以金融业高质量发展促进经济社会高质量发展,另一方面要在支持实体经济做实做强做优中实现金融自身高质量发展。

坚持把防控风险作为金融工作的永恒主题是对中华优秀传统文化中居安思危、未雨绸缪、防患于未然等忧患意识的继承和发展。中国共产党的发展壮大历程,就是从容应对风险挑战、由小变大、由弱变强的历程。在这一进程中,我们始终高度重视金融风险防范化解工作。在金融工作中坚持把防控风险作为永恒主题,与强调金融服务实体经济是辩证统一的。服务实体经济不但是金融的天职和宗旨,也是防范金融风险的根本举措。马克思主义政治经济学基本原理表明,在经济循环中,由生产、分配、流通、消费四大环节构成的实体经济供求循环发挥着基础性作用。这一循环畅通,就不会出大问题。中国经历了四十余年的快速发展,但并没有发生危机,这是世所罕见的奇迹。其原因并不在于中国发展进程中没有产生风险隐患,而在于中国政府一直居安思危,一手促发展,一手防风险,将不发生系统性风险作为发展的底线,推动经济快速发展,做大蛋糕、积累资产,为化解金融风险隐患提供充足的弹药。

3. 中国特色金融发展之路的重大原则

很长一个时期内，中国是一个人口多、底子薄的落后农业国。**中国经济的现代化进程需要在确保宏观稳定的前提下实现经济发展和体制转型两大战略任务，处理好改革发展稳定三者关系至关重要**。发展是根本目的，只有依靠发展才能从根本上化解社会主要矛盾，推进社会主义现代化建设；改革是强大动力，只有不断改革与生产力发展不相适应的生产关系，才能冲破思想观念束缚，突破利益固化藩篱，破除各方面体制机制弊端，汇集全体人民的智慧和力量来推动发展；稳定是基本前提，只有在经济社会平稳运行的前提下谋发展、促改革，才能最大限度凝聚共识、稳定预期、增强信心，把改革发展各项工作切实推进。**中国基于转型和发展两大战略任务，坚持金融改革发展稳定的"三维统一"，相较于西方所谓的"休克疗法""金融大爆炸""华盛顿共识"，有着十分鲜明的中国特色**。

中国的金融发展必须统筹考虑改革、发展、稳定，协同推进体制转型、经济发展和宏观稳定。"八个坚持"的后面四条，系统总结了新时代金融工作正确处理改革、发展、稳定三者关系的基本经验，是我们必须长期坚持的重大原则。

坚持在市场化法治化轨道上推进金融创新发展，就是要通过推进改革为金融发展提供制度保障，既发挥市场在金融资源配置中的决定性作用，又更好发挥政府作用。一方面，市场化意味着要充分调动各类市场主体推动金融创新发展的主动性、创造性，为实体经济提供更加优质的金融服务。另一方面，市场经济本质上是法治经济，金融主要依赖于信用的特点更需要有契约精神和法治保障。加强金融法治建设，以法治思维提高金融监管效力，为金融业的创新发展保驾护航。

坚持深化金融供给侧结构性改革，就是要用改革的办法着力破解金融发展不平衡不充分，不能充分满足实体经济和人民群众需要这一难题。这就要求金融业按照供给侧结构性改革的总体要求，以解决融资贵、融资难问题为抓手推动市场体系、机构体系、产品与服务体系的结构调整，从而起到连接供求的桥梁和组织资源的作用，推动实体经济均衡发展。

坚持统筹金融开放和安全，就是要将安全作为开放的前提条件，将开放作为安全的必要条件，使二者相互促进，形成共促高质量发展合力。在新时代的金融工作中，我们推动渐进开放，坚持底线思维，守住了不发生系统性金融风险的底线。相对于产业、贸易的开放，中国金融业的开放是渐进而审慎的，必要的资本管制是维护金融稳定和安全的"防火墙"。底线思维强化了风险意识。这包括加强和完善监管，提升金融韧性，以及维持较高的外汇储备以防不时之需。

坚持稳中求进工作总基调，就是要以"稳"定大格局，以"进"定新方位，正确处理改革发展稳定关系。"稳"是大局和基础，为"进"创造前提条件；"稳"的重点是稳定经济金融运行，防范化解金融风险。"进"是方向和动力，为"稳"提供坚实的物质技术基础；"进"的重点是深化金融改革开放，推动金融结构调整。

四　中国特色金融发展之路的现实逻辑

高质量发展是全面建设社会主义现代化国家的首要任务。必须把推进中国式现代化作为最大的政治，把坚持高质量发展作为新时代的硬道理，在党的统一领导下，团结最广大人民，聚焦经济建设这一中心工作和高质量发展这一首要任务，把中国式现代化宏伟蓝图一步步变成美好现实。在新征程上，必须准确把握新的机遇，直面新的挑战，紧紧抓住金融高质量发展这个主题，加快建设中国特色现代金融体系，朝着金融强国目标砥砺前行，使中国特色金融发展之路越走越宽广。

（一）新时代新征程对中国金融发展提出新要求

当前，世界百年未有之大变局加速演进，中国社会主要矛盾发生转化，中国发展进入战略机遇和风险挑战并存、不确定难预料因素增多的时期，各种"黑天鹅""灰犀牛"事件随时可能发生。我们必须深刻把握现实环境变化提出的新要求，继续坚定不移走好中国特色金融发展之路，以金融高质量发展助力强国建设、民族复兴伟业，确保以中国式现代化全面推进中华民族伟大复兴的历史进程不被迟滞甚至中断。

第一，推动经济高质量发展，必须做好五篇大文章。作为中国特色社会主义新时代的一个阶段，新发展阶段中国发展的主要任务是破解人民日益增长的美好生活需要和不平衡不充分的发展之间的矛盾。说到底，不平衡不充分本质上就是发展质量不高。这主要体现为：一是科技创新能力不强，产业发展还有许多卡点瓶颈，科技—产业—金融良性循环尚未形成；二是生态环境保护任务依然艰巨，实现碳达峰、碳中和目标还需要金融体系有力支持；三是实现共同富裕道路上还面临城乡区域发展和收入分配差距较大等困难，还需加大对三农、小微等群体的金融支持；四是人口老龄化加速演进，养老金缺口以及老年人口金融服务需求增加，给金融发展提出了新要求；五是经济金融体系数字化转型加速推进，数字金融领域国际竞争加剧，对数字金融发展提出新课题。面对上述问题，要着力做好科技金融、绿色金融、普惠金融、养老金融、数字金融五篇大文章，优化资金供给结构，把更多金融资源用于促进科技创新、先进制造、绿色发展和中小微企业，切实加强对重大战略、重点领域和薄弱环节的优质金融服务，从而实现更高质量、更有效率、更加公平、更可持续的发展。

第二，稳住经济大盘，必须完善金融宏观调控。当前，中国发展面临的有利条件强于不利因素，经济回升向好、长期向好的基本趋势没有改变。同时，有效需求不足、部分行业产能过剩、社会预期偏弱，再加上人口达峰提前、人口老龄化加快、中美潜在技术脱钩等因素，未来中国要保持较高的经济增速也面临挑战。新形势下，必须加快健全宏观经济治理体系，完善金融宏观调控，更加注重做好跨周期和逆周期调节，充实货币政策工具箱，加强货币政策和财政政策协调配合，从而更好地应对各种冲击因素，稳定宏观经济大盘。

第三，统筹发展和安全，必须加强金融监管。从国内看，经济增长速度下行使得过去高增长掩盖下的体制性、结构性问题"水落石出"，金融、财政、产业等多个领域的风险交织、叠加、转化，宏观杠杆率高企、房地产风险、地方政府隐性债务、影子银行等风险不容忽视。从国际看，国际政治经济格局深刻变化，中国在金融基础设施安全、货币安全、数据安全、外汇储备及海外资产安全等方面存在不少潜在风险。面对风险挑战，必须全面加强金融监管，着重强化重大风险领域和重大安全威胁的应对与处置，着重解决金融基础设施薄弱、市场配置效率不高、风险应对不当，金融开放潜在风险等问题，确保金融稳定和金融安全。

(二) 加快建设中国特色现代金融体系

习近平总书记指出，"必须加快构建中国特色现代金融体系，建立健全科学稳健的金融调控体系、结构合理的金融市场体系、分工协作的金融机构体系、完备有效的金融监管体系、多样化专业性的金融产品和服务体系、自主可控安全高效的金融基础设施体系"。[①]

这六大体系是中国特色金融发展之路的六大支柱（或要素）。从一国金融体系的构成来看，这六大支柱之间存在有机关联。金融市场体系、金融机构体系、金融产品和服务体系是"中枢"，是它们构成了金融运行的主体部分；金融调控体系与金融监管体系是"治理"，是影响金融运行的上层建筑；而金融基础设施体系是根基，是金融运行与治理

---

① 《习近平在省部级主要领导干部推动金融高质量发展专题研讨班开班式上发表重要讲话强调 坚定不移走中国特色金融发展之路 推动我国金融高质量发展之路 赵乐际王沪宁丁薛祥李希韩正出席 蔡奇主持》，《人民日报》2024年1月17日第1版。

的基石。仅就一般意义上的现代金融体系而言，这六大支柱很全面了。但如果谈到现代金融体系的中国特色，则还需要增加一个新的要素——价值取向（见图 0—1）。事实上，正是价值取向决定了金融体系乃至金融发展道路的中国特色；而由价值取向所决定的金融治理模式方能确保中国金融发展始终坚持中国特色社会主义道路的正确方向。

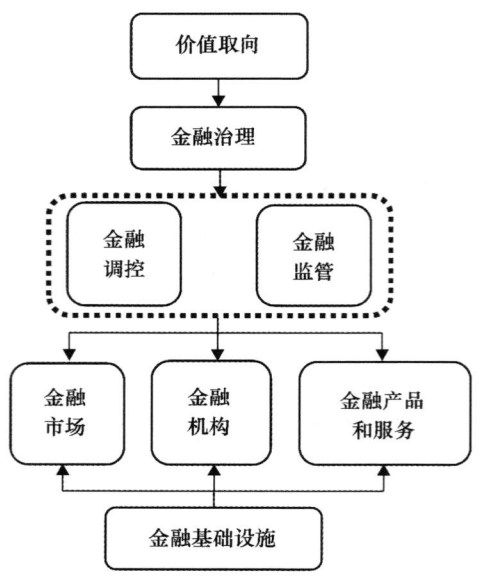

图 0—1　金融体系基本架构

资料来源：笔者自制。

1. 以人民为中心的金融发展观

中国式现代化是人口规模巨大的现代化，是全体人民共同富裕的现代化，是物质文明和精神文明相协调的现代化，是人与自然和谐共生的现代化，是走和平发展道路的现代化。中国式现代化这五大特征中，除了第一点，其他四点都可以看作是现代化的目标。而所有这些目标，无论是共同富裕、物质文明与精神文明的协调、人与自然的和谐，还是和平发展，归根到底，都是以人民为中心的发展目标。中国特色金融发展之路的逻辑内嵌于中国式现代化的大逻辑，这就意味着中国特色现代金融体系要回应新时代社会主要矛盾的变化，应坚持以人民为中心而不是以资本为中心，坚持发展为了人民、发展依靠人民、发展成果由人民共享。

以人民为中心是中国特色现代金融体系的根本价值取向，也是中国金融体系区别于其他国家金融体系的鲜明特色。以人民为中心的金融发展观是党的宗旨决定的，核心是要牢固树立全心全意为人民服务的理念，把增进民生福祉、维护最广大人民群众的根本利益作为金融工作的出发点和落脚点。

首先，金融工作要能够"做大蛋糕"，促进财富积累。中国是最大的发展中国家，中国仍处在社会主义初级阶段。发展始终是解决中国一切问题的基础和关键。实现社会主义现代化这一宏伟战略目标，经济发展是根本。因此，发挥金融业的资源动员与风险配置功能，提高资源配置效率，促进经济较快增长，使广大人民群众能够从经济增长中获得财富、积累财富。

其次，金融工作还要能够"分好蛋糕"，促进共同富裕。一是要以金融手段引导资源更多地流向经济欠发达地区，消除区域发展、城乡发展中存在的不平衡问题，减少区域差距、城乡差距。二是大力发展普惠金融，使金融服务触达更多的低收入人群和小微企业；同时要规范金融科技发展，防止其可能产生的"阴暗面"。三是促进资本规范发展。这是坚持以人民为中心的金融发展观的必然要求。要深入推进实施公平竞争政策，使各类资本机会平等、公平进入、有序竞争；正确处理资本和利益分配问题，注重经济发展的普惠性和初次分配的公平性，既注重保障资本参与社会分配获得增殖和发展，更注重维护按劳分配的主体地位；依法加强对资本的有效监管，全面提升资本治理效能，促进资本规范发展。

2. 秩序与活力并重的现代金融治理

推进金融治理现代化是建设中国特色现代金融体系的重要组成部

分。以人民为中心的金融发展观决定了金融治理模式。现代金融治理既要保持金融活力，提高金融服务实体经济质效，又要规范金融秩序，防止金融野蛮生长。金融治理涉及金融宏观调控、金融监管以及党的集中统一领导等内容。

第一，建立健全科学稳健的金融调控体系。金融宏观调控是协同推进改革发展稳定的重要抓手。一是始终保持货币政策的稳健性。保持货币政策的稳健性对于宏观调控目标的实现至关重要。要尽可能将实际利率与潜在经济增速和保持物价稳定的要求相匹配，同时，使社会融资规模、货币供应量同经济增长和价格水平预期目标相匹配。二是要关注人口、技术和制度等中长期因素对经济运行的影响，更加注重做好跨周期和逆周期调节。未来一个时期，中国经济发展环境发生了改变。张晓晶和汪勇的研究表明，考虑人口老龄化加速、新冠疫情冲击与中美技术脱钩"三大新因素"的影响后，"十四五"时期中国潜在增长率相较基准情景年均下降1个百分点，而加入供给侧结构性改革能够有效对冲"三大新因素"的不利影响。[①] 金融宏观调控措施要在考虑内外部因素变化的基础上，兼顾稳定性增强与增长潜力提升，防止经济大起大落。三是要加强货币供应总量和结构双重调节。在发挥好货币政策总量调控功能的基础上，要注重打造结构性货币政策工具，充实货币政策工具箱，发挥其优化资金供给结构的作用。四是要健全由市场供求决定利率的机制。利率是金融市场中最重要的价格之一。加快推进利率市场化改革，使得利率的水平、风险结构和期限结构由资金供求双方在市场上通过反复交易的竞争来决定，建设完善的市场利率体系。五是加强货币政策和财政政策的协调配合。当前，国内外环境错综复杂，导致市场主体预期转弱、风险偏好降低和信用紧缩。在这种情况下，既要发挥财政政策在

---

① 张晓晶、汪勇：《社会主义现代化远景目标下的经济增长展望》，《中国社会科学》2023年第4期。

稳增长中的关键作用，大规模使用政府财政手段扩大有效投资稳内需，又要通过货币金融环境的改善来降低融资成本。①

第二，打造完备有效的金融监管体系。一是要依法将所有金融活动全部纳入监管。长期以来，非法金融活动游离于金融监管体系之外，积累了大量金融风险，并对正规金融活动造成冲击。要全面强化机构监管、行为监管、功能监管、穿透式监管、持续监管，消除监管空白和盲区，严厉打击非法金融活动。坚持金融业务持牌经营规则，既要纠正"有照违章"，也要打击"无证驾驶"。二是健全风险早期纠正机制。在宏观经济下行背景下，现阶段中国在中小金融机构、房地产、地方债等重点领域金融风险较为突出。一旦发生金融危机，将会产生巨大的处置成本。② 健全风险早期纠正机制有助于避免金融风险的扩大，降低危机处置成本。要规范金融机构信息披露，增强市场约束；筑牢产业资本和金融资本"防火墙"，依法规范非金融企业投资金融机构，防止资本在金融领域无序扩张；积极推进监管大数据平台建设，开发智能化风险分析工具，完善风险早期预警模块，增强风险监测前瞻性、穿透性、全面性，通过优化监管技术、方法和流程实现对风险早识别、早预警、早暴露、早处置，健全具有硬约束的金融风险早期纠正机制。三是完善风险处置长效机制。尽快推出《中华人民共和国金融稳定法》，明确金融风险处置的触发标准、程序机制、资金来源和法律责任。区分常规风险、突发风险和重大风险，按照责任分工落实处置工作机制，合理运用各项处置措施和工具。四是切实维护好金融消费者的合法权益。推动金融机构将消费者保护纳入公司治理、企业文化和经营战略中统筹谋划。推动健全金融纠纷多元化解机制，畅通投诉受理渠道。加强金融知识宣传教

---

① 董昀：《论新发展阶段的中国特色宏观调控》，《中共中央党校（国家行政学院）学报》2023 年第 1 期。
② Honohan, P. and Klingebiel, D., 2003, "The Fiscal Cost Implications of an Accommodating Approach to Banking Crises", *Journal of Banking and Finance*, 27（8）：1539 – 1560.

育，引导树立长期投资、价值投资、理性投资和风险防范意识。依法保障金融消费者自主选择、公平交易、信息安全等基本权利。

第三，加强党对金融工作的集中统一领导。推进金融治理现代化，改革和完善党的领导是根本。**一是不断完善党领导金融工作的体制机制**。2023年3月，党中央、国务院发布《党和国家机构改革方案》，组建中央金融委员会和中央金融工作委员会。中央金融委员会要发挥好决策议事协调机构的作用，承担金融稳定和发展的顶层设计、统筹协调、整体推进、督促落实职能，研究审议金融领域重大政策、重大问题。中央金融工作委员会要统一领导金融系统党的工作，指导金融系统党的政治建设、思想建设、组织建设、作风建设、纪律建设，切实加强金融系统党的建设。中央金融管理部门要依照法定职责承担监管主体责任，积极发挥专业优势和履行行业管理职责，共同推动建立科学高效的金融稳定保障体系。此外，要进一步强化地方党委对金融机构党组织的领导，建立健全地方党政主要领导负责的重大风险处置机制，发挥好地方党委金融委员会和金融工委的作用，落实属地责任。**二是从宏微观两个层面落实党对金融工作的领导**。在宏观层面，要把党的领导贯穿到货币金融政策制定与执行的全过程。加强党中央及其经济金融工作部门对货币金融政策的评估督导，开展跟踪问效，增强政策贯彻落实的有效性；发挥制度优势，在决策和施策过程中加强经济宣传和舆论引导，唱响中国经济光明论，稳定市场信心；以统筹发展和安全为重大原则，健全国家安全部门与经济金融部门之间的沟通、协调及配合机制，办好发展和安全两件大事。在微观层面，要把党的领导融入金融机构公司治理中。公司治理对于金融机构的绩效会产生重要影响。[1] 近段时间部分金融机构风险的爆发在很大程度上是公司治理失灵的结果，而公司治理失灵又与党

---

[1] Carlini, F., Cucinelli, D., Previtali, D., et al., 2020, "Don't Talk Too Bad! Stock Market Reactions to Bank Corporate Governance News", *Journal of Banking and Finance*, 121, 105962.

的领导弱化、党的建设缺失和从严治党不力有着直接关系。将党的领导融合到金融机构公司治理之中是建设中国特色现代金融体系的应有之义。实际中，对于国有控股、非国有控股等不同类型金融机构可以采取不同的融合模式，包括把党建写入公司章程，将党委会研究讨论作为董事会进行重大决策的前置程序，通过加强监管强化党的领导等。

3. 结构合理的金融市场体系

随着金融改革的不断深入，中国的金融市场体系建设不断完善。货币市场、资本市场和外汇市场的功能日益完善，金融市场间的协调性显著提高，金融与实体经济良性循环逐步形成。但还需看到，中国金融市场体系存在的结构性问题仍十分突出。一方面，中国的直接融资发展较为滞后，以银行信贷为主导的间接融资结构不仅推高了全社会的杠杆水平，也使创新创造活动难以获得有效的资金支持，从而降低了金融市场的资源配置效率。另一方面，尽管中国金融市场的规模在持续扩张，但金融市场的广度、深度以及开放度仍然不足，突出表现在资本项目开放不足、市场开放"碎片化"、金融类衍生品市场规模小而无法充分满足境外投资者对金融资产多样化的需求等。这些问题不仅制约着中国金融市场的均衡发展，也阻碍了金融市场支持实体经济效率的提高。

加快构建结构合理的金融市场体系，需着重做好以下两方面工作。**首先，加快建设更加完善的资本市场体系，提高直接融资占比**。一是完善资本市场基础性制度，优化以信息披露为核心的注册制架构，研究制定包括科技、绿色、数字等重点领域在内的专项信息披露指引，建立分层次、差异化的信息披露安排，提高上市公司信息披露制度的包容性与适应性。二是统筹推进新三板基础层、创新层制度创新，稳步扩大区域性股权市场创新试点范围，健全各层次市场互联互通机制，打造服务创新型中小企业主阵地。三是完善不同市场板块的差异定位，设立多元包容化上市条件，推动科创板、创业板、北交所、新三板满足不同层次科技企业融资需求，帮助新兴产业发展壮大、支持上市公司做优做强，推动"科技—产业—金融"良性循环。**其次，加强金融市场对内对外开放，提升金融服务质量**。一是支持上海、深圳证券交易所建设世界一流交易所，支持两大交易所建立种类齐全、功能齐备、结构合理、风险可控的健全的产品体系，推动股票、债券、基金和衍生品市场均衡健康发展，在合理控制风险的前提下，稳步推进公司债券、ETF、期权等产品创新。二是增强上海国际金融中心的竞争力和影响力，破除阻碍金融资源和要素自由流动的体制机制障碍，推进商品和要素跨境自由流动、提升资金跨境融通便利化水平、创新数据自由流动新方式，加强境内外联动、本外币联动、离在岸联动、不同金融中心间联动，提高上海国际金融中心的对外开放水平。三是巩固提升香港国际金融中心地位，强化离岸人民币业务，推动人民币柜台纳入港股通，促进香港股票人民币计价交易，推动落实离岸国债期货的措施，丰富人民币投资产品种类，强化香港离岸人民币中心地位。

4. 分工协作的金融机构体系

自 Goldsmith[1] 开创金融结构理论以来，尽管对于什么样的金融机构有利于经济增长还存在争议，但学术界对于金融结构会对经济增长产生重要影响已基本达成共识。[2] 中国金融机构数量众多，不同类型金融机构资源禀赋不同，发展情况各异。以银行业为例，截至 2022 年年末，中国共有银行业法人金融机构 4599 家，不同银行资产规模差异巨大。与此同时，随着经济发展，市场主体的金融需求多元化趋势越来越明显。金融供求两方面特点要求，不同类型的金融机构需要坚持差异化的发展定位，实现错位发展和分工协作，以更好地满足不同市场主体差异

---

[1] Goldsmith, R., 1969, *Financial Structure and Development*, New Haven, CT: Yale University Press.

[2] Boot, A. and Thakor, A., 1997, "Financial System Architecture", *Review of Financial Studies*, 10 (3): 693 – 733; 林毅夫、姜烨:《经济结构、银行业结构与经济发展——基于分省面板数据的实证分析》,《金融研究》2006 年第 1 期。

化金融需求。

第一，支持国有大型金融机构做优做强。作为中国金融体系的中坚力量，国有大型金融机构要当好服务实体经济的主力军和维护金融稳定的压舱石。一是提高国有大型金融机构竞争力。完善中国特色现代金融企业制度，持续优化国有大型金融机构股权结构，提高国有金融资本管理效率；深化党建与公司治理有机融合，完善内部公司治理架构，优化考核激励制度，提升国有大型金融机构治理现代化水平；主动融入高水平对外开放大局，提高国际化水平，对标国际先进金融机构，打造具有国际竞争力的一流金融机构。二是树牢底线思维、强化风险防控。不断完善国有大型金融机构现代化风险管理体系，加强对重点领域的风险防范，对潜在风险做到早识别、早预警、早暴露、早处置，守牢不发生系统性风险底线。三是提升服务实体经济能力。国有大型金融机构应当聚焦关系国计民生的重大战略、重点领域和薄弱环节，持续加大金融资源供给，引导优质金融资源配置到上述领域。国有大型金融机构要利用好自身综合化经营优势，统筹用好各类金融资源，为实体经济提供全方位、一体化、高质量综合金融服务，提高金融服务效率。四是与中小金融机构实现错位竞争。国有大型金融机构要在客户范围、区域布局等方面与中小金融机构实施错位发展，避免业务过度下沉对中小金融机构造成的挤压。

第二，引导中小金融机构立足当地开展特色化经营。与大型金融机构相比，一方面，中小金融机构层级少、决策链条短，"软信息"① 能够在中小金融机构内部有效传递，② 从而能够更好地服务本地市场主体。另一方面，中小金融机构资产规模小、抗风险能力差、综合竞争能力较低，是中国金融体系中的薄弱环节。因此，立足当地开展特色化经

---

① 所谓的"软信息"，是指那些不能被除信息生产者以外的其他任何人直接验证的信息。
② Berger, A. and Udell, G., 2006, "A More Complete Conceptual Framework for SME Finance", *Journal of Banking and Finance*, 30 (11): 2945–2966.

营既是服务地方经济发展的需要，也是提高中小金融机构自身竞争力、防范金融风险的需要。要严格中小金融机构准入标准和监管要求，引导中小金融机构立足当地开展特色化经营。一是鼓励中小金融机构结合本地金融需求特点开展金融产品和服务创新，形成特色。二是对异地经营进行限制。从积极方面看，金融机构可以通过异地经营分散经营风险，降低本地经济波动带来的冲击、[1] 增加市场控制力、[2] 提升品牌形象等；从消极方面看，异地机构与总部之间的信息不对称更为严重，金融机构通常很难对异地机构进行有效管理，由此增加的代理成本会对金融机构绩效造成损害。[3] 从我国国情看，异地经营总体上会对中小金融机构绩效造成一定损害。[4] 从这个角度看，对中小金融机构异地经营进行限制是必要的。

第三，强化政策性金融机构职能定位。一是突出政策性职能。引导政策性金融机构回归主责主业，坚持"保本微利"原则；聚焦政策性业务本身，对商业性业务进行压缩；对政策性业务和商业性业务分账管理、分别考核，避免对商业性金融机构造成挤出。二是提高政策性金融机构竞争力。与国有大型金融机构类似，政策性银行由政府持股，也面临所有者缺位问题和运营效率问题。[5] 因此，发挥政策性金融的作用需要提高政策性金融机构自身的竞争力，其核心是要完善政策性金融机构公司治理，采取市场化、法治化方式提高政策性资金使

---

[1] Emmons, W., Gilbert, R. and Yeager, T., 2004, "Reducing the Risk at Small Community Banks: Is it Size or Geographic Diversification that Matters?", *Journal of Financial Services Research*, 25 (2 - 3): 259 - 281.

[2] Deng, S. and Elyasiani, E., 2008, "Geographic Diversification, Bank Holding Company Value, and Risk", *Journal of Money, Credit and Banking*, 40 (6): 1217 - 1238.

[3] Brickley, J., Linck, J. and Smith, C., 2003, "Boundaries of the Firm: Evidence from the Banking Industry", *Journal of Financial Economics*, 70 (3): 351 - 383.

[4] 李广子：《跨区经营与中小银行绩效》，《世界经济》2014年第11期。

[5] 陈森、袁乐平、贾健：《中国政策性银行国家补贴依赖程度测算》，《金融研究》2012年第11期。

用效率。三是加强对重点领域的支持。发挥政策性资金规模大、期限长、成本低等优势，将市场目标与政府目标有机结合，按照市场化原则贯彻落实国家政策，加大对基础设施建设、科技创新、绿色发展、普惠小微、乡村振兴等重点领域支持力度。[①] 四是加强与商业性金融机构的协同。政策性金融的特点使得其能够与商业性金融形成互补，弥补市场失灵。因此，要引导政策性金融机构与商业性金融机构建立协同机制，充分发挥政策性资金对商业性资金的引导带动作用，实现优势互补。

第四，发挥保险业的经济减震器和社会稳定器功能。 一是要加强保险机构对重点领域的支持。过去一个时期，部分保险资金在运用过程中出现投资范围广、偏离主责主业并引发金融风险的情况。从未来情况看，保险业在机构定位上要回归主责主业，避免盲目扩张；围绕科技创新、先进制造、绿色发展、中小微企业等重点领域和薄弱环节，持续加大资源投入和支持保障力度，提供风险保障和长期稳定资金。二是提高社会管理能力。优化商业模式，创新保险产品和服务，为政府公共安全治理和应急管理提供保险支持；做好风险减量服务，主动介入被保险标的风险管理，协助被保险人降低保险事故发生概率或减少事故损失程度，提高社会抗风险能力，降低社会风险成本。三是加强自身风险防控。引导保险机构坚持长期主义，持续稳健发展，持续深化培育合规文化，完善全面风险管理体系，守住不发生系统性风险底线。

第五，培育一流投资银行和投资机构。 培育一流投资银行和投资机构是更好发挥资本市场枢纽功能的内在要求。一是支持头部机构做优做强。支持头部证券公司通过业务创新、集团化经营、并购重组等

---

① 白钦先、郭纲：《关于我国政策性金融理论与实践的再探索》，《财贸经济》2000年第10期。

方式提高竞争力；对标国际一流投资银行和投资机构，形成若干熟悉国际金融市场运行规则、具有世界竞争力的中国投资银行和投资机构品牌，以培育一流投资银行和投资机构助力金融高水平对外开放。二是引导中小证券公司实现特色化发展。对于中小证券公司，要结合股东背景、区域优势等资源禀赋和专业能力做精做细，实现特色化、差异化发展，与头部机构实现错位发展，打造精品特色投资银行。

5. 多样化专业性的金融产品和服务体系

建设中国特色现代化金融体系，需要构建多样化专业性的金融产品和服务体系。特别是要结合科技金融、绿色金融、普惠金融、养老金融、数字金融等重点领域加强产品和服务创新，提高金融产品和服务的多样化和专业性，满足投资者对金融资产收益性、流动性和安全性的需求。

第一，科技金融产品和服务创新。一是推动高收益债券市场发展。要将高收益债券市场建设提升至创新驱动发展的国家战略高度，加快市场主体培育，以科创型、创新型、专精特新等企业为核心，逐步增加高收益债券市场供给；加强高收益债产品创新，发展信用保护工具，提高投资者参与高收益债券市场积极性。二是完善知识产权融资保障体系。知识产权是科技企业最为重要的一种无形资产，发展知识产权融资对于满足科技企业融资需求、推动科技创新具有重要意义。要在国家层面出台知识产权价值评估指引，推动建立知识产权价值评估的权威机构，完善知识产权价值评估体系；开展知识产权运营服务体系建设，提升知识产权交易、质押、处置等运营能力；探索建立知识产权运营平台，畅通知识产权交易和质物处置渠道。三是优化投贷联动模式。投贷联动是指金融机构以"信贷投放"与"股权投资"相结合的方式为科技企业提供融资服务，有助于提高对科技企业的金融服务效率。[①] 应当允许更多

---

① 廖岷、王鑫泽：《商业银行投贷联动机制创新与监管研究》，《国际金融研究》2016年第11期。

符合条件的银行开展投贷联动业务；对于投资科技企业形成的股权资产，在计算资本充足率时适当降低其风险权重，减少对银行资本的消耗，提高银行开展投贷联动业务积极性。

第二，绿色金融产品和服务创新。一是丰富绿色信贷产品。引导金融机构加大绿色信贷投入力度，扩大绿色信贷规模；促进中国绿色产业名录与国际接轨，完善绿色信贷评估体系。二是发展绿色债券。要加大对重点绿色企业和项目的培育，通过绿色担保机制对绿色债券提供额外增信，提高绿色债券对于投资者的吸引力。三是创新绿色保险产品。借鉴国际经验，研究推动实施强制性环境污染责任险，制定符合我国国情的环境污染责任保险承保名录。四是发展绿色金融交易市场。发展环境权益市场和碳金融市场，创新环境权益定价机制，探索利用市场机制推进节能减排的创新途径；建立国际普遍适用的交易规则，打造具有国际影响力的绿色金融交易市场。

第三，普惠金融产品和服务创新。一是引导各类慈善基金投入普惠金融领域。随着居民财富的增长，大量资金进入慈善领域并纷纷成立各类基金会。慈善资金要求的回报率普遍不高，主要用于公益类用途，与普惠金融领域资金需求特点高度契合。要尽快制定慈善基金支持普惠金融指导意见，引导各类慈善资金投入普惠金融领域，拓展普惠金融资金来源。二是加强金融科技手段的应用。要引导金融机构利用科技手段对普惠金融产品和服务模式、业务流程等进行改造。三是完善农村"两权"抵押贷款配套措施。作为农民最主要的两项财产权利，完善土地承包经营权、住房财产权等"两权"抵押贷款配套措施对于解决农村金融领域有效抵押物不足、释放农村金融需求意义重大。要在国家层面制定"两权"价值评估办法，解决价值评估的公信力和标准化问题；加快发展多种形式的"两权"流转市场，为流转双方提供信息发布、政策咨询等服务；探索由地方财政出资建立农村"两权"抵押贷款风险缓释机制。

第四，养老金融产品和服务创新。一是在养老金金融领域。以养老保险第三支柱发展为契机，围绕第三支柱的养老基金、理财等金融产品加大产品创新力度，满足不同老年群体个性化金融需求。二是在养老服务金融领域。金融机构应加强不同类型养老服务场景建设，从各类客户全生命周期养老服务需求出发，围绕资产管理、融资、支付、咨询顾问、消费等领域加强产品和服务创新。三是在养老产业金融领域。结合养老产业的金融需求特点，加强在养老社区、养老机构建设改造贷款等方面的产品创新。四是在金融服务中体现对老年群体的人文关怀。引导金融机构对金融产品和服务进行适老化改造和创新，改进老年群体金融服务体验。

第五，数字金融产品和服务创新。一是利用数字技术对金融产品和服务进行改造。要利用大数据、区块链、人工智能等数字技术对金融产品和服务模式进行改造，提高金融产品和服务的个性化和定制化水平；结合机构实际情况推动金融机构实施数字化转型，提高金融机构运营效率；以技术手段改造风险管理流程，提高风险管理能力。二是发展数字人民币。首先，以数字人民币为抓手完善金融领域基础设施建设。推动数字人民币在普惠金融领域的应用，引导农民、小微企业主等普惠群体开立数字人民币账户，缩小与其他群体在物理网点等金融基础设施方面的差距。其次，要把数字人民币融入更多的金融业务场景，降低金融服务的交易成本和时间成本。三是以金融手段促进数字经济发展。数字金融是与数字经济相匹配的一种金融形态，二者相互赋能。要结合数字经济的金融需求特点，加大向数字化基础设施建设等领域的金融资源投入，为企业数字化转型提供金融支持。四是防止数字金融的潜在阴暗面。数字金融在提高金融服务效率的同时，也会产生潜在的阴暗面，包括将大量低收入群体变成债务人、掠夺性信贷、数字鸿沟等；此外，数字技术的应用也给金融发展的自主性和金融安全带来挑战。因此，在数字金融发展过程中，要不断提高消费者金融教育、金融素养；同时，进一步加强金融监管，更好地保护消费者权益，维护金融安全。

6. 自主可控安全高效的金融基础设施体系

所谓金融基础设施，是各类为金融活动提供基础性公共服务的系统及制度安排的总称。它既是金融市场稳健高效运行的基础性保障，也是维护金融稳定与安全的重要抓手，在金融强国建设中发挥着基础性、支撑性作用。建设一个布局合理、治理有效、先进可靠、富有弹性的金融基础设施体系，能够确保金融体系有效应对外部风险冲击，在不利局面乃至极端情况下，仍可保障金融体系正常运转。当前，中国金融基础设施存在支付清算隔绝、数据系统失能等潜在风险。首先，中国的支付清算系统在服务器、信息通道乃至关键技术等诸多方面都受到外部条件制约，一旦支付清算功能受限，金融体系的整体功能势必极大受损。其次，世界各国正围绕数据的存储和跨境流通的治理规则展开激烈博弈，数据治理规则体系建设对于维护国家金融安全的重要性进一步凸显。

有效防范化解重大风险，确保金融基础设施体系自主可控安全高效，是金融强国建设的重要任务。**第一，为了提高自主性，**要加快推进国产自主可控替代计划，深入推进金融基础设施架构转型，解决关键金融基础设施的"卡脖子"问题，提高核心技术的自主性和独立性。**第二，为了提高可控性，**要大力推进人民币跨境支付系统（CIPS）建设，完善极端情况下重要资源的支付清算备份系统。同时要加强金融基础设施跨境监管立法工作，健全金融基础设施监管规则以及对金融基础设施跨境行为的监管细则等，把握国际金融监管主导权，防范外部风险。**第三，为了提高安全性，**要提升系统重要性金融基础设施的抗风险能力，特别是要强化参与者数量多、市场占有率高、业务关联性大的系统重要性金融基础设施的应急处理机制和灾难备份机制建设，显著增强金融基础设施体系的韧性。**第四，为了提高效率，**要加强顶层设计，统筹谋划各类金融基础设施建设，增强登记、清算、交易、支付、征信等各类基础设施的协同性，提高互联互通水平。同时要加快推进金融基础设施数字化和智能化转型，在支付结算、登记托管、征信评级、数据库建设等领域推广数字技术的应用，以高质量金融"新基建"更好地适应金融业发展新要求。

五 结语

中国特色金融发展之路是贯穿习近平经济思想金融篇章的一条鲜明主线。这条道路是党和人民历经千辛万苦奋力开拓出来的，是一条尊重金融发展规律，符合当代中国实际，具有鲜明中国特色的道路，被实践证明是行之有效、成就卓著的，必须坚定不移走下去。

中国特色金融发展之路的历史逻辑内嵌于中国式现代化的大逻辑。立足国情，独立自主，走中国特色金融发展之路，是推进和拓展中国式现代化的必然选择。中国共产党在各个历史时期根据当时推进现代化面临的主要矛盾来制定金融工作方针，为破解前进道路上的关键难题提供了有效手段，助力创造了经济快速发展和社会长期稳定两大奇迹。各个时期的目标侧重有所不同，但都围绕推进现代化这条主线展开，服务于中国式现代化这个大局。

中国特色金融发展之路的理论逻辑在于，马克思主义金融理论是这条道路的魂脉，中华优秀传统文化以及受其浸润滋养的当代中国实际上是这条道路的根脉，魂脉与根脉的有机结合（"两个结合"）筑牢了这条道路的根基，使其具备了鲜明的中国特色。金融发展道路的中国特色集中体现在"八个坚持"上。首先，坚持党对金融工作的集中统一领导是根本遵循，坚持以人民为中心的价值取向体现了基本立场。第二，坚持把金融服务实体经济作为根本宗旨，坚持把防控风险作为金融工作的永恒主题，构成中国特色金融发展之路的两大核心任务。第三，基于经济发展和体制转型两大战略任务，努力实现金融改革发展稳定的"三维统一"，就必须坚持在市场化法治化轨道上推进金融创新发展，坚持深化金融供给侧结构性改革，坚持统筹金融开放和安全，坚持稳中求进工作总基调，这是走好中国特色金融发展之路的重大原则。

中国特色金融发展之路的现实逻辑是，在朝着第二个百年奋斗目标前进的新征程上，必须把推进中国式现代化作为最大的政治，把坚持高质量发展作为新时代的硬道理，以加快建设金融强国为目标，以金融高质量发展为主题，加快构建中国特色现代金融体系，坚定不移走中国特色金融发展之路。这就要求我们坚持以人民为中心的金融发展观，建立健全科学稳健的金融调控体系、结构合理的金融市场体系、分工协作的金融机构体系、完备有效的金融监管体系、多样化专业性的金融产品和服务体系、自主可控安全高效的金融基础设施体系。

展望未来，我们要坚定自信，在实践中探索完善中国特色金融发展之路，使这条路越走越宽广。在金融强国建设实践中，我们要增强金融思维和金融工作能力，坚持经济和金融一盘棋思想，统筹推进经济和金融高质量发展，为以中国式现代化全面推进强国建设、民族复兴伟业做出新的更大贡献。在金融理论研究中，我们要**坚持以习近平经济思想为指导，用好"两个结合"这个最大法宝，继续深入研究阐释中国特色金融发展之路的历史逻辑、理论逻辑和现实逻辑，讲好金融发展的中国故事，破解中国金融发展的迷思，推动新时代中国金融理论创新发展，加快建构中国自主的金融学知识体系**。

（执笔人：张晓晶、董昀、李广子、李俊成）

第一章

着力营造良好的货币金融环境

  2023年10月30—31日,中央金融工作会议在北京举行,会议总结了党的十八大以来金融工作的开展情况,分析了当前金融高质量发展面临的形势,并对下一阶段的金融工作进行了部署。金融是国民经济的血脉,也是国家核心竞争力的重要组成部分,中国想要实现高质量发展,离不开良好的货币金融环境。

  首先,货币政策要保持稳健,相关政策措施不大起大落,确保市场流动性合理充裕,保障货币供应量和社会融资规模增速同名义经济增速基本匹配,满足实体经济融资需求,切实降低融资成本;其次,资金供给结构要精准优化,加大对科技创新、先进制造、绿色发展和中小企业等重大战略、重点领域和薄弱环节的支持力度,运用好结构性货币政策工具,聚焦重点、有增有减,持续优化信贷结构;再次,货币政策节奏要平稳适度,做好跨周期和逆周期调节,建立反周期的货币调控体系,增强金融支持实体经济的稳定性,提高应对国内外冲击的能力;最后,金融领域也要注重自身的高质量发展,着力盘活存量资金,提高资金使用效率,在科技金融、绿色金融、普惠金融、养老金融、数字金融五大领域持续发力。当前,中国经济金融领域还存在一些问题,想要营造良好货币金融环境还需要从最基本的制度改革入手。作为主管金融工作的重要部门,中国人民银行的职责定位、货币发行方式、政策传导效率等

第一章　着力营造良好的货币金融环境

都与货币金融环境的营造息息相关，因此，本章重点从中央银行的视角探讨改进现有制度的可能路径。

本章第一节将从维护币值稳定和金融稳定两个方面指出建设现代中央银行制度对中国人民银行角色转变的要求；第二节探讨了以外汇占款为主渠道发行基础货币给中国经济发展带来的各种弊端，并进一步提出人民币发行制度改革的总体思路；第三节分析了中国当前货币政策传导渠道存在的堵点，并从中国人民银行的视角给出"宽信用"的可能措施。

一　建设现代中央银行制度

中央银行是一个国家中处于主导地位的重要金融机构，瑞典国家银行是世界上最早出现的中央银行，而英格兰银行则因为其率先向政府提供融资服务而被公认为是现代中央银行的鼻祖。经过3个多世纪的演进，如今的现代中央银行制度已经与设立初期有所不同，中央银行不再仅仅是"政府的银行"，而是要承担起货币政策制定和宏观审慎调控等责任，在维护经济稳定运行中扮演更重要的角色。党的十九届四中、五中全会和党的二十大都明确提出建设现代中央银行制度，立足新发展阶段，当下中国人民银行的主要任务是维护好币值稳定和金融稳定，为实现充分就业和经济增长奠定坚实基础。

（一）维护币值稳定

币值稳定方面，既要维护物价稳定，还要保证汇率在合理区间内波动，物价稳定和汇率稳定的最终目的都是保证私人部门手中的财富不会缩水，维护最广大人民群众的根本利益。[1] 近年来，全球经济面临的不

---

[1] 易纲：《建设现代中央银行制度》，《中国金融》2022年第24期。

确定性冲击较多，政策效果也难以预估，中国一直立足本国国情，坚持稳健的货币政策取向，不断提高政策的前瞻性、针对性和灵活性。总量政策上，中国通过调降存款准备金率释放流动性，从而在央行资产负债表基本稳定的情况下保持信贷水平适度增长。调整法定存款准备金率是央行传统的三大货币政策之一，但由于其效果强烈，往往会对经济状况和社会预期产生不确定性后果，甚至可能弊大于利。其一，调整存款准备金率涉及范围广、作用效果大，难以用于小幅调整货币供应量；其二，提高存款准备金率时，准备金水平处于边界线的金融机构容易产生流动性问题；其三，频繁调整存款准备金率会给金融机构带来不确定性，使其资产负债管理陷入困境；其四，调整存款准备金率实际上属于行政手段，不利于推动金融市场化。因此，改革存款准备金制度也是建设现代中央银行的重要工作之一。一方面，要对现有的法定准备金制度进行完善，针对不同的金融机构存款制定差异化的准备金率；另一方面，很多国家的央行开始采用"零准备"制度，金融机构无须在央行存有一定量的准备金余额，但要保证在其资产结构中持有一定规模的现金和高流动性资产。随着金融自由化的不断演进和金融创新的不断发展，中国也应当做好改革准备金率制度的准备。价格政策上，尽管2022年以来，全球主要央行纷纷持续加息并维持高利率状态，但中国始终立足国情保持审慎态度。2023年以来，为缓解当前经济运行中有效需求不足的问题，中期借贷便利中标利率不断下调，贷款市场报价利率（LPR）也随之调降，私人部门的信贷融资成本得到减轻。除了刺激信贷增长、释放"宽信用"信号，LPR利率的下调还意味着金融部门加大向实体经济的让利程度，伴随其他稳增长政策的落地，市场对经济发展的预期也会得到改善。与此同时，为维持合理利润和息差水平，中国商业银行存款利率今年也呈现出下调频率高、期限越长下调幅度越大的特点。低位运行的存款利率不仅为贷款利率进一步下调创造了空间，而且也挤出了银行存款来刺激消费。利率是宏观经济中的重要变量，其不仅是对延迟消费的补偿，还是重要的生产要素价格，利率的改变会间接影响社会生活中的方方面面，利率过高或过低都不利于经济平稳发展。现代中央银行同样要对利率进行精准调控，保持实际利率与潜在经济增速的基本匹配，维持物价水平稳定，使利率能够发挥促进资源合理配置的重要作用。汇率是人民币价值的另一重要表现形式，与利率不同，汇率水平是在利率政策的影响下主要由供求关系和市场预期决定。中国采取实行以市场供求为基础、参考一篮子货币进行调节、有管理的浮动汇率制度，人民币汇率双向浮动、富有弹性，能够很好地发挥促进宏观经济增长和国际收支平衡的作用。

可以发现，无论是调控"量"，还是调控"价"，现代中央银行的功能都在悄然发生变化，政策目标上更偏向于保证流动性的合理充裕，政策工具上更倾向于使用公开市场操作。21世纪以来，发达经济体央行也越来越依赖通过买卖政府债券提供流动性，货币政策与财政政策的协调配合变得更加重要。建设现代中央银行制度，中国还需要大力发展国债市场，改善国债流动性不高、换手率低的现状。首先，要逐渐扩大国债发行规模，并进一步优化国债发行机制。虽然从总量上看，中国宏观杠杆率已达到较高水平，但从结构上看，大部分负债率来源于企业部门和地方政府，中央政府的杠杆率水平仍在可控范围内，具有较大的承载能力。在发行机制方面，一方面可以考虑加大单只国债的发行额度，减少零散化发行的现象，提高国债规模化程度；另一方面要建立健全国债自动续发机制，在合理范围内增加续发次数，提高市场参与者的积极性。其次，要合理确定各期限国债的发行额度，健全国债收益率曲线。一是要提高短期国债的发行规模和占比，与此同时优化好债券期限结构，建立起涵盖各个期限的国债滚动发行机制。二是要增强国债持有者的交易意识，鼓励其通过买卖国债获得收益，尽量减少一直持有至到期的状况，提高二级市场的换手率，充分发挥国债的价格发现功能，并逐步建立起一条期限连续、结构合理、市场认可，能够同时连接货币市场、债券市场和信贷市场的收益率曲线。三是大力发展债券衍生品市场，引导更多大中型金融机构，尤其是商业银行运用国债期货进行风险管理。同时要推出更多的国债期货产品，与现货、回购交易对接，形成风险对冲组合。最后，要推进债券市场基础设施建设，通过统筹监管和互联互通实现债券市场的安全高效运行。目前，中国债券市场托管结算基础设施存在着碎片化的问题，债券监管有中国人民银行、证监会两大体系，债券市场有中央结算公司、上海清算所、中国证券登记结算有限责任公司三大托管结算结构，这种分裂的结构既割裂了市场又降低了效率，应当考虑顺应市场规律，集中统一运行托管结算基础设施。

（二）维护金融稳定

金融稳定方面，央行要实现从"最后贷款人"到"最后做市商"的角色转变，即不局限于救助传统银行和金融中介，还要针对更广泛的金融市场和金融产品进行救助，守住不发生系统性金融风险的底线。2008年国际金融危机期间，主要经济体央行通过多种非常规方式向市场提供了流动性支持，遏制了恐慌情绪的蔓延并避免了金融资产的大规模抛售，给"主流"货币政策理论与实践带来了较大冲击，现代中央银行的职能定位也迎来重塑。当金融机构的流动性需求超常增加且无法通过其他方式获取资金时，承担"最后贷款人"职责的央行会对其提供流动性救助。随着金融工具的不断丰富，传统信贷渠道的替代方式越来越多，金融市场各参与主体的关系也变得错综复杂。在危机中，金融产品可能会被集中抛售，资产价格大幅跳水，金融市场的交易和融资功能被迫陷入停滞，货币政策的传导效果也可能受到影响。此时，仅仅对金融中介进行救助很难抑制恐慌情绪的蔓延，无法帮助市场快速恢复交易。以美联储为代表的部分发达经济体央行在危机救助中便扮演起"最后做市商"的角色，通过买卖相关产品或者接受相关资产作为抵押的方式对更广泛的金融市场和金融产品提供救助。针对这种角色转变，学术界也存在一些争议，一方面中央银行的"兜底"能够有效解决危机中的集中抛售问题，帮助金融市场快速回归正常交易状态，更直接地为非银金融机构甚至是实体经济提供帮助；另一方面这种救助措施也具有退出难的弊端，并有可能引发道德风险，扭曲市场运行，甚至使央行资产负债表恶化。中长期来看，非常规货币政策的常态化使用还会模糊央行与财政的关系，其带来的大量货币投放还有可能为后续货币政策操作埋下隐患。但不可否认的是，2007年美国爆发的次贷危机打破了央行原有的宏观调控框架，央行的职责被显著拓宽，维护金融稳定成为大多数央行关注的重要目标。危机的发生让央行意识到温和通胀和经济增长并不一定意味着金融稳定，货币政策也不一定是防范金融风险的最有效工具。

当前，中国金融稳定领域还存在一些制度性问题。一是中国的"最后贷款人"一直以来都在提供隐形的完全担保，金融机构的被救助预期被不断强化，在经营过程中有恃无恐。二是尽管监管层面已经意识到金融领域现存的监管问题并进行了改进，成立了金融稳定发展委员会对各种交叉业务进行协调监管，功能监管和行为监管受到重视，但由于行政监管依旧是主流监管方式且具有滞后性的弊端，"一抓就死，一放就乱"的问题仍然存在。例如在2018年之前宽松的监管环境下，银行、券商、信托等各种通道业务发展迅速，与此同时也酝酿了很多潜在风险，在监管的大力打压下，相关业务戛然而至，随之而来的却是不小的市场动荡。三是随着中国金融市场的不断发展，业务覆盖范围广的金融控股公司层出不穷，特别是商业银行理财子公司纷纷成立，这使得各类金融业务的联系更加紧密，各种金融产品的结构也越来越复杂，各类金融机构的风险溢出效应也越来越明显。2023年，《中华人民共和国金融稳定法》提请审议，该法律的出台将进一步健全各部门、各层级之间的监管分工和协调合作，建立起法制化的金融稳定长效机制。基于中国的特殊国情，针对中国的金融监管现状，中国的"最后贷款人"制度还需要做出以下改进。首先，现如今的金融环境相比于传统理论提出的时代有很大变化，市场失灵成为危机蔓延的主要因素，依靠市场自救很难快速摆脱困境，因此，中央银行要承担起更大的责任，除了对特定金融机构进行救助，还要扮演"做市商"角色，承接被大规模抛售的金融资产，活跃金融市场。其次，虽然央行可以在危机时直接购买出现流动性问题的信用资产，但是从维持整个金融体系正常运作的角度出发，中央银行应该收取更高的风险溢价，提供低于市场价格的资产担保下限。如果央行在做市时没有附加惩罚性的手续费，机构会预期最终总会有央行兜底而在平时对流动性疏于管理。央行应当避免积极做市，从而退化为"最先做市商"，真正的金融风险防范重点在于日常运行机制的设计。最后，由于在危机发生时，央行很难快速、全面了解问题资产信息，所以在平时就应当加强穿透式监管，及时掌握商业银行和其他非银类金融机构的资产情况，减轻央行与金融机构之间的信息不对称问题，缩短危机发生时的反应时间。此外，央行还应当加强与其他监管部门的协调配合，在危机中共同向问题对象提供救助。

中国人民银行最新发布的《中国金融稳定报告（2023）》指出，当下中国经济发展面临的外部环境错综复杂，国际上地缘政治冲突持续发酵，粮食和能源安全问题仍未解决，全球通胀水平高位运行，相关经济体加息的外溢效应明显，国内需求不足问题亟待解决，支持稳住宏观经济大盘，风险防范化解处置成为金融稳定工作的主要内容。不难看出，建立系统性的金融风险防控体系是现代中央银行制度的重要组成部分，中国人民银行也一直致力于健全维护金融稳定的长效机制。展望未来，中国人民银行会更加注重从完善体制机制的角度防范系统性金融风险。一是借助提高名义经济增长率的方式稳定宏观杠杆率，从结构上看，中国政府杠杆率仍有上升空间，通过扩张中央政府资产负债表替代私人部门资产负债表收缩，可以起到逆周期调控的效果；二是稳妥化解信贷风险，特别是中小微企业及个人经营贷贷款风险、同业交易对手信用风险，以及房地产融资风险；三是加快推进金融稳定保障体系建设，特别是以非信贷资产、新型金融机构和金融市场产品为主的新型金融风险的监测预警处置体系。

二 改革人民币发行机制

货币发行机制是控制一国基础货币供应量的关键，与汇率稳定和货币政策的有效性息息相关，也是建设现代中央银行制度的题中应有之义。在实践中，货币当局发行基础货币的渠道主要有四大类：一是购买财政部发行的国债；二是购买外汇；三是对金融机构进行再贷款操作；四是购买黄金。目前各国普遍采用的货币发行方式是前两种，其中发达国家主要采用第一种方式，出口导向的发展中国家主要采用第二种方式。在这几种渠道中，基础货币都形成了稳定的回流机制，货币当局通过对国债、外汇、黄金等储备资产进行买卖来控制基础货币的发行规模，进而控制储备资产的价格、影响公众预期并进一步达到推动实体经济发展的效果。

（一）以外汇占款为主要货币发行准备资产：演进和问题

自加入世界贸易组织至2013年，中国的货币发行机制以外汇占款为主，即中央银行将外汇资产作为储备，然后按照相对稳定的汇率投放基础货币。央行获得外汇的渠道主要有两种：海外企业的直接投资以及中国企业的对外贸易顺差。在第一种渠道中，境外投资者基于中国经济发展的良好前景，将外汇资产兑换成人民币并投资于国内产业，中央银行资产负债表中的国外资产增加，基础货币也随之增加。在第二种渠道中，中国常年保持的"双顺差"贸易结构使企业和居民手中持有大量外汇，在强制结售汇制度下，微观主体必须将这些外汇卖给商业银行进行结汇并获得相应的人民币；商业银行进一步将外汇转手至中央银行，后者再通过发行货币购买外汇。2001—2013年，在贸易顺差和僵化的汇率形成机制的共同作用下，中国外汇占款规模越来越大，成为中国发行货币的主要渠道，人民币几乎都是以美元为基础发行的。这种受制于人的货币发行机制不仅阻碍了中国内需经济发展，而且助推了中国货币金融领域的诸多乱象。

从宏观层面看，以外汇占款为主渠道投放基础货币是造成中国基础设施建设成本高昂和地方政府债务高企的因素之一。在当代不兑换货币的制度下，如果中央政府能够通过增加开支创造货币，并通过发行国债收回过剩的流动性，基础设施的价格就可以被大幅降低。地方政府也可以在一定程度上缓解因财权事权不匹配造成的资金压力，从而不必借助第三方平台获得基础设施建设所需的高息融资，当前的政府债务问题也不会如此严重。而在外汇占款成为主要货币发行渠道的背景下，中国铁路等基础设施建设不得不从银行或投资者处进行融资，巨额利息支出抬高了其服务价格，也成为制约内需发展的重大阻力。总之，由于外汇占款取代了国债，成为基础货币发行的主要途径，中国难以通过增加财政赤字的方式弥补基础医疗、义务教育等社会保障方面存在的资金缺口。

此外，中国外汇占款主要是通过境外资本直接投资和对外贸易顺差形成的，这也对国内实体经济发展和产业结构转型升级造成了影响。一方面，外国直接投资和流入的热钱并没有达到支持实体经济的效果，反而是进入房地产等投机领域导致大量资金在信贷体系内空转。倘若以中央政府开支的方式发行货币，那么政府支出不论是用于基础设施建设，还是用于提高社会福利水平，最终都会购买私人部门提供的劳务或产品，达到推动实体经济发展的效果。另一方面，庞大的贸易顺差规模导致中国的产业结构以服务外需为主，成为扩内需、调结构的隐患。以外汇占款为主导的货币发行机制使得持有美元的外向型企业或外资企业更有机会通过结汇的方式获得人民币，并且能够吸引更多劳动力、原材料等生产要素，从而获得长足的发展，但中国主要面向内需的民营企业却因资源受限而受到压制。而且，中国的外向型产业多以产业链低端的产品加工为主，外国企业严控关键的核心技术，阻碍了国内的产业结构转型升级。加工贸易以外商投资企业为主导的格局不仅限制了中国原有的技术基础发挥作用而且不利于国内配套产业的提高，削弱了加工贸易对产业结构的调整效果。另外，外商投资企业还会将工艺水平低下、环境污染严重的产业转移至中国，对中国的生态环境造成不可挽回的后果。

从微观层面看，巨大的外汇占款规模加重了民营企业融资难融资贵的局面，并进一步助长了影子银行的滋生。强制结售汇制度和不断增加的外汇占款削弱了中国通过银行信贷渠道进行货币政策操作的能力，这不仅为外资企业创造了不受中国人民银行控制的灰色地带，还挤占了主要为内需服务的民营企业生存空间。由于大部分基础货币都通过结售汇方式掌握在持有美元的外资企业手中，央行为了避免因超发货币导致的通货膨胀，不得不提高存款准备金率和发行央票回收流动性。这些信贷紧缩措施不会对处在美元经济中的外资企业产生较大影响，反而会使中国的民营企业无法通过正规渠道从银行体系中融得资金。另外，外汇占款的货币发行方式还使得央行无法通过购买国债为政府财政支出提供货币供给，以"四万亿"计划为代表的大规模政府投资对民间投资产生了严重的"挤出效应"，推高了金融体系的利率水平，加剧了民营企业融资难融资贵的问题。

进一步地，由于外汇占款抬高的银行存款准备金利率高于存款利率，商业银行不得不提高贷款利率以抵补成本，进而导致了以商业银行理财产品为代表的影子银行业务疯狂扩张。事实上，商业银行并不是所谓"银行理财产品"的发行者，其只是起到一个信用增信的效果，真正的产品发行者是以影子银行形式存在的信托等非银金融机构。由于影子银行部门、资金需求者、理财产品投资者都在商业银行存有账户，因此理财产品的运作无非资金在银行户头间的划转，如此一来商业银行就更有动力在资金不足、资产规模受限的情况下躲开金融监管与影子银行合作，影子银行的业务规模随之扩张，大量资金由此进入到房地产、基建等杠杆率高周转率低的行业，货币活性降低。与此同时，在中国财权事权不匹配以及政治晋升锦标赛体制的推动下，地方政府通过第三方平台大肆融资，向"僵尸型"企业注入大量信用资源，"钱荒"随之出现。一方面是货币信贷的不断扩张，另一方面是实体经济的流动性短缺，究其原因就在于影子银行在监管盲区将资金贷给了地方政府融资平台和房地产等周转周期较长的行业，理财产品和项目建设的期限错配不断地推高着理财产品的收益率。这些资金没有借助银行信贷渠道直达实体经济，而是通过一系列加杠杆操作在金融体系内空转，积累了大量风险。特别是在国际金融市场动荡不安的当下，一旦出现投资失败或者流动性危机，由影子银行引发系统性风险的概率将会大幅提高。

（二）改革人民币发行机制的总体思路

事实上，由于对外经济交往状况发生显著改变，中国的外汇占款规模从2013年起就开始逐渐下降，人民币的发行模式也随之发生了一些变化，央行开始经常通过逆回购操作向市场上注入货币，并创设了中期借贷便利、常备借贷便利等工具对流动性进行微调。相比于央票发行，回购操作更加灵活便利，央行的货币政策主动权有所上升。但2013年以来发生的这些转变仅仅是一个开始，中国的货币发行机制还需要更深刻的财政金融制度调控改革。

基础货币的发行机制是攸关一国财政金融制度的根本问题，能够自主选择以何种方式发行货币是货币主权的重要体现形式。按照现代货币理论的观点，货币主权是国家主权之一，是一国调控货币供给和建立财政金融制度的关键所在。任何一个主权国家都拥有自己的主权货币，它本质上是主权政府印发的一种信用凭证。政府发行主权货币的同时，依靠国家的税收机制创造了私人部门对本币的需求，即人们必须用本币进行支付以完成税收义务，如此一来，主权政府就可以保证其发行货币的价值。征税也不是政府"剥削"民众的手段，而只是政府回收货币的方式，其目的主要有以下三个：一是通过税收明确主权货币的地位，由于只能用主权政府规定的货币缴纳税款，私人部门自然会对主权货币有需求；二是通过征税的方式削弱民众部分的消费能力，从而减少通货膨胀压力；三是通过税收实现社会财产的再分配。

在实施浮动汇率制度的主权国家，其发行的主权货币是取之不尽用之不竭的，因为其总能够支付起所有使用本币进行的购买，所以并不会陷入债务违约的泥沼。虽然主权政府不会面临财政金融的制约，但这并不意味着他们可以不受限制地过度支出，因为在实际中还存在着真实资源和政治意愿的约束。与主流观点不同，现代货币理论认为，政府应该是先通过支出发行货币，再通过征税回收货币。在真实的经济体系中，财政部支出在央行的资产负债表上体现为财政部存款账户的减少和商业银行准备金账户的增加，与此同时财政部交易对手方在商业银行的存款增加；当私人部门缴纳交易税款时，其在商业银行的存款减少，商业银行在央行的准备金账户也随之减少，货币得到回流。在这种逻辑框架下，首先是中央政府通过开支使得货币进入经济体，其次是私人部门通过交易获得需要的货币，最后是中央政府依靠纳税使资金实现回笼。但征税只是中央政府收回债务凭证的手段，并不是为其赤字融资，财政赤字只是政府支出和收入情况的表现形式。当政府向经济体中注入的资金超过其通过纳税回收的资金时，就表明银行体系的准备金流向了实体经济，银行间利率水平就会下降，此时中央政府就可以通过发行债券的形式收回流动性，从而保证利率在目标区间内运行。因此，发行国债也只是货币政策的一部分，而不是中央政府向私人部门借贷的方式。

进一步地，当政府财政支出小于税收收入时，说明个人部门手中的货币不足以缴税；当政府财政支出等于税收收入时，说明个人部门获得的货币刚刚能够使其承担起纳税义务，但手中不会有盈余；只有当政府财政支出大于税收收入时，私人部门才会拥有货币资产。也就是说，正是中央政府持续处于赤字状态，非政府部门才会拥有净资产，这是因为政府部门和非政府部门的收支逻辑完全相反，中央政府以负债方式发行的货币恰恰是私人部门净储蓄的来源，所以在贸易平衡或者封闭经济体中，存在：财政赤字=私人部门的净盈余。在现代货币理论中，上述等式被表述为一种更一般的方式：国内政府部门盈余+国内私人部门盈余=0，考虑开放经济情况时，等式被扩展为：国内政府部门盈余+国内私人部门盈余+外国部门余额=0，这里的外国部门余额会由于对外贸易状况呈现出正值、负值或零值。在这个等式中，国内政府部门盈余为负说明该国中央政府出现财政赤字；国内私人部门盈余为正说明该国私人部门手中持有净资产；外国部门余额为正说明本国出口小于进口，对外贸易逆差。如果假设美国私人部门的盈余为0，那么美国政府部门的财政赤字规模就等于美国的贸易逆差额。而在之前很长一段时间，中国对外贸易呈现出"双顺差"的局面，考虑到中美贸易中使用美元进行结算和计价的情况，这就意味着中国的对美贸易顺差组成了美国财政赤字的一部分。也就是说，美国政府用不断贬值的美元换取了中国的实际

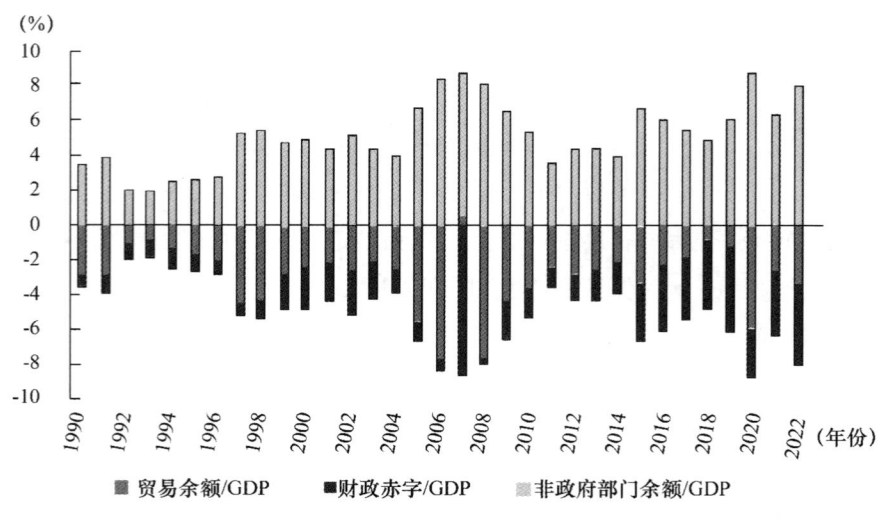

图1—1　1990—2022年中国部门平衡状态

资料来源：Wind资讯。

资源来为其经济发展服务，而这部分外汇占款也挤占了中国本可以通过财政赤字自主发行货币的空间。①

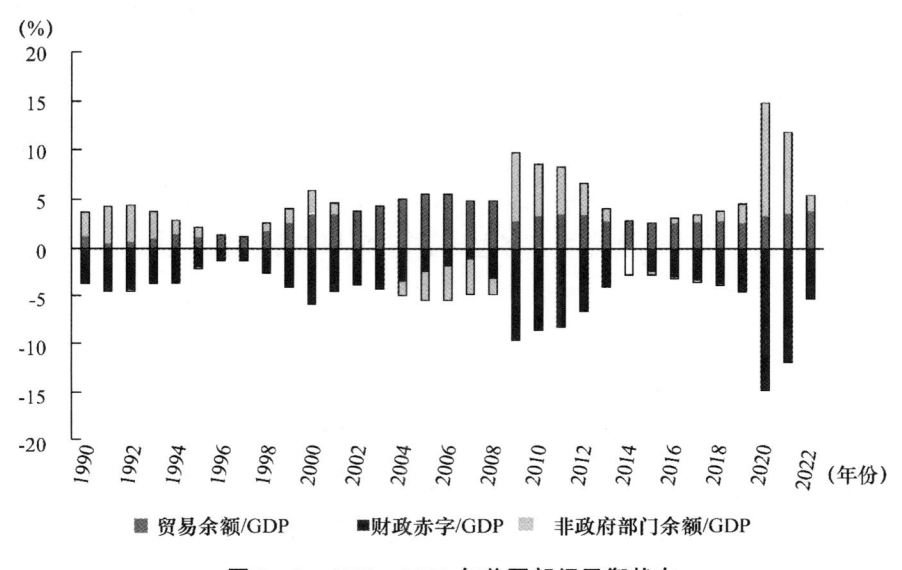

图 1—2　1990—2022 年美国部门平衡状态

资料来源：Wind 资讯。

目前，外汇占款在人民币基础货币发行中的比例仍然占到了 60% 左右。与财政赤字的货币发行模式相比，虽然二者都造成了商业银行体系中准备金的增加，但由于外汇占款发行的是基础货币，在货币乘数的作用下，其造成的流动性过剩情况更为严重。而且，在赤字开支的情况下，央行和财政部会通过国债发行吸收过剩的流通货币；在外汇占款情况下，央行发行的央票虽然也起到了抑制通货膨胀的效果，但其本质上是一种短期政府债券，流动性受到限制，不利于国债市场的发展。中国以政府开支发行货币的渠道之所以会被外汇占款所挤占与之前出口导向

---

① 贾根良：《财政货币制度的革命与国内大循环的历史起源》，《求索》2021 年第 2 期。

的发展模式息息相关，在提出"双循环"新发展格局战略构想之前，中国实施的一直是以出口为导向的外向型发展战略。这不仅导致中国的产业体系以外需为主，形成内需疲弱的"二元经济"结构，而且大幅度减少了中国可用于生产的实际资源，还削弱了政府的财政能力。目前，美元依旧占据着国际贸易结算的主导地位，在这种情况下，中国应该改变经济发展着力点，专注于国内大循环，用国内政府部门的赤字取代进出口，采取贸易平衡甚至是略有逆差的对外贸易新政策。这样一来，国内的实际资源就可以更好地服务于国内经济发展，政府部门也能够运用财政赤字解决国内发展的重大问题，财政能力和货币垄断权得到充分保护。

通过财政赤字开支来提供基础货币，政府不仅可以直接为改善民生水平、提高社会保障提供支持，从而促进最终消费；还能为加强自主创新、推动新基建注入资金，从而减少私人部门的投资风险，提高其投资收益，调动企业的投资热情。但这并不意味着政府赤字就是推动经济发展的不竭动力，事实上，在贸易平衡战略中，政府财政赤字只是为私人部门提供货币供给。当外国部门的余额为零时，私人部门的净货币就完全来自政府部门的财政赤字，政府部门的开支则会被用于提供本国的公共产品和提高国民的福利水平，而不是像在贸易顺差时那样用于服务别国的经济发展。也就是说，一国经济发展的真正引擎应当是本国居民的物质文化消费，而不是以货币手段存在的财政赤字。显然，中国一旦开始采取贸易平衡战略，就必须大力发展广阔的国内市场，深度挖掘本国的需求潜力。具体来看，就是通过推动各部门之间形成互为供需的国内大循环，最终实现国内经济的一体化。一是着力提高特困户、农民工等群体的收入水平，并建立起企业利润与工人收入循环累积的循环机制；二是形成沿海地区和内陆地区合理分工的国内大市场；三是实现农村和城市的互为市场的有效对接。同时，在提振内需的过程中不应当忽视科技创新的重要性，因为只有不断提高技术水平才能够满足人民日益增长的物质文化需求，只有掌握核心关键技术才能不在国际博弈中受制于人。

此外，中国还可以借由贸易逆差策略提高人民币的国际化水平，逐步提高使用人民币进行计价和结算的对外贸易占比。为此，中国应当逐步加大对自然资源、低端加工产品的进口，实现贸易逆差；并出口高端科技产品和知识密集服务，实现贸易顺差，并在总体上保持逆差状态。可想而知，随着这些措施的不断推进，中国的贸易逆差将会不断攀升，但中国不能效仿美国，肆无忌惮地侵占他国的实际资源，而应当在一定范围内实施略有逆差的对外贸易新战略。首先，如果过分夸大进口带来的效益，不仅会像美国那样将绝大部分制造业转移至其他国家，造成"去工业化"的产业格局，还有可能在对外经济交往中完全走上金融化的道路；其次，较大规模的贸易逆差也不适合中国这种大体量的发展中国家，应当正视中国劳动人口基数大、大量就业岗位需要制造业提供的国情，避免因转型过快导致国内社会动荡；最后，正如前面分析的那样，大规模的贸易逆差实质上是用本国的廉价货币换取他国的真实资源，是一种剥削行为，中国应当将通过贸易逆差获取的收益通过转移支付或国际援助的方式回馈给贸易伙伴，打造中国负责任的国际形象。

三　畅通货币政策传导渠道

央行发行货币后，注入银行系统内的流动性如何触达实体经济是现代金融体系需要解决的另一个重要问题。与美国不同，中国的社会融资结构仍以间接金融为主，银行业金融机构是传导货币政策的重要载体。近几年来，中国人民银行多以稳健的基调实施推进货币政策，通过总量、价格等货币政策工具营造宽松的货币环境。但政策端的"宽货币"并不完全意味着融资端的"宽信用"，实体经济部门的信用扩张表现为融资意愿上升、融资便利性增强和融资能力提高。相比于宽信用，宽货币的工具属性更强，其主动权往往掌握在货币当局手中，而宽信用的目的属性更强，在一定程度上衡量着宽货币的效果。在宽货币向宽信用传导的链条中，金融部门与实体部门相互作用，其传导效果一方面取决于货币和信用供给力度，另一方面取决于融资需求。在供给层面，央行发挥"宽货币"的基础作用，控制基础货币投放的总阀门；在中介层面，商业银行等金融机构发挥枢纽作用，通过信贷、利率、资产价格、汇率、预期五大渠道创造或转移信用；在需求层面，实体部门通过消费、投资等行为承接信用投放。宽信用能否实现就取决于以上三个节点的实现以及各环节之间的传导是否顺畅。

（一）"宽货币"难以"宽信用"

目前，中国的货币环境还较为宽松，而信用中介层面通常面临流动性约束、资本金约束、成本约束、监管约束四个层面的问题。流动性方面，商业银行常常会面临清算、提现、法定存款准备金要求等约束，外汇形势的变化也可能会使中国的商业银行体系面临较大的流动性缺口。为此，中国人民银行通常使用降准、再贴现、中期借贷便利以及鼓励商业银行发行金融债等方式为符合要求的商业银行提供相对低成本的流动性支持，缓解其流动性压力。资本金方面，为防范系统性金融风险的发生，金融监管部门常常会对商业银行各级资本金数量有相应的要求。一旦资本金不足，商业银行就难以开展信贷活动和投资活动，其信用创造能力也会受到约束。从实践中看，支持商业银行通过发行永续债、二级资本债等方式来补充资本金是缓解其资本金压力的有效方式，央行还特意创设了CBS来提高永续债的流动性。成本方面，商业银行本身是一种营利机构，息差收窄后，即使资金来源充足，利润的降低也会拉低其贷款投放意愿。另外，随着经济增长模式的改变，以往过度依赖房地产和城投的经营方式已经不可持续，这也会对商业银行未来的资产配置产生影响。因此，央行在降低社会总体融资成本的同时，也要注重向信用中介提供低成本的资金支持，同时规范存款市场来稳定商业银行的负债

第一章 着力营造良好的货币金融环境

成本。除了以上三种约束，监管政策也是商业银行信用创造过程中面临的另一大限制，比如为分散风险，监管层面可能会要求商业银行降低对某特定行业或区域的贷款集中度。

缓解中介层面的多重约束也只是在信用扩张的供给端发力，而中国宽信用的主要矛盾目前集中在需求端，实体部门的融资需求能否被激发是宽信用能否实现的关键。2023年以来，中国M1增速显著低于M2增速，这意味着流动性高的货币在实体经济中沉淀了下来，货币活化程度持续减弱，经济的即期有效需求仍在下降，实体经济的活跃度有待提高。

事实上，自2022年开始，中国存款增长速度就明显快于负债增长速度，呈现出持续走阔的"存贷剪刀差"。目前，居民部门的存款是中国存款高增的主要推动力量，企业部门和政府部门的"存贷剪刀差"也在持续扩大。在这种背景下，中国的货币流通速度也较为缓慢，充裕

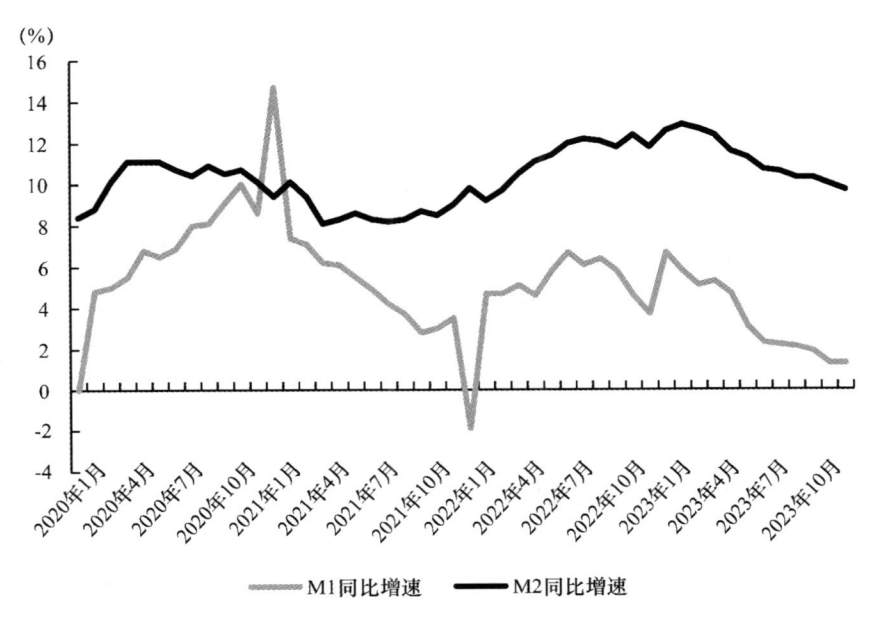

图1—3 M1和M2同比增长率的变化趋势

资料来源：中国人民银行。

的流动性并不能转化为真实的经济增长，社会潜在需求无法充分释放。从居民端看，首先，2020年新冠疫情以来，居民收入增速下降、收入来源不稳定，更重要的是未来的不确定性加大使得居民信心降低，消费倾向明显下滑，预防性储蓄意愿增强。其次，在房地产市场景气度持续下行和中国人口老龄化的不断演进下，居民购房需求日渐低迷，最终推涨了被动储蓄。最后，在货币供给宽松和实体经济融资疲软的背景下，银行间市场流动性持续宽裕，利率低位运行。货币基金收益率不高叠加资本市场表现不佳限制了居民的投资需求，存款被动增加。从企业端来看，新冠疫情带来的"疤痕效应"在短期内很难完全消散，利润率的降低使得企业减少投资。而居民的悲观预期又反过来对企业盈利能力产生负向影响，居民持有资金无法有效转化为企业部门的生产资本，企业存款活化程度不佳。加杠杆方面，央企、国企依旧是主力，民企投资增速持续低位运行，说明投资意愿不强。此外，居民和企业的存款都出现了定期化倾向，改善私人部门资产结构任重道远。经济能够实现内生性增长的理想循环模式为：企业通过融资获得生产成本，继而销售产品获取收入，向员工支付工资并向股东分红。居民增加消费或者加大实业投资，企业进一步获得生产资金，继而循环往复，货币得到流通。但目前中国居民高储蓄、低消费、少投资的行为使得资金无法回流至企业，而销售终端的需求疲软又使得企业没有增加投资的意愿。最终陷入企业不扩大生产、居民不增加消费的恶性循环，货币流通速度大大降低，货币政策效果大打折扣。

（二）警惕资金空转现象

货币供应端资金供给充裕，货币需求端却疲软乏力，货币当局释放的流动性很有可能存在空转现象。2023年，《对金融工作情况报告的意见和建议》指出："我国M2增幅高，M1增幅低，二者不相匹配，原因之一在于货币资金在银行间空转，或在银行与大企业之间轮流转，面向中小企业的信贷资金渠道不畅。"① 具体来看，资金空转包含两层含义，第一类是指资金完全在金融体系内部流转而没有流向实际生产领域，仅仅带来金融同业负债规模的上升和资产价格的上涨，属于纯粹的资金套利行为；第二类是指资金虽然流向了实体经济，但是在资金流转过程中融资链条被拉长，融资成本被不断推高，金融风险也在多层嵌套过程中不断聚集，出现这种现象的主要原因是金融机构为了应付监管或者达到考核标准。以中国目前的经济运行情况来看，资金通过同业存单空转套利的现象并不明显，银行间的资金空转现象主要体现为回购市场的套利，而资金在银行和大企业之间的空转则表现为票据融资套利。由于商业银行通过发行存单和发起质押式回购融得的资金不需要缴纳存款准备金，所以理论上银行可以通过发行同业存单和质押式回购无限扩张负债规模。但是央行对金融机构展开的宏观审慎评估考核限制了同业负债比例，2016年第四季度开始的金融去杠杆就是主要针对同业存单引发的资金空转现象。从那之后银行对金融部门的负债占比逐渐下降，同业存单规模基本保持平稳，资金在银行体系中通过同业存单空转套利的现象并不明显。而银行质押式回购规模自新冠疫情以来大幅上涨，2023年8月，银行间质押式回购规模约为8万亿元，较2020年之前的日均成交量不足4万亿元翻了一番。2023年7月，隔夜回购成交量占银行间质押式回购的比例达到91%的高点，几乎与2015—2016年金融去杠杆之前的水平相当，在流动性较为充裕的背景下，金融机构"滚隔夜"操作依旧如此频繁，说明金融市场内部存在以回购市场套利为主要模式的资金空转现象。除了规模大幅攀升，2023年以来参与质押式回购净融资的机构类型也发生了显著变化。传统上，大型商业银行及政策行、股份制银行和农商行通常是资金融出方，非银机构是主要的资金融入

---

① 《对金融工作情况报告的意见和建议》，中国人大网，2023年11月22日，http://www.npc.gov.cn/c2/c30834/202311/t20231122_433090.html。

方。2023 年，大型商业银行及政策行净融出规模大幅上升，股份制银行净融出规模下降，农商行由资金融出变为资金融入，城商行净融入规模显著加大，基金产品和证券公司的资金融入额也大幅上升。大型商业银行和政策行几乎成为唯一的资金融出机构，大量城商行、农商行和非银机构依靠回购市场进行套利。资金在银行体系和大企业之间的空转主要表现为票据融资。2023 年以来，有不少大型企业从银行获得低息贷款或借助票据融资取得低成本资金后去购买理财产品套利，这种以低成本信贷资金购买结构型存款的情况在 2020 年也曾经发生过，最终会导致金融资源不能流向真正的需求方。

此外，外部环境的改变还使得货币政策传导机制面临一些新现象和新挑战。首先，新冠疫情期间很多国家都采取了非常规的货币政策操作，不断扩张的央行资产负债表令货币政策的边际效率逐步递减。现代货币理论强调货币政策与财政政策的协调，极力推崇财政赤字货币化，但是对政府投资的过度依赖极易固化扭曲的经济结构，降低经济发展速度。其次，影子银行的大量滋生和金融创新的蓬勃发展均拉高了货币乘数、降低了商业银行超额准备金率，货币政策中介目标与最终目标的相关性也越来越低，货币当局难以通过控制中介目标来有效调控经济。最后，经济全球化程度的不断深化也使得各国货币政策通过汇率、利率、贸易等渠道对他国产生外溢效应，每个国家都难以忽视其他国家的货币政策而独善其身。

针对中国货币政策传导过程中存在的堵点，货币政策还需进一步缓解银行信贷供给面临的流动性约束、资本约束和利率约束，并加强与财政政策的协调联动。一是引导存款利率下行，并进一步建立健全公平竞争的市场环境。当前中国利率市场化改革已经取得了一些成效，但银行存款利率并没有随着政策利率和资产端利率同比变动，高位运行的存款利息增强了居民的储蓄意愿，降低了货币流通速度，制约了宽货币向宽信用的传导。同时，由于存款利率跟不上贷款利率的下降速度，银行面临较大的息差压力，不仅使其自身陷入经营困境，而且限制了银行在资产端进一步让利的能力，进而影响到债券利率的下行，制约了金融机构发挥信用中介的作用。2023年以来，政策已经开始引导国有大行和股份行自主调降存款挂牌利率，并将存款利率市场化定价情况纳入审慎评估考核。存款利率补降缓和了银行净息差缩窄的压力，货币政策传导有效性得到了提升，但想要进一步加快货币流通速度，在短期内还需进一步推动存款利率曲线下移并加强贷款利率定价自律管理，防止个别银行为完成贷款投放要求以极低利率发放贷款。在长期内，为推动贷款利率市场化，要建立起财务硬约束制度，将定价权放在财务纪律约束强的机构并推动实现优胜劣汰的竞争机制。二是加强货币政策与财政政策的协调配合，充分发挥政策合力提高传导效率。在财政收支变化比较大的月份，通过降准、公开市场操作和中期借贷便利投放等多种方式，熨平流动性波动。针对中国商业银行持有国债比例较高的现状以及下一步增发国债的实际需要，推动商业银行开展国债柜台业务，通过优化服务、丰富业务品种，吸引更多企业和个人投资者购买国债，在保障政府债券顺利发行的同时，加快促进直接融资发展。并通过建立健全激励机制和完善财政贴息、政府奖补、融资担保等配套机制，有效引导银行优化信贷结构，进一步增加对基建领域、重大战略、重点领域和薄弱环节的资金供给，协同推进经济结构调整。[①]

总之，想要营造良好的货币金融环境，作为货币当局的中国人民银行任重而道远，不仅要建设现代中央银行制度，实现角色转变，而且要改革现有的基础货币发行机制、畅通货币政策传导渠道，优化政策效能。职责担当方面，金融创新的发展和金融工具的丰富给央行提出了新的要求，央行不能局限于救助传统银行和金融中介，还要针对更广泛的金融市场和金融产品进行救助，守住不发生系统性金融风险的底线。货

[①] 贾根良：《财政货币制度的革命与国内大循环的历史起源》，《求索》2021年第2期。

币发行方面，以外汇占款为主渠道发行基础货币不仅是阻碍中国内需经济发展的重要原因，也是引起中国货币金融领域诸多乱象的重要推手，"以债为锚"发行货币，用国内财政赤字替代净出口刻不容缓。畅通政策传导方面，中国货币供应端资金供给充裕，货币需求端却疲软乏力，中国人民银行一方面要缓解信用中介面临的成本压力，另一方面也要加强货币政策和财政政策的协调配合，多措并举提振实体经济需求。

（执笔人：费兆奇、谷丹阳）

第二章

做好科技金融大文章

党的二十大报告指出，要加快实现高水平科技自立自强，强化企业科技创新主体地位。作为一种有效的资源配置方式，金融业可以在促进科技创新方面发挥重要作用。2023年，中央金融工作会议强调，要把更多金融资源用于促进科技创新、先进制造，大力支持实施创新驱动发展战略，做好科技金融这篇大文章，加强对新科技、新赛道、新市场的金融支持，加快培育新动能新优势。本章首先从理论层面对科技金融的发展路径进行探讨，在此基础上系统梳理中国在发展科技金融方面的政策与实践，最后就未来一个时期中国科技金融发展提出政策建议。

一 科技金融发展的理论基础

科技金融是指通过创新金融产品，改进服务模式，搭建服务平台，实现科技创新链条与金融资本链条的有机结合，为科技企业提供融资支持和金融服务的一系列政策和制度安排。科技金融的服务对象是科技创新活动。一项科技创新的生命周期通常包括研发期、上升期、成熟期和衰退期四个阶段。科技创新活动的风险性总体上随着生命周期的延后呈现出递减趋势。在科技创新活动的早期，其风险通常比较高；随着进入生命周期的后期，科技创新活动的风险会下降。

从科技金融的角度看，一方面，科技创新面临较大的不确定性，由此决定了科技创新活动具有的高风险特征，金融机构在支持科技创新时将面临较高的风险；另一方面，中国金融体系以银行体系为主导，总体风险偏好相对较低，与科技创新所具有的高风险特征无法匹配。因此，从理论上说，发展科技金融的关键在于通过有效的制度安排使得金融机构的风险偏好与科技创新活动的风险特征更好地匹配。基于这种逻辑，可以从政府支持、金融供给、金融需求等多方面着手，提高金融供求双方的风险匹配程度。具体来看，科技金融发展的路径主要有以下四个方面。

第一，发挥政府在促进科技创新的作用。从政府支持角度看，政府可以在匹配金融机构和科技企业风险之间发挥重要作用，弥补市场机制的失灵。潜在的措施包括：一是营造良好的法治环境。健全的法治体系是市场运行的基础，能够有效保护科技企业和金融机构的合法权益，减少金融机构在支持科技企业过程中所面临的不确定性。知识产权是处于初创期的科技企业最重要的一项资产，加强知识产权保护能够有效降低科技企业经营风险，增加科技企业创新的动力。Fang 等基于中国的研究发现，私有化能够促进国有企业创新，且这种效果在知识产权保护好的地区更加明显。[1] 相反，当一个地区法治环境较差时，市场主体的合法权益无法得到保障，科技企业和金融机构面临的不确定性更高，开展创新的动力就会下降。一个区域法治环境较差时，一般会伴随腐败行为。Ellis 等基于美国州层面数据的分析表明，一个州的腐败程度越高，该州的创新能力越差，说明腐败对创新产生了阻碍作用。[2] 除了腐败问题，Xu 发现，政府经济政策不确定性程度

---

[1] Fang, L., Lerner, J. and Wu, C., 2017, "Intellectual Property Rights Protection, Ownership, and Innovation: Evidence from China", *Review of Financial Studies*, 30 (7): 2446 – 2477.

[2] Ellis, J., Smith, J. and White, R., 2020, "Corruption and Corporate Innovation", *Journal of Financial and Quantitative Analysis*, 55 (7): 2124 – 2149.

越高，企业面临的融资成本会越高，进而越不利于创新。[①] 在这一研究中，政府经济政策不确定性以 Baker 等[②]所构建的经济政策不确定性指数来衡量。二是通过财税优惠政策鼓励企业创新。具体包括为科技企业从事科技创新活动提供财政补贴、实施优惠的税收政策等，以此降低科技企业运营成本和风险，提高其风险抵抗能力。税收是企业所面临的一项主要运营成本，税负的高低会对企业的创新能力产生重要影响。Mukherjee 等发现，较高的公司税率会对企业创新产生阻碍作用，不仅影响到企业的专利申请和研发投入，还会影响到企业对新产品的引入；[③] 与之类似，Atanassov 和 Liu 认为，税收减少了企业用于抵押的收入，对其开展创新活动的动机造成了扭曲，进而对创新造成损害。[④] 他们的实证研究发现，降低公司税收会促进企业创新，但这种作用会滞后 2 年左右。三是发挥国有资本的带动作用。与社会资本主要追求经济效益不同，国有资本具有一定的政策性属性，需要兼顾经济效益和社会效益，体现国家意志，其风险偏好可以根据经济社会发展总体需要进行灵活调整。国有资本的这种特点决定了其可以在支持科技创新方面发挥重要作用，弥补市场失灵。

第二，通过提高金融发展水平增加对科技企业的资金供给。从金融供给角度看，提高金融发展水平有助于提升金融机构整体风险偏好。原因在于，当金融发展水平较低时，金融业竞争程度一般也比较低，资金供给主体相对较少。在这种情况下，金融资源是一种稀缺资源，往往处

[①] Xu, Z., 2020, "Economic Policy Uncertainty, Cost of Capital, and Corporate Innovation", *Journal of Banking and Finance*, 111, 105698.

[②] Baker, S., Bloom, N. and Davis, S., 2016, "Measuring Economic Policy Uncertainty", *Quarterly Journal of Economics*, 131 (4): 1593 – 1636.

[③] Mukherjee, A., Singh, M. and Zaldokas, A., 2017, "Do Corporate Taxes Hinder Innovation?", *Journal of Financial Economics*, 124 (1): 195 – 221.

[④] Atanassov, J. and Liu, X., 2020, "Can Corporate Income Tax Cuts Stimulate Innovation?", *Journal of Financial and Quantitative Analysis*, 55 (5): 1415 – 1465.

于供不应求的状态。金融机构作为金融资源的拥有者，会更愿意选择那些风险相对较低的资金需求主体，风险偏好会比较低，那些风险较高的科技企业很难从金融体系中获得金融资源。随着金融发展水平的提高，资金供给主体会增多，金融业竞争更加充分。在低风险资金需求主体数量既定的情况下，会有更多的金融机构提高风险偏好，将资金投向那些风险相对较高的科技企业。换言之，金融发展水平的提高会增加金融业竞争，有助于提高金融机构的风险偏好，增加对科技企业的资金供给。增加金融供给对科技创新的促进作用得到很多研究的证实。比如，Amore 等研究表明，美国银行业跨州经营管制的取消对创新活动的质量和数量都起到重要的促进作用。[1] 从其他国家情况看，Wellalage 和 Fernandez 基于东欧和中亚国家的研究表明，中小企业的产品和工艺创新与外部融资的发达程度呈现正相关关系，对于处于创业早期阶段的中小企业来说尤其如此。[2] Ayyagari 等基于 47 个发展中国家的数据的研究发现，外部融资的便利性有助于促进中小企业创新。[3] 作为金融体系的主体，银行业发展在很大程度上决定了金融发展水平。Benfratello 等基于意大利银行业的研究表明，银行业发展能够有效促进企业的工艺创新，但对产品创新的影响并不明显。[4] 庄毓敏等得到了类似的研究结论。[5] 一些研究从相反的角度证明，一旦金融发展水平下降，会对创新产生阻碍作用。比如，Nanda 和 Nicholas 发现，在大萧条期间，一个区域的银

---

[1] Amore, M., Schneider, C. and Zaldokas, A., 2013, "Credit Supply and Corporate Innovation", *Journal of Financial Economics*, 109 (3): 835 – 855.

[2] Wellalage, N. and Fernandez, V., 2019, "Innovation and SME Finance: Evidence from Developing Countries", *International Review of Financial Analysis*, 66, 101370.

[3] Ayyagari, M., Demirguc-Kunt, A. and Maksimovic, V., 2011, "Firm Innovation in Emerging Markets: The Role of Finance, Governance, and Competition", *Journal of Financial and Quantitative Analysis*, 46 (6): 1545 – 1580.

[4] Benfratello, L., Schiantarelli, F. and Sembenelli, A., 2020, "Banks and Innovation: Microeconometric Evidence on Italian Firms", *Journal of Financial Economics*, 90 (2): 197 – 217.

[5] 庄毓敏、储青青、马勇：《金融发展、企业创新与经济增长》，《金融研究》2020 年第 4 期。

行陷入危机的程度越严重，这个区域企业创新受到的负面冲击就越大。① 与之类似，Hardy 和 Sever 的跨国研究表明，金融危机特别是银行业危机对于那些外部融资依赖程度高的企业创新行为产生了长期的负面影响。②

第三，通过适当的制度设计提高金融机构的风险偏好。金融机构作为金融供给的主体，适当提高金融机构的风险偏好，促使金融机构有意愿将资金投向那些不确定性较大的科技创新领域，对于满足科技企业金融需求具有重要作用。与金融有关的潜在制度设计包括：一是为科技企业的债务融资提供保险。这种保险可以在科技企业发生违约的情况下帮助债权人减少损失，进而提高债权人向科技企业提供融资的积极性。相关的保险产品包括贷款保证保险、信用违约互换（CDS）等。Chang 等基于美国数据的研究发现，企业的信用违约互换（CDS）交易能够对企业的创新行为产生有效的促进作用。③ 在发行信用违约互换（CDS）以后，企业的债权人风险容忍度更高，企业的风险承担意愿也更高，会愿意开展风险更高、原创性更强的创新活动。二是设立风险偏好相对较高的风险投资基金。大量研究证实，与信贷资金相比，股权资金能够从科技企业的长期成长中分享收益，因此其风险偏好更高，能够更好地促进创新。④ 尽管如此，不同类型的股权投资机构在促进创新方面发挥的作用是不同的。以是否愿意投资业绩表现较差的企业来衡量风险投资（VC）的失败容忍度（Tolerance for Failure），Tian 和 Wang 考察了风险

---

① Nanda, R. and Nicholas, T., 2014, "Did Bank Distress Stifle Innovation during the Great Depression?", *Journal of Financial Economics*, 114（2）：273-292.

② Hardy, B. and Sever, C., 2021, "Financial Crises and Innovation", *European Economic Review*, 138, 103856.

③ Chang, X., Chen, Y., Wang, S., et al., 2019, "Credit Default Swaps and Corporate Innovation", *Journal of Financial Economics*, 134（2）：474-500.

④ Hall, B. and Lerner, J., 2010, "The Financing of R&D and Innovation", *Handbook of the Economics of Innovation*, 1：609-639；钟腾、汪昌云：《金融发展与企业创新产出——基于不同融资模式对比视角》，《金融研究》2017 年第 12 期。

投资的失败容忍度对企业创新的影响，结果显示，风险投资的失败容忍度越强，越有利于企业创新。① Brav 等发现，对冲基金是否积极也会对企业创新产生影响。② 他们发现，对冲基金对目标企业的干预会对企业的创新产生促进作用。Chemmanur 等的研究表明，与一般风险投资机构相比，由企业出资设立的风险投资基金（Corporate Venture Capital，CVC）产业背景更强，能够更好地识别创新领域的风险，因此能够更好地促进创新。③ 三是在企业内部建立有效的内部资本市场。内部资本市场有助于减轻资金供求双方的信息不对称，提高资金供给方对科技创新活动的风险识别能力。对于那些拥有不同业务板块、分子公司数量较多的大型企业集团来说，完善企业内部资本市场、实现资金在企业集团内部不同部门之间的有效配置对于促进创新具有重要作用。Belenzon 和 Berkovitz 基于欧洲数据的研究表明，与独立的公司相比，当一家公司隶属于特定企业集团时，其创新能力会更强。④ 其原因主要在于企业集团形成了有效的内部资本市场，缓解了企业在开展创新活动中所面临的资金约束。四是通过优化金融机构的股权结构提高金融机构的风险偏好。从金融机构的角度看，不同股东拥有的风险偏好是不同的。股东的风险偏好又可以向金融机构传导，影响金融机构的风险偏好。因此，通过引入风险偏好较高的股东，比如引导科技创新类企业、民营企业等入股金融机构，适当提高金融机构的风险偏好，有助于提高金融机构对科技创新企业的风险识别能力和融资意愿。五是差异化的金融监管政策。差异

---

① Tian, X. and Wang, T., 2014, "Tolerance for Failure and Corporate Innovation", *Review of Financial Studies*, 27 (1): 211–255.

② Brav, A., Jiang, W., Ma, S., et al. 2018, "How does Hedge Fund Activism Reshape Corporate Innovation?", *Journal of Financial Economics*, 130 (2): 237–264.

③ Chemmanur, T., Loutskina, E. and Tian, X., 2014, "Corporate Venture Capital, Value Creation, and Innovation", *Review of Financial Studies*, 27 (8): 2434–2473.

④ Belenzon, S. and Berkovitz, T., 2010, "Innovation in Business Groups", *Management Science*, 56 (3): 519–535.

化的监管政策对于提高金融机构的风险偏好也是非常重要的。比如，监管部门对于金融机构向科技企业提供的贷款设置不同的风险容忍度，提高金融机构服务科技企业的积极性。

第四，通过特定的金融工具提高各类人才创新积极性。从金融需求角度看，科技创新活动的关键是人才，充分发挥各类人才的积极性对于提高创新的效率、降低创新活动的不确定性至关重要。其中，可以发挥金融工具在激励人才方面的作用。潜在的金融工具包括：一是股票期权。科技企业可以向企业内部的关键人员提供股票期权，使其能够分享到创新活动所产生的长期收益，从而提高其开展创新活动的积极性。Chang 等证实了员工股票期权对企业创新行为的促进作用，其原因是股票期权提高了员工的风险承担意愿。[1] 二是高管责任险。通过为企业高管购买责任保险，使企业高管在创新失败的情况下仍能够获得一定的物质保障，从而提高高管开展创新活动的积极性。方军雄和秦璇基于中国上市公司的研究发现，董事高管责任保险与公司创新行为显著正相关，说明董事高管责任保险有助于减少高管决策时的后顾之忧，进而改善了公司创新决策。[2] 除了高管责任险，Manso 的理论分析表明，针对企业高管建立起有效的长期激励机制、提高工作的稳定性能够促进创新。[3]

二 中国科技金融发展的政策与实践

从风险匹配角度看，近年来中国在科技金融方面出台了一系列政策，推动科技金融实践不断发展。这一部分从宏观政策框架、金融供

---

[1] Chang, X., Fu, K., Lowa, A., et al., 2015, "Non-Executive Employee Stock Options and Corporate Innovation", *Journal of Financial Economics*, 115 (1): 168 – 188.

[2] 方军雄、秦璇：《高管履职风险缓释与企业创新决策的改善》，《保险研究》2018 年第 11 期。

[3] Manso, G., 2011, "Motivating Innovation", *Journal of Finance*, 66 (5): 1823 – 1860.

给、金融需求等方面对相关政策和实践进行总结梳理。其中,与金融供给有关的政策和实践包括增加资金供给、发挥国有资本的作用、提高资金供给主体的风险偏好、创新金融服务等;与金融需求有关的主要是增强科技企业的抗风险能力。

(一)宏观政策框架

党的十八大以来,党中央、国务院陆续在国家层面出台了一系列文件,构成了中国宏观层面科技金融发展的顶层设计。

2012年9月23日,为全面落实《国家中长期科学和技术发展规划纲要(2006—2020年)》,中共中央、国务院印发了《关于深化科技体制改革加快国家创新体系建设的意见》,提出了加快国家创新体系建设的21条意见,是党的十八大以来中国在加快建设国家创新体系方面的顶层设计。在科技金融方面,提出要创新金融服务科技的方式和途径,具体包括:推广知识产权和股权质押贷款;加大多层次资本市场对科技型企业的支持力度,扩大非上市股份公司代办股份转让系统试点;培育和发展创业投资,完善创业投资退出渠道,支持地方规范设立创业投资引导基金;积极开发适合科技创新的保险产品等。

2014年提出"大众创业、万众创新"以后,国务院于2018年9月发布《关于推动创新创业高质量发展打造"双创"升级版的意见》,从引导金融机构有效服务创新创业融资需求、发挥创业投资支持创新创业作用、拓宽创新创业直接融资渠道、完善创新创业差异化金融支持政策等方面提出完善创新创业金融服务的意见。

2023年6月,国务院通过《加大力度支持科技型企业融资行动方案》,从改善科技企业融资方面做出了更为明确的部署。强调要引导金融机构根据不同发展阶段的科技型企业的不同需求,进一步优化产品、市场和服务体系,为科技型企业提供全生命周期的多元化接力式金融服务。把支持初创期科技型企业作为重中之重,加快形成以股权投资为主、"股贷债保"联动的金融服务支撑体系。加强科技创新评价标准、知识产权交易、信用信息系统等基础设施建设。

(二) 增加金融供给

基于上述国家层面的政策框架,近年来中国在增加科技企业金融供给方面采取了一系列新举措,比较有代表性的包括设立科技创新再贷款、建立科技支行等。截至2023年6月末,中国高技术制造业中长期贷款余额2.5万亿元,同比增长41.5%,增速连续3年保持30%以上;科技型中小企业贷款余额2.36万亿元,同比增长25.1%,增速连续3年保持在25%以上;全国"专精特新"企业贷款余额为2.72万亿元,同比增长20.4%,增速连续3年保持在20%以上。

1. 设立科技创新再贷款

科技创新再贷款是中国人民银行设立的再贷款种类,旨在引导金融机构加大对科技创新的支持力度,撬动社会资金促进科技创新,是增加科技企业金融供给的一种直接方式。2022年4月,中国人民银行设立科技创新再贷款,支持范围包括"高新技术企业"、"专精特新"中小企业、国家技术创新示范企业、制造业单项冠军企业等科技企业。科技创新再贷款额度为2000亿元,利率1.75%,期限1年。采取"先贷后借"的直达机制,金融机构向企业发放贷款后,中国人民银行对符合要求的贷款期限6个月及以上的科技企业贷款,按本金的60%提供资金支持。

2. 建立科技支行

科技支行是商业银行设立的主要服务于科技企业的专营机构,在增加科技企业金融供给方面发挥了积极作用。其优势主要体现在两个方面:一是能够结合科技企业的金融需求特点开发有针对性的金融产品和服务,更好地满足科技企业的金融需求;二是在绩效考核等方面采取差异化的政策,更好地匹配科技创新活动的风险特征。2014年1月,中国人民银行等六部委联合印发《关于大力推进体制机制创新扎实做好科技金融服务的意见》，提出创新从事科技金融服务的金融组织形式。鼓励银行业金融机构在高新技术产业开发区、国家高新技术产业化基地等科技资源集聚地区通过新设或改造部分分（支）行作为从事中小科技企业金融服务的专业分（支）行或特色分（支）行。鼓励银行业金融机构在财务资源、人力资源等方面给予专业分（支）行或特色分（支）行适当倾斜，加强业务指导和管理，提升服务科技创新的专业化水平。2024年1月，国家金融监管总局发布《关于加强科技型企业全生命周期金融服务的通知》，提出鼓励银行保险机构在科技资源集聚的地区，规范建设科技金融专业或特色分支机构，专注做好科技型企业金融服务，并结合科技企业的生命周期提供金融服务。从实际来看，目前主要商业银行纷纷在科技企业较为集中的区域设立了科技支行。

（三）发挥国有资本的作用

前文已经述及，国有资本的风险偏好可以根据经济社会发展总体需要进行灵活调整，可以在支持科技创新方面发挥重要作用。国有资本支持科技创新的形式主要有政府产业引导基金、政策性银行、政策性担保等。

1. 政府产业引导基金

政府产业引导基金是由财政资金出资，吸引有关地方政府、金融、投资机构和社会资本，不以营利为目的，以股权或债权等方式投资于创业风险投资机构或新设创业风险投资基金，是发挥国有资本在支持科技创新中作用的重要抓手。政府引导性基金本质是不以营利为目的的创业引导基金，是通过政府注资增信和让利，来撬动社会资金，与商业资金形成互补，弥补"市场失灵"。目前中国已经在中央和地方政府层面设立了立体多元的产业引导基金体系。截至2023年上半年，中国共设立2143只政府引导基金，目标规模约12.91万亿元人民币，已认缴规模约 6.6 万亿元人民币。[1]

近年来，中国在国家层面设立的政府引导基金包括国家科技成果转化引导基金（2011）、国家新兴产业创业投资引导基金（2015）、中国国有资本风险投资基金（2016）、国家级战略性新兴产业发展基金（2018）、国家制造业转型升级基金（2019）、先进制造产业投资基金（2015）、先进制造产业投资基金二期（2019）等。其中，截至 2022 年，国家科技成果转化引导基金累计设立 36 只子基金，资金总规模 624 亿元。[2]

在基金管理方面，2015 年 11 月，财政部《政府投资基金暂行管理办法》，对政府投资基金的设立、运作、风险控制和退出等进行规范。2019 年 9 月，财政部制定了《中央引导地方科技发展资金管理办法》，规范和加强中央财政对地方转移支付资金管理，提高资金使用效益，2021 年 11 月对该办法进行了修订完善。

2. 政策性银行

政策性银行贷款是国有资本支持科技创新的另一种重要形式。政策性银行贷款具有期限长、资金额度大、利率低、不以营利为目的等特点，与商业银行贷款形成互补。2021 年 11 月，中国银保监会发布《关于银行业保险业支持高水平科技自立自强的指导意见》，提出要积极发挥开发性、政策性金融作用。鼓励开发性、政策性银行积极为科技创新提供中长期融资支持。要在风险可控、依法合规前提下，积极参与符合职能定位的产业基金，合理提高转贷款业务中的科技型小微企业融资比重。

为加大政策性银行贷款支持科技创新的力度，国家在扩大政策性银行资金来源方面出台了有针对性政策。2021 年 9 月，科技部办公厅、

---

[1] 《财税加力支持民企拓市场》，《经济日报》2023 年 12 月 21 日。
[2] 《中华人民共和国 2022 年国民经济和社会发展统计公报》。

国家开发银行办公室联合发布《关于开展重大科技成果产业化专题债有关工作的通知》，提出力争通过发行专题债为科技成果转化提供融资100亿元以上，引导社会资金加大对科技创新链后端成果转化与产业化的金融支持。2022年4月19日，国家开发银行在全国银行间债券市场成功发行首单100亿元"重大科技成果产业化"专题金融债券，为向科技企业发放贷款进行融资。

3. 政策性担保

与贷款或股权投资相比，担保能够发挥更大的杠杆作用。国有资本通过设立政策性担保机构，为科技企业融资提供担保进而带动更多社会资本投向科技企业。2015年8月，国务院出台《关于促进融资担保行业加快发展的意见》，提出大力发展政府支持的融资担保机构。研究设立国家融资担保基金，推进政府主导的省级再担保机构基本实现全覆盖，构建国家融资担保基金、省级再担保机构、辖内融资担保机构的三层组织体系。在国家层面，2018年9月，财政部联合中国工商银行等20家银行及金融机构共同发起成立国家融资担保基金，首期注册资本661亿元人民币。国家融资担保基金坚持政府性融资担保的准公共定位，按照"政策性导向、市场化运作、专业化管理"的运行模式，采取再担保分险、股权投资等方式。其中，创业创新和战略性新兴产业是其重点支持的领域。

（四）提高资金供给主体风险偏好

中国金融体系以银行为主导，整体风险偏好偏低。因此，提高资金供给主体的风险偏好对于满足科技企业的金融需求十分重要。

1. 促进创投机构发展

不同于银行体系，创投机构以股权形式将资金提供给科技企业，可以从科技企业的长期成长中分享投资收益，由此决定了其较高的风险偏好。与发达国家相比，中国创投机构发展相对滞后，促进创投机构发展是中国近年来政策发力的一个重点领域。2016年9月，国务院发布《关于促进创业投资持续健康发展的若干意见》，鼓励各类机构投资者和个人依法设立公司型、合伙型创业投资企业，通过多渠道拓宽创业投资资金来源，加强政府引导和政策扶持。在税收方面，提出要统筹研究鼓励创业投资企业和天使投资人投资种子期、初创期等科技型企业的税收支持政策。作为一项具体举措，2018年5月，财政部和税务总局联合发布《关于创业投资企业和天使投资个人有关税收政策的通知》，规定公司制创业投资企业采取股权投资方式直接投资于种子期、初创期科技型企业满2年的，可以按照投资额的70%在股权持有满2年的当年抵扣该公司制创业投资企业的应纳税所得额，以此来降低创业投资企业的税负。在相关政策的扶持下，近年来中国创业投资机构发展较为迅速。中国证券投资基金业协会数据显示，截至2023年11月，中国存续私募基金153698只，存续基金规模20.61万亿元。其中，存续私募证券投资基金98090只，存续规模5.73万亿元；存续私募股权投资基金31379只，存续规模11.12万亿元；存续创业投资基金22977只，存续规模3.20万亿元。与之相比，2023年11月末中国人民币贷款余额236.42万亿元。可以看到，创投基金规模与银行贷款相比仍然存在巨大差距。

2. 设立科创板

科创板主要服务于初创期的中小型科技创新公司，是多层次资本市场体系的重要组成部分，也是利用资本市场服务科技企业的一个重要载体。与其他板块不同，科创板对投资者提出了更高的要求。根据规则，科创板的投资者在申请权限开通之前的20个交易日，证券账户及资金账户内的日均资产不得低于50万元，参与证券交易24个月以上，且个人风险评估等级为R4及以上，风险承受能力为C4及以上，对科创板基础知识、业务规则及风险事项有所了解，知识测评不低于85分。可以看到，科创板的投资者要求具有较好的金融专业知识，同时有着较强的风险偏好和风险承受能力。换言之，科创板通过限定投资者的范围提高了资金供给主体的风险偏好，从而能够与科技企业的高风险特征更好地匹配。证监会于 2019 年 1 月 30 日发布《关于在上海证券交易所设立科创板并试点注册制的实施意见》，在上交所新设科创板，重点支持新一代信息技术、高端装备、新材料、新能源、节能环保以及生物医药等高新技术产业和战略性新兴产业，为科技企业提供。2019 年 7 月 22 日，科创板正式开市。同年 8 月，证监会发布《科创板上市公司重大资产重组特别规定》，对科创公司并购重组行为进行规范。截至 2023 年 12 月末，已经有 566 家科技企业在科创板上市，总市值达到 6.46 万亿元。

3. 提高保险公司风险偏好

保险资金是中国金融体系的重要资金来源之一。截至 2022 年年末，中国 32 家保险资产管理公司管理资金总规模为 24.52 万亿元。作为一种长期性资金，保险资金与科技创新活动所具有的长周期特征具有较高的匹配性，提高保险资金的风险偏好对于解决科技企业融资难题具有重要意义。2023 年 9 月，国家金融监督管理总局印发《关于优化保险公司偿付能力监管标准的通知》，从以下三个方面引导保险公司服务实体经济和科技创新：第一，对于保险公司投资沪深 300 指数成分股，风险因子从 0.35 调整为 0.3；投资科创板上市普通股票，风险因子从 0.45 调整为 0.4。第二，对于保险公司投资国家战略性新兴产业未上市公司股权，风险因子为 0.4。第三，科技保险适用财产险风险因子计量最低资本，按照 90% 计算偿付能力充足率，即特征系数为 -0.1。通过降低投资科技企业资产的风险因子，减少了保险公司资本占用，提高了保险公司的风险偏好，增加了保险资金对科技企业的投资积极性。

（五）创新金融服务降低信息不对称

1. 投贷联动

投贷联动是指金融机构以"信贷投放"与"股权投资"相结合的

方式为科技企业提供融资服务。从风险匹配角度看，一方面，投贷联动可以使得金融机构在提供信贷资金的同时，通过股权投资所产生的收益抵补信贷资金可能产生的风险，从而实现风险和收益的匹配；另一方面，金融机构可以在信贷投放和股权投资过程中实现信息共享，降低资金供求双方的信息不对称。投贷联动主要有内部联动和外部联动两种模式。

内部投贷联动模式主要是"银行+投资子公司"模式，是指银行业金融机构以"信贷投放"与本集团设立的具有投资功能的子公司"股权投资"相结合的方式，投资功能主要由银行业金融机构所属集团设立的具有投资功能的子公司来完成。其政策依据是2016年4月银监会联合科技部、中国人民银行发布的《关于支持银行业金融机构加大创新力度开展科创企业投贷联动试点的指导意见》。首批试点地区包括北京中关村国家自主创新示范区、武汉东湖国家自主创新示范区、上海张江国家自主创新示范区、天津滨海国家自主创新示范区、西安国家自主创新示范区；首批试点银行包括国家开发银行、中国银行、恒丰银行、北京银行、天津银行、上海银行、汉口银行、西安银行、上海华瑞银行、浦发硅谷银行10家银行。从实际情况来看，这种模式还存在一些问题：一是试点范围较小。目前仅有10家银行开展投贷联动试点，一些服务科技企业的金融机构缺乏投贷联动试点，无法开展相关业务。二是银行因投贷联动业务持有的企业股权资产风险权重偏高。根据《商业银行资本管理办法》，投贷联动过程中纳入集团合并报表管理的子公司所投股权的风险权重为1250%，对银行资本的消耗较大，降低了银行开展投贷联动业务的积极性。

外部投贷联动模式主要是"银行+投资机构"模式，是指银行与投资机构达成战略合作，对部分投资机构已经投资的企业给予信贷及其他金融产品支持；同时，银行可与投资机构签署选择权协议，约定在投资机构出售目标企业股权获得超额收益后，银行按照一定比例获取分成，间接分享被投企业的股权回报。2021年11月，中国银保监会发布的《关于银行业保险业支持高水平科技自立自强的指导意见》提出，鼓励银行机构在风险可控前提下与外部投资机构深化合作，探索"贷款+外部直投"等业务新模式，推动在科技企业生命周期中前移金融服务。从实际中看，这种模式在实际中较为普遍，特别是对于那些未设立投资子公司的商业银行。这种模式的问题在于，由于银行和外部投资公司之间相互独立，导致二者之间在项目筛选、信息共享等方面协同程度不够，投贷联动对科技企业的支持作用没有得到充分发挥。

2. 知识产权融资

知识产权是科技企业最为重要的一种无形资产。发展知识产权融资有助于降低资金供求双方信息不对称，实现风险更好的匹配，对于发展科技金融意义重大。2014年1月，中国人民银行等六部门联合发布《关于大力推进体制机制创新扎实做好科技金融服务的意见》，提出要大力发展知识产权质押融资。加强知识产权评估、登记、托管、流转服务能力建设，规范知识产权价值分析和评估标准，简化知识产权质押登记流程，探索建立知识产权质物处置机制。积极推进专利保险工作。2015年3月，国家知识产权局出台《关于进一步推动知识产权金融服务工作的意见》，鼓励和支持金融机构广泛开展知识产权质押融资业务，推动并支持银行业金融机构开发和完善知识产权质押融资产品。力争到2020年全国专利权质押融资金额超过1000亿元，专利保险业务开展范围至少覆盖50个中心城市和园区。2016年12月，国务院发布《关于印发"十三五"国家知识产权保护和运用规划的通知》，提出完善"知识产权+金融"服务机制，深入推进质押融资风险补偿试点。2017年9月，国务院颁布《国家技术转移体系建设方案》，提出开展知识产权证券化融资试点，鼓励商业银行开展知识产权质押贷款业务。2019年8月，银保监会联合国家知识产权局、国家版权局发布了《关于进一步加强知识产权质押融资工作的通知》，明确提出对知识产权质押融资实施差异化监管政策，对于商业银行知识产权质押融资不良率高出自身各项贷款不良率3个百分点（含）以内的，可不作为监管部门监管评级和银行内部考核评价的扣分因素。商业银行应当进一步建立健全符合知识产权质押融资特点的内部尽职免责机制和科学的绩效考核机制。在有关政策的推动下，中国知识产权质押融资发展较为迅速。截至2022年年末，全国专利商标质押融资额达4868.8亿元，连续三年保持40%以上增速。2023年上半年，全国专利商标质押融资金额达到2676.6亿元，同比增长64.6%，质押项目1.6万笔，同比增长56.9%。其中，质押金额在1000万元以下的普惠性专利商标质押项目占比72.5%，惠及中小微企业1.1万家，同比增长54.4%。在知识产权质押贷款证券化方面，2022年在沪深交易所成功发行的知识产权证券化产品总规模为216亿元，在总资产证券化中占比约为1.1%。尽管如此，中国知识产权融资规模仍然偏小。

3. 科技企业债务融资工具

科技企业债务融资工具是专门针对科技企业开发的债务融资工具，由科技企业直接发行。目前有代表性的创新性债务融资工具包括科创企业债、科创票据等。从风险匹配角度看，科创企业债、科创票据等债务融资工具属于高收益债务工具，主要面向风险偏好较高的投资者，有助于实现资金供求双方风险的匹配。

科创企业债是由科创企业发行的债券，是科创企业通过资本市场获取融资的一种金融工具。2017年7月，证监会出台《关于开展创新创业公司债券试点的指导意见》，开展创新创业公司债试点。创新创业公司债是指符合条件的创新创业公司、创业投资公司依照有关法律规章发行的公司债券。其中，创新创业公司是指从事高新技术产品研发、生产和服务，或者具有创新业态、创新商业模式的中小型公司，创业投资公司是指向创新创业企业进行股权投资的公司制创业投资基金和创业投资基金管理机构。2022年11月，证监会和国资委联合发布《关于支持中央企业发行科技创新公司债券的通知》，支持高新技术产业和战略性新兴产业及转型升级等领域中央企业发行科技创新公司债券。2023年4月，证监会出台《推动科技创新公司债券高质量发展工作方案》，从优化融资服务机制、扩大科技创新资金供给、提升科创债交易流动性、健全科创债评价考核制度等方面提出了促进科技创新公司债券发展的若干意见。

与科创企业债相似，科创票据是另一种面向科技企业的创新性债务融资工具。2020年5月，银行间交易商协会发布《关于升级推出科创票据相关事宜的通知》，将科创类融资产品工具箱升级为科创票据。2022年5月26日，中信银行南京分行成功发行全国首单科创票据3亿元。截至2023年6月末，科技型企业发行科创票据的余额达到了2264亿元，科技创新公司债券的余额达到了2258亿元。

4. 科技保险

科技保险是指对科技企业或研发机构在研发、生产、销售、售后以及其他经营管理活动中，因各类现实面临的风险而导致科技企业或研发机构的财产损失、利润损失或科研经费损失等，以及其对股东、雇员或第三者的财产或人身造成现实伤害而应承担的各种民事赔偿责任，由保险公司给予保险赔偿或给付保险金的保险保障方式。科技保险在降低企业开展创新活动风险方面发挥了积极作用。近年来，中国在科技保险方面进行了一系列探索。财政部、工业和信息化部、银保监会于2015年2月发布《关于开展首台（套）重大技术装备保险补偿机制试点工作的通知》，开展首台（套）重大技术装备保险补偿机制试点。由保险公司针对重大技术装备特殊风险提供定制化的首台（套）重大技术装备综合险，承保质量风险和责任风险；装备制造企业投保，装备使用方受益，中央财政对符合条件的投保企业保费适当补贴。① 2017年9月，工

---

① 2019年5月，财政部、工业和信息化部、银保监会联合出台《关于进一步深入推进首台（套）重大技术装备保险补偿机制试点工作的通知》，对这一政策进行了完善。

业和信息化部、财政部、保监会联合发布《关于开展重点新材料首批次应用保险补偿机制试点工作的通知》，决定建立新材料首批次应用保险补偿机制。此外，部分地方政府在科技保险产品创新方面也进行了很多尝试。比如，《深圳市关于金融支持科技创新的实施意见》提出，鼓励保险机构推出、推广首台（套）重大技术装备综合保险、重点新材料首批次应用综合保险、软件首版次质量安全责任保险。鼓励符合条件的保险公司发展高新技术企业出口信用保险，持续优化线上投保关税保证保险。鼓励有条件地区开展科技保险风险补偿试点。研究将科技项目研发费用损失保险、专利保险、知识产权海外侵权保险、数据知识产权被侵权损失保险等纳入市级专项资金的支持范围。

（六）增强科技企业抗风险能力

从金融服务的需求方来看，增强科技企业的抗风险能力对于实现资金供求双方的风险匹配同样十分重要。研发费用是科技企业的一项主要支出。研发费加计扣除是按照税法规定在开发新技术、新产品、新工艺发生的研究开发费用的实际发生额基础上，再加成一定比例，作为计算应纳税所得额时的扣除数额的一种税收优惠政策。换言之，通过实施研发费加计扣除能够帮助科技企业抵减更多的税收，降低税负。因此，提高研发费用加计扣除比例有助于降低科技企业经营成本，提高科技企业抵抗风险能力，降低科技企业的风险。中国的研发费用加计扣除政策始于 2007 年 12 月国务院颁布的《中华人民共和国企业所得税法实施条例》，并在之后不断优化完善。该条例第九十五条规定，对于企业为开发新技术、新产品、新工艺发生的研究开发费用，未形成无形资产计入当期损益的，在按照规定据实扣除的基础上，按照研究开发费用的 50% 加计扣除；形成无形资产的，按照无形资产成本的 150% 摊销。2015 年 11 月，财政部、国家税务总局、科技部联合发布《关于完善研究开发费用税前加计扣除政策的通知》，放宽了享受优惠的企业研发活动及研发费用范围，细化了研发费用加计扣除政策口径及管理要求。2017年5月，为进一步鼓励科技型中小企业加大研发费用投入，财政部、国家税务总局、科技部联合印发了《关于提高科技型中小企业研究开发费用税前加计扣除比例的通知》，将科技型中小企业享受研发费用加计扣除比例由50%提高到75%。2018年9月，国务院印发《关于推动创新创业高质量发展打造"双创"升级版的意见》，将企业研发费用加计扣除比例提高到75%的政策由科技型中小企业扩大至所有企业。2018年9月，财政部发布《关于提高研究开发费用税前加计扣除比例的通知》，明确对于企业开展研发活动中实际发生的研发费用均适用于税前加计扣除政策。2022年3月，财政部、税务总局、科技部印发《关于进一步提高科技型中小企业研发费用税前加计扣除比例的公告》，对于科技型中小企业开展研发活动中实际发生的研发费用，未形成无形资产计入当期损益的，在按规定据实扣除的基础上，自2022年1月1日起，再按照实际发生额的100%在税前加计扣除；形成无形资产的，自2022年1月1日起，按照无形资产成本的200%在税前摊销。总体上看，通过扩大研发费用加计扣除政策覆盖范围并提高研发费用加计扣除比例，科技企业从这一政策中受益程度也在不断提高，在降低科技企业风险方面发挥的作用不断增强。

综上所述，围绕提高资金供求双方风险匹配程度，中国已经在科技金融发展方面进行了很多探索，并取得了较大的进展。尽管如此，中国现有金融体系的金融供给仍然不能有效满足科技创新活动的金融需求。从风险匹配角度看，在金融供给方面，主要体现在股权投资机构发展不足、国有资本的作用没有充分发挥、科技金融产品创新力度有待加强等；在金融需求方面，主要体现在科技企业自身风险仍比较高，在应用金融工具降低科技企业风险方面还有待改进。

三 促进科技金融发展的建议

发展科技金融千头万绪。围绕风险匹配这一关键以及现阶段科技金融发展方面存在的突出问题,可以重点从以下六个方面采取有针对性措施。

第一,更好地发挥国有资本在促进创新方面的作用。一是转变国有资本管理理念。从法律或制度层面对投资于科技创新领域的国有资本进行重新定位。可以依据资本投向将国有资本分为公益性和半公益性两大类,并扩大公益性资金的规模。其中,公益性资金主要投资于科技创新活动的早期,包括研发阶段以及成果转化的早期阶段,即天使轮及之前阶段;半公益性资金主要投资于天使轮及之后阶段。对于公益性资金,淡化保值增值要求,破除以是否有成熟经验为参照的旧观念,以国有资本能否在长周期内促进科技创新作为最终评价标准;对于半公益性资金,适当降低在资本保值增值方面的要求。二是加大国有资本对创投领域的投资力度。在国有资本运用过程中应当转变债务融资思维,充分认识创投行业在促进科技创新中的重要作用,加大国有资本在创投领域的投资,扩大政府引导基金的规模,鼓励国有资本通过股权投资方式进入风险相对较高的科技创新活动早期阶段。三是优化国有资本考核评价机制。在国家层面出台政策,完善国有资本投资科技创新领域的容错机制,提高风险容忍度,营造尽职免责的良好氛围。只要不涉及违法违规、重大过失和其他道德风险,则对相关人员不予追究责任。除了在普通员工层面建立容错机制,更要在国有资本投资主体高管层面推动容错机制真正落地。

第二,发展多层次资本市场。一是完善资本市场基础性制度。优化以信息披露为核心的注册制架构,制定重点领域专项信息披露指引,提高市场透明度。二是完善不同市场之间的差异化定位与协同。健全涵盖科创板、创业板、北交所、新三板等在内的多层次金融市场体系；统筹推进新三板基础层、创新层制度创新，稳步扩大区域性股权市场创新试点范围，健全各层次市场互联互通机制。三是推动高收益债券市场发展。加快市场主体培育，以科创型、创新型、专精特新等企业为核心，逐步形成高收益债券供给端。优化市场基础设施建设，在强化注册审核、发行簿记、交易、托管及结算等系统建设的同时，着力完善相关交易制度、流动性安排、信用增级和市场退出机制等建设。加强高收益债产品创新，发展信用保护工具（如银行间信用风险缓释凭证 CRMW、交易所信用违约互换 CDS），提高投资者参与高收益债券市场积极性。

第三，大力发展创投机构。一是把发展创投作为国家战略。要把完善创新资本供应体系、扶持创业投资作为创新驱动发展战略的核心内涵，把创业、创新、创投作为支持高质量发展的核心动能。二是建立长线资金形成机制。通过改变投资绩效考核机制等方式，鼓励大型保险机构向创投基金出资，扩大保险资金进入创业投资的比例；探索养老金资金进入创投基金，允许个人养老金适量配置创投基金等资产。三是鼓励创投管理机构发债补充资金来源。支持合格创投管理机构发行 5—10 年中长期的创投专项债券，拓展创投管理机构中长线资金来源。四是优化创投税收政策。对创投机构股权转让所得适用优惠税率，提高创投积极性。五是允许符合条件的创业投资管理机构登陆资本市场做大做强。

第四，提高银行业支持创新能力。银行业是中国金融体系的主体，在支持科技创新方面发挥着不可替代的主力军作用。一是提高投贷联动模式融资服务能力。扩大投贷联动试点范围，允许更多符合条件的银行开展投贷联动业务；对于投资科技企业形成的股权资产，在计算资本充足率时适当降低其风险权重，减少对银行资本的消耗，提高银行开展投贷联动业务积极性；鼓励商业银行与外部股权投资机构加强合作，提高服务科技企业能力。二是优化银行业股权结构。适当引导科技企业入股商业银行，提高银行风险偏好以及对科技企业的风险识别能力。

第五，完善知识产权融资保障体系。在国家层面出台知识产权价值评估指引，推动建立知识产权价值评估的权威机构，完善知识产权价值评估体系，提高知识产权价值评估的科学性和公信力。开展知识产权运营服务体系建设，提升知识产权交易、质押、处置等运营能力；探索建立知识产权运营平台，畅通知识产权交易和质物处置渠道。

第六，优化政策支持体系。一是采取差异化的监管政策。对于商业银行通过科技支行或其他方式向科技企业提供的贷款，提高对其不良率的风险容忍度。二是加强政策协调。发展科技金融涉及财政政策、产业政策、货币金融政策、中央和地方政府的政策等，一些支持科技创新的政策与支持中小企业、民营企业的政策交织在一起。在这种情况下，特别需要加强不同部门、中央和地方政府的政策统筹协调，围绕科技金融领域的关键环节重点发力，避免政出多门、中央和地方政府政策出现打架的情况。在加大政策支持力度的同时，提高资金使用效率。

（执笔人：李广子）

第三章

做好绿色金融这篇大文章

高质量发展是全面建设社会主义现代化国家的首要任务,绿色金融是实现高质量发展的着力点。当前,中国经济转型进入到关键时期,正处在转变发展方式、优化经济结构、转换增长动力的攻坚期,如何把握经济增长与经济发展之间的关系,实现高质量、可持续发展,是当下乃至未来一段时间内中国经济社会所关注的重点。自"十三五"规划以来,绿色发展已经成为中国经济社会发展的基本理念。党的二十大报告中明确提出,"推动经济社会发展绿色化、低碳化是实现高质量发展的关键环节"。[①] 2023 年中央金融工作会议进一步强调,做好绿色金融这篇大文章。作为现代经济的血脉,金融是推动绿色发展的重要抓手。绿色金融支持低碳、环保、绿色发展,是促进经济社会绿色低碳转型,进而实现可持续高质量发展的必然要求。站在"两个一百年"的历史交汇点上,绿色金融已经成为中国经济增长的新引擎,更是经济高质量发展的全新着力点。发展绿色金融,对于构建新发展格局、实现"30·60"双碳战略目标进而立足现代化强国建设,服务国家发展大局具有重要意义。本章从准确理解绿色金融的概念着手,阐明绿色金融的

[①] 习近平:《高举中国特色社会主义伟大旗帜 为全面建设社会主义现代化国家而团结奋斗——在中国共产党第二十次全国代表大会上的报告》,人民出版社 2022 年版,第 50 页。

发展原则，对当前中国绿色金融发展面临的问题与挑战进行深入剖析，并基于此提出做好绿色金融这篇大文章的政策建议。

一　准确理解绿色金融

绿色低碳发展是当前和未来很长时间内社会经济发展的趋势，绿色金融成为推动中国绿色经济发展的关键环节。准确理解金融与绿色的关系至关重要，尤其是将环境影响的潜在回报、风险和成本作为重要的因素纳入金融范畴，并以金融手段将绿色发展的外部性内部化，以期促进绿色低碳转型。

（一）"绿色"的界定

做好绿色金融大文章，首先要准确理解"绿色"的内涵。基于传统的环境保护理念，绿色通常代表自然，是指一切对环境有益的活动或行为，包括低碳减排、提高能源使用率以及有效应对气候变化等方面。随着2011年经合组织《迈向绿色增长》报告以及联合国《绿色经济倡议》报告的发布，"绿色"的概念进一步拓宽，不再局限于环境保护层面，开始与经济因素相结合。《迈向绿色增长》报告明确提出绿色增长是指能够促进经济增长和发展，同时确保地球的自然资产继续提供我们福祉所依赖的资源和环境服务；《绿色经济倡议》也首次提出了绿色经济这一概念，据联合国环境规划署定义，绿色经济是指能"改善人类福利和社会公平，同时极大地降低环境危害和生态稀缺性"的经济模式。可见，绿色的目的是保护自然资源并促进经济增长。

"绿色"概念的核心是可持续发展。2015年召开的党的十八届五中全会明确提出创新、协调、绿色、开放、共享五大发展理念，将绿色作为关系中国发展全局的一个重要理念，作为"十三五"乃至更长时期中国经济社会发展的一个基本理念和发展方向。"绿水青山就是金山银山"，只要做到人与自然和谐共生，尊重自然、保护自然，就可以持续获得经济价值与社会价值。可以说，可持续发展作为"绿色"的内核，将引领新发展格局的构建。西方国家也将"绿色"称为可持续，并定义为旨在支持环境改善、应对气候变化和资源节约高效利用，要求企业在经济活动中考虑到对环境产生的影响、实现生态效益的一系列行为。因此，用一句话来概括，"绿色"指的是与环保、可持续发展和气候变化有关的活动或项目。这些项目旨在减少碳排放、保护自然资源、提高清洁能源利用率、推动循环经济和可持续发展，从而对环境与经济产生积极影响。

（二）金融是推动绿色发展与产业低碳转型的关键环节

合理把握绿色与金融的关系是做好绿色金融大文章的关键。当我们将绿色与金融相结合进行讨论时，其内涵具有两方面的考量。一方面，金融促进绿色可持续。"绿色"指出了绿色金融开展的目的，即支持有环境效益的项目，促进环保、产业低碳转型和经济社会的可持续发展。金融是国民经济的血脉，是国家核心竞争力的重要组成部分。作为配置资金的重要经济活动，金融可以畅通资金的流动循环，优化资金的均衡配置。在绿色与金融的协同耦合中，金融起到了推动绿色发展与产业低碳转型的关键作用，是推动绿色发展的重要抓手。

首先，金融可以实现资金在绿色领域的合理配置。通过各类金融、经济政策的制定，资金可以被引导到环保和可持续发展的项目中，如清洁能源、能效改进、循环经济、绿色交通等领域。金融机构可以通过发行绿色债券、绿色信贷、绿色基金、碳配额等金融产品，为这些领域提供资金支持，推动绿色技术的创新与绿色产业的发展。其次，金融在产业绿色低碳转型中起到了引领与推动的作用。金融机构可以通过绿色金融政策、标准和监管，引导传统、非绿色企业和项目向低碳、可持续的方向发展，从而促进产业的绿色低碳转型。此外，金融还发挥了良好的风险管理和评估作用。金融通过合约的有效安排实现绿色活动中的风险量化，进而对风险进行合理防控，例如量化评估环境和气候变化风险等。最后，金融赋予绿色价格发现的功能，碳市场的开展使得绿色、低碳这一理念具有可交易的市场价值。交易产生的经济效益可以为社会带来减排的动力，从而有效促进发展方式绿色低碳转型。金融的积极参与可以加速绿色产业的发展，推动经济向更加绿色、可持续的方向转型，从而实现高质量发展。

（三）绿色是支持金融体系稳定运行与经济增长的重要支撑

绿色推动金融业自身的可持续发展，是支持金融体系稳定运行与经济增长的有力支撑。"绿色"理念明确金融业要保持长期可持续发展，避免注重短期利益的过度投机行为，进而保障金融体系稳定运行和经济持续增长。当下，中国经济发展已经由高速发展转向高质量发展，绿色发展作为一种新的发展模式，为金融体系的构建与经济发展提供了全新机遇。

第一，绿色项目往往具有长期、稳定的特点，如可再生能源项目、能源效率改进项目等。这种长期稳定的投资有助于金融机构稳健运营，并提供稳定的投资回报。通过增加绿色项目的投资比例，金融机构可以减少高风险投资与短期投机行为，从而形成长期、可持续的发展模式。第二，绿色以可持续发展为概念核心，以资源的循环利用为出发点，有助于提高资源利用效率，降低资源过度消耗和环境污染，为经济的长期可持续发展提供支撑。第三，绿色发展鼓励科技创新和技术进步，促进绿色产业链的形成。这种创新有助于企业提高竞争优势，推进产业发展和技术不断创新，进而形成经济增长的新引擎，推动经济结构的转型升级。第四，绿色可以有效吸引外部资金与投资。在全球范围内，越来越多的投资者和金融机构开始将资金投向绿色和可持续发展领域。这种资金的聚集效应可以为经济增长提供更有力的支持。第五，绿色发展不仅有助于经济增长，还能够改善环境质量、促进社会稳定和公共健康。通过降低污染、改善生态环境，绿色发展可以减少相关社会成本，为经济社会的整体发展与人民生活质量提供保障。绿色发展作为支持金融体系稳定运行和经济增长的有力支撑，具有多方面的优势和推动力量，是实现总体环境与社会目标的重要途径。

（四）做好绿色金融，是服务于国家战略发展大局的内在要求

当前，中国经济转型进入到关键时期，正处在由高速发展转向高质量发展的重要阶段。绿色金融作为当下金融发展的新模式可以为经济高质量、可持续发展与新发展格局的构建提供新动能。党的十九届五中全会提出，"要加快构建以国内大循环为主体、国内国际双循环相互促进的新发展格局"。加快构建中国新发展格局要以推动经济高质量发展为主题。中国式现代化是"绿色、可持续"的现代化。在政策体系的指引下，中国已经形成绿色贷款、绿色债券、绿色保险、绿色基金、绿色信托等多层次绿色金融产品和市场体系，引导资金流向绿色、低碳领域，给予相关产业发展、技术升级、消费直接资金支持，为产业发展、技术创新、消费升级注入新的动力。

绿色金融是中国实现碳达峰碳中和战略目标的必然要求。在全球合作开展气候治理的大背景下，中国积极融入全球气候治理体系，提出实现2030年前碳达峰、2060年前碳中和的"双碳"战略目标以应对全球气候危机，积极促成高质量发展。中国式现代化是"人与自然和谐共生的现代化"。"双碳"战略目标的提出充分体现了中国对于环境保护理念的考量以及大国的责任担当。

"双碳"战略目标的实现离不开绿色金融的有力支撑。一方面，要加快发展方式绿色转型，实施全面节约战略，发展绿色低碳产业，倡导绿色消费，推动形成绿色低碳的生产方式和生活方式。另一方面，要有计划分步骤实施碳达峰行动。第一，深入实施2030年前碳达峰行动方案，确保安全降碳，并在碳排放强度控制基础上，逐步转向碳排放总量和强度"双控"。第二，进一步发展碳市场，完善法律法规政策，稳步扩大行业覆盖范围，丰富交易品种和交易方式，降低碳减排成本。第三，增强企业绿色低碳发展意识，并启动温室气体自愿减排交易市场，建成更加有效、更有活力、更具国际影响力的碳市场。

二 科学把握绿色金融的发展原则

绿色金融，作为应对环境问题与促进经济社会可持续性的重要工具，代表了金融领域从传统模式向绿色化转型的发展轨迹。自20世纪70年代开始，西方发达经济体已着手探索传统信贷领域的绿色化路径，逐步促进了绿色金融业务的发展和扩展。这一发展趋势逐渐超越了发达国家的界限，吸引了越来越多的发展中国家参与。2016年，绿色金融首次作为议题被纳入G20峰会，显著标志着其在全球经济治理中的重要角色。考虑到不同国家在绿色金融发展阶段的差异性，科学而精准地把握中国绿色金融发展的原则，对于有效推动其发展并实现可持续发展目标具有重要意义。

（一）以实现新发展格局、支持中国式现代化建设为根本原则

助力实现中华民族伟大复兴是发展绿色金融的根本依托，发展绿色金融是实现绿色发展的重要举措。习近平总书记明确指出，只有加快构建新发展格局，才能夯实中国经济发展的根基、增强发展的安全性稳定性。中国式现代化是强国建设、民族复兴的康庄大道。因此，落实新发展格局和实施中国式现代化成为中国当前及未来发展的重要战略方针。新发展格局的核心是构建以国内大循环为主体、国内外双循环相互促进的经济体系，目标在于促进经济的高质量发展、产业结构的持续优化以及技术创新的加速。中国式现代化则是在经济、社会、文化、政治及生态等多维度上，按照中国特有的发展路径实现现代化，强调社会公平正义、文化繁荣、政治稳定与生态文明的和谐共存。绿色金融作为经济发展与生态保护的纽带，其发展策略理应以实现新发展格局、支持中国式现代化建设为根本原则，通过促进绿色技术创新、推动中国经济产业结

构的转型升级、支持可持续城乡发展，并加强生态文明建设，力求实现人与自然的和谐共生，从而维护社会和谐稳定，为社会进步、文化繁荣、政治稳定和生态文明的实现提供关键支持。

（二）以推动经济高质量发展为首要目的，树立可持续发展的经济理念

准确理解绿色金融的核心目标是推进绿色金融发展的首要前提。2023年中央经济工作会议强调，必须把坚持高质量发展作为新时代的硬道理，完整、准确、全面贯彻新发展理念，推动经济实现质的有效提升和量的合理增长。新发展理念的本质在于对经济和产业结构进行调整与优化，旨在通过完善高效益高质量的生产模式，以推动中国经济的发展。绿色金融作为新发展理念在金融领域的具体实践，应以推动经济高质量发展为首要目的，充分发挥其工具职能，支持经济的可持续发展。一方面，绿色金融为中国经济产业结构的优化升级提供了关键支持。绿色金融的发展可以有效引导资源向绿色低碳领域流动。通过绿色金融，绿色发展资源更易流向环境保护型、资源节约型项目，推动传统产业通过技术革新和模式转换，转向环境友好的运作方式，同时新兴的绿色产业则得到加速发展。另一方面，发展绿色金融反映了中国在深入推进生态文明建设和坚守可持续发展路线上的坚定决心。在追求经济增长的过程中，可持续发展的经济理念着重强调全面考虑环境保护与社会福祉的重要性，以确保目前的经济活动不对未来代际产生负面影响。这种理念是推动绿色金融发展的动力源泉，因为绿色金融专注于实现环境的可持续性和履行社会责任，致力于提供强调长期环境保护和社会福祉的金融产品与服务。此外，绿色金融的发展不仅是金融领域的进步，也成为传播可持续发展经济理念至社会各界的有效途径。随着绿色金融的发展，公众对环境保护和资源高效利用的认识逐渐提高，从而促成了支持可持续发展的社会氛围。这种从金融领域向广泛社会扩散的可持续发展理念，有效地加强了公众对生态友好生活方式和绿色消

费模式的认同，推动了整个社会朝可持续发展目标的积极转变。因此，绿色金融不仅是金融创新的成果，更是实现新发展理念、推动经济结构向更加高效、清洁和可持续方向转型的重要力量。

（三）立足中国国情与技术实际

发展绿色金融需要着眼现实，有序推进。中国绿色金融目前正处于关键的发展阶段，应积极支持国家承诺在2021—2030年实现的碳达峰目标。绿色金融可以通过提供绿色贷款和绿色债券等金融工具，为节能和减排技术的发展提供资金支持。这包括城镇和农村屋顶光伏项目，氢能源的创新和发展，城镇生活垃圾焚烧发电，以及煤电节能降碳改造、灵活性改造、供热改造等。[①] 生态环境部环境规划院和财联社共同编写的《中国绿色金融实践创新与发展报告：2023》中强调了未来绿色金融标准化和规范化的重要性，以确保金融资源被准确配置至真正的绿色项目上。近年来，中国已逐步建立起以资源配置、风险管理和市场定价为核心功能的金融体系，专注于支持绿色发展。该体系基于五大支柱构建：标准体系、环境信息披露框架、激励约束机制、产品和服务体系以及国际合作。在此体系中，金融科技作为一种关键工具，其在绿色金融领域的应用范围不断扩大。金融科技赋能的领域已从绿色信贷、绿色基金、绿色能源市场、绿色债券等传统领域，扩展到绿色保险、绿色信托、绿色租赁、环境权益交易、碳金融等新兴领域。由北京绿色金融与可持续发展研究院和保尔森基金会绿色金融中心共同发布的《金融科技推动中国绿色金融发展：案例与展望（2023）》报告指出，大数据、区块链和人工智能等技术的应用在提升绿色金融项目风险评估的准确性、增强资金追踪的效率，以及提高项目透明度和可追溯性方面具有显著作用。这些技术的应用对于确保金融资源在绿色项目中的有效利用至关重

[①]《新时代的中国绿色发展》，新华社，2023年1月19日。

要,同时促进了绿色金融产品和服务的创新。例如,区块链技术可用于建立绿色项目的信用评价体系,提高资金分配的效率和公平性;人工智能和大数据分析有助于预测市场趋势和识别潜在的绿色投资机会。这些金融科技的应用为中国绿色金融的发展提供了技术支持,有助于实现碳达峰和碳中和的长期目标。

(四)遵循市场化原则和法治化原则

努力推进市场化是发挥绿色金融核心效能的关键因素。市场化在金融系统中发挥着关键作用,主要体现在促进金融创新、优化资源配置,以及提升市场效率等多个方面。基于绿色金融本身的金融属性,完善的市场化机制能够显著激发金融机构在绿色金融方面的创新活力,[1] 进而催生出包括绿色信贷、绿色基金、碳信用、围绕碳排放权的金融衍生品等在内的多样化绿色金融产品和服务,以满足市场对环保和可持续投资不断增长的需求。[2] 同时,市场化为企业采纳环保和资源高效的运营模式提供了明确的激励机制。企业被激励通过实施环保措施和提升资源效率,来获得更优惠的金融条件和扩大市场机会。市场化不仅通过确保资金、资本等关键生产要素有效流向具有环境效益和经济增长潜力的项目,如清洁能源和绿色技术创新,提高了绿色发展资源的配置效率,同时也驱动企业主动实施环保举措并推动技术创新。因此,市场化是推动产业结构从传统、高污染模式向清洁、低碳模式转型的关键动力。

健全的绿色金融法律法规体系是确保绿色金融健康发展的基础。一个健全的法治体系,依托完善的法律规范和高效的监管机制,旨在促进金融市场的公正竞争,防范系统性金融风险,并保障投资者与消费者权益。鉴于绿色金融作为金融领域的新兴分支,其面临的风险特征如环境

---

[1] 李晓西、夏光、蔡宁:《绿色金融与可持续发展》,《金融论坛》2015年第10期。
[2] Blanchard, O. and Tirole, J., 2021, "Major Future Economic Challenges", The Commission on Major Economic Challenges.

风险、信息不对称风险[1]以及政策法规变动风险，与传统金融业务存在显著差异，迫切需要配套的法律法规框架以应对这些特定风险。这个框架应涵盖从环境风险评估准则的制定、绿色金融产品认证体系的建立，到绿色金融市场监管机制的强化，以及环境信息披露体系的完善等多个关键方面。在适配的法律法规体系和稳固的法治环境护航下，绿色金融才能持续发展，同时确保其金融活动与环境保护目标的一致性。

（五）发展转型金融作为绿色金融的有效补位

转型金融是绿色金融的有益补充。转型金融的发展主要是为了应对低碳转型过程中所面临的多重挑战，其中包括由激进的政策变革、声誉影响、技术创新及意外的法规限制所引发的转型风险，以及高碳行业在转型过程中面临的金融支持不足的困境。这些因素共同构成了推动转型金融发展的关键动因，转型金融的概念可分为广义和狭义两种理解。在广义上，转型金融指的是那些与应对气候变化风险和促进人类社会可持续发展目标相符合的金融活动。狭义上，转型金融专指支持高碳排放行业向脱碳或低碳模式转型的金融活动。绿色金融与转型金融在支持的标准、服务的对象以及追求的发展目标等方面有所不同。绿色金融主要关注于静态方面，支持实体企业的采购或投资标的，服务对象包括低碳经济活动、环境保护相关活动以及接近净零排放的项目。其发展目标集中于长期视角，旨在构建持久运行的绿色金融体系，促进经济社会的低碳绿色发展。相较之下，转型金融专注于转型过程，强调动态的技术路径。其服务主要针对高碳排放领域的实体或经济活动，特别是那些未纳入绿色金融标准但对减缓气候变化有贡献的项目。转型金融的目标着重于经济发展的过渡阶段，关键在于帮助高碳部门融入金融体系并实现低碳转型。与绿色金融相比，转型金融

---

[1] 黄卓、王萍萍：《金融科技赋能绿色金融发展：机制、挑战与对策建议》，《社会科学辑刊》2022年第5期。

在灵活性、针对性、适应性、应用广泛性以及项目运行透明度方面展现出显著优势。这些特性使得转型金融成为绿色金融的有效补充，特别是在支持高碳行业实现低碳转型和适应气候变化的过程中。因此，在发展绿色金融的同时推进转型金融，能够更全面地促进碳中和目标的实现，推动经济社会向低碳绿色发展模式的转变。

三 当前中国绿色金融发展的问题与挑战

自党的十八大以来，中国绿色金融的制度框架和政策体系正在稳步完善，以绿色信贷为代表的资金规模显著增加，绿色产品和金融服务创新不断涌现，对环境保护的积极效益逐步显现。然而，面对不断发展演变的经济形势，绿色金融的发展程度相对落后于实体经济的需求。2023年中央经济工作会议强调，要深入推进生态文明建设和绿色低碳发展。作为低碳经济发展的关键支撑，绿色金融的进一步发展显得尤为迫切。因此，有必要对中国绿色金融当前面临的风险和挑战进行深入分析。

（一）当前中国绿色金融发展不均衡、不充分

区域发展不平衡问题显著存在。根据2017年6月国务院发布的指导意见，浙江、广东、江西、贵州和新疆等具有不同经济发展特点的地区被选定为绿色金融试点区域，目的在于构建符合各自地区特色的绿色金融发展模式，并旨在通过这些区域性试验探索绿色金融发展的多元化路径。然而，在实践中，各区域的绿色金融发展态势呈现出显著差异。东部沿海地区，作为主要的试点区域，得益于其较为发达的经济和成熟的金融市场，其绿色金融领域的发展呈现出积极趋势。[1] 相较之下，作

---

[1] 刘阳、秦曼：《中国东部沿海四大城市群绿色效率的综合测度与比较》，《中国人口·资源与环境》2019年第3期。

为中国重工业和高碳产业集中地的中西部地区在绿色金融方面的发展却相对滞后，从而揭示了中国绿色金融发展的地区不均衡问题。这种不均衡主要表现在绿色金融资金的地域流向上，资金主要集中在经济更为发达的地区，而内陆及中西部地区，特别是那些迫切需要绿色转型的行业和地区，面临着金融支持的不足。这种资源配置的不均衡性直接影响了金融资源的有效利用，并可能降低整体经济的绿色转型效率。此外，由于各地区在绿色金融政策和监管方面存在差异，导致绿色金融产品和服务在不同地区的发展速度和成效出现显著差异，进一步加剧了地区间的发展不平衡，并可能限制绿色金融产品创新的空间。

绿色资产存在稀缺性，绿色金融规模亟须增长。随着全球对可持续发展的关注度增加，资本流向绿色领域的动向日益加强，尤其在中国这一迅速增长的市场中，这一趋势尤为明显。然而，市场上符合绿色金融标准的优质资产与资本需求之间存在显著的供需失衡，导致了绿色资产的相对稀缺。这一供需失衡不仅加剧了市场竞争，也使得金融机构在资源配置时面临较大挑战。此外，根据国内外机构测算，为实现2060年碳中和目标，中国所需的新增投资规模预计将达到138万亿元人民币。与此相比，当前绿色金融市场的总规模仅略超20万亿元，显示出显著的资金缺口。[1] 因此充分发展绿色金融，着力扩张资金规模是当前的重要目标。

（二）绿色金融的标准与指引尚未统一，绿色金融标准体系与碳中和目标有待衔接

国内标准制定不够统一。在国内金融产品领域，绿色金融标准的统一性和部分绿色金融标准对碳中和目标的适应性存在不足。[2] 以《绿色

---

[1] 中央财经大学绿色金融国际研究院：《绿金新闻 | 绿色金融发展 B 面：资产稀缺、竞争加剧》，2022 年 8 月 21 日，https://iigf.cufe.edu.cn/info/1019/5696.htm。

[2] 中金研究部、中金研究院：《碳中和经济学：新约束下的宏观与行业分析》，2021 年。

债券支持项目目录（2020年版）》和《绿色产业指导目录（2019年版）》为例，二者在化石能源项目，特别是煤炭清洁利用方面的项目认定上存在差异。此外，尽管核电项目被纳入国家发展和改革委员会的《绿色产业指导目录（2019年版）》及中国人民银行的《绿色贷款专项统计制度》，但并未包含在中国银行保险监督管理委员会的《绿色融资专项统计制度》中。同时，《绿色债券支持项目目录（2020年版）》虽已发布，但其实际效果和市场影响还需进一步观察和评估；在绿色股权方面，该领域仍处于发展早期阶段，尚缺乏明确的概念界定和规范管理办法。

与国际标准存在差距。在国内绿色信贷领域，其定义相对狭窄，主要是为了规避"洗绿"和"漂绿"的风险。目前，国内绿色信贷主要直接用于绿色产业发展和降低碳排放的贷款。与之相比，国际上的绿色信贷范畴更为广泛，不仅包括支持绿色产业的信贷，还涵盖了转型金融中的相关需求，如资助高排放行业的绿色转型或考虑环境风险因素的信贷过程。在绿色债券方面，国内在项目认定标准、种类划分、资金使用流向、第三方评估及债券存续期管理等方面与国际标准存在差异。中国的绿色债券较少涉及气候变化适应和气候相关风险方面，显示出市场深度不够，这反映了国内外在气候变化领域的发展差距。国内的绿色债券标准主要聚焦于资金用途，即资金专用于支持符合条件的绿色产业和项目，而国际上的绿色债券原则则更强调资金全部用于绿色项目。在第三方评估和存续期管理方面，国际上的做法是在绿色债券发行前进行绿色认证，对资金用途和节能减排效益进行监督、报告和评估，而中国在这方面的指导意见尚未详尽。

（三）环境信息披露不足，"洗绿""漂绿"现象严重

绿色信息的强制性披露存在不足，且相关标准缺乏统一性。在当前的金融市场中，尽管上市企业逐年提升了其环境、社会及公司治理

（ESG）信息的披露水平，主动公布 ESG 信息的公司数量和比例持续增长，但这一进程仍受制于不明确的标准、狭窄的披露范围、较低的横向可比性以及量化难度等挑战，这为企业提供了数据操纵和选择性披露的机会，从而引发了"洗绿"和"漂绿"等现象。这些行为不仅妨碍了投资者获取全面和可靠的绿色信息，而且对市场定价机制、资源配置效率和风险管理能力产生了负面影响。在绿色债券领域，尽管中国人民银行、沪深交易所和银行间交易商协会分别发布了各自的绿色债券信息披露标准，但这些标准在不同绿色债券类别之间存在差异。在实际监管和操作过程中，如何有效执行这些标准尚存在疑问，潜在的监管套利行为也是一个值得关注的问题。此外，对于金融机构而言，虽然中国人民银行于 2021 年 7 月推出《金融机构环境信息披露指南》，为绿色金融标准体系建设带来了新的突破，但该指南在披露频率（每年至少一次）和披露形式（金融机构自行选择）等方面的指引仍不够明确。

绿色信息披露的激励和约束机制尚未健全。在缺乏有效的激励和约束机制下，市场主体可能会陷入"劣币驱逐良币"的困境，导致整个绿色信息系统的功能受损。企业在主动披露绿色信息方面的不足，为监管部门在设计披露机制时带来了挑战。同时，监管要求的不统一也增加了金融机构在绿色评估方面的难度。由于金融机构接收的绿色信息不全面，其对绿色金融产品的投资积极性受限，这不仅不利于企业的绿色转型，还可能增加金融机构的资产风险、信用风险和期限错配风险，从而影响金融稳定性和实体经济的稳定性。此外，中国绿色信息网络中的各利益相关方权责分配尚不明确。一些金融机构不得不承担原本应由企业负责的信息披露审核工作，从而使其在投资绿色项目时面临更高的前期成本和更长的审查流程。如果企业和第三方评估机构能够分摊这一成本，整个绿色信息和投资流程将更为高效。同时，中国的各级政府、相关部门、第三方机构与企业间在环境信息的有效共享方面存在障碍，并且环保部门与金融机构之间缺乏数据共享机制，这会对构建信息充分的绿色投资市场形成阻碍。

（四）绿色金融配套机制不健全

当前中国绿色金融总体政策框架需进一步完善，发展配套政策还不健全，特别是市场激励约束机制、标准评价体系、人才能力建设等方面亟待加强，这使得市场主体较难按照市场化原则开展绿色金融业务。

1. 激励约束机制不足

第一，激励政策的执行力缺失。尽管政府已经推出了一系列财政激励措施，诸如资金补贴、风险补偿、融资担保、贴息贷款等，但在实际操作层面，这些政策并未得到充分和有效的执行。这会导致在绿色生产技术和市场开发方面对小型企业的支持不足，从而抑制其在绿色经济领域的发展潜力。第二，差异化激励机制的不足。考虑到涉及绿色金融的主管部门众多，且这些部门在职能和侧重点上存在差异，现有的激励机制并未能针对不同类型的金融机构所面临的独特风险和成本进行有效的差异化设计。这种激励机制的一般化导致了财政资源分配的效率低下，并未有效激发社会资本对绿色产业的投资兴趣。第三，绿色金融激励机制的可操作性亟待加强。目前，绿色产业和项目的标准主要是基于定性描述，缺乏必要的定量数据支持。这种标准制定的模糊性会导致在政策实施过程中的不一致性和不公平性，进而影响绿色金融激励政策的有效性，制约绿色金融领域的整体发展。

2. 绿色技术的界定、标准化和认证亟待完善

在国家发改委和科技部联合印发的《关于进一步完善市场导向的绿色技术创新体系实施方案（2023—2025年）》中，明确提出了加快完善绿色技术评价体系，建立健全绿色技术标准，推进绿色技术评价的要求，侧面反映出中国在明确绿色技术定义和分类方面的不足，这种不明确性在技术的推广和应用中会造成认知上的不一致

性和实践上的混淆。特别是，这种模糊性可能导致部分企业通过"洗绿"行为获取融资，① 即虚假宣称其技术为绿色技术以获得资金支持，而这些技术实际上并未产生预期的环境效益。此外，尽管中国已在制定绿色发展相关标准方面取得了一定进展，但在能源核算、检测认证、评估和审计等关键配套领域的标准化体系依然存在不足。这些领域的标准化不足既限制了绿色技术的科学评价和市场准入，也妨碍了第三方机构依据这些标准对绿色技术进行认证，包括对其环境效益的量化评估。并且，现有的绿色产品认证体系尚不成熟，其规范化和完善化有待提升。当前的认证体系在保障市场中绿色产品的信誉和赢得消费者信任方面存在不足，这不仅给有投资潜力和正当动机的绿色技术企业带来了融资困难，也增加了投资者在识别这些企业时所面临的额外成本。

3. 绿色金融和绿色产业人才能力建设亟待增强

第一，人才培养体系在适应绿色金融的特殊需求方面不足。当前相关专业人才培养机制多依赖于传统金融教育体系，在满足绿色金融所需的跨学科特征，特别是环境科学、气候变化及可持续发展领域知识的融合等方面表现不佳。这会导致从业者缺乏足够的跨学科知识背景，以及在专业知识与技能层面对绿色金融特有的深层次理解和实际应用能力。第二，从业人员在绿色金融领域的专业技能和实践经验不足。绿色金融作为一个新兴领域，缺乏充分的案例研究和经验积累，这一定程度上限制了从业者在具体操作、风险评估以及管理方面的能力，尤其是在制定绿色金融产品及服务策略等关键领域。第三，国际化视野不足。面对全球绿色金融的迅速发展和国际合作的日益增多，中国绿色金融从业人员的国际视野和跨文化交流能力有待加强，包括对国际绿色金融标准的深入理解以及在全球市场的操作能力。

---

① 方桂荣：《论绿色金融监管的立法发展与制度构建》，《经贸法律评论》2020年第6期。

（五）绿色金融监管缺位，监管制度与框架不能适应新的市场需求

监管体系的不完善。中国绿色金融监管体系的不完善主要体现在环保法律体系内部的复杂性与矛盾、政府部门间职责界定的模糊、环境监管的范围和严格性不足，以及立法层面的不足。[①] 尽管已经制定了一系列环境保护相关的法律、法规、规章和标准，但这些法律文件之间存在机构职能的重叠和职权的交叉，导致了权责划分的不明确和监管力度的不充分，从而影响了环境保护标准的有效执行。同时，环境监管的覆盖范围有限且不够严格，导致违规排放等现象普遍存在。此外，立法层次的不足，如绿色保险和排放权市场的法律依据不够明确，削弱了法律和监管制度的执行效力。

监管执行存在问题。绿色金融监管执行中的问题主要表现为政府监管力度不足、信息不对称、特定市场监管不力，以及执法力度和效率不足。政府在推行绿色金融政策时，由于环保和法律监管体系尚不完善且仍处于探索阶段，导致监管盲区众多，使政策执行和监管难以有效进行。同时，由于缺乏有效的信息披露机制，监管机构难以获取金融机构执行政策的详细信息，使追责和取证变得复杂困难。在一些特定市场，如绿色保险市场，监管措施不足，缺乏强制性监管手段，市场化运作与政策支持模式的选择也未能做出合理决策，增加了执法难度。此外，尽管新环保法提出了增强执法力度的措施，但在实际执行中，执法力度依然不足，环境违法成本过低。

监管机构间沟通和协调的不足。监管机构间沟通和协调问题表现为信息分散、职责不明确及监管效率低下。由于金融业实行混业经营和分业监管的模式，导致了环保部门、中国人民银行、银保监会、证监会等

---

① 张承惠、谢孟哲、田辉等：《发展中国绿色金融的逻辑与框架》，《金融论坛》2016年第2期。

多个监管机构在绿色金融产品监管上可能出现职责重叠或监管空白的情况。这种多机构参与的监管体系中，由于缺乏有效的沟通和协调机制，常常导致监管职责不明确，从而降低监管效率和执行力。[①]

金融机构的监管问题。首先，政府对金融机构监管力度不足，这主要源于环保法规和金融政策的不完善以及在执行过程中缺乏足够的力度。其次，金融机构在处理绿色金融业务时可能面临道德风险，尤其是在绿色融资方面，企业可能会将资金转投向收益更高的非绿色项目。[②] 最后，对绿色贷款的事后监管和信息披露机制存在不足，这可能导致金融机构无法有效跟踪和监督贷款资金的实际使用情况，尤其是确保资金被用于真正的绿色项目。

（六）中国碳市场发展处于起步阶段，整体政策框架有待完善

在政策和法律架构方面。虽然《碳排放权交易管理暂行条例》为中国的碳市场建立了初步的法律框架，但在法律的成熟程度、细节的深入、市场运作的透明度和效率等方面仍需进一步发展。与欧盟的《排放交易计划指令》相比，中国在排放配额制定、交易机制的清晰性和合规性要求等核心方面还有待达到同样的标准。在市场机制设计方面，中国碳市场主要集中于控制和减少碳排放，将碳资产视为一种权利或信用。与国际碳市场相比，其在顶层设计、制度框架、价格机制和市场活跃度上有所不同。中国市场重视碳减排工具的功能，与欧美将金融功能融合的碳市场相区别。中国市场倾向于商品市场特性，参与者通过持有碳配额来履行义务，而欧盟市场则更偏向金融市场，以活跃交易为特点。在市场发展方面，中国碳市场的参与者主要限于发电行业，范围较欧盟碳市场更为狭窄，后者已涵盖电力、航空、工业等多个领域。中国市场参

[①] 叶大凤、黄楚楚、杨祯奕：《中国绿色金融政策执行难题及对策探讨》，《法制与经济》2022年第1期。
[②] 赵以邗：《绿色金融的中国实践：意义、现状与问题》，《武汉金融》2018年第2期。

与多样性不足，特别是缺乏金融机构和个人投资者，影响了市场的活力。在交易总量和总额方面，中国与新西兰、韩国的碳市场相当，但在全球主要碳市场中所占比例不足 5%。在碳金融衍生品方面，中国市场尚未展开碳衍生品的交易。虽然北京、上海、深圳、广东和湖北的地方碳市场推出了碳远期、碳期权、碳掉期等产品，有助于价格发现，但在全国层面上碳市场在此方面的进展有限。

（七）高碳排放企业难以获得绿色融资，高排放产业转型难

转型金融标准体系尚未统一，面临支持高碳企业转型与防止"漂绿""洗绿"风险的双重挑战。不同行业和企业的低碳发展模式多样，给制定统一的转型金融标准带来困难。由于各高排放行业的转型模式和技术路线存在差异，这增加了制定转型标准的复杂性。企业在生产经营方式和技术基础上的不同，导致转型资金使用方式各异。金融机构为确保资金使用的精准性，需进行长期追踪和评估，延长了标准制定的时间。[①] 高碳行业转型认定的难度，使得部分企业可实施"假转型"，降低了金融支持的准确性。[②] 一方面，存在企业通过"洗绿"手段虚假宣传低碳项目，增加金融风险。另一方面，金融机构对转型金融服务持观望态度，或将某些高碳行业列为禁融资，[③] 限制了企业转型进程。

转型金融产品的结构过于集中且种类有限，不符合高碳企业的长期融资需求。目前，这些产品在国内主要由银行提供，以信贷和债券等债务型工具为主。高碳企业可以借助发行可持续发展挂钩债券和转型债券等方式实现短期低成本融资，但这类偿还方式可能导致固定的财务负

[①] 张弛：《"双碳"目标下转型金融发展任重道远》，《金融时报》2022 年 6 月 23 日第 7 版。
[②] 王遥、任玉洁、金子曦：《推动"双碳"目标实现的转型金融发展建议》，《新金融》2022 年第 6 期。
[③] 《独家专访马骏：一些银行为何"不敢"为转型活动提供金融服务？转型金融体系需具备五要素》，《21 世纪经济报道》2022 年 3 月 16 日。

担,增加企业的运营风险。同时,转型金融市场中保险、券商等其他金融机构的参与不足,缺乏如转型保险、转型基金等多样化金融工具。这种产品集中度高且服务能力有限的情况不利于风险分散,可能导致系统性风险。[1]

四 持续推进绿色金融体系建设,做好绿色金融这篇大文章

"双碳"目标是中国实现经济高质量发展和新发展格局的关键。对中国来说,走碳中和的绿色发展道路是一个新兴领域,充满了机遇与挑战。在实现"双碳"目标及推动高质量经济发展的过程中,绿色金融体系起着至关重要的作用。因此,需要不断推进和完善绿色金融体系,只有建立一个健全的绿色金融体系,才能做好绿色金融这篇大文章。

(一)促进绿色金融产品创新,丰富金融产品和服务体系

探索气候债券和绿色信贷资产证券化等创新产品。[2] 气候债券是一种专门用于支持环保项目的金融工具,比如可再生能源和节能项目。气候债券不仅为这些项目提供了关键的资金支持,还有助于提升企业的社会责任形象。绿色信贷资产证券化主要用于环保和可持续项目的贷款转化,有助于增加银行的资产流动性和风险分散,以及促进对绿色经济的投资。

进一步发展排污权、碳排放权等抵质押融资业务。该类业务的主要优势在于促进环境保护、提高资金流动性、推动低碳发展,以及改善市

---

[1] 《试点工作初显成效 转型金融为"两高"企业绿色化提供保障——专访中国人民大学重阳金融研究院执行院长王文》,新华财经,https://bm.cnfic.com.cn/sharing/share/articleDetail/164039012/1,2022 年。

[2] 国家监督管理总局办公厅:《周亮在 2023 中国国际金融年度论坛上的致辞》,https://www.cbirc.gov.cn/cn/view/pages/ItemDetail.html?docId=1125590&itemId=915,2023 年。

场机制。首先，这类融资业务通过将排污权和碳排放权作为融资工具，激励企业减少碳排放和污染物排放，从而直接促进环境保护。其次，对持有该权利的企业而言，能够将其转化为融资的工具，以增强资金的流动性，尤其是需要资金进行环保升级的企业。此外，这种融资方式为致力于低碳和可持续发展的企业提供资金支持，从而推动整个社会的低碳转型。最后，这种融资方式通过市场化手段调动企业减排的积极性，相比传统的行政控制方法更为有效。

  稳妥开展碳金融业务，提高碳定价的有效性和市场流动性。高效的碳定价机制能够准确地反映碳排放的真实环境成本，向市场参与者提供清晰的价格信号。市场透明度提升有助于减少碳市场中的信息不对称，引导资金更合理地流向低碳和绿色项目，从而优化资源配置，提升市场效率。此外，碳市场流动性的增加不仅有助于稳定市场，吸引更多企业和投资者参与，还能通过快速准确地反映供需变化进一步提高碳定价的有效性，促成一个有益的正向循环，加强市场的健康和活力。

  丰富绿色保险产品，探索差别化保险费率机制，提升对绿色经济活动的风险保障能力。绿色保险在推动绿色技术创新与经济高质量发展方面有着显著的正向调节作用。[1] 绿色保险将企业面临的环境风险通过产品形式转移给保险公司，有效地激励企业减少环境污染并采取更加环保的经营策略。这种风险转移机制不仅能使企业根据环境污染的程度获得适当的赔偿，而且可以促进企业在环境保护方面的投资和创新。此外，实施差异化保险费率机制将进一步激励企业减少污染和提高环保标准，从而推动企业的绿色转型和可持续发展。

（二）继续完善绿色金融顶层设计，统一绿色金融标准体系

  第一，继续推进绿色标准的统一。这包括使绿色金融产品标准更加

---

[1] 肖仁桥、肖阳、钱丽：《绿色金融、绿色技术创新与经济高质量发展》，《技术经济》2023 年第 3 期。

清晰和系统化，确立明确的融资标准，降低绿色融资成本，确保资金流向资源节约和高效减排的绿色活动，以解决绿色产业的融资缺口。第二，加快国内标准和项目认证与国际标准的同步与融合。目前，中国绿色信贷和绿色债券的标准仍与国际标准有所不同，这影响了国际投资者的积极性。将国际标准与中国的特色相结合是关键。第三，进一步完善绿色金融的法律法规体系、政策管理体系和技术标准体系。这涵盖了基本的法律法规、业务实施制度、监管制度等，以及高效利用绿色金融交易数据、支付数据、账户数据，推动标准的数字化、标准化和统一化。

（三）提高碳核算和环境信息披露要求

第一，健全碳核算标准化体系。准确和可靠的碳数据是确保碳市场高效运行、科学评估碳政策成效及推动绿色金融发展的关键。因此需要持续完善碳核算方法，提高碳数据准确性，制定和执行统一的碳核算标准，并加强监管。第二，监管机构应当继续完善强制性的绿色信息披露制度，制定并实施针对上市公司及发债企业的环境和气候信息披露指南，确保这些指南既考虑到不同行业的特点，又能够实现信息的可量化。同时，监管部门还应加强对诸如"洗绿""漂绿"以及故意隐瞒或伪造环境信息等不当行为的处罚。第三，环境保护部门、相关政府机构、地方政府以及企业应尽快完善数据共享机制。在确保数据隐私保护的同时，应开放必要的数据资源，以便为绿色投资者和市场相关机构提供决策所需的信息和数据支持。第四，金融机构应加强对环境和气候信息的披露，加快建立持续的评估体系，以确保对绿色资金的使用进行严格监控。

（四）健全绿色金融配套机制

健全绿色金融配套机制对于激发市场主体转型动力、构建可持续的绿色金融生态具有重要意义。现阶段可从建立健全激励约束机制、完善绿色评价指标体系、提升绿色金融人才培养和技术支持三方面入手。

1. 建立健全激励约束机制

可以考虑将绿色债券用作抵押品，以提升其在贷款优先级中的地位。应完善财政和税收支持体系，加大对绿色信贷和绿色债券的税收优惠和信用担保力度。推动设立绿色金融风险补偿基金，并明确补偿比例及条件。调整监管考核标准，包括风险权重、资本充足率和不良贷款率等关键指标。扩大贷款融资的抵押范围，为专注于绿色技术研发的企业提供如知识产权抵押等融资便利，并鼓励金融机构探索基于环境权益的新型融资模式。

2. 完善绿色评价指标体系

科学制定绿色金融发展水平指标。推进制定完善统一的评价标准，包括涵盖碳金融产品和碳交易市场等多个方向，[①] 以科学全面评估绿色金融发展情形。探索建立内容全面、分类明确、维度丰满、数据及时更新的数据库。针对绿色金融的重点方向，如新能源投资或低碳技术发展，应深化构建专用指标。该类指标应专注于具体领域内的关键绩效指标，如新能源项目的能源产出和技术创新程度，以及低碳技术在市场中的渗透率和成本效益等，以准确评估特定绿色金融项目效果，细化政策方针。

3. 提升绿色金融人才培养和技术支持

加大投入并支持跨学科交流。促进金融、环境科学及可持续发展等领域的综合教育和研究，以促进不同学科之间知识和技能的交流，为解决绿色金融的复杂问题提供全面解决方案。加快将金融科技与绿色金融相融合。利用大数据、区块链等技术提高绿色金融项目的效率和透明度，降低运营成本。积极推动国内外合作，推进跨国绿色项目交流，培

---

① 周椿宝、杨新房、黎月：《绿色金融发展水平和成效的指标体系构建研究》，《当代经济》2023年第6期。

养绿色金融领域的人才团体。

（五）加强绿色金融监管，完善风险处置机制、将气候风险纳入监管框架

首先，需要纠正气候风险定价过低和透明度不足的问题。要求金融机构积极收集与气候变化相关的金融数据，并公开气候风险信息，对绿色和棕色资产实行区别化管理，并开展气候相关的压力测试。其次，减少金融机构的短期偏见，并改进其治理结构。鉴于金融周期通常比经济周期短，金融机构的管理者和从业者往往倾向于短期行为，可能导致逆向选择和道德风险，因此加强公司治理显得尤为重要。最后，应将气候风险和低碳转型纳入宏观审慎政策框架内，[1] 使用的工具包括准备金、流动性和资本监管要求、贷款价值比以及信贷增长上限等。

（六）加快建设全国碳排放权交易市场

第一，加快建设碳交易体系指导政策和法规框架。可以参考欧盟《排放交易计划指令》等成功案例，并根据中国的实际情况进行调整，以确保政策适应中国的能源结构、产业布局和减排需求。具体而言，明确排放限额、合规要求和市场监管等方面的规定，将有利于建立清晰的市场框架，提高投资者透明度，并鼓励企业采取减排措施，从而促进碳市场的稳定运行和可持续发展。同时，考虑到行业间的差异，政府应制定针对不同行业特点的差异化政策。第二，适度推进碳市场的金融化。考虑到中国金融市场逐步开放，可以适当推进碳市场的金融化进程。这包括培育金融中介和第三方机构参与二级碳市场交易，鼓励金融机构和碳资产管理公司参与市场交易和创新产品工具，如碳配额贷款和碳期货

---

[1] Weidmann, J., 2020, "Combating Climate Change—What Central Banks can and cannot Do", In Speech at the European Banking Congress.

等，以满足投资者和企业的多元化需求。第三，加强碳市场的国际合作机制。政府应主动参与全球碳市场对接，通过与不同国家和地区碳市场的合作，推动碳市场的国际整合。这可以通过双边或多边合作协议、联合研究项目等途径实现，以提升碳市场的流动性，吸引国际投资者，更协调和有效地实现全球碳减排目标。同时，政府也应支持并参与国际碳市场信息交流平台的建设，共享经验、最佳实践和市场数据，助力各国碳市场相互学习，共同应对全球性的碳减排挑战。

（七）深入探索转型金融，与绿色金融优势互补、相辅相成

推进转型金融配套体系建设。为适应中国的能源结构和产业调整，需建立与国情和发展阶段相符的转型金融政策和技术标准体系。首先，完善顶层设计至关重要，包括制定相应的法律、法规体系和政策管理体系，这些包括金融基本法律、业务实施和监管制度，以有效指导和规范转型金融活动。其次，应在法律政策体系的指引下，结合地方实际，制定切实可行的措施，加强低碳转型。同时，定期评估各地措施的实施情况，确保转型金融工作的进展。在监管方面，建立以央行为核心的分类合作监管体系，明确监管部门职能，加强部门间的协作。此外，制定统一的转型金融标准，根据碳中和目标，制定针对转型项目和企业的标准体系，加快研究进度，明确服务范围，与绿色金融区分开来。并根据技术和政策变化，动态调整标准，以适应行业最佳实践和技术，避免"碳锁定"效应。

加快转型金融市场机制建设。随着转型投融资市场需求的快速增长，市场需要更多样化和专业化的金融服务。金融机构在政府的指导下需扩展和改进现有的金融工具，创新转型金融产品，以促进其长期有效的发展。这包括改进现有产品的机制设计，推动转型金融产品专业化，结合国际经验和国内实际，设计与行业长期战略相符的可持续发展目标，提高金融工具的约束力，优化利率调整范围。同时，简化转型债券的审核政策和准入条件，缩短发行时间，降低评估认证成本，鼓励民营企业发行转型债券。此外，需要扩大金融工具箱，创新转型金融产品和业务模式，包括丰富转型专项贷款产品种类，提供优惠性贷款，鼓励开发支持转型活动的股权投资基金、并购基金等，推出风险包容性较大的资金来源如私募股权和风险投资。同时，支持保险机构创新转型保险产品和服务，成立专业性转型担保机构，为符合条件的企业和项目提供增信支持，降低融资成本。

推动公正转型。公正转型在国内发展中是一个关键问题，需要在环境保护、经济发展和就业之间实现协同效应，确保社会公平正义。这包括将公正转型理念融入规制体系设计和政策实施，强调转型企业应实施员工保障措施，鼓励金融机构考虑企业的就业和能源安全表现。政策实施前，应评估就业稳定和能源安全问题，制定前瞻性策略，并在实施过程中提供就业服务、再就业培训和失业救济。此外，关注初始条件不平等的矫正，为弱势地区和群体提供支持，确保他们有能力进行绿色转型。根据各地区和行业的实际情况，制定差异化的公正转型政策，设定合理的转型目标和路径。对于产业结构单一或职业类别集中的地区，提供成本负担和财政补贴等支持。识别弱势群体，并制订精准扶持计划，解决劳动者的就业转岗、技能培训和社会保障等问题，确保转型过程中的收入阶层公正。

（执笔人：范云朋）

第四章

做好普惠金融大文章

2023年召开的中央金融工作会议提出，"做好科技金融、绿色金融、普惠金融、养老金融、数字金融五篇大文章"。作为五篇大文章之一，普惠金融是继2017年7月第五次全国金融工作会议后再度被提及，不仅充分说明了普惠金融在加快建设金融强国中的重要性，也深刻表明中国普惠金融工作要坚持"以人民为中心"的价值取向。习近平总书记指出，"要始终坚持以人民为中心的发展思想，推进普惠金融高质量发展，健全具有高度适应性、竞争力、普惠性的现代金融体系，更好满足人民群众和实体经济多样化的金融需求，切实解决贷款难贷款贵问题"。[①] 党的十八大以来，党中央、国务院高度重视发展普惠金融并将其上升为国家战略。在政治引领、政府推动和政策激励的作用下，中国普惠金融取得长足进步，不仅有效实现了量增、面扩和价降，也形成了又普又惠的中国特色普惠金融发展体系，更在打赢脱贫攻坚战、巩固脱贫攻坚成果、全面推动乡村振兴和实现共同富裕的探索实践中积累了领先全球的创新经验。2023年是正式开启发展普惠金融篇章的第十个年头，也是新时代新征程推进普惠金融高质量发展的关键时期。因此，深

---

① 《习近平主持召开中央全面深化改革委员会第二十四次会议强调　加快建设世界一流企业　加强基础学科人才培养　李克强王沪宁韩正出席》，《人民日报》2022年3月1日第1版。

入分析做好新时代普惠金融大文章的时代内涵、发展特点和存在问题，并在此基础上提出对策建议，不仅是构建具有中国本土特色的普惠金融理论框架的内在要求，也是全面推进中华民族伟大复兴的道路上扎实促进全体人民共同富裕、加快推进中国式现代化进程的重要抓手。

本章结构安排如下：首先，结合新发展理念，系统阐述做好普惠金融大文章的时代内涵；其次，系统梳理党的十八大以来普惠金融发展的时代特点；再次，分析当前及未来一段时间做好新时代"普惠金融"大文章可能存在的问题与挑战；最后，基于上述分析，提出了一系列有利于做好普惠金融大文章的对策建议。

一 新时代为做好普惠金融大文章赋予了更加深刻的内涵

普惠金融发展理念自2005年被联合国提出以来，传统观念上"嫌贫爱富"的金融发展理念逐渐被改变。近年来，围绕"普惠金融"这一新的金融发展理念，学者们进行了充分讨论，并形成较为广泛的传播和共识。从普惠金融本身的内涵来看，星焱按照"5+1"法界定普惠金融，认为当在金融服务或产品至少符合可得性、价格合理性、便利性、安全性和全面性其中之一，同时满足"1"时，就是普惠金融。[1]白钦先和佟健从历史和人文视角将普惠金融界定为一种能秉持哲学人文发展理念、促进人类经济与社会发展、为最广泛社会大众竭诚服务的共享发展方式。[2]《推进普惠金融发展规划（2016—2020）》将普惠金融界定为立足机会平等要求和商业可持续原则，以可负担的成本为有金融服务需求的社会各阶层和群体提供适当、有效的金融服务。尽管上述文献

---

[1] 星焱：《普惠金融：一个基本理论框架》，《国际金融研究》2016年第9期。
[2] 白钦先、佟健：《重提普惠金融是对金融普惠性异化的回归》，《金融理论与实践》2017年第12期。

从不同视角对普惠金融内涵进行了界定，但这些文献均映射出，普惠金融不是"只普不惠"或"只惠不普"，其既要做到又"普"又"惠"还要兼顾商业可持续。但由于普惠金融具有天然的高成本、低效率和少盈利等特点，导致商业可持续与社会大众金融可获得性之间一直存在着"不可能三角"问题，严重制约了普惠金融发展。

党的二十大报告把高质量发展作为重中之重。随着中国经济社会由高速增长阶段转向高质量发展阶段，普惠金融逐步迈入高质量发展阶段，其内涵也会发生些许变化。高质量发展作为当前和今后一个时期确定发展思路、制定经济政策和实施宏观调控的根本要求，其所涉及的创新、协调、绿色、开放、共享五大发展理念与新时代新征程驱动普惠金融高质量发展的理念不谋而合，并为做好普惠金融大文章赋予更加深刻的内涵。孙梁涛认为，普惠金融高质量发展的核心要义是坚持党的全面领导、坚持惠利惠民、支持创新发展、深化金融供给侧结构性改革、健全政策保障机制、优化发展环境、统筹金融发展与安全等。[①] 莫秀根认为，在新发展格局下，普惠金融具有"创新、协调、绿色、开放、共享"等理念。[②] 结合已有研究，笔者认为，普惠金融高质量发展是指通过持续构建具有高度适应性和竞争力的综合性普惠金融体系，创新推动提升普惠金融服务能力和服务水平，实现区域城乡均衡发展和绿色发展与普惠金融的相互融合，让金融发展成果更多更公平惠及全体人民。

第一，创新发展能为普惠金融赋能经济增长提供强劲动力。从全球范围实践看，在传统服务模式下，普惠金融最大掣肘是如何可持续、短平快地为普惠金融群体提供信贷服务，以此处理和平衡好"普""惠"和可持续发展之间的关系。技术创新是金融发展的核心驱动力，唯有在发展中融入创新发展理念，形成有利于创新普惠金融发展的体制机制，

---

① 孙梁涛：《以人民为中心推进普惠金融高质量发展》，《中国金融》2022年第9期。
② 莫秀根：《普惠金融高质量发展的新起点》，《中国金融》2022年第20期。

才能破解"不可能三角"。当然,长尾群体固有的"短、小、频、急"(周期短、金额小、频率高、用款急)特点决定了仅仅依靠技术创新还远远不够,还需要产品、组织和制度等其他创新打通因供需两端不匹配而产生的门槛高、手续繁、审批严、条件多等痛点,才能为更好建设金融强国、赋能经济增长铸就坚实的物质基础。

第二,协调发展能为普惠金融确立平衡杠杆。尽管普惠金融已取得斐然成绩,但不平衡不充分问题依然突出。协调发展需要优化普惠金融的空间布局,推动城乡区域协调发展,着力解决不平衡不充分问题,形成全面共同富裕格局。由于普惠金融是一项系统性工程,不仅涉及微观的居民金融教育和金融机构能提供多少金融服务、满足多少长尾群需求,也涉及宏观层面的金融基础设施、金融法律法规和金融监管制度的建设完善,因此在贯彻协调发展理念中,要平衡好不同利益主体之间的关系,以此增强普惠金融整体发展的协调性。另外,随着动荡源增加,普惠金融也要统筹协调好发展与安全,准确研判各种风险,着力防范化解中小金融机构风险。

第三,绿色发展能为普惠金融创造永续条件。绿色发展是改善自然环境、建设"美丽中国"的必然选择,也是金融创造永续条件的"底色"。将绿色发展理念融入普惠金融发展之中,就是要统筹兼顾好保护生态环境和普惠金融赋能经济增长,处理和协调好人与自然的关系,决不能为实现普惠金融"量增""面扩""价低"而不计代价破坏生态环境,不然就会违背绿色发展理念。在新时代背景下,普惠金融需要充分利用资源节约和环境友好的约束手段,推动绿色产业发展、提高生态产品质量和保护人类生活环境,建立形成能永续恪守绿色发展的长效机制,为普惠金融的绿色发展赋上强劲牵引力,实现"绿水青山"变为"金山银山"。

第四,开放发展能为普惠金融开辟新的发展空间。开放发展是开辟普惠金融新的发展空间的重要驱动力,也是重塑普惠金融国际合作和竞争新优势的战略抉择。当前,中国金融发展过程面临着脱实向虚、资本无序扩张以及金融供给与需求错位等诸多问题，普惠金融必须秉持开放发展理念，通过对内对外两大开放助力普惠金融发展。就对内开放而言，要建立国内统一的大市场和社会信用等制度，畅通金融要素在不同维度和不同空间的自由流动，进而通过优化金融资源配置促进各地区普惠金融的协调发展；就对外开放而言，要通过构建的国际合作交流机制，主动学习其他国家成功的经验做法，积极参与国际普惠金融治理，同时将好的经验传播出去，提高中国在国际中的话语权。

第五，共享发展能明晰普惠金融的价值旨归。共享发展解决的是社会公平正义问题，这与普惠金融旨在解决金融资源分配不公的理念不谋而合。要精准落实共享理念，坚持普惠金融发展为了人民、发展依靠人民、发展成果由人民共享，重点突破城乡在金融供给方面的各种壁垒，让更多弱势群体能公平享受到同等的金融产品和服务，实现发展成果共享。当然，普惠金融并不是一蹴而就，要按照市场逻辑，尽力而为、量力而行，有层次提升普惠金融共享程度，让更多人民群众公平享受普惠金融发展成果，并在普惠金融这篇大文章中增强人民群众的获得感、满足感和幸福感。

二 做好普惠金融大文章的特点

从时代导向和政策背景来看，普惠金融是全面建成社会主义现代化强国的重要保障。近年来，随着国民经济增长和社会结构的不断调整，经济发展已逐步步入新时代，普惠金融发展也更凸显出发展的重要性和必要性。未来，在做好普惠金融大文章中，要继续坚持党的领导、人民至上、统筹协调、创新驱动、固本强基、示范共享和开放合作，努力实现基础金融服务更加普及、经营主体融资更加便利、金融支持乡村振兴更加有力、金融消费者教育和保护机制更加健全、金融风险防控更加有效和普惠金融配套机制更加完善的目标，为促进实现全体人民共同富裕、推进中国式现代化贡献更多金融力量。

一是坚持党的领导，有效巩固脱贫攻坚成果和全面推进乡村振兴。由于普惠金融的价值理念与中国共产党的宗旨以及建设社会主义国家的本质高度契合，因此，坚持党的领导，是推进普惠金融高质量发展的最坚强的政治保证和组织保障，也是做好普惠金融大文章最大的政治优势和制度优势。党的十八大以来，党中央高度重视发展普惠金融，并将其上升为国家战略。在党的统筹部署下，党的领导始终贯穿于普惠金融发展的战略规划、政策制定、监督规范和基础设施建设等各个环节，并依靠各级党组织力量巩固脱贫攻坚成果、接续推进乡村振兴，助力守住不发生规模性返贫底线。国家金融监督管理总局发布的数据显示，截至2023年6月末，全国脱贫地区各项贷款余额11.8万亿元，脱贫人口小额信贷贷款余额1880亿元，支持脱贫户和防止返贫监测对象438万户。① 实践证明，在党的领导下，普惠金融发展取得显著成效，这不仅印证了党领导普惠金融发展的历史必然性，也是中国普惠金融形成有别于其他国家独特发展模式的生动写照。未来，要继续和加强坚持党的全面领导不动摇，从制度安排上发挥党的领导对推进普惠金融发展的核心作用，并有效落实到各个领域、各个方面和各个环节，以此把党的制度优势转化为普惠金融发展的治理效能。

二是坚持人民至上，最大限度满足人民群众的金融需求。在新发展阶段下，普惠金融不仅要解决的是金融服务不足问题，还要高度关注金融供给市场体系是否能与需求侧的升级和变革相匹配、金融供给产品和服务是否能满足人民对美好生活的需要。② 做好普惠金融大文章，要始终把服务好广大小微企业和人民群众作为价值坐标，形成需求牵引供给、供给创造需求的高水平动态平衡，大幅满足人民对美好生活向往的多元化金融需求，基本消除金融排斥现象，切实增强人民群众对金融服务的获得感、满意度和幸福感。近年来，为缓解重点领域和重点群体融资困难和资金接续

---

① 参见https://www.cbirc.gov.cn/cn/view/pages/index/index.html。
② 张珩、张洋：《金融服务精准对接新市民需求的困境、成因与优化对策》，《江淮论坛》2023年第4期。

受阻等难题，中国人民银行积极创设贷款延期还本付息、信用贷款支持计划等一系列货币政策工具，鼓励银行开发信用贷、续贷和中长期贷款产品，以此为实体经济发展提供强有力保障。目前，小微企业、乡村振兴、巩固拓展脱贫攻坚成果等重点领域的普惠金融业务已呈现"量增""面扩""价降"的发展态势。根据国家金融监督管理总局数据显示，截至2023年6月，全国普惠型小微企业贷款余额为27.37万亿元，有贷款余额客户数为4115.12万户，两项指标平均增速在近五年均超过25%；小微企业信用贷、续贷、中长期贷款同比分别增长37.93%、30.64%和24.45%；普惠型涉农贷款余额为12万亿元，同比增长21.03%；新发放普惠型小微企业贷款平均利率较去年平均水平下降0.39个百分点。[1]

　　三是坚持统筹协调，推动建立"敢做愿做"普惠金融的长效机制。从商业化发展的逻辑来看，金融机构"不敢"或"不愿"做普惠金融的根本原因是：在同等的政策条件下，金融机构能从服务普惠群体中获得的收益难以有效弥补效率损失与风险成本。与传统金融侧重于"锦上添花"不同，普惠金融更聚焦于"雪中送炭"，其不仅需要金融机构的自身助力，也离不开货币政策、财政政策和监管政策的统筹协调和合理引导。因此，要破解金融机构"不敢"或"不愿"普惠金融的症结，就要在顺应普惠金融发展的客观规律基础上，坚持牵住统筹协调的"牛鼻子"，增强发展普惠金融的整体性、系统性和协同性，平衡好政府与市场、金融与财政之间的关系，推动金融机构建立"敢做愿做"普惠金融的长效机制，逐渐从"立柱架梁"向"积厚成势"稳健发展。就"敢做"而言，近年来，政府部门持续加大普惠金融供给，实施包容性、有差异的金融监管制度，不断优化与普惠金融有关的法律法规，推动金融机构建立尽职免责的信贷风险文化，从源头消除不敢做普惠金融的"忧虑"，促进其逐渐实现从"要我做"转变为"我要做"。就"愿

---

[1] 参见https：//www.cbirc.gov.cn/cn/view/pages/index/index.html。

做"而言，政府部门打破沟通壁垒和信息壁垒，通过充分发挥"几家抬"的政策合力，为普惠金融发展提供良好的政策支持和制度保障。近年来，中国人民银行和财政部先后推出支农支小再贷款、扶贫再贷款、普惠小微贷款两项直达工具、普惠金融专项资金和税收优惠等系列政策工具，推动金融机构开展信用贷款和续贷业务、专设普惠金融部门和经营机构、单列信贷计划以及实行与其他业务不同的绩效考核机制，不断激发其积极对小微企业和涉农主体投贷的主观意愿和内生动力。

四是坚持创新驱动，科技赋能形成"能做会做"普惠金融的服务能力。由于信息不对称的长期存在，金融机构无法准确识别和判断普惠群体的财务状况和还款实力，并主要依赖于抵质押品等硬信息为普惠群体提供不能完全满足其实际需求的金融产品和服务，这是金融机构"不能"或"不会"普惠金融的症结所在。近年来，在数字中国建设与发展的进程中，互联网和 IT 技术爆发式的突破与规模性的普及为传统金融机构稳妥探索成本可负担、商业可持续的普惠金融发展模式注入了新的发展动能，不断助力其形成一套能解决普惠群体贷款难这一世界性难题的"能做会做"机制。从"能做"角度来看，近年来，一方面，数字技术应用能力较强的金融机构借助数字技术突破了时空限制，并以低运营成本和信贷成本的优势下沉业务，解决"最后一公里"问题，以此让更多普惠群体也能平等地享受合理的金融产品和服务，巩固强化普惠金融服务的韧性；另一方面，金融机构在政策支持下，积极探索各部门的数据协同，并通过大数据撬开信息不对称的"坚冰"，打破"碎片化"信息的藩篱，并识别更多普惠群体的"信息"，降低信息不对称以及所产生的逆向选择，为那些缺乏合格抵押担保品的普惠群体提供信贷支持和增信计划，不断提高普惠金融服务水平和服务能力。从"会做"角度来看，一方面，借助数字化技术融入场景、构建生态，金融机构能主动挖掘出不同类型普惠群体的金融需求，进而开发和设计更符合其需求特色的产品和服务，实现"千人千面"；另一方面，借助数字模型和先进算法，金融机构会准确识别出不同客群的风险类型，实现普惠金融业务风险管理的标准化和智能化，有效提高了金融机构全流程的信贷风险控制能力，实现普惠金融的良性发展。

五是坚持固本强基，强化做好普惠金融大文章的基础设施建设。普惠金融需要强什么基？固什么本？从当前普惠金融发展情况来看，金融基础设施建设是固本强基的重点。金融基础设施是指为各类金融活动提供基础性公共服务的系统和制度安排，是提高金融机构运行效率和服务质量的重要支柱。强化金融基础设施建设既是普惠金融固本强基之需，也是建设金融强国必由之路。已有研究表明，推进信用信息体系、交易支付体系和法律法规等基础设施建设，不仅可以促进普惠金融实现"量增""面扩""价降"，还能帮助更多的弱势群体摆脱贫困陷阱，实现包容性增长。[1] 近年来，中国人民银行不断推动移动支付向县域下沉，增加助农取款服务点，提高农村地区基础金融服务获得感。根据中国人民银行发布的《支付体系运行总体情况报告》来看，截至 2023 年 6 月末，银行卡人均持卡量为 6.81 张，每万人拥有联网 POS 机具 251.42 台，每万人拥有的 ATM 机具 6.11 台。与此同时，围绕小微企业和弱势群体缺信息、缺信用和缺担保等现实难题，中国积极发展个人征信机构，促进个人非信贷替代数据的共享应用，不断强化社会信用体系和担保体系建设，有效降低供需两侧的信息不对称，着力破解普惠金融不可能三角。根据中国人民银行发布的数据显示，截至 2023 年 9 月末，全国金融信用信息基础数据库共收录 11.64 亿自然人信息和 1.27 亿户企业和其他组织信息，通过人工窗口、自助查询机和网上查询等渠道日均查询约 1400 万次。[2]

---

[1] Amable, B. and Chatelain, J. B., 2001, "Can Financial Infrastructures Foster Economic Development？", *Journal of Development Economics*, 64 (2)：481 - 498；左川、乔智、王亚童：《金融基础设施对长三角金融一体化的影响——基于金融效率的视角》，《南通大学学报》（社会科学版）2021 年第 6 期。

[2] 参见http：//www.pbc.gov.cn/。

六是示范共享，探索形成做好普惠金融大文章的"乘数效应"。普惠金融本质上是传统金融的创新改革，不仅可以通过提高地方政府政策制定和资源配置的自主权利来支持当地和周边地区产业发展，还能通过创新性实践探索将好的经验和好的做法复制推广给国内和其他国家，从而缓解更多弱势群体融资约束，实现包容性增长。[①] 2016年以来，为鼓励各地探索发展普惠金融，中国人民银行全国择优选择河南兰考、浙江宁波、福建龙岩和宁德、江西赣州和吉安、陕西铜川等局部地区，牵头设立普惠金融改革试验区、普惠金融服务乡村振兴改革试验区、小微企业金融服务改革创新试验区和农村金融综合改革试验区，按照先行先试的思路推进普惠金融试点示范，总结其存在问题，同时将成熟的经验、做法和模式积极稳妥推广，形成"培养一个、集聚一批、带动一片"的乘数效应。另外，为创新推进全局性的普惠金融改革，财政部先后于2022年和2023年连续公布了83个和86个中央财政支持普惠金融发展示范区名单，并下拨奖补资金积极引导普惠金融提质增效。

七是坚持开放合作，高水平做好普惠金融大文章。中国作为一个拥有14亿多人口的发展中大国，除了自身需要探索发展普惠金融，也离不开国际的开放合作。2016年以来，中国积极加强与其他国家的双边合作，深入参与普惠金融相关国际规则制定，始终在国际上保持着较强影响力。特别是中国人民银行在担任普惠金融全球合作伙伴（GPFI）主席期间，牵头制定了《G20数字普惠金融高级原则》《G20普惠金融指标体系（升级版）》《G20中小企业融资行动计划落实框架》等多项核心成果，全力配合普惠金融全球合作伙伴（GPFI）更新了《G20普惠金融行动计划》

---

① 邓向荣、冯学良、李宝伟：《金融改革与地区产业结构升级——来自金融改革试验区设立的准自然实验》，《经济学家》2021年第4期；王贤彬、王明灿、郑莉萍：《金融改革推动地方经济高质量发展了吗？——来自国家金融综合改革试验区设立的证据》，《经济社会体制比较》2020年第4期；梁洁莹、刘小勇、张展培：《金融改革与县域经济包容性增长——基于国家金融综合改革试验区设立的准自然实验》，《金融经济学研究》2023年第4期。

和《G20 普惠金融政策指引》，积极联合世界银行集团（WBG）开展了普惠金融全球倡议（FIGI）项目。在这个过程中，中国不仅将孟加拉国、德国的代理模式和微型金融模式等先进经验进行"本土化"对接，并高水平推动中国普惠金融高质量发展，也通过金融技术援助等多种合作模式为全球其他国家提供了许多行之有效的普惠金融发展路径。

三 做好普惠金融大文章面临的问题与挑战

当前，尽管中国普惠金融已取得的成绩显著，但仍存在普惠金融理念有待深入普及、银行经营机制有待优化、信用基础设施建设有待提升和政策保障机制缺位等诸多问题，与全面建设社会主义现代化国家的要求还存在较大差距。

第一，做好普惠金融大文章的理念有待深入普及。一是对普惠金融概念存在理解偏差。由于当前存在着普惠金融界定不清晰等"混沌"现象，一些欠发达地区农村居民并不了解何为普惠金融，一度认为其是"扶贫金融"或"慈善金融"，甚至产生了"贷款就是政府通过银行发放的救助金，可以借了不还"的错误思想，这不仅与普惠金融的美好期望背道而驰，也说明普惠金融理念尚未完全深入人心。二是有效金融服务需求不足问题有待重视。尽管普惠金融旨在为被排除在正规金融机构体系之外的普惠群体提供公平平等的金融服务，但由于这些普惠群体先天存在信用信息不足或难以提供银行认可的合格抵质押品等诸多问题，其宁愿"靠天吃饭"，也不敢（会）通过获得正规金融服务解决资金不足问题，一度成为"气馁"的借款者。[①] 三是居民金融健康问题亟待高度重视。尽

[①] 葛永波、陈虹宇：《劳动力转移如何影响农户风险金融资产配置？——基于金融排斥的视角》，《中国农村观察》2022 年第 3 期；Chen, K. C. and Chivakul, M., 2008, "What Drives Household Borrowing and Credit Constraints? Evidence from Bosnia and Gerzegovina", *Social Science Electronic Publishing*, 8（202）：1 - 34。

管当前中国居民金融素养在全球处于中等偏上水平，但其金融健康现状并不乐观。就普惠群体而言，一方面，受自身较重的债务负担和缺钱时融资难等因素影响，其在应对经济下行和新冠疫情等风险冲击的金融韧性较差。根据中国社会科学院金融研究所测算，当前普惠群体的金融健康均值仅为 3.19（满分为 5 分），64.27% 的样本仍在及格线之下。另一方面，因研判产品和识别风险的能力不足，多数普惠群体在"极致"式的营销模式下不仅会产生财富错觉，还会因从众心理驱使自己主动追求风险并陷入过度负债困境之中，严重时还会引发循环债务危机。[1] 四是非法金融活动扰乱了普惠金融正常秩序。随着金融骗局层出不穷地出现，风险意识薄弱、关注金融信息少以及金融市场参与度低的普惠群体容易成为金融诈骗分子和集团的猎物。这些金融诈骗分子通过掌握的普惠群体信息，精心定制脚本并实施诈骗，这不仅严重威胁了普惠群体钱袋子，也扰乱了普惠金融正常发展秩序。[2] 根据中国家庭金融调查（CHFS）2015 年的大样本调查数据显示，在数字普惠金融尚未完全普及的情况下，曾有 82.72% 和 69.86% 的农村居民遭遇过电话诈骗和短信诈骗。

第二，做好普惠金融大文章的银行经营机制有待优化。一是普惠金融供给与需求错配现象依然明显。金融机构普惠金融产品创新动力不足，基层网点欠缺设计权限，导致设计出来的贷款额度、期限、利率和抵质押物等不能完全满足普惠群体对基础性金融服务的需求，只能依靠续贷来满足。二是市场竞争压力增大。尽管国有大行以低利率优势下沉业务、拓展普惠客户，但由此产生的高获客成本和服务成本并不利于普惠金融的可持续发展和风险防控，同时也使中小银行流失了优质客户并

---

[1] Wang, H., Yan, J. and Yu, J., 2017, " Reference-dependent Preferences and the Risk-Return Trade-off ", *Journal of Financial Economics*, 123（2）：395–414；姚东旻、许艺煊、张鹏远：《参考点依赖偏好能够解释中国居民的储蓄行为吗》，《财贸经济》2019 年第 2 期。

[2] 刘阳、张雨涵：《居民金融素养与家庭诈骗损失》，《消费经济》2020 年第 2 期。

面临利率定价无法覆盖成本的尴尬局面。① 三是过于强调担保增信机制。由于普惠金融的风险控制成本往往高于其在商业可持续原则下的可负担成本，金融机构在缺少针对普惠群体特点的贷款调查、贷后管理的人员下沉和模式创新下，依然会热衷于采取增信力度最强的抵质押和政府或担保人担保方式推进普惠金融业务，这不仅会增加普惠群体交易成本，也限制了挖掘增量客户的能力。四是负责任的金融理念有待强化。从全球发展经验来看，除了追求经济回报，更好地服务社会、环境的可持续发展已成为金融业发展的潮流。在这个背景下，"负责任的金融"理念，越来越受到金融机构的重视。但从普惠金融视角来看，中国负责任的金融理念尚存在一些不足。一方面，金融机构的逐利性会使其在业务营销中假借普惠金融之名推出一些违背金融伦理的产品和服务，从而严重损害普惠群体的金融消费权益；另一方面，普惠群体自身的意愿行为背离和行为偏差也容易使金融机构以不负责的创新行为开展"伪金融产品"竞争，并产生"使命漂移"或"瞄准性偏误"。五是数字普惠金融发展的向恶效应有待重视。一方面，数字普惠金融旨在为二八定律中80%的低端客户提供金融服务，其泛化会提高普惠群体获得金融服务的门槛，并对存在接入沟或使用沟的群体产生"数字鸿沟"和新的金融排斥问题；② 另一方面，尽管大数据、云计算、人工智能等新的金融技术在金融领域的运用可以解决普惠群体金融服务可得性问题，但其也会因技术不成熟和不可靠而产生系统崩溃、数据泄露和交易合约不规范等产生一系列风险隐患，形成数字普惠金融发展的阴暗面。

第三，做好普惠金融大文章的信用基础设施建设有待提升。尽管中国金融基础设施体系建设持续推进，特别是各地方陆续成立的征信平台利用替代数据和新技术有效缓解了部分放款金融机构与普惠群体之间的

---

① 罗剑朝、张珩：《农村信用社发展现状及改革方向》，《人民论坛》2023年第21期。
② 何婧、田雅群、刘甜等：《互联网金融离农户有多远——欠发达地区农户互联网金融排斥及影响因素分析》，《财贸经济》2017年第11期。

信息不对称，解决了"担保难、抵押难、融资贵""三难"问题，但从实际情况来看，做好普惠金融大文章的基础设施建设仍面临一些不可避免的问题。一是信用体系培育有待完善。一方面，当前信用体系建设比较注重授信用信，金融机构普遍反映搜集的普惠群体的信用信息并不准确且存续时间较短，无法根据搜集的信用信息长效培育信用体系建设；[①] 另一方面，由于《征信业管理条例》等法规等未对信用修复作出明确规定，一旦企业和个人存在"失信"行为，日常生活、金融活动和资格剥夺等都会受到限制，基本就等于被判了"死刑"，损害企业和个人获得普惠金融服务的"资格"和"声誉"。二是信用信息共享机制实施仍存在诸多困难。一方面，由于政务类数据牵扯部门较多且整合标准不统一、质量参差不齐、更新不及时，金融机构难以基于这些替代数据掌握客户最新情况，这会影响信息共享应用进度；另一方面，互联网公司不愿意将其所掌握的核心数据公开和共享，且即便愿意共享提供的商业类数据的可靠性和有效性也不足，难以作为金融机构的决定性授信数据。三是普惠金融立法体系有待完备。当前，中国尚未专门制定促进和保障普惠金融健康发展的法律法规，颁布的法律条文又多以规范性文件为主，也未明确清楚普惠金融发展主体的权利和义务。面对促进普惠金融发展的信用体系建设，其有关的法律条款多散见于《中华人民共和国民法典》《中华人民共和国个人信息保护法》《中华人民共和国商业银行法》中，缺乏上位法的支撑和指导和统一的管理规则与操作指引，一定程度影响了信息体系建设和信用信息共享应用的速度。面对金融消费者权益保护和金融数据安全等新问题也没有法律支撑，普惠金融法律基础体系不坚实问题依然突出。四是金融监管的发展速度远远滞后新金融业态的发展速度。目前，监管框架涉及多个部门，缺乏对新金融业态

[①] 中国人民银行金融消费权益保护局编著：《中国普惠金融发展研究》，中国金融出版社2020年版。

的统一协调、有效沟通和及时响应，加之监管方式手段过于落后，多以传统的现场检查为主，没有顺势跟上数字普惠金融发展的时代步伐进行同步变革，从而导致现有金融监管制度难以很好评估和管理数字普惠金融风险。

第四，做好普惠金融大文章的政策保障机制缺位。当前，在现行法律制度框架下，市场在信贷、保险、基础金融服务等金融资源分配上发挥着决定性作用，政府通过有形之手来校正市场无形之手的效果还有待提升。主要表现在以下几个方面：一是货币政策弹性缩小。近年来，受经济下行压力加大影响，金融机构有效需求不足。实施优惠存款准备金等货币政策工具的目的是为释放流动性、增加可贷资金，但在经济下行的金融机构面临有效信贷需求不足，流动性相对宽裕的局面，政策激励仍十分有限。以普惠金融的定向降准政策为例，其目前的实施范围基本包括了除农信社和村镇银行以外的全部金融机构，这不仅对大中型企业的信贷成本下降影响更大，也会削弱银行决定资金流向的作用，使那些真正需要资金的小微企业反而会因"硬性指标"与贷款无缘，严重时还会造成普惠金融贷款数据失真，并影响准备金工具的统一性。二是支持普惠金融发展的财政政策仍存在诸多局限。尽管中央和地方政府近年来为鼓励普惠金融发展出台了诸多税收优惠及减免、贷款奖补、专项资金和风险补偿基金等财政政策，但仍存在诸多局限。一方面，从普惠金融贷款角度看，当前出台的优惠政策主要针对持牌金融机构，其他非持牌机构无法公平享受到这些优惠政策；另一方面，由于现有优惠政策与普惠金融贷款规模不能完全匹配，个别金融机构为获得奖励政策而存在着通过做票据来"冲规模"、实现形式上"达标"的短期行为，加之普惠金融专项资金利用率不足、奖励标准不能根据当地实际发展情况动态调整等诸多问题，导致已有财政政策不能有效调动持牌金融机构开展普惠金融的积极性，这在一定程度上影响了普惠金融的发展。三是普惠金融贷款统计口径有待扩大。尽管央行将普惠金融重点领域贷款的统计口径设定为单户授信小于 1000 万元的普惠型小微企业贷款、个体工商户经营性贷款、小微企业主经营性贷款和农户生产经营贷款，但这并不意味着普惠金融贷款只包含这些。事实上，普惠金融客体是所有有金融需求的社会各阶层和群体，其主要目的是持续提升金融服务的覆盖度和可得性，让全体人民均能获得满意的金融服务，因此可以大胆地用全口径贷款规模来统计普惠金融贷款规模。

四　做好普惠金融大文章的对策建议

结合中国当前的实际情况，新发展阶段做好普惠金融大文章需从需求侧、供给侧和监管侧三个维度采取针对性措施，为做好普惠金融大文章建立切实可行的行动指南。其总体目标是：首先，从需求侧来看，应以强化国民金融教育为着力点，推动普惠群体服务能级从低能级的"可得性"和"满意度"向增进"金融健康"的高能级目标迈进；其次，从供给侧来看，应持续推动金融机构建立"敢做愿做""能做会做"的经营机制，推动破解普惠金融发展的"不可能三角"，促进实现量的合理增长和质的有效提升；最后，从监管侧来看，一方面，要加强以信用体系建设为主的金融基础设施建设，打通长期影响普惠金融发展供需两端不匹配的卡点和堵点，另一方面，要建立有利于普惠金融高质量发展的政策支持体系，保证其能更有效地传导到普惠群体和支持普惠群体发展的金融体系当中。

第一，强化国民金融教育，推动普惠金融服务能级螺旋提升。党的二十大报告强调，加快全民终身学习的学习型社会建设，对提高金融素养和教育强国具有重要意义。教育是立国之基、强国之本。金融教育作为教育不可缺少的环节，是充分发挥金融安全效应、最大化国家利益和力促人口安全的关键基石。对普惠金融群体而言，尽管满足其日益增长的金融需求固然重要，但不是长久之计。要想实现普惠金融高质量发展，就要把金融消费者权益保护和金融健康深化开展金融教育工作，这样才能激发其造血潜能，提高金融获得感、满意度和幸福感，促进普惠金融服务能级螺旋提升。一是强化对青少年群体金融教育的顶层设计。时代在变，金融在变，金融教育也需要不断改变。因此，要强化国民金融教育的顶层设计，逐步将其融入九年义务教育和高等教育的日常课程当中，并借助政府的力量帮助青少年群体积极参与金融知识学习活动、树立合理的消费观念，以此通过"小手牵大手"的传导作用实现金融教育的常态化普及和发展。二是建立金融知识普及教育长效机制。要构建常态化、长效化的金融知识普及教育机制，就必须充分发挥金融机构的引导作用和宣传优势。具体而言，一方面金融机构要利用其基层网点的宣传优势和组织能力，积极通过定期进社区、走乡村开展金融知识的宣讲和教育活动，系统介绍金融与生产生活、人民币、现代支付、信用报告、信贷制度、理财规划、反洗钱和金融消费权益保护等契合普惠金融群体实际需求的金融基础知识，以此可持续地帮助普惠群体提高其风险辨别能力和自我保护能力；另一方面金融机构要凝聚农业农村部门、教育部门、金融监管部门等多部门资源，利用现有适合场所建立特色化的金融教育学习基地和定向化的金融课程，并以金融场景和"田间课堂""金融夜校""金融喇叭"等沉浸式体验形式为普惠金融群体赋能金融保险知识、金融产品选择、金融诈骗识别和金融韧性强化等内容，以此培育具有理性负责的金融理念，破除金融教育长期"治标不治本"的魔咒。三是要关注"一老一新"等社会重点保障人群的金融教育。关注社会重点保障人群，提供优质便民的金融服务，是坚持"以人民为中心"发展思想的生动实践。鉴于此，地方政府和金融机构要重点聚焦"一老一新"的"急难愁盼"问题，持续有效推动金融科技资源下沉偏远乡村地区，以此为其量身定制与其收入水平和风险能力相匹配的金融产品与服务（如医疗、教育、养老和住房），不断满足"一老一新"对金融需求，全方位提升金融服务的易用性、安全性、适老性和适新化，有效弥补"数字鸿沟"问题,以此推进普惠金融服务从低能级的"可得性"和"满意度"向增进"金融健康"的高能级目标迈进。

第二,深化金融机构改革,以负责任金融理念破解"不可能三角"。尽管普惠金融发展离不开政府有形之手的支持,但普惠金融是按照商业可持续原则发展的,必须让市场在资源配置中起决定性作用,最大限度地调动金融机构主动担当作为和探索创新的积极性,这样才能破解"不可能三角",形成敢做、愿做、能做、会做的经营机制。鉴于不同类型银行在普惠金融发展中的角色和定位不同,要采取不同的发展策略。具体而言,一是国有大行要正确对待服务重心下沉的积极作用。作为银行业的"领头雁",国有大行一方面要正确对待下沉服务重心的作用,主动"啃"普惠金融中的"硬骨头"和"空白地带",不断做优做强,以此当好服务实体经济的主力军和维护金融稳定的压舱石;[1] 另一方面也要明确其差异化的功能定位,并根据贷款市场报价利率(LPR)走势,合理确定普惠金融贷款利率,确保首贷户、转贷和续贷业务的贷款利率持续保持平稳态势,实现"量增价降",避免因"服务重心过度下沉"而引发县域金融市场不公平竞争并挤压中小银行的利润增长空间。二是中小银行要统筹做好改革创新和防风化险两大任务。作为长期服务普惠群体的中小银行,一方面要回归服务地方、服务社区、服务实体经济的本源,不断完善信贷契约设计、薪酬绩效奖励、尽职免责以及容错纠错机制,根除基层业务人员心理顾虑,使其从"惧贷""惜贷"不断转变为"敢贷""愿贷",同时通过充分发挥决策链短、产品服务更接地气、人缘、地缘、亲缘等特色和优势来开展特色化支农支小业务,克服和避免普惠金融发展过程中的"精英俘获"现象,促进实现普惠金融减量提质;另一方面在面对当前经济下行和信贷风险不断滋生

---

[1] 王修华、赵亚雄:《县域银行业竞争与农户共同富裕——绝对收入和相对收入的双重视角》,《经济研究》2023 年第 9 期。

和暴露的客观事实，要尊重中小银行发展的客观规律，积极推动"一省一策"的农信社省联社改革，并严格执行机构准入标准和监管要求，对有救助价值、风险损失可控和无救助价值等不同类型问题中小金融机构，要采取经营救助、兼并重组和破产清算等差异化防风化险措施，防止风险无序扩张和外溢。[①] 三是政策性银行要充分发挥开发性金融和政策性金融的独特功能价值。一方面，政策性银行要紧紧围绕普惠金融发展的重点领域和薄弱环节发力，支持粮食安全、高标准农田建设、新农村建设（如水利、交通）等基础设施建设，优先办好"雪中送炭"的民生实事，推动政策性金融朝着尊重民意、顺应民心和利民惠民的方向不断发展；另一方面，政策性银行也要不断健全和完善转贷款业务的治理体系，强化对合作银行的准入管理，立足职能定位稳步加大转贷款投放力度，为普惠金融群体提供较低成本的信贷资金。四是充分发挥数字普惠金融的向善效应。数字普惠金融是一种数字技术和金融相互结合的产物，不仅具有天生的金融"嫌贫爱富"属性，也会给传统金融发展带来一次新的"创造性破坏"，并产生数字鸿沟等阴暗面。[②] 因此，要从供需两端全面发力，合理利用云计算、大数据、人工智能、区块链、遥感卫星等数字技术发挥其对缓解普惠群体、消除城乡和区域"数字鸿沟"以及促进持续增收和经济增长的向善效应。一方面，要充分利用数字技术精准识别当前尚未触及的"非活跃用户"和存量客户的潜在金融需求和风险损失，有效解决需求端的信用缺失和抵押物缺乏等难题，实现数字化融资服务和数字支付的"全覆盖"，不断提高普惠金融群体的获得感；另一方面，要强化数字治理，改进和完善金融产品与服务模式，提升供需两端之间的适配性，降低对普惠金融群体的信息搜寻成本，简化交易流程，提升普惠金融供给的质量、效率和效益，促进实现

[①] 罗剑朝、张珩：《农村信用社发展现状及改革方向》，《人民论坛》2023 年第 21 期。
[②] 张晓晶：《金融发展与共同富裕：一个研究框架》，《经济学动态》2021 年第 12 期。

量的合理增长和质的有效提升。

  第三，强化以信用体系建设为主的金融基础设施建设，促进普惠高质量发展。大量实践证明，征信类金融基础设施具有增加征信有效供给、保障市场高效运行和防范化解重大金融风险的作用。就金融业而言，强化以信用体系建设为主金融基础设施建设，既是驱动普惠金融高质量发展的基础，也是金融更好地发挥服务实体经济功能的关键环节，更是推动建设金融强国的根本之义。鉴于此，一是建立"政府+市场"双轮驱动的社会信用体系建设机制。一方面，要继续深入推进中国人民银行个人信用信息基础数据库建设工作，及时搜集和更新小微企业和涉农主体等普惠群体的信用信息种类，满足金融机构对促进普惠金融可持续发展所涉及的信用信息基础数据的需求。① 另一方面，要以市场需求为基础、以释放数据要素活力为导向，大力发展和培育专业的市场化机构，鼓励通过各种场景收集、分析和使用替代性数据，探索开展信用评级、担保、保理、信用管理咨询等社会化服务工作，促进形成互补型、多元化、多层次的社会信用体系。另外，还要不断整合和优化各类动产登记和权利担保登记公示系统，以此助力金融机构开展应收账款、生产设备、知识产权、农地经营权和活体动物等动产和权利等担保融资业务，简化普惠金融群体在转贷和续贷时的抵质押登记业务，发挥数据要素对产业融合和良性循环的乘数效应，实现普惠金融领域尚未挖掘的"抵押质押转为信贷"。二是要持续完善信用信息共享机制。鉴于传统金融机构长期依靠客户抵质押品等硬信息的发展路径已不能有效满足当前做好普惠金融这篇大文章的客观需求，因此要在强调加强公共信用信息共享重要性和确保数据安全的前提下，充分调动不同政府部门、市场化征信机构和互联网平台共享数据的积极性，逐渐将金融机构长期搜集

---

  ① 孙久文、胡恒松：《社会信用体系的完善与经济发展——基于国内大循环视角的思考》，《甘肃社会科学》2021年第1期。

建立的存量客户的软硬信息与及时动态更新的工商、税务、公安等各级有关部门的政务数据、公共信用服务机构的征信数据以及互联网平台的信用评分数据等进行有效融合和互补，降低数据共享阻力，打通长期影响供需两端不匹配和有效需求不足的卡点、堵点和空白点，推动普惠金融高质量发展。当然，这个过程也要警惕这些替代数据可能带来的"信息茧房""井蛙共振"等负面效应。三是推进社会信用立法，夯实信用水平提升的制度保障。推进社会信用体系建设是一项系统性工程，一方面要以《中华人民共和国金融稳定法》统筹构建推动普惠金融高质量发展的顶层设计，加快颁布能与普惠金融发展无缝衔接的《中华人民共和国社会信用体系建设法》，补齐现有制度漏洞和监管黑洞，明确公共信用信息的权属以及信用信息共享的权责利，厘清红黑名单和联合奖惩的行为边界，适应普惠金融发展需要；另一方面也要紧紧围绕强化信用约束，根据建立行业红黑名单制度以及信用市场退出和信用修复机制，在强化行政监管对失信人员和失信主体的约束和惩戒力度的同时，结合失信类别和程度，给予非恶意失信主体改错自新的机会，通过信用承诺、专题培训和参与慈善活动等形式修复信用，以此避免出现"一棍子打死"的尴尬局面。四是建立差异化金融监管，最大限度保护好普惠群体的金融权益。鉴于尚未建立统一协调、有效沟通和及时响应的监管机制，一方面要统筹管理和规划以信用体系建设为主的金融基础设施建设，建立合理分工、适度竞争、有序联通的发展格局，推进不同部门普惠金融信息统计和数据库建设，夯实普惠金融安全发展的基石；另一方面金融监管部门要提高对普惠金融贷款的风险容忍度和包容性，并依法将所有与普惠金融相关的金融交易和活动全部纳入金融监管当中，坚决打击各种以假借普惠金融名义开展的违法犯罪活动，全面推进做好普惠金融大文章的法治水平和守住不发生系统性金融风险底线。另外，还要持续健全普惠金融群体在金融服务全流程中的权益保护机制，不断完善普惠群体投诉管理和纠纷化解机制，最大限度防止普惠群体金融权益受到严重侵害。

第四，构建有利于普惠金融高质量发展的政策支持体系。做好普惠金融这篇大文章是一项系统性工程，仅仅依靠市场力量是难以实施的，还需要依托政策支持持续发力，激活金融体系支持普惠群体发展的动力，特别是在百年未有之大变局下要构建和优化有利于普惠金融高质量发展的政策支持体系。一是充分发挥多种货币政策的组合作用。已有研究表明，虽然结构性货币政策能在一定程度上促进普惠金融发展，但想要更好地引导资金流向普惠金融发展的重点领域和薄弱环节，仅仅依赖于结构性货币政策无法实现普惠金融高质量发展。鉴于此，要多管齐下运用常规性的定向降准、抵押补充贷款、再贴现、支农支小再贷款等各种货币政策工具组合，积极引导银行机构信贷资金向普惠金融领域进行合理流动，以此防止更多资金过度流向房地产行业、融资平台和低效率的国有经济部门等非普惠金融领域。要充分发挥贷款市场报价利率（LPR）机制，持续支持和引导银行机构合理让利，减少普惠群体的融资难度和融资成本，推动普惠金融贷款利率稳中有降，同时继续利用好更具市场化、普惠性和直达性的贷款延期支持工具和信用贷款支持计划等创新型货币政策工具，持续增强中小银行机构服务普惠群体政策的针对性和含金量，防止大行业务下沉对普惠金融市场产生负面影响。二是优化普惠金融财税激励政策。在遵循普惠金融发展的客观规律基础上，一方面要持续完善风险分担和风险补偿、财政贴息以及融资担保等相关财税政策，成立各类普惠金融专项资金，鼓励金融机构开展"金融+担保""金融+保险""金融+期货"创新型金融产品和服务，满足更多普惠群体多样化的金融需求；另一方面要继续针对普惠型小微企业，加大规模性减税降费，稳步推进去杠杆、降成本、补短板，切实增强金融机构服务中小微企业和推进支持普惠金融高质量发展的意愿，强化其对重点领域和薄弱环节的优质金融服务。三是优化和调整金融监管政策。在守住不发生系统性金融风险底线的条件下，一方面要优化和完善金融长期支持和服务普惠群体敢贷愿贷能贷会贷的监管机制，强化对普惠金融考核激励、尽职免责、配套奖励和风险分担等基础制度和机制的建设，根据经济发展和客群变化等实际情况动态调整部分普惠金融考核指标，提高其可持续服务普惠群体的能力和意愿；另一方面，要创新适合商业银行可持续发展普惠金融的风险定价体系和资本补充机制，可考虑通过持续发行地方专项债等外源渠道来帮助中小银行补充核心资本，缓解监管当局对资本约束的考核压力，疏通构建风险定价体系中的堵点和难点，以此平衡好其发展普惠金融和补充银行资本之间的内在逻辑关系。四是充分发挥货币、财税和监管等政策的协调配合和联动效应。一方面，政府在推进普惠金融改革过程中超越金融控制的行政思维和"竞争性"市场思维，特别是在制定各类政策时，要明确清楚央地之间的责任担当，充分发挥中央金融委员会和中央金融工作委员会对普惠金融领域的重大问题研判、重大政策制定和重大风险应对，以及地方金融工作委员会和地方金融工作委员会对落实属地责任、防范处置普惠金融领域风险、日常金融机构监管等重要责任，并考虑将包含普惠金融综合纳入货币、财税和监管等各类政策考量范畴之中，突出其引导作用，保证各类政策能更加有效地传导到普惠群体和主要支持普惠群体发展的金融体系当中，强化普惠金融对加快建设金融强国的支撑作用；另一方面，要尽可能保证货币、财政和监管等各类政策之间的连续性和稳定性，建立普惠金融政策正负面清单，避免出现以"头痛医头，脚痛医脚"的被动方式支持银行发展普惠金融。另外，还要建立普惠金融统计监测制度，实时掌握和了解信贷资源流向和配置情况，为制定更为精准且能协调配合的各类普惠金融政策提供数据支撑。

（执笔人：张珩）

第五章

做好数字金融大文章

世界百年未有之大变局加速演进，世界之变、时代之变、历史之变的特征更加明显。全球新一轮科技革命和产业变革深入发展，催生出大数据、云计算、人工智能、物联网、区块链等新一代信息技术，这些数字技术成为支撑数字经济发展的关键。金融是现代经济的核心，是国民经济的血脉，是国家核心竞争力的重要组成部分。2023年10月30—31日召开的中央金融工作会议提出，做好科技金融、绿色金融、普惠金融、养老金融、数字金融五篇大文章，对数字金融高质量发展提出了新的要求。数字金融与普惠金融、绿色金融、科技金融、养老金融密切相关，做好数字金融这篇大文章，把金融资源真正集聚到高质量发展的战略方向、重点领域和薄弱环节，是金融领域推进高质量发展和建设金融强国的内在要求，将有助于提高金融服务实体经济质效，强化系统性风险防控，不断满足经济社会发展和人民群众金融服务需求，加快金融强国建设。

本章围绕做好数字金融大文章，梳理了中国数字金融发展概况，剖析数字金融支持金融高质量发展的机制路径，分析中国数字金融发展面临的问题和挑战，最后提出做好数字金融大文章，加快金融强国建设的对策建议。

一 中国数字金融发展概况

从数字金融的发展脉络来看，20 世纪八九十年代的电子计算机计算技术提高了金融服务效率和服务质量。此后，信用卡和 ATM 机的出现，使金融服务以网络形式造福客户。发展到 90 年代末，电话银行、网上银行突破了传统服务方式，开启了虚拟金融服务。到 2011 年，金融国际化进展加速，经济实体和企业的多样化需求大幅度增加，金融行业竞争加速，金融越来越重视金融与科技的结合和相融。2012 年硬件技术，如信息传输技术、信息存储技术的发展风起云涌，使大数据、云计算、智能终端等软件和服务成为金融创新的主流。中国数字金融的起点可以追溯到 2004 年支付宝体系上线，但业界通常将 2013 年余额宝使用视为中国数字金融发展的元年。[①] 当前，数字金融业务模式和业态在不断进化之中，中国在数字金融领域发展取得明显成效，在数字经济领域的竞争能力不断增强。

（一）数字金融的概念与业态

1. 数字金融的概念

数字金融是指通过互联网及信息技术手段与传统金融服务业态相结合的新一代金融服务。数字金融具有数字与金融的双重属性，能够加速资金、信息、数字等要素的自由流通与有效配置，矫正传统金融因信息不对称引发的市场失灵和金融割裂问题。

要辩证认识数字金融的概念和价值。一方面，数字金融依赖于科技领域的数字技术，将其应用于金融领域。金融实务领域依托于通信网

[①] 黄益平、黄卓：《中国的数字金融发展：现在与未来》，《经济学（季刊）》2018 年第 4 期。

络、云计算、生物识别、物联网等，将区块链、大数据、人工智能等数字技术应用到金融行业，提供新产品、新服务和新的业态，如众筹、供应链金融、数字货币、智能风控、高频交易等，并使亿万客户的融资、交易、支付在同一时间瞬间完成，与数字经济相辅相成。另一方面，数字金融是一种高水平的金融技术服务，它改变的是金融为客户服务的方式、金融运作模式、金融风险控制技术，但并未改变金融的信用本质和金融服务的天然属性。比如，以信贷为重点的融资活动，以结算为重点的支付行为，资本保险市场的本质功能，这些金融行为并不会有任何质变。总之，数字金融发展取决于对金融业务的创新与发展程度，即金融服务实体经济质效，而非金融对技术的运用。数字金融不能脱离对实体经济、客户和金融业务的熟悉和创新，金融领域应用先进的云计算、大数据、智能技术等软件服务，最终落脚到服务实体经济领域。此外，数字金融的成功需要银企双方的诚信程度和企业家精神发扬光大，系统的建设和模型生成是基于历史数据和历史经验，大数据和人工智能无法替代人类做出重大事项决策或者一些不确定性的决策，信任和企业家精神是根本。

2. 数字金融的业态

从数字金融的业态来看，数字金融业务模式在不断进化之中，目前主要包括数字货币、数字支付、数字信贷、数字证券、数字保险、数字理财等金融业态。此外，随着数字技术的纵深发展，数字金融概念外延和包含范围在不断扩大。

一是关于金融监管数字化的探讨越来越多，监管科技逐渐兴起。监管科技是指将科技运用于金融监管之中，优化监管框架，提升监管质效，降低监管成本，即"以科技规范科技"。监管科技的本质是通过使用区块链、大数据、人工智能等技术，用比传统手段更为高效和低廉的成本来不断满足金融机构的监管和合规性要求，即"用技术实施监管"。中国监管科技的演变大致分为两个阶段，第一阶段是20世纪90

年代的信息互联网时代，工商、税务、保险、银行、证券等领域分别利用信息技术辅助行政执法；第二阶段是移动互联网进入中国，监管部门开始设置重点监管领域，重视技术在金融监管中的作用。近年来，监管科技在中央政策文件中频繁出现，并从规划文件上升为法律规范，在促进金融创新发展和防范金融风险方面发挥着愈加重要的作用。

二是数字金融与普惠金融、绿色金融、科技金融、养老金融等融合发展。数字普惠金融借助数字化手段覆盖传统金融机构服务方式难以普及的群体以及地区，从而提高小微企业、农村主体、个体工商户的金融可得性以及质量；数字绿色金融通过大数据、机器学习、人工智能、区块链、物联网等技术支持，帮助环境效益项目进行投融资活动，实现可持续发展目标；数字金融与科技金融相辅相成，金融机构通过大数据、区块链、云计算、人工智能等前沿科技赋能，加速数字化转型，更好支持创新型企业的发展；数字金融通过运用区块链、云计算、人工智能等数字技术，可以突破传统金融的制约和局限，实现养老金融产品和模式的创新发展。

（二）中国数字金融发展现状

近年来，中国在数字金融领域发展取得明显成效，金融科技创新能力、金融科技企业价值、移动支付、数字信贷、央行数字货币、数字普惠金融等领域已走在全球前列。

1. 金融科技专利和企业价值优势全球突出

在金融科技创新能力方面，中国金融科技专利申请量占据领先优势。《金融科技行业2023年专利分析白皮书》显示，2018年以来，全球金融科技专利申请量突破34万件，中国和美国是金融科技行业技术创新的重要引领国，两国专利占全球的比重高达64.5%。从国别上看，中国金融科技专利占比为44.3%，位列第一，美国以20.2%排名第二，韩国、日本分别以10.5%、6.9%排在第三、第四位。从金融科技专利持有人分布来看，前10专利权人中有8家中国企业（前6位均来自中国），2家来自美国。其中，平安集团、蚂蚁集团金融科技专利申请量具有明显优势，明显高于排名第三的中国银行。

在金融科技企业价值方面，中国金融科技独角兽价值在头部领域具有突出优势。《2023全球独角兽榜》显示，截至2022年12月底，全球排名前10的独角兽企业中金融科技行业占据4家，其中最具价值的金融科技独角兽为中国的蚂蚁集团（8300亿元人民币），其次为美国的支付平台Stripe（3800亿元人民币）、中国的微众银行（2300亿元人民币）和英国的Revolut（1950亿元人民币）。

2. 金融机构数字化转型纵深推进

在金融机构数字化转型方面，多家银行提出"科技立行""科技强行"战略，前瞻性布局云计算、区块链、大数据、人工智能等新技术，构建自立自强、自主可控的数字技术创新体系，持续推动企业级技术平台的建设。2010—2021年，中国264家商业银行的数字化转型投入指数实现了7倍增长。其中多家银行的科技投入占收入的比重也已经超过4%。大型银行、中小银行在数字化转型方面各具特色。大型银行着力生态化发展战略，构建生态化用户经营体系，打造数字生态圈场景平台，全面开启数字化、智能化经营。根据年报统计数据，2022年国有六大行对金融科技的资金投入合计达1165.49亿元，同比增长8.42%，平均投入194.25亿元。其中，中国工商银行、中国农业银行、中国建设银行、中国银行4家在金融科技投入超200亿元。中小银行则依据地方优势，在服务乡村振兴、绿色金融、新市民等方面，打造专业化、特色化的数字金融服务能力。在科技投入上，中小银行同样保持了持续增长的态势，其中股份制银行科技投入总计647.68亿元，中小银行的科技投入呈现出从"规模化"转向"精细化"的趋势。在保险业数字化转型方面，根据艾瑞咨询发布的《2023年中国保险业数字化转型研究报告》，约94.4%的保险机构已开始积极探索全链路数字化转型。2021年，中国保险业信息科技投入规模约为414亿元，约占行业保费收入的

0.92%，这一数据虽取得历史性突破，但对比全球水平，中国保险信息科技投入仍有待进一步加强。

3. 移动支付迅速渗透

在移动支付领域，中国移动支付的应用和推广进展迅速。2023年第三季度，支付宝的市场份额为55.4%，微信支付的市场份额为38.9%。支付行业在服务实体经济和民生需求方面的渗透率逐年提高，通过提供支付、转账、投资等金融服务，支付宝和微信支付的用户数均已超过10亿人，是著名支付服务提供商PayPal全球用户数的3倍以上。中国个人银行账户拥有率已超过95%，高于中高收入经济体平均水平，移动支付普及率达到86%，居全球第一。移动支付广泛覆盖网购、线下商铺等多场景，与每个人的日常生活消费紧密相关。从小额、便民支付领域数据看，2023年支付机构年交易量已超1万亿笔、金额近400万亿元，个人和数千万商户支付需求得到有效满足。从大额、对公支付服务看，商业银行在其中扮演重要角色。

4. 数字信贷规模全球领先

在数字信贷领域，中国数字信贷规模全球最高，大幅领先欧美国家。国际清算银行（BIS）的研究报告显示，全球数字信贷在2013年仅为180亿美元，而到了2019年已达到7955亿美元，年均复合增长为88.0%。[①] 图5—1显示，这一时期中国数字信贷规模年均复合增长125.1%，其中2019年中国数字信贷规模达到6267亿美元，占到全球数字信贷总量的78.8%，美国为9.9%，英国为1.5%。相比于美国、英国等海外大型科技平台，中国大科技平台参与信贷业务活动更广泛、更深入，推动了数字信贷规模的快速扩张。2019年中国大科技信贷占本国数字信贷规模的比例为82.3%，而同期的美国为10.5%，英国还不到2%。

---

① Cornelli, G., Frost, J., Gambacorta, L., et al., 2020, "Fintech and Big Tech Credit: A New Database", BIS Work Papers, No. 887.

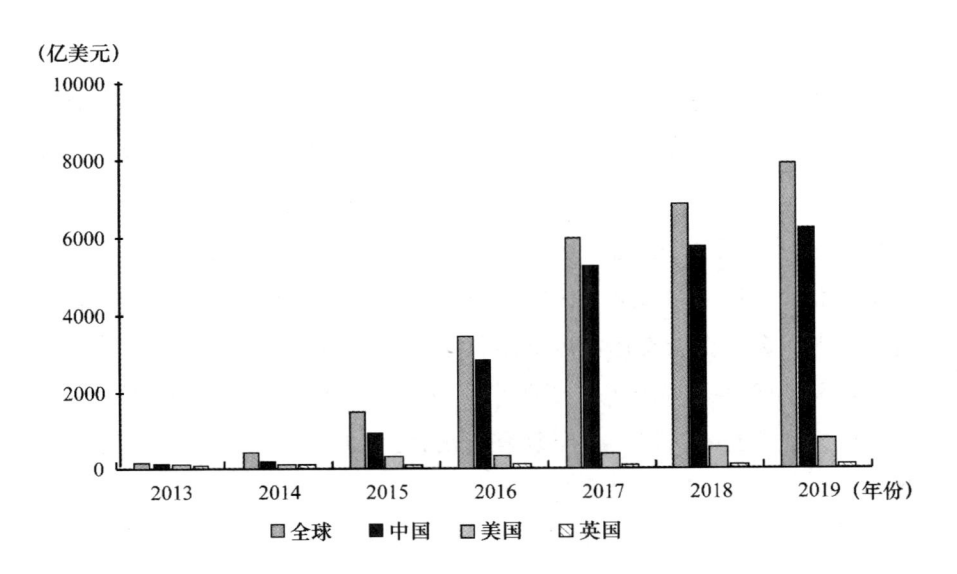

图 5—1　2013—2019 年全球及主要国家数字信贷规模

资料来源：Cornelli, G., Frost, J., Gambacorta, L., et al., 2020, "Fintech and Big Tech Credit: A New Database", BIS Work Papers, No. 887。

5. 央行数字货币加快推广

在央行数字货币领域，数字人民币推广应用加快，跨境结算取得积极进展。其一，当前数字人民币试点范围已扩大至 17 个省份的 26 个地区，覆盖应用场景越发丰富，交易金额加速上升。截至 2023 年 3 月，试点地区数字人民币钱包总余额为 86.7 亿元，累计交易金额 8918.6 亿元，交易笔数达 7.5 亿笔。其二，当前，中国人民银行已深度参与多边央行数字货币桥（m-Bridge）项目，在系统建设与平台接入方面均具备先发优势。国际清算银行、香港金融管理局、泰国中央银行、阿联酋中央银行和中国人民银行数字货币研究所等多边央行正在积极促成数字货币桥项目，推动多边央行数字货币桥成为新型国际跨境支付基础设施。同时，中国人民银行提出的"无损""合规""互通"三大原则已由国际清算银行提议成为多边央行数字货币桥项目的基本原则。

6. 数字普惠金融跨越式发展

在数字普惠金融领域，根据2022年世界银行全球普惠金融调查（Global Findex Database），2021年中国数字支付服务使用率86%，已进入"数字普惠时代"。其一，《北京大学数字普惠金融指数（2011—2021）》分析指出，中国的数字普惠金融业务在2011—2021年实现了跨越式发展，近几年发展速度有所放缓，但仍然维持了一个可观的增速。其中，数字金融使用深度的增长是重要驱动力，北方和南方的数字普惠金融发展水平差距也有所收窄。其二，2022年中国互联网财富管理用户累积达到6.7亿人，年复合增长高达18%（见图5—2）。数字理财、智能投顾、互联网财富管理服务层出不穷，长尾用户的金融需求得到更好满足。其三，中国金融机构积极推进移动互联、人工智能、大数据、云计算、区块链等数字技术的应用，普惠金融的服务质量和效率不断提升，数字普惠金融生态建设程度不断深化。银行业金融机构平均电子渠道分流率由2021年的90.29%增长到2022年的96.99%。中国工商

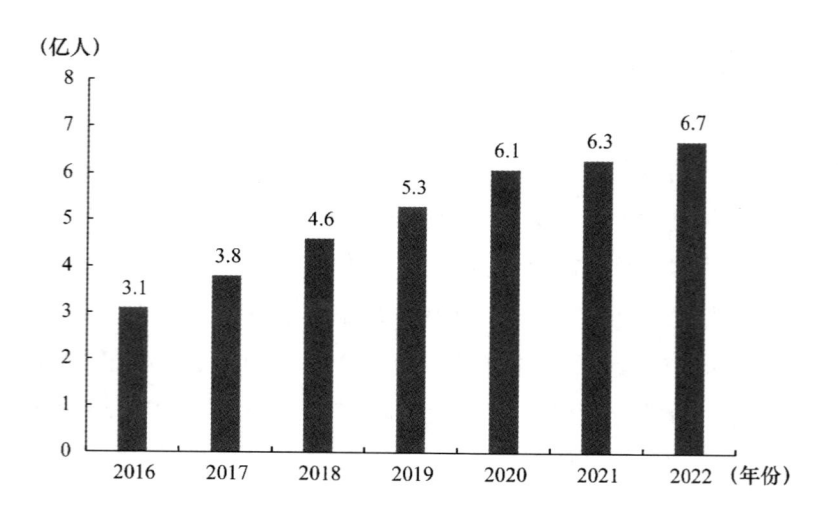

图5—2　2016—2022年中国互联网财富管理用户

资料来源：中国基金业协会。

银行、中国银行、中国农业银行、中国建设银行、中国邮政储蓄银行、交通银行2022年在金融科技的投入均创各自行的历史新高,其中,中国工商银行2022年数字化业务占比达到了98.9%。其四,银行针对小微企业金融需求短、小、频、急的特点,支持小微企业在线申请贷款,推出小微快贷、速贷通、速e贷、小额贷、信用贷等多元化贷款形式。中国小微企业通过"数字授信""数字担保""数字保险"获得足额、便捷、便宜的融资服务。根据国家金融监督管理总局发布的数据,截至2023年9月末,中国普惠型小微企业贷款余额28.74万亿元,同比增长24.1%（见图5—3）,高于同期各项人民币贷款增速13.3个百分点。

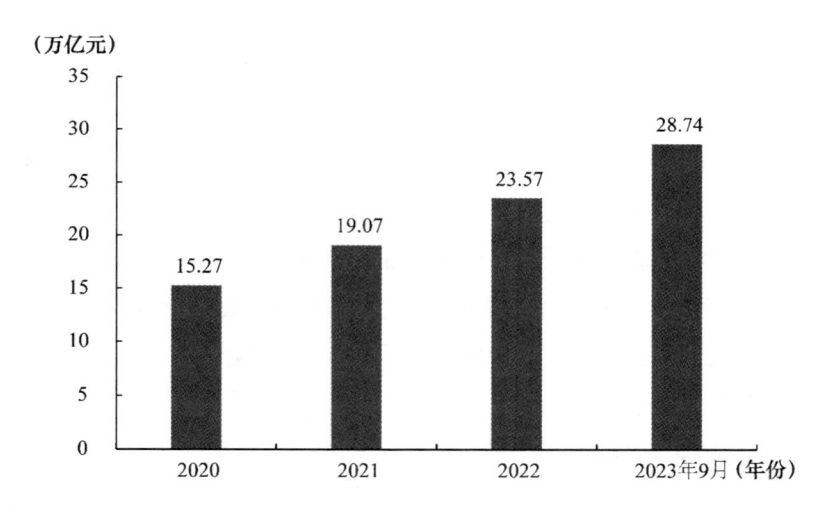

图5—3　2020—2023年普惠型小微企业贷款余额

资料来源：国家金融监督管理总局。

二　数字金融支持金融高质量发展的机制路径

数字金融在支持金融高质量发展、建设金融强国方面发挥重要作用。数字化在金融高质量发展场景、普惠性场景、基础性与保障性三大场景中均发挥着不可替代的重要作用。一方面，数字金融借助于大数据、人工智能、云计算、区块链等数字技术优势，可以优化金融服务，革新金融产品、流程及业务模式。另一方面，数字技术并未改变金融交易的本质，诸如资金融通、信息不对称等问题依然存在，但运用数字技术可使金融体系的运营机制发生变革，包括服务范围的拓展、效率的提升以及风险管理的优化。具体而言，数字金融的发展通过降低金融服务成本、减少信息不对称，提高了金融服务效率，增强了金融服务普惠性，提升了金融风险管理能力，促进数字金融创新从国内市场向国际市场和跨境业务拓展，扩大金融开放。

（一）数字金融提高金融服务效率和质量

在数字经济时代，金融服务实体经济的逻辑发生改变。数据将替代资本成为金融业核心资产。海量的数据和算法分析将逐渐解决信息不对称问题，互联网的发展大大降低交易成本。数字金融通过广泛应用前沿数字技术，可以有效突破传统金融产品的空间界限和数量约束，创新金融机构的经营管理模式、流程和产品，提升金融服务的效率和覆盖范围。这些新的金融工具可以更好地满足实体经济多样化的金融需求，提高经济运行的灵活性和响应速度。

其一，数字金融改变了金融服务实体经济的方式。数字金融将金融数字化嫁接到企业数字化，进而充分展现金融数字化的功能。数字金融可以支持企业供应链融资，实现银行价值链增长；可以促进产业链加快发展，使金融服务实体经济的效率更高。如当前企业界推广的产融一体化模式，或金融数字化平台，需要企业基于人工智能、区块链技术，以聚合平台形式实现产业链上下游企业交易的全流程、各环节的数据互联，帮助银行识别企业的欺诈风险，透视信用可信度。数字金融可以与企业数字化平台相衔接，实现产融一体化交易平台，将金融的信用评价、风控要求、授信流程与企业供应链上的各经营主体、业务活动、资金动态、技术创新连接成一个互信互动的一体化网络平台，由产业链、供应链形成银企之间的信任链、价值链。

其二，新兴的金融科技公司以灵活、高效的方式为广大用户提供了全新的金融服务体验。中国互联网平台公司创造性地在电子商务交易中提供担保，推动线上消费快速发展。2022年中国网上零售额达13.8万亿元，全国网购替代率为80.7%。金融科技公司在开展数字消费信贷和小额经营性贷款业务的过程中，运用大数据技术对用户"画像"，对违约概率的估计更加准确，在提升了融资效率的同时将违约概率维持在较低水平。相比传统的信贷评估方式，这些技术有助于识别并准确评估借款者的还款能力和信贷风险，从而将资金更加准确地分配至那些既有能力偿还贷款，又生产高价值产品和提供优质服务的借款者。大科技平台公司搭建的数字支付系统简化了交易过程，减少了交易时间和成本，提高了支付效率，进而提升了整个经济的运行效率。

其三，传统金融机构加快推进数字化转型，不断提升金融服务的质量和效率。一方面，数字金融的发展为信贷市场提供了新的产品与服务模式，为同质化的信贷市场注入新鲜血液，能够有效提升信贷市场的竞争强度和产品质量，增强商业银行、小额贷款公司等提供信贷产品与金融服务的竞争意识，促进其革新技术手段和改善经营管理理念以提高运营效率，推动金融市场高质量发展。另一方面，数字金融创新的大量数字化产品对传统金融机构的盈利模式造成冲击，并由此倒逼金融机构大力拓展盈利途径，开发更加多元化和市场化的产品，提高自身资产配置效率，继而提升金融市场运行效率。

其四，数字金融解决了个性化服务问题。金融服务普遍存在客户个性化服务欠缺、金融机构服务同质化竞争等问题。数字金融可以通过每一个数据区别不同客户的信息差别，了解每一个客户在时间、空间、条件和方式上的不同的金融需求，利用大科技平台、大数据云计算以及智能技术先进科技方法，创新金融产品、商业模式、应用服务和业务流程。数字金融可以依据客户画像，为客户提供个性化极强的产品和服务，更加精准地满足客户差异化的金融需求。

（二）数字金融增强金融服务普惠性

当前，人民日益增长的美好生活需要和不平衡不充分的发展之间的矛盾依然突出。传统金融供给无法满足金融弱势群体的广泛金融需求，金融业的"二八法则"强调关注并服务好前20%的客户，而剩余80%客户主要由中小微企业、低收入家庭和农村经济主体构成，为他们提供服务触达难、效率低、成本高，同时风险管理颇具挑战。例如，无法有效评估小微企业信用风险，便无法为其提供信贷服务。因此，普惠金融在全球范围内推进困难重重，亟须提高金融服务的普惠性。

"普惠金融"这一概念由联合国2005年"国际小额信贷年"会议正式提出，强调以可负担的成本为有金融服务需求的社会各阶层和群体提供适当、有效的金融服务，尤其是针对小微企业、低收入人群等弱势群体。数字金融发展有助于提升金融服务的普惠性。对于各国而言，向小微企业和低收入家庭提供有效的、可持续的金融服务都存在极大挑战，而中国数字金融行业的快速崛起，证明了在数字技术的赋能下，以移动支付、数字信贷等代表的数字金融，能够有效克服地理障碍与传统风险评估的盲点，实现以较低成本向小微企业和各地各类人群，尤其是欠发达地区和社会低收入者提供较为便捷的金融服务。近年来，数字金融在中国发展迅速，越来越多的农村居民、新市民以及小微企业等享受到金融服务。例如，在数字技术赋能下，金融机构可以实现审批、风控等信贷全流程的数字化、线上化，减少对抵押物的依赖，较好满足小微企业"短、小、频、急"的融资需求。截至2023年第三季度末，普惠小微贷款余额28.74万亿元，普惠小微企业授信户数6107万户，有效促进了就业。

长期以来，中国区域间、城乡间的金融资源配置存在显著差异，金融资源的不平衡分布会加速经济发展的"马太效应"。而数字金融发展有助于弥合区域间、群体间的"数字鸿沟",打破数字区隔,让金融服务惠及更广泛的群体,促进资金的公平分配和经济的包容性增长。第七次全国人口普查数据显示,中国60岁以上老年人口达2.64亿人,占全国总人口的18.7%;65岁以上老年人口达1.9亿人,占全国总人口的13.5%。中国已经进入老龄化社会。同时,中国有超1700万名视障者,超2700万名听障者。目前,国内不少银行已开展了移动金融APP的无障碍改造,通过AI语音合成、加速度传感器、人脸边缘检测、实时图像处理等技术,为视障、听障及有语言障碍客户提供更切合其体验的金融服务。

(三)数字金融提升金融风险管理能力

数字金融改变了人工风控的形式,使数字化风控成为可能,极大地提高了风险控制效率和质量,提升了金融机构风险管理能力。

一方面,借助数字技术和平台生态的优势,新兴的金融科技公司可以降低金融市场中的信息不对称。大数据在贷款业务中的作用在于其能够更准确、可靠地区分可信的借款人和不良的借款人。由于潜在的借款人提交的信息有限且被动,可能存在偏差并导致信息不对称,传统的信用评估可能会错误地接受高信用风险的借款人的贷款申请(误判),或拒绝低信用风险的借款人的贷款申请(漏判)。数字金融的发展已被确定为推动贷款行业范式转变的颠覆性驱动力。数字经济时代见证了信息收集、呈现和评估方式的显著变化。[1] 信贷信息的搜索成本已被大幅降低,信用数据的收集已从被动的信息检索转变为主动的信息收集。大数据涵盖了借款人在多种渠道上留下的信息,从而帮助金融科技公司创建出借款人的360度风控模型。例如,大科技平台公司信贷质量评估和放

---

[1] Lau, R. Y., Zhao, J. L., Zhang, W., et al., 2015, "Learning Context-Sensitive Domain Ontologies from Folksonomies: A Cognitively Motivated Method", *INFORMS Journal on Computing*, 27 (3): 561–578.

贷决策通常涉及借款人超过 1000 种数据标签，[①] 其主动收集的信息可能更客观，借款人难以轻易操纵，从而降低信息不对称。

不同于传统金融机构对抵押物的依赖，金融科技公司提供新的信贷偿还执行方式。为了降低借款人不还款带来的损失，传统金融机构通常要求借款人抵押有形资产（如房屋、机器设备），以提高借款人违约时的资金回收率。另一个预防措施是监控。传统金融机构需要花费时间和资源监控客户的项目，以限制借款人实施与最初约定不同行动的风险。与此不同，大科技平台公司可以通过其他方式解决该问题。例如，当借款人与电商平台密切合作时，对于大科技平台公司来说，从流经其支付账户的借款人收入中每月扣除信贷还款额度相对容易。由于网络效应和高转换成本的存在，如果借款人不履行还款义务，大科技平台公司可以通过简单地威胁降级或将其排除在自身生态系统之外来强制要求还款。[②] 此外，大科技平台公司信用数据接入央行征信既有助于减少逆向选择问题，一旦违约，会造成个人与企业的信用污点，继而又能够遏制道德风险问题。

另一方面，数字金融发展有助于商业银行等传统金融机构提升风险管理能力。其一，商业银行的资产和负债之间的期限错配风险和流动性错配风险，是其长期面临的一大重要难题。但是，随着数字金融的快速发展，大数据、人工智能和数字算法等前沿技术的引入，不仅推动了商业银行资产负债结构的迅速转变，还促进了其负债结构的多元化转型。同时，银行通过建立实时大数据动态风险评估框架，可以提高对自身资产负债期限结构和流动性结构的判断能力，继而降低资产负债到期损

[①] Boissay, F., Ehlers, T., Gambacorta, L., et al., 2021, "Big Techs in Finance: On the New Nexus between Data Privacy and Competition", BIS Working Papers, No. 970.

[②] Gambacorta, L., Khalil, F. and Parigi, B. M., 2022, "Big Techs vs Banks", BIS Working Papers, No. 1037; De Fiore, F., Gambacorta, L. and Manea, C., 2023, "Big Techs and the Credit Channel of Monetary Policy", BIS Working Papers, No. 1088.

失，增强对流动性头寸数量的有效控制。其二，数字金融有效弥补了传统金融机构的量化风险管理短板，利用全面场景应用、大数据等技术，提升风险评估、反欺诈、金融服务合同分析、贷前审查和贷后管理等风险管控能力。如数字风控技术可以用于80%的长尾客户的信用风险管理，破解"二八定律"，通过使用大数据信息技术，更准确地评估和追踪个人信用信息，进而控制借款人的违约风险。

（四）数字金融扩大金融开放

随着贸易保护主义、单边主义、科技脱钩等问题演化，经济全球化受到冲击，全球产业链向本土化、区域化回归。而数字化不受空间地理约束，数字经济可以强化规模报酬递增，有效对冲部分产业的逆全球化。党中央多次强调要推动"科技—产业—金融"良性循环，随着数字化改变原有经济社会发展模式，信息技术迭代对金融功能、要素、市场带来深刻影响，金融业需要进行适应性变革，数字金融创新发展步伐逐渐加快。一方面，未来供应链金融、央行数字货币以及智能投顾等领域具备巨大的发展潜力，数字金融业务重点可能发生转变。另一方面，随着数字技术越来越深入、普遍地运用到金融领域，传统金融机构的数字化水平将越来越高，进而在金融科技创新中发挥更为重要的作用。在此背景下，数字金融的创新将会从国内市场拓展到国际市场和跨境业务，进而促进国际市场及跨境交易发展，扩大金融开放。

近年来，中国的综合国力显著提升，经济规模、贸易、投资、技术创新等方面的影响力持续提升，特别是中国的数字经济和科技产业迅速发展，在诸多领域都成为全球创新引领者之一。自2017年起，中国不断加大金融行业的开放力度，万事达顺利获得牌照，PayPal等外资企业进入，等等。2023年中央金融工作会议提出："要着力推进金融高水平开放，确保国家金融和经济安全。坚持'引进来'和'走出去'并重，稳步扩大金融领域制度型开放，提升跨境投融资便利化，吸引更多外资金融机构和长期资本来华展业兴业。"① 未来中国金融体系将更加开放，数字金融领域的对外开放也将逐步扩大，随着政策环境的不断优化，中国数字金融机构将加快"走出去"进程。当前，中国的数字金融发展已经步入新阶段，金融科技与数字金融发展水平较高，部分业务在全球范围内表现卓越，甚至处于领先地位。中国金融机构在国内具备先进技术、广阔市场、丰富经验与强大实力，在海外市场展现出强大竞争力。中国众多的数字金融机构在东南亚地区、中东广受信任和欢迎，中国数字金融在"一带一路"建设下的表现优秀，未来中国数字金融企业开展国际业务合作市场前景广阔。

三　中国数字金融发展面临的问题和挑战

2023年中央金融工作会议明确指出，目前中国"金融领域各种矛盾和问题相互交织、相互影响，有的还很突出，经济金融风险隐患仍然较多，金融服务实体经济的质效不高，金融乱象和腐败问题屡禁不止，金融监管和治理能力薄弱"。② 金融体系仍然存在"大而不强"的问题。近年来，中国数字金融发展取得了显著成就，但也面临一些制约和挑战，数字金融布局与发展仍不平衡，金融机构数字化转型面临诸多挑战，数字金融风险管理与监管难度增加，数字金融国际竞争力有待提高，数字金融治理体系有待健全。

（一）数字金融布局与发展仍不平衡

目前中国数字金融布局与发展仍不平衡，包括机构之间、区域之

---

① 《中央金融工作会议在北京举行　习近平李强作重要讲话　赵乐际王沪宁蔡奇丁薛祥李希出席》，《人民日报》2023年11月1日第1版。
② 《中央金融工作会议在北京举行　习近平李强作重要讲话　赵乐际王沪宁蔡奇丁薛祥李希出席》，《人民日报》2023年11月1日第1版。

间的不平衡等。首先是区域及布局上的不平衡。一方面，由于数字金融发展依托于互联网基础设施，城乡之间互联网普及率的巨大差异造成了城乡之间数字金融发展的差异。经济欠发达地区以及乡村的数字化技术使用，金融服务匹配的效率和质量不高，数字化业务运营和管理模式相对滞后，精准化、智能化服务水平不高，数字金融服务产品不够多元。《中国互联网发展状况统计报告》显示，截至2023年6月，中国城镇地区互联网用户普及率为85.1%，大大高于农村地区的60.5%。另一方面，数字普惠金融的发展具有空间集聚性，并不能完全摆脱地理限制。从北京大学数字普惠金融指数来看，2021年数字普惠金融指数得分最高的上海市是得分最低的青海省的1.4倍。中国金融知识的普及有待完善，城市居民和受过良好教育的居民能有效获得数字金融服务，但普惠金融的主要受众是城镇低收入人群、农村用户、妇女等，而这部分用户受教育程度普遍较低，对普惠金融服务的接受程度随着年龄上升而逐步下降。这阻碍了数字普惠金融在广大农村地区、偏远地区拓展应用。

其次是银行机构间的不平衡。数字化转型过程中，大型银行和中小银行机构的金融科技水平已经产生了显而易见的差异，数字金融发展将进一步加剧分化。在金融科技投入方面，2022年国有六大行投入总计1165.49亿元，平均投入194.25亿元；股份制银行投入总计647.68亿元，平均投入64.77亿元。而相较2021年，2022年多家中小银行未披露金融科技投入具体数额，但从近三年数据来看，中小银行对金融科技的重视程度逐渐提高。在金融科技战略方面，国有大行实力强劲，除了中国邮政储蓄银行，其余5家国有大行已成立自己的金融科技子公司，并重点在数字平台建设、科技架构布局、智能风控等方面进一步推进科技赋能发展。股份制银行在不同金融科技细分领域取得新的进展，中小银行则依据地方优势和地区经济发展情况，表现出不同的金融科技发展进度。

（二）金融机构数字化转型面临诸多挑战

金融业是数字化转型的排头兵，金融数字化发展可以为商业银行获客、风控以及服务小微企业等业务方面带来诸多效益与优势。但数字化转型是一个系统工程，目前在实施过程中仍面临各种困难和挑战。

一方面，国内的数字金融发展也还存在诸多问题。一是商业银行数字化转型投入大，但边际增长与利润并不明显；二是国内银行的数字化转型较少顾及客户问题，而偏重于追求技术先进性的目标与战略导向；三是组织转型不足，涉及数字化转型的制度、流程与科技人才都相对滞后；四是国有大行与中小型银行、大部分城商行数字化转型的规模与程度存在不平衡的现实状况。

另一方面，金融业数字化转型在实际推动过程中面临多方面的挑战，如战略认知、组织机制和能力方面的挑战，以及中小金融机构面临数据获取、高效利用等多方面挑战等。战略方面，银行内部各个业务条线已经在逐步思考金融科技应用场景，但科技应用的边界、规则仍然不够清晰，业务发展模式的改变还缺乏深入思考。技术方面，目前银行仍存在技术供给短缺的问题，科技研发投入有待提高，众多应用场景亟待挖掘。同时，商业银行科技部门与业务部门在数字金融创新过程中存在协同问题，进而造成数字金融创新更多停留在技术理论探究层面。人才方面，中国数字金融发展起步较晚，在提高数字金融发展速度的同时未足够重视数字金融人才的培养。从银行业整体情况来看，科技人才总量仍然较少、占比仍然较低，特别是科技的领军人才、尖子人才明显不足。风控方面，数字金融的运用会带来业务风险、技术安全风险和数据安全风险。如何搭建与之相匹配的风险管理流程，把控数字金融创新和新业务形态下引入的业务风险、技术风险，保证行业的健康发展，依然任重道远。

（三）数字金融增加金融风险管理与监管难度

数字金融是一把"双刃剑"，创新与风险并存。一方面，金融数字化转型带来更多的客户、更多的应用"场景"、更多的产品和服务等，同时也给金融监管带来新的严峻挑战。一是跨界业务监管，数字金融发展表现出明显的跨界性，既包括科技与金融领域的跨界，也包括其与金融业务、金融市场、金融机构等方面的融合。金融科技公司通常涉及多个传统金融业务领域，如支付、投顾、借贷、保险等，跨界监管成为挑战。二是创新风险监管，数字金融的创新模式、技术和业务模式不断涌现，监管机构需要密切关注新兴技术的发展，及时评估潜在的风险，并制定相应的监管政策和法规。三是数据安全和隐私保护，金融科技公司处理大量敏感数据，如个人财务信息、交易记录等。复杂的信息结构、相互关联的信息系统、海量的数据都大大增加了风险监测的难度。四是互联网金融平台监管，监管机构需要通过建立合适的监管框架，规范互联网金融平台的运营，包括资本充足、风险管理、信息披露等方面。

另一方面，监管科技和安全科技发展水平仍落后于数字金融发展水平，造成部分金融风险难以被及时识别并化解。数字金融的迅猛发展也带来了新的风险，如网络安全风险、平台信用风险等。同时，数字金融产品迭代速度快，随之带来的不同阶段的风险形态也会发生迅速变化，运用数字技术以规避监管或监管套利为目的的乱创新、伪创新层出不穷，手法更加隐蔽，这都加大了风险识别难度。当前，中国金融行业的创新层出不穷，各类新型金融机构快速发展，但监管科技（RegTech）能力却落后于金融业态的发展，监管科技发展制度环境不完善，中央和地方监管科技权责体系不匹配，监管科技在运用中存在政府与市场界限还不清晰。特别是在对部分类金融机构的监管方面，监管科技的运用存在严重不足。部分地方金融监管部门在线监管平台刚刚建设，仍存在数据割裂、分析能力不足、系统维护升级跟不上等问题。这使得本来就存在监管难点的部分地方性金融风险更加难以被趁早、趁小识别、化解。

（四）数字金融国际竞争力有待提高

在数字金融技术方面，近年来，中国数字科技发展迅速，在数字领域核心技术上实现了很大突破，但关键核心技术受制于人的问题仍然存在，这对中国推进数字金融，提升数字金融国际竞争力形成了明显制约。其一，面向未来的基础性、核心技术的突破程度还不够高，虽然目前已经在关键的基础数字技术创新方面取得长足进展，但对关键技术的突破和应用才刚刚开始。其二，数字金融关键技术的产业化与应用仍然不足，造成机构大量重复性投入研发成本。金融业安全要求高、容错率低，金融机构在面对新技术应用时普遍存在"没有大规模应用不敢试"的心理。"应用难"同时也导致了金融关键技术研发"重复造轮子"的现象。其三，金融系统的架构开放性不足，难以满足数字经济时代的强开放性、合作性需求。数字经济大潮下，美国、欧洲与中国的金融机构均在积极拥抱数字金融。但总体来说，集中式金融信息系统架构仍是中国金融机构的主流，该类系统长期来说难以满足以高并发、大流量、高度智能化和个性化为特点的数字金融需求，也难以以平台化方式建立开放的银行生态体系。

在数字金融国际合作方面，目前中国开展的数字领域国际合作框架主要集中在数字贸易等领域，在数据流动、网络安全、数字监管、数字治理等领域尚未有效嵌入。中国在人工智能、大数据、云计算、源代码开放、数字安全保护等领域虽已开展了不同程度的国际合作，但在技术体系、国际标准和资质认可等方面还存在分歧。

（五）数字金融治理体系有待健全

随着数字金融高速发展，数字和算法在提高效率的同时也带来诸多伦理风险。"重科技、轻伦理"的现象普遍存在，数字鸿沟、市场垄断、数据霸权、算法歧视、算法控制、流量挟持等科技伦理问题日益严峻。一方面，在互联网时代，数据风险备受关注。在数字经济背景下，数据成为重要的资源，具有极高的价值。居民日常生活与工作的信息均存储于电子产品，包括身份、行为、喜好甚至各类敏感隐私信息。另一方面，随着 AI 等新技术发展，算法应用更加广泛与深入。当算法的自主性判断偏离公平性原则时，可能导致"算法歧视"，对社会公众的利益造成损害。人工智能伦理道德、隐私泄露、信息垄断、国家安全等风险与日俱增，若缺少对人工智能的规范和引导，滥用人工智能技术将带来难以承受的后果。当前，中国数字金融伦理监管框架和治理体系尚未健全，金融机构科技伦理组织架构与制度规范还未建立，数字金融伦理行业自律体系还不健全，数字金融伦理教育、培训和宣传处于起步阶段，金融消费者对数字金融的理解不深，风险辨别能力和自我保护能力有待提升，亟须健全数字金融治理体系。

四 做好数字金融大文章，加快金融强国建设

中央金融工作会议明确提出"加快建设金融强国"的目标。建设金融强国意味着金融体系的发展重点将更多从规模体量的提升转向夯实服务质效和提升风险防控能力。数字金融改变了传统金融的效率、成本和安全性，但改变是有限度的。做好数字金融这篇大文章，也需以提质增效和防范风险为目标，完善数字基础设施，构建数字普惠金融生态，加快金融机构数字化转型，提升数字化监管能力，加强数字技术原始创新，积极参与全球数字规则制定和人工智能科技伦理的全球治理，促进数字金融发展与服务实体经济形成良性互动，推动数字金融高质量发展，助力金融强国建设。

（一）深化数字金融运用，促进数字金融均衡发展

1. 完善数字基础设施，重视数字金融的地区协同发展

数字基础设施是数字金融服务实体经济发展的重要基础。要加快完善明显制约数字金融发展的数字基础设施，以安全多方计算、区块链、联邦学习、大数据、云计算等数字科技为基础，构建安全、合规、统一的数据要素平台，推进区域数据中心集约化建设，加快大数据传输通道建设，不断提升数据传输能力。要深入落实数字乡村行动计划，加快农村地区的数字金融体系建设，进一步建立完善农村地区数字基础设施，开展征信体系、涉农大数据、农业技术服务与培训，做好"线上+线下"业务，大力支持乡村振兴。中西部地区可考虑立足低成本优势和资源禀赋条件，建设超大数据处理中心，以此带动中西部地区数字基础设施水平提升，同时通过"东数西算"降低东部地区的数据处理成本，实现东中西部数字基础设施的协同发展。

2. 深化数字金融运用，构建数字普惠金融生态

2023年国务院出台《关于推进普惠金融高质量发展的实施意见》，提出支持金融机构深化运用互联网、大数据、人工智能、区块链等科技手段，优化普惠金融服务模式；打造健康的数字普惠生态系统，支持金融机构依托数字化渠道对接线上场景。

一方面，要深化运用互联网、大数据、人工智能、区块链技术等重点科技手段，促进数字普惠金融发展。在互联网方面，加强对乡村地区电信服务的普及、4G和5G网络的建设，提升数字普惠金融互联互通能力。在大数据方面，整合农业和中小微企业的政务数据、乡村治理数据、商务大数据以及农业生产卫星遥感技术数据、农业和小微企业供应链数据，形成农业农村主体、中小微企业大数据体系，构建起替代性信用信息，解决商业银行、保险机构等关于农业农村主体和中小微企业信用信息体系不健全的问题。在人工智能方面，将人工智能技术与金融服

务和产品进行动态结合，使普惠金融实现智能化、场景化、个性化转变，进一步扩大普惠金融服务广度。在区块链技术方面，加强区块链技术场景化应用。提升农业主体和中小微企业供应链智慧水平，对产品的生产和销售过程进行精准追溯，为金融机构的数字普惠金融服务提供数据支持。

另一方面，要构建数字普惠金融生态，可以借助数字技术和大数据能力，降低金融机构运营成本，使金融机构更好地进行下沉服务，持续提升金融服务的覆盖率、可得性、满意度。首先，加强金融机构与数字政务、智慧政务数据的共享和整合，将政务数据作为农村农业主体、中小微企业等主体信用信息的"替代数据"，从而解决边缘群体、偏远地区的信用体系建设不健全、信用信息缺失的难题。其次，金融机构要建立起线上线下相协同的经营模式，为客户提供"一站式"服务，满足融资、结算、查询等多样化的服务需求，打造便捷获贷和普惠下沉的新模式。最后，利用开放银行模式，扩大金融机构与外部企业、信息平台、科技公司、政府部门等主体的信息交流通道。通过建立多方数据集成平台，有效地将服务触角延伸到中小微企业的上下游，为中小微企业提供高质量数字金融服务。

（二）加快金融机构数字化转型，提升金融服务实体经济质效

中国金融机构要从理念机制、行业生态、数据治理、业务与技术的融合、风险防控五个方面入手，多措并举，加快数字化转型，提升服务实体经济质效。

第一，从技术、业务场景和公司治理层面夯实数字化转型基础，不断加强资源投入和人才队伍建设，推动人工智能生成内容（AIGC）等关键核心技术的突破。第二，发挥行业生态的力量，带动中小金融机构数字化转型。整合监管部门、行业组织、头部金融机构、中小金融机构、金融科技公司的力量，打造数字化转型服务平台，为中小金融机构

数字化转型提供可负担的数字化解决方案。第三，夯实数据要素基础，持续提升数据治理能力。党中央已经发布《关于构建数据基础制度更好发挥数据要素作用的意见》，数据治理也成为提高金融业"全要素生产率"的重要途径。提升数据质量，让数据资产发挥价值是金融机构面临的共同课题。要从数据标准、数据治理、数据安全、数据资产营运管理四个方面重点强化数据治理，建立企业级数据治理组织架构和企业级数据治理规范，运用智能化技术实现数据要素的价值提升与智能化，推进数据资产化。金融机构拥有大量的客户身份信息、账户、交易等数据资源，要加强数据的管理、流通与共享，打通数据链，通过数据交易、数据托管等创新模式，推动数据在市场参与方之间的无缝共享，从而真正发挥大数据的核心价值。第四，打破业务和技术部门墙，搭建业务中台、数据中台等多层次驱动的数字化架构体系，构建"连接一切的能力"，将业务创新、风险控制、监管合规等与技术深度融合，不断丰富业务与场景，推动数字金融创新成果扎根于实体经济需求，不断向小微金融、农村金融、供应链金融、绿色金融等重要领域渗透。第五，加强技术风险防控，探索打造安全和发展并重的金融科技风险防控和创新体系，防控新技术、新业态、新模式的金融风险。

（三）提升数字化监管能力，防范化解金融风险

数字化监管可以实现对金融机构和市场的全面监测和监管，减少监管漏洞，及时发现和解决问题。

第一，要切实提高金融监管有效性，依法将所有金融活动全部纳入监管，全面强化机构监管、行为监管、功能监管、穿透式监管、持续监管，消除监管空白和盲区，坚决惩治违法犯罪和腐败行为，严防道德风险。第二，要深入推进和有序协调数字金融发展创新试点、数字金融监管工具试点和服务示范区、金融业务与科技服务风险隔离机制等工作，有效释放金融改革动力。第三，要强化系统性风险监测，建立健全数字

金融风险监测与评估机制、风险源头管控与动态排查机制、风险预警响应机制及具有硬约束的金融风险早期纠正机制，实现风险早发现、早识别、早预警、早暴露、早处置，牢牢守住不发生系统性风险的底线。第四，随着金融数字化转型越发复杂，金融监管也需要与时俱进。要充分运用大数据与人工智能等技术，推动监管科技发展，实现全面、实时、自动的穿透式外部监管。"十四五"规划指出，要在审慎监管的前提下有序推进金融创新，聚焦核心技术和关键领域，强化监管科技运用和金融创新风险评估。要加强安全科技、监管科技的发展，鼓励金融机构与大型金融科技公司合作，以提高安全科技能力。对类金融机构，可通过设立安全技术准入门槛等方式进行监管。在国家层面，未来需完善监管科技顶层设计和制度规划，统一制定并提出监管科技建设要求和标准，明确中央和地方监管科技权力配置，加强政府与市场监管科技协同共治，加强国内外监管科技的交流协作，促进数字金融的健康发展。

（四）加强数字技术原始创新，提高平台企业国际竞争力

习近平主席强调，"当今时代，数字技术作为世界科技革命和产业变革的先导力量，日益融入经济社会发展各领域全过程，深刻改变着生产方式、生活方式和社会治理方式"。[①] 要充分发挥新型举国体制优势、超大规模市场优势，以深化供给侧结构性改革为主线，深化科技体制改革，激发自主创新动力和活力，实施多领域、多部门、多形式联合攻关，打赢关键核心数字技术攻坚战。

第一，加大在数字孪生、人工智能、量子计算等领域的科技研发力度，着力实现前瞻性基础研究、引领性和颠覆性原创成果的重大突破，抢占未来数字金融发展的技术先机和主动权。在研发方面，对商业价值

---

① 《习近平向2022年世界互联网大会乌镇峰会致贺信》，《人民日报》2022年11月10日第1版。

高的技术，要善用市场化机制进行突破；对重要基础技术则通过政策引导和资金支持等方式突破。第二，加强云计算、数据智能、区块链等关键数字金融的产业化发展，形成从重点技术研究、开发，到应用的创新链条。在应用方面，建议对新技术应用的风险适当增加容忍度，金融机构则可通过分批、逐步升级替代等方式来管控风险。第三，在数字经济时代，金融行业数字化转型升级的快慢与成效，是中国能否构建起金融核心竞争力的关键。中国要从国家层面，要面向未来，立足金融行业发展，制定时间表、路线图，加快金融行业建成数字化开放合作架构的步伐。第四，进一步优化融资结构，更好地发挥资本市场枢纽功能，推动股票发行注册制走深走实，发展多元化股权融资，培育一流投资银行和投资机构，为科技创新提供金融支持。第五，平台企业最接近市场竞争前沿、最熟悉技术应用场景。要以平台企业为载体，发挥其在吸引国际科技人才、加强科技研发双边合作方面的积极作用，支持平台企业在引领发展、创造就业、国际竞争中大显身手。

（五）积极参与全球数字规则制定，加强数字金融的伦理治理

一方面，中国要积极参与全球数字规则制定，推进全球数字治理体系建设。一是充分发挥自贸试验区先行先试的作用，支持自贸试验区率先对标国际高水平数字经贸规则，加快推进加入《数字经济伙伴关系协定》（DEPA）和《全面与进步跨太平洋伙伴关系协定》（CPTPP），建立与国际高标准数字经济规则衔接适应的规则体系、管理标准等制度体系，提升在数字经济国际规则竞争中的话语权和规则制定权。二是要着力推进金融高水平开放，坚持"引进来"和"走出去"并重，稳步扩大金融领域制度型开放，确保国家金融和经济安全。优化自身监管体系和监管政策环境，提升金融监管政策的国际接轨，鼓励和支持数字金融企业走向国际。加强国际交流合作，前瞻考虑面向全球的规则、技术、标准、认证和平台搭建，推动建立稳定、平等、均衡、包容的全球数字治理体系。三是加强知识产权保护、数字隐私保护、数据跨境流动和数据存储等重点领域规则探索，积极就人工智能发展原则、数字伦理、数字贸易与数字关税规则等问题与世界各国开展深度合作，探索各方易于接受的共同规则。在竞争监管等领域加强各国的政策沟通协作，促进各国数字监管政策的兼容性和一致性。

另一方面，要重视数字金融的科技伦理治理，避免和防止陷入所谓的"技术至上"的误区。在数字金融治理方面，目前经济合作与发展组织（OECD）、联合国教科文组织（UNESCO）等多个国际组织已经发布了 AI 伦理的有关文件，美国、英国、日本、欧盟等多个国家和组织也出台了针对人工智能伦理的相关政策，中国也颁布了若干与人工智能伦理有关的法规文件。2023 年 12 月，欧洲议会、欧盟委员会和 27 个成员国的谈判代表就《人工智能法案》达成协议，该法案是一部覆盖各行业领域、全供应链主体、各类风险议题的体系性立法，将影响欧盟乃至全球人工智能技术研发和产业应用生态。2023 年，联合国秘书长组建人工智能咨询机构，并提出建立人工智能国际治理机构，定期评估人工智能的发展状况，协调标准、安全和风险管理框架，促进国际多方合作，制定具有约束力的问责制度。中国监管部门要对标国际，探索更多元的监管工具，通过立法和政策制定，从数据伦理治理、算法伦理治理、主体伦理治理、客户伦理治理、监管伦理治理等多维度，完善数字金融伦理治理，促进人工智能等数字金融的健康发展。

（执笔人：汪勇、沈维萍）

第六章

做好养老金融大文章[*]

中央金融工作会议将养老金融列为五篇大文章之一。从历史视角看,尊老敬老爱老助老属于中华民族优秀传统文化,养老金融则是首次在如此高层级的官方文件中被正式提出。从全球视角看,中国老龄化速度很快,老年人口规模最大,并且中国金融部门坚持"以人民为中心"的价值取向,这使得养老金融是一个基于中国国情、彰显中国主张的概念。不仅如此,养老金融还是对马克思主义关于社会保障基金、资本运动等论述的延展和深化。因此,做好养老金融大文章,是坚定不移走中国特色金融发展之路的重要组成部分。

做好养老金融大文章需要弄清楚养老金融的概念和意义,因此,本章第一节先基于养老金融的定义,探讨了发展养老金融的两个着力点——积累养老财富储备和促进养老产业发展,然后分析了做好养老金融大文章的重要意义。做好养老金融大文章需要在养老需求端上积累财富储备,第二节依次分析了金融部门支持建设养老金的三大支柱以及其他个人养老财富积累服务的情况。做好养老金融大文章需要提升养老物品服务的供给水平,第三节依次分析了金融部门如何通过多种方式支持养老设施、老年护理和康养人才这三个需要不断提升的领域。做好养老

---

[*] 本章是国家社会科学基金项目(22BGL062)的阶段性成果。

金融这篇文章需要决策者长远着眼、多措并举、长期努力、久久为功，第四节提出了当前在做好养老金融大文章上应当考虑的几点对策建议。

一 养老金融的概念和重要意义

养老金融（Aging Finance）是围绕社会成员的各种养老需求进行的金融活动的综合。养老金融具有广泛的外延。发展养老金融对于积极应对人口老龄化具有多方面的重要意义。

（一）养老金融的内涵和外延

人口老龄化背景下，基于现收现付的公共养老金体系的收支压力不断加大，促使养老保险制度改革，强化了养老保险与金融市场之间的联系。养老金待遇越来越依赖于金融部门的支持。[1] 养老金金融化可以概括为4个方面：资本的扩张、养老金方案设计的金融市场倾向、养老金财务管理的金融依赖以及养老金资本主义的显现。[2]

国内外学者普遍认为，养老基金作为金融市场重要的机构投资者，其追求长期稳定收益的定位对资本市场的稳定与创新有积极作用，而金融市场的稳定发展又是养老基金保值增值的重要基础。[3] 面对日益严峻的人口老龄化形势，国内外学者将养老金制度与其他以养老为主要目标的金融产品一道，视为保障老年财务安全的重要工具。近20余年中，

---

[1] van der Zwan, N., 2020, "Patterns of Pension Financialization in Four European Welfare States", *Revista Internacional de Sociología*, 78 (4): e175.

[2] Mader, P., Mertens, D. and van der Zwan, N. (eds), 2020, *The Routledge International Handbook of Financialization*, Routledge.

[3] 李绍光：《养老金：现收现付制和基金制的比较》，《经济研究》1998年第1期；林义：《养老基金与资本市场互动发展的制度分析》，《财经科学》2005年第7期；Bodie, Z., Detemple, J. and Rindisbacher, M., 2009, "Life-cycle Finance and The Design of Pension Plans", *Annual Review of Financial Economics*, 1 (1): 249–286.

多种创新性金融产品得以发展，如养老金风险转移协议、长寿风险债券、死亡挂钩债券、长寿掉期对冲、死亡率远期合约和长寿衍生合约等。① 越来越多的国家开始将养老金融作为正规金融体系的重要部分，以维护中长期的国家财政金融安全。中国学者从 2010 年前后开始研究"养老金融"议题，对其内涵、外延进行了较多的论证，其中对金融机构在个人养老金和个人储蓄领域的金融服务的研究最为集中。②

养老金融普遍可以定义为——围绕社会成员各种养老需求所进行的金融活动的综合。该定义中有两个关键词是"养老需求"和"金融活动"。养老金融的外延通常认为包括 3 个部分。一是养老金金融，是指为养老财富积累进行的制度化的活动。二是养老服务金融，是指除制度化的养老金以外，金融机构围绕全体社会成员养老相关的投资、理财、消费及其他衍生需求采取的一系列有关金融产品与服务的创新金融活动。三是养老产业金融，是指为与养老相关产业提供投融资支持的金融活动。对于这 3 个部分，可以继续细分。

养老金融的"定义"以养老需求方的"意愿"作为出发点。要满足这一意愿，需要两方面条件，这也是发展养老金融的两个着力点。

其一，养老需求方的"能力"。在市场经济条件下，这可以通过能够在老年阶段使用的财富储备来衡量。这方面的金融活动包括养老金金融，也包括未纳入非养老金制度的养老财富储备产品。后者的范围很广，如没有纳入"个人养老金"制度的个人养老金产品，甚至老年人消费金融产品、各类健康保险产品。

---

① Blake, D. and Cairns, A., 2021, "Longevity Risk and Capital Markets: The 2019 – 20 Update", *Insurance: Mathematics and Economics*, 99: 395 – 439.

② 胡继晔：《养老金融：理论界定及若干实践问题探讨》，《财贸经济》2013 年第 6 期；董克用、姚余栋主编：《中国养老金融发展报告（2016）》，社会科学文献出版社 2016 年版；郑秉文主编：《中国养老金发展报告 2022——账户养老金与财富积累》，经济管理出版社 2022 年版；王向楠：《发展账户制个人养老金：国际经验与中国设计》，载张晓晶主编《中国金融报告 2022：助力经济回归潜在增长水平》，中国社会科学出版社 2023 年版。

其二，对用于满足养老需求的物品和服务的"供给"。这要通过养老产业来提供。这方面的金融活动可称为养老产业金融。与其他产业一样，养老产业[①]的发展需要土地、物质资本、劳动、人力资本等生产要素，因此，能够增加和使用这些要素来支持养老产业的金融活动，均可称为养老产业金融。养老产业金融可以按照所服务的生产要素进一步细分，如金融支持养老设施、金融支持老年护理、金融支持养老人才培养等。

（二）发展养老金融的重要性

国家统计局于2023年1月发布的数据显示，2022年中国60岁及以上老年人已超过2.8亿人，占总人口的19.8%。预计到2035年，中国60岁及以上老年人口将突破4亿人，占总人口的比重将超过30%，进入重度老龄化阶段。[②] 从《国家积极应对人口老龄化中长期规划》出发，发展养老金融对于积极应对人口老龄化具有重要意义。

其一，夯实应对人口老龄化的社会财富储备。养老金融产品通常伴随着财税优惠，这提高了居民家庭储蓄的实际回报率，进而促进居民储蓄。但是，如果居民有退休储蓄的目标值，那么财税优惠会让该目标值更容易实现，使得居民减少储蓄。前者通常起主要作用。

其二，改善劳动力有效供给。在促进劳动力流动和再配置上，未纳入养老金制度的养老产品优于第三支柱养老金，又进一步优于第二支柱养老金。因此，在中国当前养老保险机构的情况下，发展养老金融能促进劳动力有效供给。

其三，打造高质量的为老服务和产品供给体系。发展养老金融旨在

---

① 国家统计局于2020年2月发布的《养老产业统计分类（2020）》（国家统计局令第30号）将养老产业定义为，是以保障和改善老年人生活、健康、安全以及参与社会发展，实现老有所养、老有所医、老有所为、老有所学、老有所乐、老有所安等为目的，为社会公众提供各种养老及相关产品（货物和服务）的生产活动集合，包括专门为养老或老年人提供产品的活动，以及适合老年人的养老用品和相关产品制造活动。养老产业被分为12个大类。

② 国家卫生健康委员会：《2022年9月20日新闻发布会文字实录》，2022年9月20日。

吸引更多金融资源来支持为老服务和产品供给，为老年人提供更可得、更可靠的物品和服务。与此同时，养老金融为参与人退休后的生活做准备，促使参与人思考未来，更多地基于长期主义来做出决策和行动，扩大对养老物品和服务的有效需求。

其四，强化应对人口老龄化的科技创新能力。由养老金融活动形成的资金的期限长，收支较为稳定，因此，它成为各国长期资本的第一大来源。可以说，发达的基金积累制养老金与丰富的长期可投资资金是相辅相成的。养老金融这种长期、较稳定和容易预期的金融活动，有助于形成不求"快钱"的风气，体现了"稳健审慎，不急功近利"中国特色金融文化。这能为科技创新提供其所需要的、低成本的长期资金。

其五，构建养老、孝老、敬老的社会环境。公共养老金和固定给付私营养老金基本上采用现收现付制运行，其在本质上涉及财富的代际调整。对于私人属性的养老金融活动，其积累的资金对很多账户所有人而言是一大笔钱，并且很多养老金要到退休后才能领取，因此，当养老金融账户的所有人去世时，他们存下的资产就会进入遗产分配程序。因此，养老金融能够调节代际经济关系。

二 金融部门推动养老财富积累

社会保障体系的资金缺口，特别是养老保障体系的资金缺口是发达国家经济危机的重要诱因。[①] 2019 年 11 月，中共中央国务院印发的《国家积极应对人口老龄化中长期规划》在具体工作任务中首先指出，"要夯实应对人口老龄化的社会财富储备""稳步增加养老财富储备"。2023 年，从养老财务储备（养老金体系）的三支柱看，金融部门继续

---

① Zhang, X. J. and Chang, X., 2016, "Better Play the Role of the Government: Reconstruction of the Government Functions", *The Logic of Economic Reform in China*, 149 – 167.

通过高效投资促进第一支柱养老金保值增值，不断推动第二支柱养老金拓展覆盖面，并在个人养老金的开局之年取得了不俗成绩。

（一）服务第一支柱基金投资

中国第一支柱养老金主要包括基本养老保险基金和全国社保基金，前者对稳定性要求更高，后者对长期价值性要求更高。2013年，金融机构通过高效的投资和稳健的风险管理，促进了第一支柱养老金实现了稳健增长和长期价值积累。

1. 受托和管理基本养老保险基金投资

基本养老保险基金是指企业职工、机关事业单位工作人员和城乡居民养老基金在运行中形成的基金。根据《基本养老保险基金投资管理办法》（国发〔2015〕48号），省区市养老基金结余可以确定具体投资额度，委托给国务院授权的机构进行投资运营；委托投资的资金额度、划出和划回等事项，要向人社、财政部门报告。截至2020年年底，中国各省份已实施了养老保险基金省级统收统支，实现全省基金统一调度使用，提高了资金保障功能。养老基金限于境内投资，可投资的范围广泛。

2022年年底，基本养老保险基金资产总额为18453.73亿元，其中，直接投资6304.98亿元，占比38.92%，委托投资为9893.17亿元，占比61.08%。[1] 2022年年底，基本养老保险基金权益总额为1.6198万亿元，其中，委托省份委托本金为1.4409万亿元，记账收益为1606.69亿元，风险准备金为17.3亿元。[2]

养老基金的投资遵循市场化、多元化、专业化的原则，旨在确保资

---

[1] 全国社会保障基金理事会：《基本养老保险基金受托运营年度报告（2022年度）》，2023年11月4日。

[2] 全国社会保障基金理事会：《基本养老保险基金受托运营年度报告（2022年度）》，2023年11月4日。

产的安全并实现保值增值。根据人力资源和社会保障部社会保险基金监管局于 2023 年 11 月公布的 2022 年度养老金产品情况，笔者统计得到：中国基本养老保险基金可投资的产品已达 1407 只，比较丰富。这些产品中，公开发行的有 1136 只，非公开发行的有 271 只；从产品类型来看，货币型产品 37 只，固定收益型产品 1013 只，权益型产品 216 只，混合型产品 141 只。这表明养老基金投资产品覆盖了多种金融工具，以适应不同的市场需求和风险偏好。共有 22 家金融机构发行了养老金产品，前 5 家机构分别发行了 178 只、159 只、146 只、116 只和 78 只产品。

2023 年 11 月公布的 2022 年度基本养老保险基金受托运营情况显示，2022 年，权益投资收益为 51.05 亿元，投资收益率为 0.33%。[①] 自 2016 年 12 月受托运营以来，基本养老保险基金累计投资收益额达到 2670.82 亿元，年均投资收益率为 5.44%。截至 2023 年第三季度，在 2023 年之前已经运行的 586 只养老金产品中，货币型产品整体的收益率为 1.85%，固定收益型产品整体的收益率为 3.09%，权益类产品整体的收益率为 -5.34%，混合型产品整体的收益率为 1.77%。2023 年，基本养老保险基金对 A 股市场的投资力度有所增加。基金投资了 196 家 A 股上市公司，涉及行业包括房地产、资本货物、生物医药、材料等，合计市值规模达 3.46 万亿元。

2. 受托和管理全国社保基金投资

中国的"社保基金"是指全国社会保障基金，即由全国社会保障基金理事会负责管理的基金。它主要由国有股减持划入资金及股权资产、中央财政拨入资金，以及经国务院批准的其他筹集方式及其投资收益所形成。自 2000 年 8 月成立以来，社保基金的主要目的是在人口老龄化

[①] 全国社会保障基金理事会：《基本养老保险基金受托运营年度报告（2022 年度）》，2023 年 11 月 4 日。

高峰时期对养老保险等社会保障支出进行补充和调剂，成为战略储备基金。截至2022年年底，社保基金的权益总额达到2.6016万亿元，其中包括全国社保基金的权益2.5337万亿元和个人账户基金的权益679.59亿元。

社保基金理事会的直接投资和委托投资的范围有所区别。理事会的直接投资仅限于银行存款和在一级市场购买国债，而进行其他类型的投资则需要委托给专业的投资管理人运作。自社保基金成立以来，委托投资资产的比例持续上升，到2023年已达到约70%。截至2023年年底，社保基金在境内委托的投资机构包括16家基金公司和2家证券公司。

2023年，财政部联合人力资源和社会保障部起草了《全国社会保障基金境内投资管理办法（征求意见稿）》。该征求意见稿明确了社保基金会直接投资的八大范围。其中，交易型开放式指数基金（Exchange Traded Funds，ETF）首次被明确纳入社保基金投资范围。在这一框架下，股票类和股权类资产的最大投资比例分别设定为40%和30%，从而提高了全国社保基金的投资灵活度，并促进了对资本市场的支持。

2023年，金融机构受托管理社保基金呈现出如下特点。一是社保基金更偏好投资沪深300和中证500指数中的中小型公司，其中超过半数的公司的营业收入规模低于中证1000成分股的平均水平。二是社保基金投资的上市公司在盈利性和成长性方面明显优于市场平均水平，反映出其在股票投资选择和时机把握方面的强大能力。三是社会基金对上市公司的持仓增加，更关注科技创新领域。根据上市公司2023年的半年报和季报，社保基金出现在540多家上市公司的前十大流通股东名单中，合计的持仓市值为3050多亿元。

养老金投资通常是金融市场上的稳定力量。[①] 中国社保基金的投资

---

① 陈骁、张明：《养老金投资对经济金融稳定性影响研究综述》，《金融监管研究》2023年第8期。

业绩虽在短期内表现出较大波动，但从长期角度看则表现较好。2022年，社保基金的投资收益率为 -5.07%，若扣除非经常性损益，则投资收益率为 -4.53%。值得注意的是，2022年成为社保基金第三次出现投资亏损的年份。[①] 然而，自社保基金成立以来直至2022年年底，其累计投资收益达到 1.6576 万亿元，年均投资收益率为 7.66%。

（二）拓展第二支柱企业覆盖

近年来，中国第二支柱养老金发展迅速，截至2023年，建立企业年金的企业数量为14万多家。[②] 不过，企业年金对全国4000多万户企业中的覆盖率不足0.3%，覆盖的城镇就业人数不到10%。此外，企业年金的国家平均覆盖率超过一半。这一现象与国内整体养老保障意识不强、企业年金制度中企业职工面临的高税负，以及职工更倾向于现金薪酬等激励机制有密切关联，也显示出企业年金扩展覆盖的巨大潜力。2023年，金融部门通过高效投资和优质运营，促进企业年金提升覆盖率，支持职业年金制度稳健运行。

1. 企业年金实现不断扩面

企业年金是企业及其职工在参加基本养老保险的基础上自主建立的补充养老保险制度。企业年金计划包含两个账户类型：个人账户和企业账户，其中个人账户又细分为个人缴费和企业缴费账户。员工退休时有多种选择：可以按月、分次或一次性领取企业年金，或将其企业年金个人账户资金全部或部分购买商业养老保险产品。自2004年《企业年金试行办法》和《企业年金管理试行办法》出台以来，企业年金市场化运作正式启动，标志着补充养老保险基金走向规范化、专业化、市场化。

[①] 全国社会保障基金理事会：《社保基金年度报告（2022年度）》，2023年9月28日。
[②] 人力资源和社会保障部社会保险基金监管司：《全国企业年金基金业务数据摘要（2023年三季度）》，2023年11月29日。

近年来，企业年金的参与覆盖不断扩宽。在2023年第三季度，建立企业年金的企业数为138709个，较上年同期增加12904个，建立的企业年金计划是1884个，较上年同期增加30个，参与职工为3102.95万人，较上年同期增加118.3万人，积累基金合计为3.12万亿元，较上年同期增长11.5%。① 其中，积累基金的计算方式为：期末企业年金规模＝期初企业年金规模＋缴费＋投资收益－支出。企业年金惠及面也不断扩宽。2023年第三季度，领取企业年金的人数达到231.72万人，领取金额为232.61亿元，同比增长18.78%。②

企业年金的金融服务涉及4个主要角色：受托管理人、账户管理人、托管人和投资管理人。其中，投资管理人在企业年金基金的保值增值中扮演最关键的角色。2023年，共有22家机构拥有企业年金投资管理资质，这些投管机构的比拼维度包括管理组合数、管理规模、投资收益率等。2023年第三季度，投资管理企业年金规模最大的5家金融机构分别为泰康资产、国寿养老、平安养老、易方达基金和工银瑞金基金。受托管理人是企业年金运行中第二重要的角色。2023年，具有企业年金基金法人受托机构资格的有12家，包括6家保险机构、4家银行、1家养老金公司、1家信托公司。

在投资领域方面，自2023年年底起，按照人力资源和社会保障部的要求，企业年金的投资管理将非标资产与标准资产分开进行投资。这涉及投资集中度、期限匹配、信息披露、关联交易和风险管控等方面，更加贴近"资管新规"的标准。非标投资的披露预计将更加详细，每笔非标资产都需要披露融资项目名称、基础资产、剩余期限、交易结构

---

① 人力资源和社会保障部社会保险基金监管司：《全国企业年金基金业务数据摘要（2022年三季度）》，2022年11月21日；人力资源和社会保障部社会保险基金监管司：《全国企业年金基金业务数据摘要（2023年三季度）》，2023年11月29日。

② 人力资源和社会保障部社会保险基金监管司：《全国企业年金基金业务数据摘要（2022年三季度）》，2022年11月21日；人力资源和社会保障部社会保险基金监管司：《全国企业年金基金业务数据摘要（2023年三季度）》，2023年11月29日。

等信息。这种改变将有助于提升企业年金投资组合的流动性管理水平，从而增强整个企业年金体系的效率和透明度。

企业年金对于提升企业在吸引和留住人才方面的竞争力起着重要作用。然而，当前企业年金计划的设置存在一定局限性。多数企业仅能成立1个年金计划，并且没有为员工提供自主选择的权利，这忽略了员工在年龄、风险偏好等方面的差异。特别是对于年轻员工来说，由于他们距离退休时间较长，一般具有更高的风险承受能力，但年金计划的总体收益和风险目标过于保守，不利于满足这一群体的需求。

2023年，尽管中国投资市场出现波动，但企业年金投资显示出较强的抗风险能力。2023年前三季度，企业年金基金的加权平均收益率实现了正收益，达到1.45%，其中，超过1/3的企业年金基金投资组合的收益率处于1%—2%。[1] 按计划类型来看，单一计划的收益率为1.41%，集合计划为1.78%，其他计划为1.31%。按组合类型来看，固定收益类计划的收益率为2.73%，含权益类计划的收益率为1.27%。在养老金替代率方面，假设按月分期领取的前提下，当前的企业年金能够提供超过20%的替代率水平。

2. 职业年金保持稳健运行

职业年金指针对公职人员的补充养老保险，是养老保险第二支柱的重要部分。它相当于职工工资的延期支付，是为公职人员的退休养老做的准备。我国的职业年金替代率定位在80%以上，要求机关事业单位及其工作人员强制参与。公职人员个人需按工资的4%缴费，单位则按工资总额的8%缴费。退休后，工作人员可按月领取职业年金待遇。自2019年起，职业年金逐步进入市场投资。截至2022年年底，全国职业

---

[1] 人力资源和社会保障部社会保险基金监管司：《全国企业年金基金业务数据摘要（2023年三季度）》，2023年11月29日。

年金基金的投资规模超过 2.11 万亿元。①

职业年金基金采用个人账户方式管理。对于财政全额供款的单位，单位缴费通过记账方式处理，每年按国家公布的利率计算利息。参与人在退休前的职业年金账户累计储存额由同级财政拨付。对于非财政全额供款的单位，单位缴费实行实账积累。职业年金取款条件较为严格，参与人员需达到法定退休条件并办理退休手续后，可以选择一次性购买商业养老保险产品，或按照退休时的月领取标准分期领取，直至领完账户资金。当前，虽然职业年金可购买的商业年金产品有所增加，但相比英美等保险创新领先的国家，产品种类仍不算多。

职业年金的管理采用信托管理模式，与企业年金有两点不同：其一，职业年金的委托人是机关事业单位及其工作人员；其二，职业年金设有代理人，包括中央国家机关养老保险管理中心及省级社会保险经办机构，负责集中行使委托职责，并履行账户管理和投资监督责任。② 考虑到其庞大的规模，职业年金的投资管理人倾向于选择大型专业机构，投资风格偏稳健，主要以固定收益类资产为主，债券配置以信用债为主。截至 2023 年，持有职业年金投资管理人牌照的机构分为保险机构、基金和证券机构、专业养老金管理公司三类。

多地的职业年金于 2019 年前后开始市场化投资运营。职业年金和企业年金在投资范围和比例限制上几乎相同。职业年金的负债端具有较强的稳定性，所以受托管理人的招标周期为 3 年，有利于进行更为长远的投资决策。同一地区内的多个职业年金受托人之间存在竞争，这促使他们更加积极地履行监督和督导职责。职业年金注重净值的稳定性，所以主要投资于固定收益资产。在美国，联邦政府雇员的补充性养老金计划被称为节俭储蓄计划（Thrift Savings Plan，TSP）。TSP 提供了广泛的

---

① 人力资源和社会保障部：《人力资源社会保障部举行 2023 年一季度新闻发布会》，2023 年 4 月 24 日。

② 黄佳莺：《职业年金代理人投资监督的挑战及应对》，《中国社会保障》2023 年第 6 期。

基金投资选择，包括单项基金和生命周期基金两种类型，参保人可根据自己的需要设定投资组合。

参与职业年金的金融机构加强了对投资的风险管理。2022年，在国际局势和新冠疫情双重影响下的资本市场震荡中，职业年金投资业绩随之出现较大波动，2022年首次出现年度负收益。2023年，金融机构采取了以下措施来加强投资风险管理：一是根据宏观经济和金融市场状况设定收益目标和业绩基准；二是推崇长期考核理念，建立稳健投资导向，避免过度交易和市场波动追逐，为参保人员建立稳定的收益预期；三是在投资过程中对波动率、最大回撤率等风险指标增加考核权重；四是利用投资监督系统的信息化手段，完善计算和分析功能，对资产集中度、投资收益波动率、回撤率等风险指标设置预警系统。

（三）壮大第三支柱参与规模

2022年11月4日，五部门联合发布了《个人养老金实施办法》，宣布自11月25日起在36个城市或地区开展个人养老金的先行试点。近1年多，养老储蓄产品、养老理财产品、商业养老保险产品和养老目标基金协同发力，取得了很大成效。截至2023年年底，已上市753只个人养老金产品，其中储蓄类产品为465只，基金类产品为162只，保险类产品为107只，理财类产品为19只。至2023年11月末，开户人数已超过5000万人。与此同时，金融部门继续发展其他各类个人财富积累服务。

1. 养老储蓄产品备受关注

储蓄存款是4类个人养老金投资业务中开通最多的一项业务。截至2023年年底，储蓄类产品达460多只，稳居首位。产品类型涵盖了通知存款、整存整取、定活两便、零存整取等。部分银行为了提高个人养老金产品的吸引力，推出了个人养老金专属存款产品，其年化利率略高于同家银行同期限的整存整取产品。养老储蓄产品采取的是中期稳健收益的设计理念，较好地匹配了中国居民的偏好。

中国工商银行、中国农业银行、中国银行、中国建设银行 4 家国有大型商业银行在 2022 年 11 月启动的养老储蓄产品取得了很好的成绩。试点产品包括零存整取、整存整取和整存零取三种类型，期限分为 5 年、10 年、15 年和 20 年 4 档，利率略高于大型银行 5 年期定期存款的挂牌利率。国家社会保险公共服务平台上披露的特定养老储蓄存款产品共有 40 多款。其中，整存整取产品的年化收益最高，为 3.5%—4.0%，但仅前 5 年的年化利率固定，之后将根据央行基准利率调整和重新定价。

2. 个人养老金保险产品因稳健收益受青睐

截至 2023 年年底，试点个人养老金的保险公司从 6 家增加至 20 余家。试点产品从最初的 7 只，增加至 2023 年年底的 107 只。产品形态扩展到专属商业养老保险、两全保险、年金保险、万能保险等产品类型。专属商业养老保险在积累期采用"保证+浮动"的收益模式，提供稳健型和进取型两种账户选择，并规定领取年龄不低于 60 周岁，且领取期不少于 10 年。两全保险常设计为分红型和万能型。年金保险则在进入领取期后，若参与人存活，便可按年、半年、季或月领取保险金。2023 年 8 月，国家金融监督管理总局发布了《关于个人税收递延型商业养老保险试点与个人养老金衔接有关事项的通知》，从 2018 年 5 月开始试点的税延养老保险与个人养老金制度加速"合体"，相关产品逐步纳入到个人养老金产品体系。

截至 2023 年年底，个人养老金已吸引超过 5000 万人开立账户，相应的金融产品数量已扩容至 700 多只。从首批 7 款个人养老金保险产品公布的结算利率可以看到，2023 年的结算利率在 3.00% 以上。商业养老保险一方面让参与者获得了稳定且较高的回报，另一方面可以为客户提供疾病身故、意外身故、意外伤残、意外医疗费用补偿等全方位保险保障，所以，当前阶段越发受到个人养老金参与人的关注。不过，一些商业养老保险产品收益率的公布频率低，增加了参与人的担心。

3. 养老理财产品数量不多，均实现了正收益

商业银行的养老理财产品起步于 2007 年，但在最初阶段并未有明确的定义。直到 2021 年 8 月《关于开展养老理财产品试点的通知》发布，提出了养老理财产品不同于普通理财产品的要求，例如实施非母行第三方独立托管。这旨在创建真正符合长期养老需求和生命周期特征的养老理财产品。

到 2023 年，养老理财产品已向长期化、养老化、制度化方向发展。商业银行及其理财子公司广泛制定了涵盖产品准入管理、内部控制、信息披露等全业务流程的制度。在人才团队建设方面，精选经验丰富且操作规范的投资人员担任个人养老金理财产品的投资经理。在风险管理方面，系统地进行交易管理，严格控制信用风险和其他风险的敞口限额，持续有效地识别、测量、监测和控制各类风险。

截至 2023 年 12 月，在个人养老金机构名单中，商业银行共有 23 家，理财公司共有 11 家，理财产品数量为 22 只。固收类产品占比 86.96%，混合类产品占比 13.04%。二级中低风险等级、三级中风险等级产品的占比分别为 56.52%、43.48%。2023 年 12 月 22 日，第 4 批个人养老金理财产品均为固定收益类产品，风险等级为二级或三级。可见，养老理财产品种类相对匮乏。在投资回报率方面，面向个人养老金投资者销售的产品都取得了正回报。养老理财产品的资产配置以非标资产为主，由于可以采用摊余成本法估值，因此，有助于增强产品净值的稳定性。2023 年 11 月，中国银行业协会发布《理财产品过往业绩展示行为准则》，规范了理财产品展示过往业绩时的行为。

4. 养老目标基金的吸引力近期下降，长期应会好转

2023 年，养老目标基金发行了 64 只。目标日期型基金根据参与人的预定退休日期，不断调整资产配置结构以适应其生命周期变化。当前，中国个人养老金中的养老目标基金的期限跨度很宽，覆盖了 2025—2055

年。目标风险基金则是指，在存续期限中的投资风险基本维持不变，所以基本可以分为三类：稳健（保守）型，权益类资产占比低于30%；平衡型，权益类资产占比在30%—60%；积极（进取）型，权益类资产占比超过60%。当前，目标风险型基金主要以平衡型和偏债型产品为主。养老目标基金采用基金中基金（Fund of Fund，FOF）的设计方式，使得其波动率低于普通基金。目标日期型养老FOF由于长期持有期和复杂的下滑曲线设计，投资者接受程度有限；而目标风险型养老FOF由于其清晰的投资风格，易于理解，因此快速增长。目标风险养老FOF收益表现和回撤控制整体优于目标日期养老FOF。其原因在于，目标日期养老FOF持有期较长，投资风格较为激进。

2023年，养老目标基金的募集规模合计约58.48亿元，较2022年的106.65亿元有明显下滑，其中只有15只基金的规模超过2亿元。约20只的养老目标基金提前结束了募集期限，导致一些基金经理面临"无基可管"的情况。这主要是由于：养老目标基金大幅投资于权益类资产，基金积累率与市场行情高度相关；而2023年，受经济复苏低于预期、国际冲突、美联储加息、人民币贬值、海外需求下降等因素影响，A股市场走势低迷，养老目标基金整体收益欠佳。截至2023年12月26日，剔除成立不足1年的产品，市场上共计有340只养老目标基金产品，其中有242只业绩亏损，占比达71.18%。养老目标基金FOF对个人养老金参与者的吸引力下降。随着市场回报触底企稳和回暖，养老目标基金的吸引力预计将提升。

5. 未纳入个人养老金的商业人身保险产品的养老功能在不断增强

2023年，未纳入个人养老金的人身保险产品也从多方面加大满足养老的金融需求。其一，增加保障内容。保险业加强了对老年常见病保险的研发，积极开发了适合老年人需求和支付能力的医疗保险和意外伤害保险产品。此外，探索投保简单、付费灵活、收益稳健、收益形式多样的商业养老年金保险产品。其二，减少参与限制。进一步提高投保年龄上限，更多满足了70岁及以上高龄老年人保险保障需求。相互制保险不以营利为目的，注重为高风险领域和中低收入人群提供风险保障。例如，中国首家相互保险社（众惠财产相互保险社）开展的老龄慢病人群专属普惠保险保障计划可为100岁以内的慢病老人提供重疾住院、医疗和特殊门诊医疗保险、恶性肿瘤特定药品医疗保险等，保额为每年最高30万元。其三，灵活保单条款。年金保险产品的领取期限不断延长，许多产品采用了"活到老、领到老"的设计。增额终身寿险产品满足了保终身的需求，保额持续复利增长。很多保险公司更加注重以老年人易于获取的形式，向其明示个人账户内每笔交费、相应扣费，以及扣费后进入账户金额等信息。

三 金融部门促进养老产业发展

养老产业是中国民生保障方面中迫切需要扩大供给规模和提升供给质量的领域。《国家积极应对人口老龄化中长期规划》指出，"要打造高质量的为老服务和产品供给体系""多渠道、多领域扩大适老产品和服务供给，提升产品和服务质量"。这是金融部门服务实体、促进供给侧结构性改革的一个重要方面。养老设施的建设期较长、回报率较低，所以金融部门提供了更多、更低价格的投资支持。老年护理属于群众急难愁盼的问题，所以金融部门在设计业务流程中注意促进老年护理服务的质量和效率的提升。健康和养老人才是养老产业运行各环节中不可或缺的要素，所以金融部门通过多种方式支持相关人才培养。

（一）着力支持养老设施建设

养老设施的建设和发展面临着融资难题。一是政府对养老机构建设和运营的财政投入有限。在人口快速老龄化的背景下，这些资金难以满足大规模养老设施建设的投资需求。这一点凸显了公共财政在养老领域的资金难处。二是以政府为主导的融资模式面临着限制。随着地方政府债务管理日益严格，越来越多的重点放在市场化运作和企业项目自身的现金流偿还能力上，这导致养老设施难以通过政府投资公司获得充足的融资。三是社会资本对养老设施的投资兴趣不足。社会资金的投入模式高度依赖于房地产销售和后期运营的现金流。因此，尽管政府对养老服务业的发展提供了一定程度的支持，但企业通过长期运营获得的收益面临较大的不确定性，所以投资建设的积极性不高。

金融机构正在加大对养老基础设施建设的投资力度。一是对于政府养老产业规划中的重点项目，尤其是大中型城市中项目，金融机构积极利用开发性金融的大额批发资金以及一般性贷款，推动社区养老基础设施的全面升级和换代。例如，2023年年初，交通银行河南省分行对河南省开封市城乡一体化示范区综合养老服务建设项目发放了2400万元贷款，利率很优惠。[①] 二是对于已建成且运营良好的养老机构，金融机构扩大了银行贷款抵押担保的范围。这包括允许养老机构使用已有土地使用权和明确产权的房产等固定资产，来办理抵押贷款，支持其改扩建工程和模式复制项目。三是金融机构支持资信良好的房地产企业利用自身信用融资，参与基础性养老产业项目的开发。这一策略有效促进了养老产业的扩张和升级，并利用房地产投资信托基金（REITs）作为重要的融资渠道。四是金融机构在政府的支持下，对中小型养老院、老年社会福利院、敬老院以及农村养老服务设施等养老服务机构提供了积极的信贷支持。

保险机构正结合其保险保障主业，积极建设养老社区。中国人寿公司正在发展连锁化的养老基地，致力于推进机构、社区、居家养老的协同发展。截至2024年1月，该公司已在北京、上海、天津、重庆、广

[①] 屈信明、葛孟超：《金融推动养老服务优化供给》，《人民日报》2023年7月10日第18版。

州、长沙等城市建设了多个养老社区。2023年9月，泰康之家在北京的燕园三期养老社区和重庆的渝园开业，其中，燕园三期在建筑景观设计、智慧养老等方面进行了升级。这些项目覆盖康复护理、持续照料、活力养生等业务线，为公司养老产业发展提供了动力。2023年1月，银保监会发布了通知，旨在规范保险产品与养老社区服务业务对接，明确保险+养老社区业务的定义，并强调禁止以养老社区投资为名，投资开发和销售商业住宅。

金融机构通过建立产业投资资金，支持养老设施建设。近年来，随着养老产业的迅速发展和政府扶持政策的落实，多地政府纷纷设立了本省的养老产业基金。产业资本在金融机构的支持下所建立的养老设施投资基金，主要以产业链条的并购整合为目标。这些基金在项目筛选和投后管理过程中注重地位和话语权，如深度整合产业链上下游资源，从集团角度塑造价值链，实现企业的连锁化、品牌化、专业化和规模化发展。由金融机构直接建立的养老设施投资基金，具备资金充沛、渠道广泛、机制灵活以及与企业联系紧密等优势。不同类型的金融机构具有不同特点：银行注重资金流动性和安全性，保险机构重视与主业的协同性和长期资金的有效利用，而信托机构则关注投资的效率和资金的灵活性。

（二）助力提升老年护理质效

中国失能和半失能老人的数量在2022年年底约为4400万人，[①]他们需要长达数年的日常护理。随着独生子女家庭和丁克家庭比例的增加，传统的"代际互惠"模式已不足以承担这一群体日益增长的护理需求。2023年，金融机构通过多种金融方式加大了对护理服务业务发

[①] 党俊武、王莉莉、杨晓奇等：《中国老龄产业发展报告（2021—2022）》，社会科学文献出版社2023年版。

展的支持。

加强金融政策与产业政策的协调配合，促进养老服务业融资。金融机构对获得民政部门推荐的优质养老服务项目在风险可控、商业可持续的基础上，给予了大力支持。金融机构支持处于成熟期的优质养老服务企业，通过发行企业债、公司债、非金融企业债务融资工具等方式进行融资。金融业积极寻求财政贴息、贷款风险补偿、担保增信等政策支持，以进一步加大对养老服务业和康复辅助器具产业发展的支持。

金融业正在加强对老年人产品用品发展的支持。涉及包括资本投入、研发生产、物流配送、展示体验和销售适配在内的全产业链。金融机构在业务开展中特别支持那些符合养老服务业和老年人康复辅助器具产业特点、价格合理的产品，提供融资租赁等金融服务。信托公司积极开发各类附带养老保障的信托产品，支持了养老服务业和康复辅助器具产业的发展。

保险业通过长期护理保险促进老年护理服务提升质效。首先，进行了长期护理保险与寿险相结合的创新尝试。该尝试通过在寿险赔付责任和护理责任之间进行转换，采用以服务给付的模式，更好地满足参保人的护理需求，并有效地吸引老年护理服务资源。其次，2023年12月，国家医保局和财政部发布了《长期护理保险失能等级评估管理办法（试行）》（医保发〔2023〕29号）。该办法促进长期护理保险经办机构记录参保人的申请信息、评估信息、评估结论等，进而计算每个地区失能人群的年龄分布。这项评估对于验证评估标准的划分尺度至关重要，并可作为对标准优化升级的依据。最后，基于社保长期护理保险积累的基础数据，提取参保人的年龄、性别、疾病、失能等级等特征信息，建立生存曲线。这一做法有助于更精准地理解和服务老年人的护理需求，从而提高整个养老护理服务体系的效率和质量。

(三) 加强关注康养人才培养

中国对养老护理员的需求达 600 多万名，但目前仅有 50 多万名从事养老护理的服务人员，远不能满足需求，[①] 并且中国养老服务人员的主要人员是四五十岁的下岗再就业者和农村进城务工者。中国护理人员的数量严重不足，并且教育水平整体上不高，入行时缺乏相关专业技能。2023 年，金融部门加强支持养老服务相关专业开展职业教育校企合作，促进相关专业讲师到养老机构带教，支持推进老年护理职业规范化、专业化和标准化，畅通人才培训培养输送渠道，以此打造高品质高质量人才培养模式。金融部门支持依托高等院校、职业院校和养老机构建设养老服务人才培养培训示范点和实训基地，加强对老年护理员、养老院院长、老年社会工作者等各类人才的专业培训。

金融部门可以为高校养老健康相关专业提供更多办学资助。2023 年 12 月，教育部办公厅发布《服务健康事业和健康产业人才培养引导性专业指南》（教高厅函〔2023〕26 号），决定设置 5 个新医科人才培养引导性专业。这 5 个专业包括：医疗器械与装备工程，旨在培养能从事医疗器械与装备的制造、运行、维护、管理、质量监督、检测、生产过程控制等相关工作的复合型工程技术人才；老年医学与健康，旨在培养具备现代养老服务以及管理理念，熟练掌握老年疾病康养、健康管理知识能力的专业性人才；健康与医疗保障，旨在培养从事医疗保险管理、健康保险核保与理赔、健康保障政策开发与评估相关工作的专业型人才；药物经济与管理，旨在培养能综合运用循证医学、药物经济学、数据科学等方法，精准预测药物、医疗器械、药学服务等健康干预措施对患者、医疗系统和全社会的成本效益与投入产出比的人才；生物医药

---

① 张玉胜：《养老护理员数量不足 需多方发力提升吸引力》，《中国城市报》2023 年 4 月 17 日第 8 版。

数据科学。金融机构正在支持这些专业顺应信息技术、数字技术的快速发展，将医学与其他学科深度交叉融合起来。

中国农村地区在养老服务人才培训机制建设上明显不足。金融部门正致力于完善养老服务从业人员的激励保障政策和区域性老年护理补贴政策。这会支持农村地区以及其他落后地区建立老年护理员培训体系，实现养老院的护理员持证上岗。金融部门为农村社区、慈善组织、志愿者组织、乡村老年人协会等提供资金支持，以鼓励年轻人回乡发展，并激发年轻人对老年人的关爱和服务意识。金融部门还支持将农村剩余劳动力转化为专业化、标准化、职业化的农村老年护理人员，以此构建一支本土化、可靠的养老服务人才队伍。

面对自然灾害、突发事故和公共安全事件时，老年人由于行动不便、知识不足等原因，往往成为受害更大的群体。金融部门支持居民社区和养老机构，改造消防设施，增设隔离功能，配备必要的物资和设备，加强人员应急知识培训，进而提升对养老人的应急保障能力。例如，辽宁省的抚顺银行等数家金融机构为8家养老院和老年公寓项目的建设和改建提供了资金支持。金融部门还在办理各项具体业务时，注意推动客户关注老年人的生命健康安全，完善突发事件的预防、应急准备、监测预警以及应急处置和救援机制。

四 做好养老金融大文章的建议

为进一步做好养老金融这篇文章，基于本章对相关理论、当前政策和现实状况的研究，提出如下几点对策建议。

第一，通过高效投资促进第一支柱养老保险基金的不断积累。为了促进第一支柱养老保险基金的持续积累，基本养老保险基金和社保基金的投资可以遵循以下理念。一是坚持价值投资和长期投资。投资管理机构需专注于识别和投资具有长期增长潜力的优质资产，力求在长期超越市场平均回报水平。同时，向资本市场传递正确的投资理念，追求长期投资目标，坚持长周期考核。这样的投资策略有助于基金投资着眼于分享国家经济增长的长期收益，同时在市场短期波动中保持战略定力。二是坚持责任投资。积极关注 ESG 原则，服务国家重大战略与实体经济，投资能够促进实体经济健康发展的项目和企业，促进社会和经济的全面发展。三是采取稳健的投资策略。建立和完善全面的风险管理控制体系和机制，包括在战略资产配置计划中确定各类资产的中长期目标配置比例及其范围。使用这些比例作为指引，对偏离目标配置的资产进行回调。同时，加强风险监控系统建设，确保在极端情况下应对得当，并在重点领域进行风险防控。

第二，通过提升企业年金的便携性，促进中小企业建立企业年金。除了税收优惠力度，便携性是影响中小企业积极性的重要原因。根据中国的企业年金管理办法，企业缴费及其投资收益需由企业与职工共同约定归属于职工个人的条件。站在企业的角度，设定一定的归属期是留住人才的一种有效手段。但对于中小企业来说，其生命周期较短，且人员流动性较大。为了提升年金在中小企业中的覆盖率，建议鼓励中小企业缩短关于企业缴费及其投资收益的归属期或直接取消归属期。通过简化转移流程、加强信息共享和标准化管理等方式，提高企业年金的便携性，从而更好地满足员工的福利需求，促进中小企业建立企业年金。

第三，通过税收优惠和改善领取流动性，壮大个人养老金规模。为了壮大个人养老金的规模可以从以下两个方面着手。一是提供更多的税收优惠。目前，高收入群体认为个人养老金年度缴费限额 1.2 万元过低。对于大多数低收入群体，尤其是那些收入低于纳税起征点的人来说，他们无法享受到现有的税收优惠。对于未来面临较大养老压力的低收入群体，税收政策的红利也显得不足。因此，应当考虑提高年度缴费金额上限，并在 EET 模式（Exempt-Exempt-Taxed）下加大税收优惠力度。同时，向低收入群体的个人养老金账户发放财政补贴，以加强其养老保障。二是改善个人养老金账户的缴费和领取流动性。目前个人养老金账户的运行较为封闭，只有在达到退休年龄、出国或丧失劳动能力等特定情形下才能领取，灵活性不大。可以考虑设置个人养老金的缴费回溯期，并在一定程度上允许追加缴费，以加速个人养老金的积累。同时，配合税收优惠政策，提高广大劳动者参与个人养老金制度的积极性。

第四，通过多项金融工具，促进扩大老年护理服务供给。金融机构可以通过提供特殊贷款、投资基金等激励措施，将居家、社区和机构的养老服务模式融合起来，同时结合医疗和康复护理，形成一个综合性、高效率的养老服务框架。一是激励和支持社会各界参与，特别是在社区层面，推动发展集团化、连锁化护理中心。二是促进医疗资源丰富地区的一级和二级医疗机构向专业护理院转型，提高养老护理的质量和效率。三是运用各类金融工具，尤其是普惠型金融产品，支持具备条件的社区卫生服务中心开展签约服务和巡诊等活动。这样做可以确保老年人护理服务的精准性和多样性。四是建立一个多层次的长期护理保障体系。以基本长期护理保险制度为核心，辅之以社会救助、社会福利、慈善活动和商业保险等多元保障手段，全面覆盖失能老年人群的长期照护需求，确保老年人得到持续和有效的照料。

第五，通过运用养老金支付功能，改进老年护理服务质效。养老金融业务设计中要通过支付功能，促进和补足"养老服务"这块短板。一是实现养老金融产品的领取方式与居家养老、社区养老服务进行对接，使其能够将部分养老金直接用于支付养老院费用、医疗服务或家政服务等。这种支付方式的整合，目的在于增强养老服务体系的综合性与实用性，从而更好地满足老年人的日常需求。二是提升退休人员尤其是中低收入群体通过年金形式领取养老金的意愿。这需要通过宣传教育活动，使个人了解并认可年金化领取的益处。同时，通过提供税收减免、补贴或其他奖励措施，鼓励个人选择这种方式。三是在支付方案设计中，鼓励合格的护理人员为特定群体提供专业而便捷的上门护理服务。这包括但不限于为出院患者、生命终末期患者或行动不便的居家老年人提供必要的护理和照料。通过推动这种支付设计，可以更好地满足老年人多样化、个性化的护理需求，提升整体养老服务水平。

（执笔人：王向楠）

第七章

发挥资本市场枢纽功能

资本市场在国民经济发展中扮演怎样的角色、发挥怎样的作用，是需要随着时代进步不断思考的问题。从历史和现实两个方面看，金融强国必定有着发达的资本市场，更好发挥资本市场作用则是建设金融强国的必由之路。中央金融工作会议指出，"金融要坚持功能第一"，[①] 更明确指出下一步工作要"优化融资结构，更好发挥资本市场枢纽功能"，[②] 为当前中国资本市场的改革发展指明了方向。本章在西方资本市场功能理论的基础上，结合中国发展经验，提出了有中国特色的资本市场枢纽功能理论。该理论强调投融资并重、发挥资本市场的能动性以及在投资端大力发展"两种资本"。根据这一理论，本章针对当前中国资本市场"大而不强"、投融资循环不畅，尤其是投资端缺少"两种资本"、投资者整体获得感不足等问题提出了相应的政策建议：一是加快投资端改革、切实保障消费者权益；二是以全面注册制改革走深走实为抓手，切实提升资本市场长期回报率；三是稳步扩大资本市场制度型开放。

[①] 中央金融委员会办公室、中央金融工作委员会：《坚定不移走中国特色金融发展之路》，《求是》2023年第23期。

[②] 《中央金融工作会议在北京举行　习近平李强作重要讲话　赵乐际王沪宁蔡奇丁薛祥李希出席》，《人民日报》2023年11月1日第1版。

本章共分三节：第一节主要阐述中国特色资本市场枢纽理论，包含理论基础、基本框架和理论特色等；第二节重点分析当前中国资本市场存在的突出问题；第三节针对以上问题提出政策建议。

一 中国特色资本市场枢纽理论

走中国特色金融发展道路，必须突破以西方发达国家历史经验为构建依据的"从分流到合流"的逻辑，要在深刻总结各国金融发展所呈现的规律性认识的基础上，找准问题、坚持特色，构建和完善中国特色金融理论体系。[①] 面对西方（传统）资本市场功能论逐渐丧失其现实指导性的困境，必须适时对其改造，提出具有中国特色的资本市场枢纽功能论。

（一）西方资本市场功能理论

西方资本市场具有悠久的发展历史。戈兹曼指出："欧洲四分五裂的状态激发了许多创造性的独立金融实践。欧洲各不相同的政策经济环境刺激了投资市场的发展、公司企业的再创造、超政府银行机构的诞生、复杂的人寿、财产和贸易保险合同以及烦琐的金融数学、论证与分析方法。这些创新反过来也改变了人们……欧洲人最终把他们自己和世界上其他人民都变成了投资者。"[②] 随着现代资本市场的形成和逐步完善（当然也伴随西方经济学的诞生和完善），人们对于资本市场的功能有了较为深刻的认识，学界则将这些认识系统总结为以

[①] 张晓晶、王庆：《中国特色金融发展道路的新探索——基于国家治理逻辑的金融大分流新假说》，《经济研究》2023年第2期。

[②] ［美］威廉·戈兹曼：《金融千年史》，张亚光、熊金武译，中信出版集团2017年版，第152页。

下四大功能。①

1. 资源配置功能

Fama 指出，"资本市场的首要职能是经济资本存量的所有权分配"。② 与一般市场一样，资本市场也有一双"看不见的手"。一般（商品）市场为商品的生产者与消费者提供了交易的可能，使得社会福利的帕累托改进得以实现。与此类似，资本市场为资金的需求方与供给方提供了交易的可能。资本市场的资源配置功能主要体现在将储蓄传导为投资方面。首先，基于有效市场假说，Markowitz 的现代投资组合理论给出了资本市场的风险厌恶个体如何进行资产配置的微观基础。③ 其次，在宏观方面，资本市场的资源配置功能对经济增长也有着深刻的影响。基于新古典增长模型，如果资本市场能够更有效率地将储蓄转化为投资，经济增长速度也可以得到提高。同时，Pagano 提到，资本市场能够将资金引导至资本边际产出高的部门，这种对于资本的边际生产率的提高也可以促进经济增长。④

2. 价格发现功能

基于有效市场假说，资本市场价格一般反映了从公开资料，如财务报表、宏观经济数据到私有信息的全方位信息整合。不同类型的市场参与者，如价值投资者、机构投资者，根据其对信息的解读，形成对资产

---

① 莫顿和博迪等学者提出了分析金融体系的功能观（functional perspective）。他们认为，虽然各个时期或地域的金融业态、机构变化多样，但功能却是相对稳定的。他们从资源配置角度出发，将金融系统分为了六大功能：一是通过提供结算和支付手段促进贸易的发展；二是提供了集结资源并向企业分配资源的机制；三是进行跨时间、跨空间、跨行业的经济资源的转移；四是提供管理风险的手段；五是通过提供价格信号使企业能够自行决策，对价格信号做出合理的反应；六是提供了解决信息不对称和委托代理问题的方法。参见 Bodie, Z., Merton, R. and Crane, D. B., 1995, *Global Financial System*, Mass.: Harvard University Press。

② Fama, E. F., 1970, "Efficient Capital Markets: A Review of Theory and Empirical Work", *Journal of Finance*, 25 (2): 383 – 417.

③ Markowitz, H. M., 1952, "Portfolio Selection", *Journal of Finance*, 7 (1): 77 – 91.

④ Pagano, M., 1993, "Financial Markets and Growth: An Overview", *European Economic Review*, 37 (2 – 3): 613 – 622.

的需求，从而影响价格。这种市场均衡形成的资产价格，代表了市场对资产稀缺性的评估，可以作为一种信号机制引导资本的流动。因此，价格发现功能是资本市场实现资源配置功能的基础。在微观层面，Sharpe、Lintner 和 Mossin[①] 提出的资本资产定价模型以及 Black 和 Scholes[②] 的期权定价模型为资本市场中的股票、债券和各种金融衍生品提供了定价的基础；在宏观层面，价格发现机制的有效性对于资本市场的健康运作也至关重要，因为它确保了资产价格能够准确反映所有相关信息。这不仅有助于资源的有效配置，也为投资者提供了重要的决策依据。但是，需要注意的是，根据 Kahneman 和 Tversky[③] 的前景理论，投资者行为有时会偏离理性预期，从而影响价格发现的实现效率。因此，为了维持资本市场的效率，政府对于投资者的预期和情绪的引导等是十分必要的。

3. 风险管理功能

对于投资者来说，不同的投资者具有不同的风险承受能力，这取决于他们的财务状况、投资经验、预期收益等因素。根据资本资产定价模型，投资者可以在资本市场中选择不同的收益—风险配比的投资标的组合，将自身的风险控制在期望的水平。同时，根据 Bencivenga 和 Smith[④] 以及 Levine[⑤] 等的研究，由于资本市场分散风险的机制，投资人的资本可以被引导至高收益但是低流动性的生产部门，因此可以为经济增长提

---

① Perold, A. F., 2004, "The Capital Asset Pricing Model", *Journal of Economic Perspectives*, 18 (3): 3 – 24.

② Black, F. and Scholes, M., 1973, "The Pricing of Options and Corporate Liabilities", *Journal of Political Economy*, 81 (3): 637 – 654.

③ Kahneman, D. and Tversky, A., 1979, "Prospect Theory: An Analysis of Decision under Risk", *Econometrica*, 47 (2): 263 – 229.

④ Bencivenga, V. R. and Smith, B. D., 1991, "Financial Intermediation and Endogenous Growth", *The Review of Economic Studies*, 58 (2): 195 – 209.

⑤ Levine, R., 1991, "Stock Markets, Growth, and Tax Policy", *The Journal of Finance*, 46 (9): 1445 – 1465.

速。而对生产者来说，资本市场的风险管理功能，可以有效提高企业的生产效率。《国富论》早已指出，企业生产的专业化和分工可以有效提高生产效率，但是专门化生产也加大了企业的特定行业风险。资本市场在企业的风险管理中起到了举足轻重的作用，比如 Saint-Paul 提出，企业可以通过在资本市场的分散持股降低自身企业专门化生产的风险。①

4. 财富管理功能

资本市场既是企业直接融资的工具，也是政府、企业和居民三大部门管理财富、获取收益的重要工具和场域。对于个人和家庭投资者而言，资本市场提供了多样化的投资选择，使他们能够在不同的金融产品和资产类别之间分配资金，以追求资本增值。吴晓求等指出，伴随家庭财富的增长，人们在满足消费与获得无风险收益外，必将逐步产生投资于风险资产从而获得更高的匹配收益的财富管理需求。资本市场的财富管理功能正是回应这种经济发展带来的需求变化。② 对企业而言，资本市场除了为各类型企业（既包含民营企业，也包含国有企业）提供了直接从市场融资的途径，也为企业开拓了新的投资标的。企业除了进行生产活动，也可以通过资本市场管理和增值自己的财富与资本，实现更大的收益。③

（二）从一般的"功能论"到"枢纽论"

传统的资本市场功能理论揭示了资本市场的基本运行机制及其促进社会经济发展的内在价值，但是本章认为，这一理论存在如下三点不足：第一，缺乏系统性。四大功能（或六大功能）之间的相互关联没

---

① Saint-Paul, G., 1992, "Technological Choice, Financial Markets and Economic Development", *European Economic Review*, 36: 763-781.
② 吴晓求、许荣、孙思栋：《现代金融体系：基本特征与功能结构》，《中国人民大学学报》2020 年第 1 期。
③ Bodie, Z., Kane, A. and Marcus, A., 2014, *EBOOK: Investments-Global edition*, McGraw Hill.

有得到系统性梳理，功能之间内在的张力也没有得到有效缓解。第二，缺乏整体性。资本市场内嵌于其所处的社会经济当中，与社会融资体系和居民财富结构之间存在密切关联。[①] 资本市场发挥何种作用，突出何种功能，应与一国的发展阶段和要素禀赋相适应。[②] 第三，对现实的指导性不足。传统功能理论只能为资本市场发展指明重视市场化的大方向，但并不能为具体国家或经济体的资本市场改革提供具有可操作性的具体方案。因此，本章在传统理论的基础上，通过深入分析中国资本市场的长期发展历程，从具体国情和问题意识两个维度出发，提出了对当前资本市场改革更具参考性的中国特色资本市场枢纽理论。

1. 如何理解资本市场的枢纽性

《说文》中记载：枢者，"户枢也"，意为门上的转轴；纽者，"系也，一曰结而可解"，即可以解开的绳结。二者合用，既指事物相互联系的中心环节，也指重要地点或事物的关键所在。因此本章认为，理解资本市场的枢纽性，一是要确定其上下连接的主体、明确各主体的核心诉求（目标），二是要聚焦资本市场本身，探讨其在不同阶段所能和所应发挥的异质性作用。

首先，资本市场连接资金的需求方和供给方。伴随金融脱媒，资本市场将资金源源不断从居民、政府等财富盈余部门转移到需要资金进行生产扩张、业务扩张的企业部门手中。[③] 这可以视为枢纽的"第一部分"。其次，资金的运动并非单向的。企业增长带来的红利也会通过资本市场反向地分享给市场投资者，实现资本的不断增殖。这可以被视为枢纽的"第二部分"。最后，资本市场作为资本要素流通的枢纽，其本

[①] 屠光绍：《应建立社会融资体系、居民财富结构、资本市场功能三者的良性循环》，中国证券网，2024年1月6日，https://news.cnstock.com/news,bwkx-202401-5173180.htm。

[②] 林毅夫、徐佳君、杨子荣等：《新结构金融学的学科内涵与分析框架》，《经济学（季刊）》2023年第5期。

[③] 吴晓求、何青、方明浩：《中国资本市场：第三种模式》，《财贸经济》2022年第5期。

身在资本的往复运动中，自身的规模和服务质量均会出现持续提升。伴随这一提升，资本市场一方面能够不断促进和完善融资端企业的公司治理水平和创造价值的能力，另一方面也给资金供给方带来了财富数量的增长和财富结构的优化。

2. 枢纽功能理论的基本框架

构建中国特色资本市场枢纽理论的前提是要明确当前中国社会融资体系和居民财富结构的主要特点和所处历史阶段。长期以来，中国的金融结构都是银行主导型，社会融资以间接融资为主。这一结构在经济追赶的过程中并无太多问题。① 但是随着中国经济的发展、科技水平的进步，银行体系和金融中介在支持科技进一步发展，尤其是支持处于前沿面的专精特新行业时，往往表现得"力不从心"。也正是基于这一理由，党的二十大报告和中央金融工作会议都明确将提高直接融资比例作为金融改革的目标。

与此同时，中国的居民财富结构近年来也发生了较为明显的变化。具体来说是实物资产占比下降，金融资产占比上升。根据中国国家资产负债表研究中心（CNBS）的统计，中国居民部门实物（非金融）资产比重从2000年的57%下降到了43%，但是同阶段内股票及股权在社会总金融资产中的占比则从2007年最高点的37%下降到了2019年的29%。② 这两组数据表明，中国居民部门的金融投资（尤其是股权投资）需求日益旺盛，但是中国资本市场的发展未能予以满足。

基于以上分析，本章提出了资本市场枢纽理论分析框架，如图7—1所示。该框架描述了新的时代条件下中国资本市场的循环结构，并为中国资本市场如何更好发挥枢纽功能指出了改革方向。

---

① 张晓晶：《汲取国际经验走中国自主的金融发展道路》，《开发性金融研究》2022年第3期。

② 李扬、张晓晶等：《中国国家资产负债表2020》，中国社会科学出版社2021年版，第22—23页。

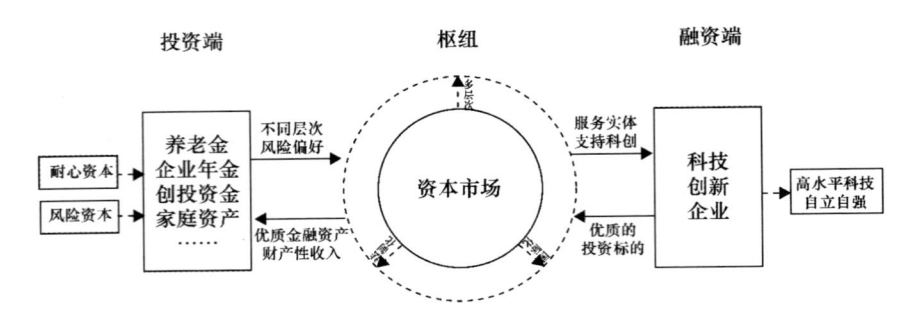

图 7—1　资本市场枢纽功能与投融资循环

资料来源：笔者自制。

第一，该模型强调投融资并重，畅通资本市场循环。投融资并重意味着资本市场既要服务好实体经济和科技创新企业，又要为投资端的居民部门（也包括政府持有的公有资本）提供流量意义上的财产性收入和存量意义上的高质量金融资产。二者不可偏废。改革的方向就在于发现和补足短板。

第二，该模型强调资本市场的成长性和能动性。资本市场在回应投资端不同层次、不同风险偏好的投资需求时，其结构和功能将持续发展、完善；而一个功能完善、日益成长的资产市场在另一端则会通过提升社会整体公司治理水平，吸纳、培育更多的优质投资标的，带动社会融资效率的提升。

第三，该模型强调在投资端发挥"两种资本"的突出作用。一是包括养老金、保险金等在内的中长期资金，也称耐心资本（Patient Capital）。二是专注投资未上市新兴中小企业（尤其是高科技企业）的风险资本（Venture Capital）。缺少这两种资本，资本市场发动机的马力将大打折扣。

二　当前中国资产市场发展存在的问题

中国资本市场发展 40 年，从沪深两市建立到股权分置改革，再到

第七章 发挥资本市场枢纽功能

科创板和注册制改革，一路走来成就斐然。规模方面，从建立初期的沪市"老八股"加深市"老五股"总计24亿元市值，增长到了2023年5200多家、近80万亿元的总市值；① 市场结构方面，目前中国资本市场已基本形成体系完整、层次清晰、功能互补的多层次市场架构，沪深主板、创业板、科创板及北京证券交易所市场秉承差异化定位原则，分工明确，功能互补，大幅提升了资本市场的包容性和覆盖面；监管模式也日趋成熟，从实质性监管向透视度监管逐步转变。但客观来看，中国资本市场"大而不强"的现象仍未得到根本扭转，一方面其自身市场化、制度化水平仍待提高，另一方面其所具有的枢纽功能尚未得到充分发挥。

（一）资本市场"大而不强"，投融资循环不畅

当前，中国资本市场对上市公司治理的推动作用不强。资本市场上存在上市公司整体质量不高、"只进不退"（或"进多退少"）以及以信息披露水平较低为代表的诸多公司治理问题。这些问题的存在造成投融资循环存在堵点。

1. 上市公司质量有待进一步提高

上市公司质量是支撑资本市场发展的支柱和基石，是促进金融和实体经济良性循环的微观基础。根据张跃文的长期监测，中国资本市场上市公司的总体质量不高，但在近年来呈现缓慢提升趋势。② 资本市场对于上市公司治理水平的促进作用仍未得到充分体现。

首先，以最基本的净资产收益率（ROE）指标来看，中美上市公司之间的差异非常显著。绝对水平上，美股过去6年的平均ROE超过

---

① 数据截至2023年8月底。参见证券时报《中国上市公司高质量发展白皮书（2023）》。
② 张跃文将上市公司质量归纳为企业为股东创造价值、管理价值和分配价值的能力，公司治理、运营绩效、内部控制、信息披露质量等要素构成上市公司质量的各个具体方面。参见张跃文《上市公司质量评价》，《中国金融》2019年第3期。

15%，而A股只有10%；非金融企业的差距更大，美股平均ROE将近20%，而中国只有11%。从趋势上看，近十年来美股的ROE表现得较为平稳，2019年之后还有小幅增长，而A股则表现低迷，ROE呈震荡下行趋势。而造成这一结果最主要的因素就是A股上市公司的利润率过低。而就微观层面来说，A股公司上市后ROE逐年下降的案例不是个别现象。

其次，中国资本市场的财富效应不显著。A股上市公司虽然有较高的股利支付倾向，但股利支付率和资本利得属性不高；股利支付行为迎合监管的动机较强，融资分红特征明显。中国资本市场以中小创为代表的中小企业的股利支付意愿强烈，相比而言主板市场上的大型企业支付意愿反而较弱，与美股形成反差。[①]

再次，中国资本市场违法违规现象频发。虽然伴随监管制度的逐步完善和执法力度的逐步加强，上市公司的违法成本得到了极大提高，但是仅就目前来说，部分公司欺诈发行、操纵市场、内幕交易、财务造假及违规减持等问题仍然较为突出。

最后，缺少科技龙头是目前A股存在的另一问题。一批优质的行业龙头企业赴境外上市，A股投资者错失分享其成长红利的机会。消费信贷、互联网软件服务、互联网零售行业龙头偏好赴美上市；房地产相关、餐饮行业龙头企业则偏好香港上市。这在一定程度上导致全球科技周期红利无法有效传导至A股市场。

2. "进多退少"，市场淘汰率较低

伴随退市新规落地，中国退市公司的数量出现了较为快速的增长。Wind数据显示，2000—2020年A股的退市公司总数为125家，年均仅6.25家。而近三年来，这一数字分别为20家、46家和45家，向上趋

[①] 中山证券课题组：《中美资本市场财富效应比较研究》，《证券市场导报》2021年第4期。

势明显。但从退市率指标来看，情况不容乐观——即使是最高的2022年，也只有0.9%左右，远低于成熟市场水平（纽交所、纳斯达克的长期退市率均在6%以上）。与美股"退多进少"（美股的退市公司数量过去二十年间超过IPO数量45%）的格局不同，A股的退市公司数量远低于IPO数量，在新规落地以前的很长一段时间，A股维持了一种近乎"只进不出"的状态。一些经营业绩差、股票表现不佳的个股，利用制度漏洞长期滞留于A股市场，一些市场游资依托"退市难"，吸引大量散户炒作所谓的"摘帽题材""重组题材"，谋求不当利益，严重败坏市场风气。[①]

表7—1　　　2000—2021年A股与美股退市公司情况对比

	退市公司数量（家）	平均退市率（%）	主动退市占比（%）	强制退市占比（%）
A股	145	<1	33	67
美股	9391	>6	74	26

注：美股包含纽交所和纳斯达克。
资料来源：CRSP、WIND。

此外，在退市模式上，中国目前仍以强制退市为主，企业主动退市意愿不足，主动退市和并购重组的案例还很少。从长期看，在全面注册制下，A股壳资源的价值大幅缩减，新股发行定价效率提升，一二级市场估值价差和套利空间缩小，非优质企业的上市收益将降低，预计主动退市的占比会有所提升。但在短期看，中国以强制退市为主的退市模式并不会发生重大转变。

3. 信息披露水平低

信息披露是资本市场的基础性制度，也是注册制的核心。就目前的

[①] 张跃文：《我国上市公司"退市难"的制度根源与现实对策》，《经济体制改革》2020年第3期。

情况看，中国上市公司的信息披露水平虽然有所提升，但客观上仍存在信息披露质量偏低、不主动、不及时、不充分、不完整，内部审计质量不高，以及信息披露监管落实不到位等问题；投资者和上市公司内部管理层信息不对称的难题未得到有效缓解。

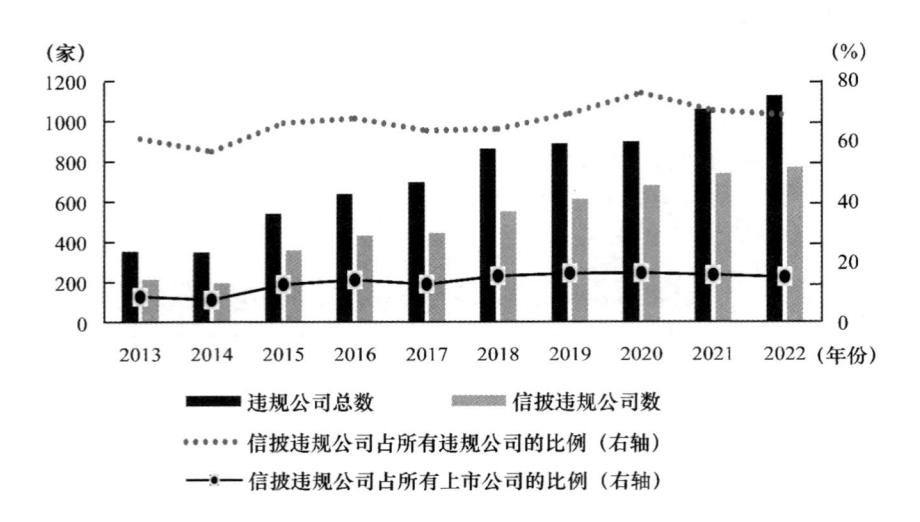

图7—2　2013—2021年中国信息披露违规上市公司数量变化

资料来源：整理自证监会、证券交易所网站。

根据统计，信息披露违规是中国上市公司的主要违规形式，近年来占比长期保持在70%左右。2022年，A股约有15%的公司存在严重的信息披露违规问题。所有信披违规中，推迟披露（35.12%）、虚假记载（33.27%）和重大遗漏（20.85%）是占比最高的几种类型，三者合计约90%。此外涉事公司还存在虚构利润（5.64%）、披露不实（4.29%）和虚列资产等行为。除了被查处的披露违规，中国上市公司还存在披露内容过于随意、披露形式重于内容、注水冗余信息以及披露格式不规范（尤其是会计信息不透明，缺乏必要说明）等诸多"小问题"。然而"小问题"往往给投资者带来"大麻烦"。

4. 多层次资本市场有待进一步发育

经过40年的发展，中国已基本建成了以沪深主板为一板市场；以创业板和科创板为二板市场；以北交所、全国中小企业股份转让系统创新层和基础层为三板市场；以区域股权交易中心为四板市场的多层次资本市场体系，服务对象基本涵盖了处于不同生命周期阶段的企业。但客观上看，中国多层次资本市场仍处于建设完善阶段，一些关键问题有待解决。一是多层次市场之间如何做到真正差异化尚需摸索。目前北交所"排队上市"的背后，其服务的是专精特新企业还是"着急上市"的企业还要进一步观察和思考。二是各板块间转板机制尚不完善。让合适的企业去合适的板块是建设多层次资本市场的初衷。目前，中国降级转板和升级转板制度发展不全面、不均衡，未来仍需不断完善。

（二）投资者获得感不足，投资端缺少"两种资本"

根据上文论述的资本市场枢纽理论，健康、成熟的资本市场能够畅通投融资循环，并在循环过程中自我成长。由于中国长期重视融资端改革，相对忽视了投资端和投资者群体的利益诉求，弱化了资本市场的财富功能。这一方面导致了投资者"获得感"不足，另一方面客观上也阻碍了耐心资本和风险资本的形成。

1. 投资者"获得感"和"安全感"不足

对于私人投资者来说，投资的目的是获取收益。中国资本市场近年来表现较为疲软，上证指数的增幅明显落后于其他市场。获得"感"不佳的根源在于获得"数"的缩水。与此同时，获得感也与预期有关。回报预期的走弱也使得资本市场的活力相对不足，与中国经济的快速复苏形成反差。

此外，与获得感同样重要的是安全感。中国资本市场长期以来实行融资导向，尽管很早就将投资者保护列为改革重点，但其所处地位客观上仍具有从属性。由于信息不对称、信息披露不透明，相比上市企业，投资者天然处于劣势地位。再加上中国资本市场早期阶段监管制度不健全、预防和打击违法违规行为方面存在不足，投资者（尤其是中小投资者）受到不法侵害的现象时有发生。在强烈的不安全感下，投资者热衷短线操作、轻信所谓内幕消息等行为"情有可原"。

2. 资本市场缺少中长期资金

中长期资金被看作是资本市场的"压舱石"，一般是指从投资理念到考核机制，都可以承受短期波动或回撤的资本，具体包括社保基金、养老金、企业年金、保险资金、产业资本以及部分具有长期投资理念的个人投资者的可支配资金。这些资金一般来源稳定，通常追求长期稳健收益，主要关注企业的基本面，而非短期热点。

近年来，中国社保基金、保险资金、养老金等中长期资金参与资本市场的广度和深度不断拓展。人社部数据显示，截至2023年9月，养老基金委托投资合同规模超过1.64万亿元，较2020年同期的1.1万亿元增长49%。金融监管总局的数据显示，2023年1—9月，保险资金运用余额27.18万亿元，同比增长10.8%。其中，投资股票和证券投资基金为3.48万亿元，占比12.8%。不过总体看，中国资本市场长期资金占比依然较低。据证监会披露，目前中长期资金持股占比不足6%，远低于境外成熟市场普遍超过20%的水平。[1] 这说明中国资本市场吸引中长期资金的潜力仍有待挖掘。

其次是从机构投资者占比上看，2001—2010年，A股机构持股占总市值的比重从不足1%迅速提升到了46%，在2010年以后这一数字保持在了50%左右。[2] 外资占比也出现了一定的提高。但这两项数据都落后于主要发达国家。"压舱石"不稳在一定程度上助推了资本市场的短视化。

---

[1] 李自钦：《让更多中长期资金为资本市场提供源头活水》，中国金融新闻网，https://www.financialnews.com.cn/pl/cj/202311/t20231109_281981.html。

[2] 根据Wind的最新数据，最近五年这一数字出现了小幅下滑。

第七章　发挥资本市场枢纽功能

3. 风险资本发育不充分

风险资本是中国资本市场投资端的另一短板。风险资本被认为是最适合支持成功跨越导入期、进入成长期企业的资本，从20世纪70年代至今，其在美国硅谷先后培育了一大批互联网企业，其中不少已成为行业巨头，形成了所谓的"硅谷模式"。[1]

目前中国风险资本对创新的支撑能力有限。具体来说，一是风投资金规模小，资金来源有限，且缺少长期资金。资金实力雄厚的各类大型金融机构受到限制，难以进入风险投资市场。二是投早、投小、投硬的力度不足。民间资本方面，有限合伙人（LP）更注重短期回报，而在政府层面，地方政府基金面临严格的考核（同时也受到财政压力的影响），这些因素都限制了风险资本投早和投小的能力。[2] 三是风险资本在资产市场退出机制受限。目前中国风险资本退出仍以 IPO 为主。因此，IPO 市场发育迟缓等导致风险投资退出难问题普遍存在，也对风险资本供给产生了抑制作用。[3]

三　对于更好发挥资本市场枢纽功能的政策建议

有学者认为，资本市场是现代金融的核心和基石，是迈向金融强国的起点。本章从理论和现实两个维度出发，指出当前中国资本市场的枢纽功能不健全，投融资循环体系不畅通，核心问题出在投资端。因此，下一步改革应站在人民至上的高度，将资本市场改革重心转移至投资端，积极培育"两种资本"，以全面注册制改革走深走实为抓手、提高

---

[1] Ferguson, C. H., 2000, *High Stakes, No Prisoners: A Winner's Tale of Greed and Glory in the Internet Wars*, New York: Crown Publishing Group.

[2] 上海交通大学上海高级金融学院：《中国风险投资发展年度报告（2023）》，2023年10月。

[3] 董昀：《创新发展视角下的"科技—产业—金融"良性循环——理论逻辑、核心要义与政策启示》，《农村金融研究》2023年第6期。

资本市场长期投资回报率，稳步扩大资本市场制度型开放。

（一）加快投资端改革，切实保障投资者权益

当前投资端改革需要"三管齐下"。一是要转换思维，从思想上认识到投资端和投资端改革的重要性；二是补充源头活水，多措并举培育、引入和不断壮大"两种资本"；三是要在制度层面做好投资者权益保护工作，切实提升投资者获得感。

1. 转变思路，从融资导向转换为投融资并重

中国资本市场设立的初衷是为国有企业纾困，一路走来，在客观上形成了以融资端为重点的取向或路径依赖。如前所述，随着经济发展，社会融资体系和居民财富结构的变化必然要求新时代资本市场发展向投资端倾斜，更加注重财富管理功能。

党的二十大报告指出，中国式现代化是人口规模巨大的现代化，是全体人民共同富裕的现代化，是物质文明和精神文明相协调的现代化，是人与自然和谐共生的现代化，是走和平发展道路的现代化。中国式现代化这五大特征中，除了第一点，其他四点都可以看作是具体的现代化目标。而所有这些目标，无论是共同富裕、物质文明与精神文明的协调、人与自然的和谐，还是和平发展，归根到底，都可以看作是以人民为中心的发展目标。发展目标决定行为函数、决定治理模式选择。这意味着中国金融发展道路必须坚持以人民为中心。①根据统计，中国个人投资者超过1.9亿人。当前转换资本市场发展导向、稳步推进投资端改革，直接维护的是上亿家庭、数亿群众的切身利益，是资本市场发挥人民性的应有之义。因此，必须从"坚持人民至上"的高度出发，深刻认识这一转向的重要意义，并以此基础布置和开展各项工作。

---

① 张晓晶、王庆：《中国特色金融发展道路的新探索——基于国家治理逻辑的金融大分流新假说》，《经济研究》2023年第2期。

2. 持续引入中长期资金，培育、壮大耐心资本

一是要壮大机构投资者规模，提高机构投资者入市比例。目前机构投资者持股普遍设有30%—45%的上限，长期资金入市有"天花板"。建议打通社保基金、银行理财、保险、企业年金等各类机构投资者的入市瓶颈，推动社保基金、基本养老保险基金、年金基金、保险资金等中长期资金与资本市场整体保持良性互动。具体来说，在养老金方面，建议适时推出较大力度的税收优惠制度和面对低收入人群的直接补贴制度，建议适当吸收美国个人养老储蓄计划（IRA）和日本个人储蓄账户（NISA）的发展经验，[1] 有序扩大个人养老金入市试点，适度推动第三支柱与第二支柱、第一支柱的连通。在保险资金方面，建议险企加快设立私募证券投资基金，利用好当前股票市场低估的历史低谷期。

二是要鼓励长期资金，参与上市公司治理。为了提高长期资金的长期持股意愿，在现有单一股票持股比例的限制下，建议积极探索社保基金、企业年金、基本养老金等长期资金参与上市公司治理和管理的新模式，如选派理事参加公司董事会、邀请长期资金投资管理机构参与公司战略委员会等，增强其长期持有公司股票的积极性。

三是要适当吸引海外投资者入市，尤其是长期主权财富基金。2023年，中东资本加码中国资本市场，两大主权财富基金阿布扎比投资局（ADIA）和科威特投资局（KIA）战略投资表现亮眼。[2] 如何让外资，尤其是外国主权财富基金"进得来""留得住"，既需要采取适当措施解决当前外国投资机构面临的痛点，优化营商环境，适度提高其投资便利化程度；也需要加快构筑与开放程度相匹配的、具有延续性的监管能

---

[1] 王向楠：《第三支柱养老保险的财政金融支持——账户制个人养老金的国际经验》，《金融市场研究》2023年第7期。

[2] Wind数据显示，截至2023年第二季度末，阿布扎比投资局和科威特投资局出现在数十家A股上市公司前十大流通股股东名单中。两只主权财富基金总计持有A股市值135.58亿元人民币。参见陈丽湘《中东资本展现"钞能力"，扫货中国优质资产》，《证券时报》2023年9月9日第A004版。

力和风险防控体系，为外资提供清晰而稳定的预期。

四是要加大基础金融产品供给，通过 ETF 及指数产品扩容，场外衍生品及结构性产品的丰富，为投资者提供多元投资工具，更好满足不同类型投资者差异化。建议监管机构借鉴 50ETF 期权的成功经验，深化产品创新，加快推出行业 ETF 期权、个股期权等产品，进一步丰富中国衍生品市场的产品体系，为企业年金入市提供多元化的风险管理工具，切实保障其投资收益；建议推进 ETF 互联互通的持续发展，建议支持 REITs 纳入沪港通，持续吸引海外投资者布局。

3. 大力培育风险资本，打造一流投行

一是加快培育风险投资，加快设立天使投资引导基金，培育壮大一批本土风投机构。建议建立健全政府引导基金和民营风险资本的合作机制。[1] 应倡导"三个优化"：第一，优化政府引导基金目标，适当放宽国有创投资本绩效考评窗口期，弱化国有资产资产增值和杠杆比例指标，强化区域原始创新贡献率考核，强化 ESG 指标。第二，优化三类引导基金的比例。目前政府引导资金分为创业投资引导、产业投资引导和公共服务投资引导三种类型。为进一步发挥风险资本投早、投小、投硬的作用，应稳步提升支持原创技术研究开发、应用的第一类基金的比重。第三，优化政府引导基金的进入、管理和退出机制。相较于民营风险资本，政府基金一般对项目的辨识能力更弱，日常运营管理的规制更复杂，退出资产评估的难度也更大（受到干扰的可能性也更大）。因此仍需进一步探索、完善国有创投各环节法律法规和政策规范，在保证微观主体能动性的前提下，探索一套统一或具有一致性的管理体系。建议

---

[1] 有研究发现，政府产业资金的进入能够显著提高未来私人风险资本投资的概率，政府产业基金的进入不仅可以通过信号揭示机制缓解投资者与企业之间的信息不对称，也可以提供产权保护替代机制，降低被投资企业法律诉讼风险，改善其经营成果，进而吸引私人风险资本的投资。参见郝项超、李宇辰《政府产业基金吸引私人风险资本的政策效果与机制研究》，《南开经济研究》2022 年第 10 期。

深入研究由政府引导基金护航、反"卷"的"深圳模式"和以民营风投机构为主力的"杭州模式",总结经验特色。此外,还应完善风险资本退出机制。建议鼓励并购交易、在特定板块提高IPO透明度以及大力推广二手份额转让基金(S基金)。

三是要培育一流投资银行和投资机构。首先,应鼓励头部机构发挥规模优势,持续做优做强。建议支持引导证券行业并购重组,提升头部证券公司竞争力和行业地位。同时鼓励中小证券强化区域化、特色化经营优势,加快打造精品投行。其次,鼓励头部机构深化金融科技布局,推动投行业务模式创新。应对标国际一流投行,用好金融科技,聚焦科技金融、"精耕细作"、提升产品竞争力。再次,鼓励头部机构设立切实可行的国际化行动方案。从中国香港地区的业务做起,逐步完善全球布局。最后,培育高素质专业化人才团队。应充分尊重人才发展规律,加大国际化综合化人才开发力度。

4. 加强投资者权益保护,努力提升投资者获得感

一是要提振市场信心。持续优化完善分红、回购、增持制度安排,进一步引导上市公司合理稳健分红,引导有能力的上市公司加大股份回购力度、在二级市场持续增持,多措并举提升上市公司每股盈利水平,增强投资者获得感。

二是要平衡好投资者利益与企业自主权的关系。应加强对企业IPO和高管减持套现的监管和约束力,建议进一步调整现行减持制度规则,不应只在锁定期长短上下功夫,还应适度提升企业减持的最低财务要求。

三是要加强监管。一方面,要完善资本市场监管体系,构建包含以证监会和证券交易所等监管机构为代表的公共实施机制、以中证中小投资者服务中心等监管型小股东为代表的实施机制和以股东诉讼为代表的私人实施机制相结合的监管全链条;另一方面,监管要真正做到"长牙带刺"。建议继续将上市公司信息披露作为监管重点,保持高压。同时对于影响恶劣的个别事件,要从严从速惩治,让违法者在公众视野下付出应有代价。

四是要更加重视中小投资者权益保护。一方面要切实保障中小股东的知情权、监督权和权益权，为中小股东对抗类似压制行为配备更为丰富的"工具箱"。同时要鼓励中小投资者积极参与线上股东大会，积极借助投服中心维权，倡导更多"百股义士"的涌现。① 另一方面要畅通中小投资者的事后救济渠道。主要是要完善证券诉讼中的代表人诉讼制度，从保障信息知情权、落实诉讼垫付制、提供标准诉讼示范等方面将这一制度常态化。此外还应充分发挥调解在解决证券纠纷中的作用。

（二）以全面注册制改革走深走实为抓手，切实提升资本市场长期投资回报率

发挥资本市场枢纽功能的另一关键在于提升资本市场的投融资效率。2024 年是全面实行股票发行注册改革的第二年，在持续提升市场包容性的基础上，将其走深走实是当前提高资本市场市场化水平和长期投资回报率的重要抓手。

1. 大力推进退市制度改革

全面注册制改革既要把好市场入口关，也要畅通出口关。目前出口关相比入口关，问题更为突出：一是要加大力度清退两类公司。一类是有严重财务造假等违法行为的公司，另一类是长期占用社会金融资源的僵尸企业。二是细化退市标准。与 IPO 发行规则类似，针对不同层次、不同板块制定不同的退市标准。三是优化企业并购重组监管机制，推动央企加大上市公司整合力度。四是在退市过程中更加注重投资者利益保护，先行赔付制度有待进一步规范化。②

2. 引导不同层次市场健康、错位发展

发展高质量、多层次资本市场本质上是要以资本市场的投融资循环

---

① 黄泽瑞、罗进辉、李向昕：《中小股东的人多势众的治理效应——基于年度股东大会出席人数的考察》，《管理世界》2022 年第 4 期。

② 袁康：《投资者保护基金先行赔付制度的反思与重构》，《中国法学》2023 年第 3 期。

促进"科技—产业—金融"大循环，使得不同层次板块既满足不同风险偏好投资者的投资需求，也服务于不同规模、不同发展阶段的企业融资需求。引导不同层次市场健康发展、错位发展，具体来说，一是要进一步畅通转板机制，降低企业转板成本。建议完善转板顶层设计，如进一步完善北交所《转板指引》细则等。建议压实中介机构"看门人"角色，明确双向选择严肃性。建议监管部门强化对转板企业"关键少数"的行为监管，切实保障投资者利益。二是要继续探索深化不同层次市场之间的差异性。建议动态调整"专精特新"口径。建议北交所找准、发展和坚持特色，更好地服务创新型中小企业跨越式发展。同时，在市场退出机制方向进行业务创新。

3. 持续提升上市公司质量

一是进一步落实既定改革部署。2020 年 10 月，国务院印发《关于进一步提高上市公司质量的意见》，从国家层面形成了提高上市公司质量的制度安排，为进一步提高上市公司质量绘制了路线。2022 年，证监会发布《推动提高上市公司质量三年行动方案（2022—2025）》，从优化制度规则体系、聚焦公司治理深层次问题、优化上市公司整体结构等八个方面提出了相应措施。要坚持从"治乱"到"提质"的指导思想，扎实推进改革举措，久久为功。

二是要进一步强化上市公司信息披露。第一，要引导上市公司信息披露增强及时性、有效性和可读性。建议优化、细化信息披露年度考核评优工作。建议扩大开展上市公司和"关键少数"培训范围和次数。第二，鼓励机构投资者积极参与信息披露。应鼓励机构投资者充分发挥自身资金优势、专业优势和信息能力，重点通过实地调研等方式，获取和分享上市公司一手信息。尤其应鼓励机构投资者"抱团"研究。[①] 同

[①] 张俊瑞、仇萌、张志超：《机构投资者抱团与公司前瞻性信息披露》，《统计与信息论坛》2023 年第 5 期。

时也应采取有效措施，促进机构投资者合理合规调研获取信息，避免机构投资者不实信息扰乱市场秩序。第三，着力增强上市公司信息披露违规处罚的有效性。建议监管部门继续加大对公司直接责任人的处罚力度。建议对于屡罚屡犯的上市公司实行累进式的处罚方式。建议利用大数据技术，对上市公司的年报文本数据进行长期跟踪分析。

三是要抓住总市值这个"牛鼻子"，制定上市公司质量考核监测指标体系。建议参考国务院国资委2023年考核国有企业的"一利五率"指标体系，关注上市公司相应指标的净利润规模、现金流增长、净资产收益率、资产负债率、研发经费增长率和劳动生产率这六大指标的变化情况。①

（三）稳步扩大资本市场制度型开放

建设金融强国不仅需要具备强大综合实力，也要具备全球领先的国际影响力。② 这就决定了必须着力推进金融高水平开放，稳步扩大资本市场制度型开放，坚持"引进来"和"走出去"并重，吸引更多外资金融机构和长期资本来华展业兴业。近年来，中国通过额度放开、资质放开、持股比例放开、互联互通机制的扩容，在联通境内外市场上取得了一系列重要成绩，但相关工作仍有提高空间——既要让功能"立得住"，畅通资本市场投融资循环；也要让资本服务好实体经济、服务好中国式现代化，畅通国内国际双循环。

一是充分认识"制度型"，瞄准规则、规制、管理、标准等方面，与境外成熟市场通行标准相向而行，通过制度的开放融合，提升中国资本市场配置全球资源的能力。利用好中国超大规模市场优势，通过吸引外资金融机构，扩充市场主体，促进资本市场资源配置效率的改善。第

---

① 黄运成：《推动提高上市公司质量要做好战略谋划》，《中国经济时报》2023年6月27日第A01版。
② 陈雨露：《以金融强国建设全面推进中国式现代化》，《红旗文稿》2023年第24期。

一，建议完善准入前国民待遇加负面清单管理模式，从"宽进严出"到"均衡管理"，有序推进资本市场对外开放，优化资本市场业务许可制度，不断夯实链接内外两个市场的业务基础。第二，建议进一步完善优化合格境外有限合伙人（QFLP）试点机制，明确开展试点基金总量管理。第三，建议北交所研究推出投资者互联互通机制，支持 QFII、RQFII 等各类境外资金参与市场，探索体现北交所特点的跨市场的互联互通模式。

二是要统筹推进上海和香港两大国际金融中心的发展，增强上海国际金融中心的竞争力和影响力，巩固提升香港国际金融中心地位，实现离岸带动在岸，在岸带动内陆金融发展的新格局。第一，促进沪港资本市场共同繁荣发展。沪港是互联互通机制的主要连接点，可在跨境人民币业务、人民币产品创新、人民币回流机制建设等方面开展更多合作。第二，支持中外机构、资金、人才向上海集聚。支持上海积极探索股权投资业务创新，打造国际股权投资高地。第三，建议强化香港的国际资产管理中心和风险管理中心功能，深化并扩大内地与香港金融市场互联互通。

三是统筹发展与安全，坚持金融开放与金融安全协同推进。统筹好金融发展和金融安全是建设金融强国的底线要求和根本遵循。[①] 因此面对世界之变、时代之变和历史之变，扩大资本市场制度型开放水平要时刻保有底线思维。第一，应不断完善跨境金融基础设施建设，提高补短板的紧迫性。建议积极参与全球与区域金融基础设施建设，深度参与国际金融标准、规则、制度等的制定。在补齐金融制度短板的过程中，也要注重与数字经济等发展主流趋势相融合，深度参与数字金融等发展和监管原则、规范和标准的制定。第二，应加快推进金

---

① 张晓晶：《金融强国，怎么看、怎么建——底线要求在哪里？》，《学习时报》2023 年 11 月 8 日第 2 版。

融稳定保障体系建设,完善金融稳定立法并健全跨境资本风险防范、化解、处置长效机制,健全对跨境资本流动微观监管和宏观审慎的双支柱监管框架。

(执笔人:王庆)

第八章

建设世界一流投资银行

2023年10月底召开的中央金融工作会议提出了"以加快建设金融强国为目标",同时会议还明确了"培育一流投资银行和投资机构"的具体任务。为了落实中央金融工作会议精神,2023年11月3日,证监会公开表示将支持头部券商通过业务创新、集团化经营、并购重组等方式做优做强,打造一流的投资银行,发挥服务实体经济主力军和维护金融稳定压舱石的重要作用。在此之前,打造一流投行的愿景已频频出现在证券公司年报和高管演讲中。

建设世界一流投资银行具有极为重要的现实意义。一是建设世界一流投资银行是打造世界强国的实施路径。党的二十大报告强调,"从现在起,中国共产党的中心任务就是团结带领全国各族人民全面建成社会主义现代化强国"。[1] 观察近代全球霸权变迁史,不难发现世界强国的萌芽、成长、鼎盛和衰落过程,都对应着本国金融体系对全球经济资源配置能力的扩张与收缩。建设世界一流投资银行,不仅有利于成为全球经济资源的配置者,而且可以充当国家经济实力的加速器,还能够成为平抑国家风险的缓冲器,对于提升国家竞争力具有着重要价值。二是建

---

[1] 习近平:《高举中国特色社会主义伟大旗帜 为全面建设社会主义现代化国家而团结奋斗——在中国共产党第二十次全国代表大会上的报告》,人民出版社2022年版,第21页。

设世界一流投资银行有利于促进经济社会服务效率提升。建设世界一流投行能够更好地发挥资本市场价值和发现资源配置功能，更好地为经济社会发展提供高质量金融服务，助力更多优质企业发展。三是建设世界一流投资银行有利于促进行业高质量发展。建设世界一流投行，要求证券公司在服务实体经济的过程中做专做强、做优做精，逐步实现全球化发展布局，从而提高自身的可持续发展能力，最终带动行业整体竞争力提升。[1]

本章首先考察了国内证券公司发展的特征事实，包括行业财务业绩和市场表现、头部证券公司实力情况，以及和世界一流投行的差距；其次，通过梳理建设世界一流投行的国际经验，包括美国投行业加杠杆的历史进程和世界一流投行的扩张过程；最后，结合国内情况，提炼出相关政策建议。

一　当前中国投资银行发展的特征事实

经过40年发展，中国证券业已经成为支持实体经济发展和资本市场建设的重要力量，国内证券行业整体资产质量明显改善，头部证券公司实力不断攀升。但对标世界一流投行建设，仍然存在不小差距。

（一）财务业绩和市场表现总览

一是资产负债表快速扩张。2012—2022年，上市证券公司总资产从0.55万亿元增加到2.31万亿元，年均复合增速为15.3%。第一次业务转型为信用类资产扩张。上市证券公司信用业务资产从2012年的

---

[1]　周尚伃：《全面注册制对一流投行提出更高要求　证券行业并购重组仍将是渐进式过程》，《证券日报》2023年11月14日第A03版。

695 亿元增加到 2015 年的 1.48 万亿元，年均复合增速高达 176.9%。其中，融资融券标的扩容和股票质押业务发展是信用业务的主要催化剂。随着杠杆投资规范化和股票质押规模收缩，信用业务资产占比逐渐回落，2022 年上市证券公司信用业务资产仅为 15.2%。第二次业务转型为金融投资资产规模扩张。上市证券公司金融投资资产规模从 2019 年的 3.34 万亿元增加到 2022 年的 5.25 万亿元，年均复合增速为 16.3%。其中，商业银行和私募基金对场外衍生品业务的需求是证券公司金融投资规模增加的主要驱动力。

二是资本实力不断增强。从净资产角度看，中国证券公司净资产合计从 2013 年的 7538 亿元增加到 2022 年的 2.79 万亿元。2023 年上半年，中国 141 家证券公司净资产合计 2.86 万亿元，同比增加 6.71%。从净资本角度看，中国证券公司净资本合计从 2013 年的 5204 亿元增加到 2022 年的 2.09 万亿元。2023 年上半年，中国 141 家证券公司净资本合计 2.13 万亿元，同比增加 3.39%。

三是盈利能力明显改善。根据《金融时报》统计，2023 年上半年，中国 50 家 A 股上市证券公司实现营业收入合计 2813.53 亿元，同比增加 6.7%；实现归属母公司净利润合计 868.18 亿元，同比增加 13.9%。[1]

四是行业杠杆率总体攀升。采用总资产减去客户交易结算资金余额除以净资产测度杠杆倍数，中国证券公司杠杆倍数从 2016 年的 2.65 不断增加到 2021 年的 3.38，2022 年短暂下降到 3.29。2023 年上半年，中国投资银行杠杆倍数为 3.40，较年初增加 3.34%。[2]

五是估值水平长期承压。2020 年 7 月以来，证券行业估值进入下行通道。一方面，证券公司再融资规模增加稀释每股收益。2020 年以

---

[1] 李华林：《上市券商业绩整体回暖向好》，《经济日报》2023 年 9 月 11 日第 7 版。
[2] 中国证券业协会：《证券公司 2023 年上半年度经营情况分析》，2023 年 9 月。

来，上市证券公司再融资合计2287亿元，相当于2012—2018年再融资规模的1.41倍。另一方面，经济预期不确定性叠加行业费率下行对行业盈利预期形成压制。2023年上半年，上市证券公司市净率为1.27倍。其中，25.6%的证券公司市净率低于1倍。

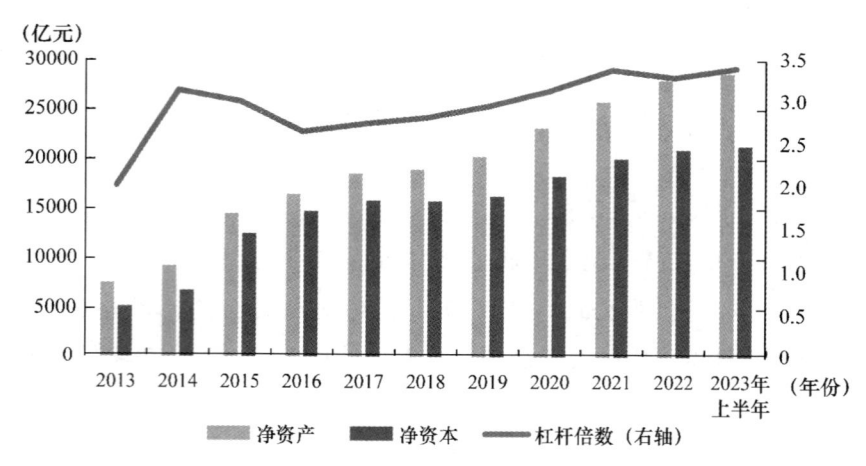

图8—1 证券公司净资产、净资本和杠杆率情况

资料来源：笔者整理。

（二）头部证券公司综合实力不断提升

随着中国经济及资本市场的迅速发展，国内头部证券公司市场份额不断扩大，收入结构更加均衡、风险管理能力不断提高、国际化布局不断加速，初步具备建设世界一流投行的基础。

一是行业集中度不断提升。近年来，由于注册制实施和资本市场快速发展。国内头部证券公司市场地位和综合竞争实力显著提升，也保持着良好的盈利表现。其一，行业资产向头部集中。从总量增长角度看，国内前五大证券公司净资产从2013年的5455亿元增加到2022年的8926亿元。截至2023年上半年，前五大证券公司净资产合计达到9212亿元。从集中度占比看，前五大证券公司净资产占比从2021年的

31.32%上升到2023年上半年的32.21%。① 其二，营业收入向头部集中。受到"严监管"影响，国内前五大证券公司营业收入从2016年的829亿元下降到2018年的771亿元。2018—2021年，前五大证券公司营业收入逐步上升到1512亿元。从集中度占比看，前五大证券公司净资产占比从2019年的23.68%上升到2022年上半年的32.54%（见图8—3）。② 其三，营业利润向头部集中。国内前五大证券公司盈利表现和行业趋势一致，但始终超越同行均值。2017年严监管时期优势更加明显，前五大证券公司ROE比同行均值高出2.72个百分点，而后这一差距不断收窄，2021年再次扩大到2.35个百分点。2023年上半年，前五大证券公司ROE和同行均值的差距仅为0.59个百分点（见图8—4）。

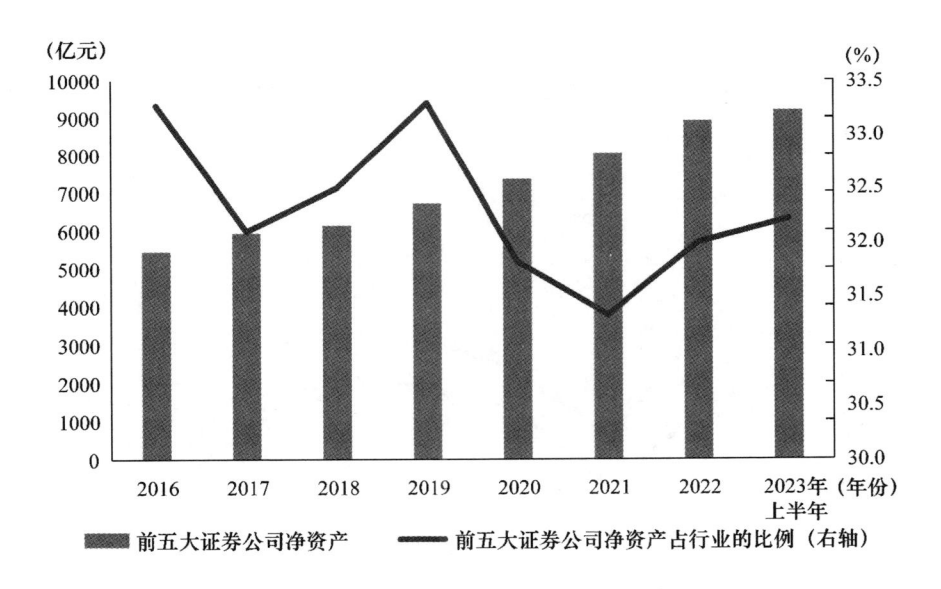

图8—2 国内头部证券公司净资产及行业集中度

资料来源：瑞思数据库。

---

① 王彦琳：《证券行业展望：格局重塑 业绩修复》，《上海证券报》2024年1月2日第8版。
② 许盈：《中证协解析证券业2022年经营情况前十券商贡献行业六成净利》，《证券时报》2023年3月31日第A06版。

中国金融报告2023

■ 前五大证券公司营业收入　——前五大证券公司营业收入占行业的比例（右轴）

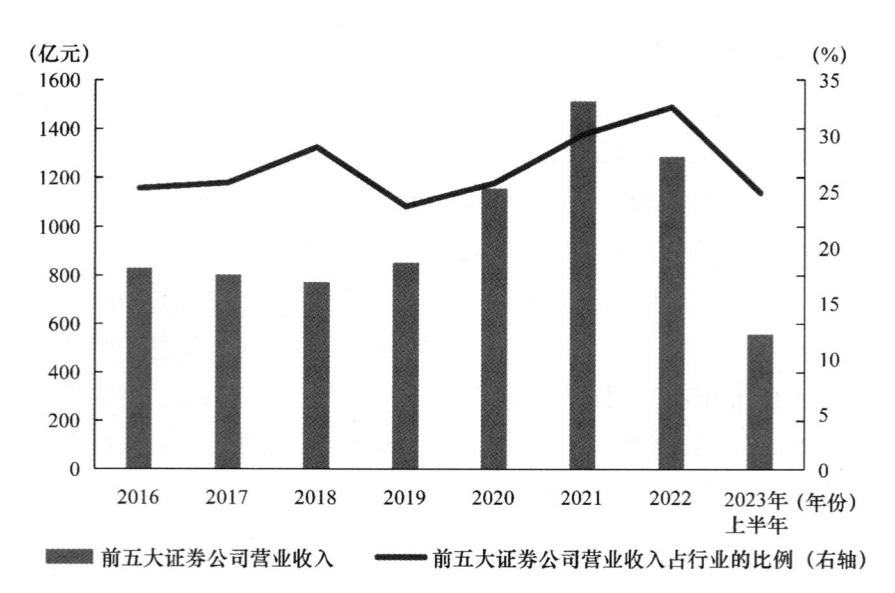

图8—3　国内头部证券公司营业收入及行业集中度情况

资料来源：瑞思数据库。

——前五大证券公司ROE均值　——行业ROE均值

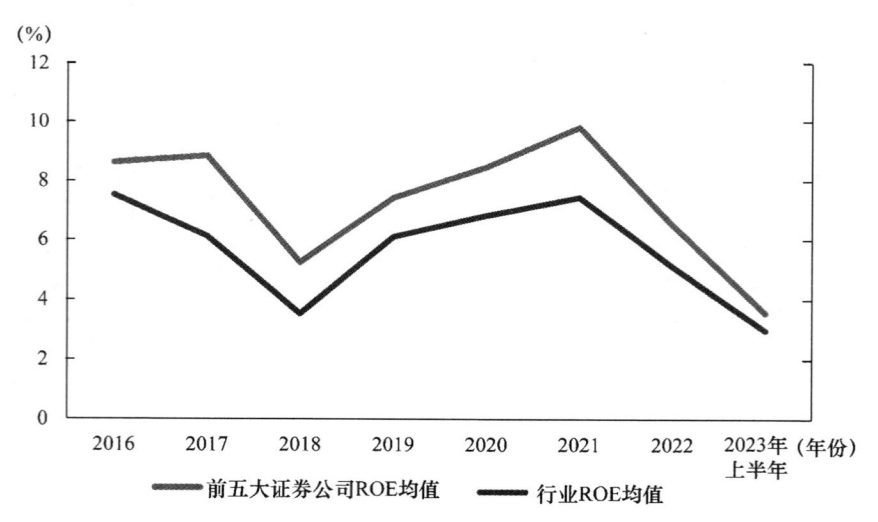

图8—4　国内头部证券公司净资产利润率及行业比较

资料来源：瑞思数据库。

二是收入结构更加均衡。2012年首届证券公司创新发展研讨会以来，中国证券公司重资产业务收入占比快速提升，业绩动能明显转换，头部证券公司已经形成了经纪、投资银行、资产管理、自营投资、国际等业务的综合服务能力。一方面，轻资产业务仍是证券公司的重要收入来源。近年来，国内前五大证券公司经纪业务营业收入占比均超过25%。然而，受到机构交易佣金费率持续下降和融资融券费率市场化等因素影响，经纪业务收入占比持续下降。2023年上半年，国内前五大证券公司经纪业务净收入均值35.8亿元，占比均值为17%，同比下降2个百分点。另一方面，重资产业务已经成为中国证券公司主要收入来源。2023年上半年，国内前五大证券公司自营业务净收入均值为58.05亿元，占比均值为27%。

三是全面风控体系日渐完善。近年来，国内头部证券公司普遍建立了合规风控组织管理架构和制度体系，各项合规与风险管理职能得到有效落实。根据《中国证券业发展报告（2022）》，2021年设立专门合规部门的证券公司占比95.50%，合并设立合规部门与风险管理部门的证券公司占比4.50%。此外，根据证监会2023年6月发布的证券公司"白名单"，中信、国泰君安、广发、华泰等31家证券公司均被认定为风控及业务风险合规。大型证券公司全面风险管理体系正在不断健全完善，规范发展能力总体领先行业，成为维护中国资本市场和证券行业稳定的重要力量。

四是全球化发展成效初显。近二十年来，在金融业务国际化、多样化、专业化和集中化趋势下，中国证券公司通过登陆境外资本市场或积极布局海外市场，逐步提升了跨境金融服务能力和国际竞争力。其一，国内头部证券公司的跨境联动基本架构基本形成。截至2023年6月末，在境外市场上市的证券公司共计15家，获准设立的境外子公司共36家。部分大型证券公司境外子公司已经在香港跻身投行领域的前列。其二，大型证券公司通过境外并购扩展布局。如中信证券收购了法国里昂证券，海通证券收购了葡萄牙圣灵投资银行，华泰证券收购了美国的AssetMark，广发证券收购了英国 NCM 期货公司等。其三，国际业务收入占比粗具成效。截至 2023 年 6 月末，跨境业务存续规模为 9026.79 亿元，较年初增长 22.48%。此外，2023 年上半年，中金公司、华泰证券和海通证券国际业务收入占比分别达 24.06%、21.1% 和 17.56%。

（三）建设世界一流投行之路道阻且长

国内头部证券公司在核心竞争力、业务模式和风控能力等方面，与国际一流投资银行还有明显差距，但是明确目标是迈向成功的重要一步。头部证券公司应当抓住改革机遇期，提升执业质量和服务实体经济能力，加快推动投行业务转型，做优做强，逐步缩小与国际一流投资银行的差距。[①]

1. 实力不足难以与世界一流投行争雄

一是规模较小缺乏竞争优势。一方面，国内证券公司与本土资本市场的国际地位不相称。2023 年 6 月，中国沪深交易所上市公司市值合计 82.64 万亿元，稳居全球第二。反观国内 43 家上市证券公司，总资产规模合计不到摩根大通的一半。[②] 另一方面，国内头部证券公司与世界一流投行差距明显。以中信证券为例，2023 年上半年总资产为 1.43 万亿元，相当于高盛公司的 13.16%；归属母公司净资产为 2578.59 亿元，相当于高盛公司的 31.25%；营业收入为 315 亿元，相当于高盛公司的 19.23%。

二是国际化竞争力较为薄弱。虽然近年来国内大型证券公司通过海外并购等方式加快海外市场布局，也实现了境外业务的迅速发展，但总体而言仍然处于资源整合的初级阶段。在海外收入方面，目前只有中金公司和海通证券两家境外业务收入占比超过 20%，而国际投行境外业务收入占

---

① 李林：《培育一流投资银行 提升执业质量是关键》，《证券日报》2023 年 11 月 10 日。
② 读数一帜：《打造一流投行，中国投行还有多远？》，https://36kr.com/p/2519383 502481152。

比普遍超过25%，世界一流投行高盛集团和摩根士丹利的境外业务收入占比更是高达40%。① 在业务分布方面，基于文化传统和地缘政治等因素考虑，国内证券公司通常将香港当作实施国际化战略的"桥头堡"，公司国际经纪业务和投行业务也主要集中于香港市场；而世界一流投行国际业务的空间布局更加均衡，能够充分利用不同区域市场的资源优势提升企业经营绩效和分散市场风险。在业务主导权方面，国内证券公司为国内资本和客户走出去提供综合金融服务能力仍然不足，一些重要的海外并购大多由国际投行主导完成。例如，海航集团并购卡尔森国际酒店集团时聘用摩根大通和摩根士丹利作为财务顾问，中投集团并购黑石集团旗下物流公司Logicor则聘请了高盛作为财务顾问。

三是抗周期波动能力不强。资本实力是证券公司抗周期波动的重要屏障。为了督促证券公司加强内部控制和防范风险，监管机构通常会设置资本杠杆率等一系列风险控制指标强化监管。在此监管框架下，中国证券公司杠杆率通常被限制在6倍。但随着近年来头部证券公司加速扩表，资本杠杆率迅速下降。2023年上半年，中信证券杠杆率为4.2倍，而同期高盛公司和摩根士丹利杠杆率超过10倍。为了满足监管约束，证券公司只能补充资本金，由此导致每股收益被摊薄，从而陷入融资、业务、估值的"负螺旋"循环。

2. 业务模式不合理制约核心竞争力形成

一是传统业务同质化深陷"价格战"。中国证券公司业务品种雷同、业务流程相似、价值创造作用不明显，共同导致通道业务过度竞争。投行业务方面，以IPO为例，2017—2022年，A股市场IPO平均承销保荐费率从6.9%下降到4.3%，部分中小证券公司为了争夺客户资源甚至倒贴承销费。以再融资为例，2019年1月10日，华夏银行向首钢集团、国网

---

① 董晨、杨丰强等：《我国加快建设世界一流投行的研究》，《创新与发展：中国证券业2018年论文集》（上册）。

英大和京投公司 3 名特定对象非公开募集资金 292 亿元，保荐机构中信建投和联席主承销中信证券、国泰君安、中银国际和民生证券等共获得保荐及承销费 41.9 万元，费率仅 0.1‰。经纪业务方面，过度价格竞争不仅降低企业利润水平，而且破坏行业生态环境。一方面，交易所落实证监会要求下调交易费。2023 年 8 月 18 日，为了进一步活跃资本市场，沪、深、北三大交易所出台降低证券交易经手费和证券公司佣金费率的一揽子政策举措，一些头部证券公司随后迅速宣布降低交易费用。另一方面，一些中小券商为了争夺高净值群体客户，交易费用下调幅度更大。譬如，财达证券表示，8 月 28 日起涉及 A 股、B 股、存托凭证品种的交易佣金下调幅度到 0.00146%，沪深 A 股、存托凭证、沪市 B 股大宗交易佣金下调到 0.001022%，深市 B 股大宗交易下调到 0.00073%。

第二，自营业务占比过高加剧企业风险。2023 年上半年，中国证券公司自营业务收入同比大幅增加 74.08%，占营业收入的比例为 33.32%。一旦资本市场出现股价剧烈波动，市场风险就会迅速演变为证券公司机构风险。具有前车之鉴的是，2022 年受资本市场下跌拖累证券公司投资收益，24 家上市证券公司平均自营收入同比下滑 47%，自营收益率为 -2.53%—2.18%。其中，2022 年海通证券自营业务收入由 2021 年的破百亿元下滑到 2022 年的 -0.94 亿元。

第三，创新能力较弱难以培育新型业务。优化资源配置是投资银行的重要功能，这就要求投资银行充分发挥信息提供、交易撮合和专业咨询作用，但现实中中国投资银行创新业务占比长期较低。2023 年上半年，中国投资银行财务顾问业务和投资咨询业务净收入合计 51.75 亿元，仅占全部营业收入的 2.3%。究其原因，与建设世界一流投行相匹配的差异化监管机制、创新容错机制以及双向开放的阶段性保护机制尚未真正形成。一是缺乏相对统一的法律框架、风险对冲机制和工具、市场违约及其处置机制缺乏顶层设计；二是产品不够丰富，场外衍生品的种类不多，创新包容度不强；三是国际化程度不高，资金跨境、跨市场进出不够顺畅，与境外

3. 风控能力薄弱在注册制改革背景下更加凸显

近年来,《证券公司投资银行类业务内部控制指引》的颁布有效推动了投资银行业务内控水平提升,但投资银行业务违规受到监管处罚现象屡见不鲜,反映出内控机制存在落实不到位、有效性不足等问题。2023年年初到8月15日,太平洋证券、英大证券等11家证券公司合计收到16张罚单。从罚单内容来看,涉及违规行为包括违规新增产品、尽职调查不规范、其他内控不规范、独立性不足、运作不规范、未有效履行投资管理职责、投资者适当性管理不规范等。其中,内控问题在监管罚单中被提及最为频繁。在注册制进一步强调证券中介机构归位尽责、压实压严责任的背景下,风控能力薄弱的投资银行将面临更大的压力。

二 建设世界一流投资银行的国际经验

世界一流投行的形成既是企业战略扩张所致,又不能脱离宏观金融环境。为此,我们选择高盛公司和 Evercore Partners 作为两种不同投行发展模式,以及以美国20世纪70年代证券公司杠杆率增加的宏观环境进行剖析,为中国证券公司建设世界一流投行提供经验借鉴。

(一) 美国投行业加杠杆的历史进程

一是居民机构化业务需求推动券商扩表。1975年以来,美国证监会取消股票交易手续费限制,同时个人养老金和共同基金兴起,由此导致居民投资者机构化。一方面,机构投资者相较于散户更注重投资收益稳定性,随着权益市场机构化程度加深,市场投资风格向长期价值转变。另一

---

① 陈君君:《我国投资银行业务发展存在问题及对策》,《中国中小企业》2022年第1期。

方面，机构投资者投资范围和服务需求更多元，不仅需要投资银行提供咨询和经纪服务，也希望在必要时能提供流动性、充当做市商、辅助管理金融风险等。投资者机构化亦驱动了证券业务的机构化，为了适应投资者机构化趋势，美国证券公司加速扩表，满足服务机构客户的交易、杠杆和风险管理等需求。美国证券公司行业杠杆率水平从1975年的6.8倍增加到2007年的36.4倍，呈现长达30年的杠杆中枢提升。从收入结构上看，1975年以来，美国投行经纪业务佣金占比从1975年的46%下降到2000年的15%，投资交易业务从1975年的18%增加到1982年的30%。

二是混业经营和低利率环境为证券公司加杠杆提供资金成本。美国证券公司通过存款、抵押融资、无抵押融资等主动负债方式获得低成本资金。2022年摩根士丹利存款、抵押融资、无抵押融资占比分别为29%、12%和23%，高盛公司占比分别为33%、8%和22%。存款方面，1999年美国证监会通过《金融服务现代化法案》，允许金融机构从事混业经营，由此私人银行客户、机构客户和第三方经纪商成为主要存款来源，为美国证券公司提供了廉价负债成本和稳定息差。此外，美国证券公司还可以将客户抵押物进行再抵押获取融资，进一步助推杠杆率上升。无抵押融资方面，美国证券公司主要通过次级债、公司债、中期票据等融资，能够形成长期稳定的资本。抵押融资方面，美国证券公司以回购协议为主，在2008年国际金融危机后规模大幅萎缩。2007—2022年，高盛公司表内抵押融资占比从21%减少到11%。美国市场长期处于较低利率水平，有助于提升证券公司主动负债意愿。2019—2022年，高盛公司平均负债成本为1.2%，而同期中信证券为1.7%。

三是长期宽松的净资本监管为券商加杠杆扫除障碍。1934年颁布的《证券交易法》15C3-1规则指出，衡量资本充足与否有最低资本准备额和净资本比例限制两个准则。在最低资本准备额规则下，从事经纪业务或自营业务的证券公司净资本不得低于25万美元，净资本扣减比例由美国证监会根据不同资产的风险特性确定。在净资本比率准则下，衡量资本充足与否可以采取两种计算方式，即要么沿用原始方案，要求证券公司营业第一年总负债不超过净资本的 8 倍，第二年起总负债不超过净资本的 15 倍；要么采用替代方案，要求证券公司净资本不得低于借方余额的 2%，同时不得低于 25 万美元。对净资本监管的优化使拥有较多交易账户的大型证券公司获得更多杠杆空间。

（二）综合性投行的发展历程：以高盛为例

高盛集团成立于 1869 年，是世界历史悠久及规模最大的投资银行之一。2023 年年末，高盛集团营业收入 462.5 亿美元，净利润为 85.2 亿美元。高盛集团核心业务包括投资银行、投资控股、交易投资和资产管理等。高盛集团的发展历程实际上就是一部多元化并购史，通过不断并购来强化业务板块，拓宽客户网络，布局国际化市场，进而全面提升综合竞争力。

第一阶段：2002 年以前，完成战略并购和销售交易业务升级。20 世纪 60 年代，高盛通过并购大宗商品交易商（J. Aron Corp）开始涉足大宗股票交易业务和机构客户服务，即依靠企业内生培育发展。20 世纪末，高盛凭借全球大宗交易及衍生品市场迅速发展的机遇，开始战略布局调整，通过并购 Hull 和 Speaker Leeds&Kellogg 两家公司使得业务规模迅速扩大。

第二阶段：2002—2009 年，完善产品供给、加杠杆迅速提升业务规模与盈利水平。2002 年，高盛调整了内部组织架构，将交易与自营业务独立出来，成为与投行和资管并列的业务部门。这一调整顺应了业务发展的需要，极大提升了销售交易业务的战略地位，产品和服务种类更加丰富，使得高盛的营业收入和资产规模大幅增长。同时通过并购，扩展了业务领域，扩大国际市场布局。

第三阶段：2009 年之后，发挥综合业务优势，零售与财富管理业务崛起。2008 年国际金融危机后，投行的交易业务规模受到限制，但高盛发挥综合服务优势在并购与承销领域保持领先，并且通过出色的产品设计与风险对冲能力推动资管业务的发展。此外，高盛通过利用开展机构客户服务的经验将业务优势扩大到零售市场,并于 2019 年成立了消费者银行与财富管理部门。[①]

回顾高盛的发展历程,实际上是一部多元化并购史,通过不断并购,实现了强化业务板块、拓宽客户网络、布局国际化市场及扩大公司规模等目的,全面提升综合竞争力(见表 8—1)。

表 8—1　　　　　　　　　　高盛的并购历程

年份	兼并公司	目标
1981	大宗商品交易商(J. Aron Corp)	布局外汇、大宗商品交易业务
1995	美国自由资产管理公司	发展资产管理业务
1995	英国煤业委员会养老金的托管权	发展资产管理业务
1997	另类投资 Commodities Corp	进入对冲基金和 PE 领域
2000	私人房地产公司 Archon	为 Whitehall Street 房地产基金度及提供投资、资产和开发服务
2000	清算公司 Speaker Leeds&Kellogg	发展做市、执行和清算业务
2003	财务顾问公司 Ayco Company,L. P.	扩大私人财富客户服务范围,处于技术驱动型消费金融业务最前沿
2005	日本 Sanyo 电子信贷	涉足日本电子领域并购咨询业务
2005	Allmerica Financial 可变人寿保险和可变年金业务	发展再保险业务
2012	英国德怀特资管公司和德银资管的稳健价值型业务	公司资管总规模 2013 年突破 1 万亿美元
2012—2015	升息增长型基金、标准资产管理公司、西峰公司、苏格兰皇家银行货币市场基金和印记资本顾问	进一步提升资管业务能力
2019	投资顾问公司联合资本(United Capital)	加强财富管理业务和 Ayco 业务平台

资料来源:笔者整理。

(三)专业化投行的发展历程:以 Evercore Partners 为例

Evercore 公司成立于 1995 年,2006 年上市。2009—2010 年,Evercore 参

[①] 史本良、牛轲:《借鉴国际投行商业模式转型经验打造我国国际一流投资银行》,《金融会计》2021 年第 3 期。

与并购交易总价值在全美排名第七，超过瑞士信贷和德意志银行。Evercore 依赖 48 名资深银行家就实现上述业绩，相当于多数大型投行的十分之一。

Evercore 主营业务为投资银行和投资管理。一是投行咨询业务。Evercore 为公司高管提供公司财务咨询、资本市场投资咨询和机构股票投资咨询服务。二是兼并收购业务。Evercore 帮助客户对潜在的兼并收购对象进行估值，为客户提供价值分析，评估收购方案或提出替代方案。此外，还会就收购时机、收购对象的财务结构、收购融资方式和价格等为客户提供意见，以及在谈判过程中提供协助，帮助客户达成交易。三是提供战略股东咨询。Evercore 帮助客户做好应对"秃鹫投资者"的准备，协助客户对抗和规避恶意收购企图。此外，Evercore 还为客户提供财务结构改革的咨询服务、投资管理服务和研究服务等。与大型投行倚重交易业务的重资本运营模式相比，Evercore 属于典型的轻财务资本、重人力资本模式，适用于国内非头部券商发展投行业务。

Evercore 并购路径清晰明确，即持续夯实优势领域的专业深度和不断丰富细分领域的覆盖广度。在 20 多年的发展中，Evercore 通过多次并购重组将咨询业务从房地产、医疗及金融领域，逐渐扩大到覆盖消费零售、能源及 TMT 领域。Evercore 在其细分领域中实现更深的产业理解和资源积累，掌握细分行业的垂直资源，依靠专业性驱动业务快速发展，成为规模最大、成长速度最快的精品投行。受益于一系列并购，服务客户总数逐年提升，公司咨询业务的市场占有率从 2010 年 2.3% 提升至 2018 年 8.2%。此外，Evercore 也通过并购重组逐渐壮大了资产管理业务（见表 8—2）。Evercore 的资产管理业务发展立足于公司对各行业扎实的研究实力，是投资银行业务产业链的延伸。[1]

---

[1] 兴证金融：《他山之石，深度解析国内外券商并购路径》，https://www.163.com/dy/article/FRNJRUEL0531AI06.html。

表8—2　　　　　　　　　　Evercore 的并购历程

年份	并购公司	目的
2006	英国并购资讯公司 Bravehear Financial Services	优化财务顾问、并购资讯业务
2006	墨西哥精品投行 Protego Asesores	扩展能源行业并购重组、房地产财务顾问业务
2010	巴西独立精品投行 G5 advisors'partners	深化并购咨询、财务重组咨询业务及风险投资
2010	英国资管公司 Neuberger Berman 旗下私募基金	完善基金筹资、能源基建、风投等另类投资业务
2010	投资咨询公司 Atalanta Sosnoff 49%的权益	完善财富管理、机构资管业务
2010	房地产咨询 MJC Associates	投行咨询服务拓展至商业房地产
2011	欧洲领先独立投行财务顾问公司 Lexicon Parterns	深耕能源、基建、公用事业领域的并购重组、财务顾问业务领域
2011	美国对冲基金 ABS Investment Management 45%权益	丰富了公司的权益投资策略及另类投资管理服务
2012	美国财富管理公司 Mt. Eden Investment Advisors	进一步壮大公司资管规模及投资顾问人才
2014	权益研究咨询为主营业务的 ISI International Strategy&Investment	增强了与机构投资者的联系，为并购业务增加潜在买方
2015	德国投行咨询公司 Kuna&Co.	深化兼并重组业务，切入德国咨询市场

资料来源：笔者整理。

（四）建设世界一流投行的经验启示

一是增强证券公司收益稳健性驾驭高杠杆。任何杠杆都是双刃剑，既能助推证券公司跨域式增长，也能加速其覆没。美国投行能够驾驭较高杠杆水平需要满足一些条件：一方面，总资产收益率波动性较小。2013—2022年，摩根士丹利和高盛公司的ROA标准差仅为0.28%和0.29%。另一方面，重资产业务收益率稳定。以摩根士丹利为例，为了满足"多德弗兰克法案"强制要求，2012年摩根士丹利剥离了旗下自营交易部门。2013—2022年，摩根士丹利重资产业务收益率在1.80%到2.11%之间，均值为1.97%，标准差和离散系数较低。

二是提高核心竞争能力。根据外部环境变化，结合自身特点和优势，持续推进业务转型是获得长期竞争优势的关键。面对经济环境的变化，高盛凭借着强大的机构客户服务基础与销售交易能力，开辟零售业务市场，建立并巩固核心竞争优势。Evercore通过对自身业务核心优势的深度挖掘拓展相关业务线，实现收益来源的多样化。具体而言，世界一流投行需要具备五大核心能力：其一，风险经营能力，包括风险管控、风险识别、风险计量、风险处置等。高盛通过建立高效一体化的公司风险管理系统，使得日均风险价值迅速下降。其二，投资交易能力。投资交易旨在为客户提供投融资服务，为市场创造流动性，世界一流投行如高盛公司、摩根士丹利等都曾凭借卓越的交易撮合能力奠定了市场地位。其三，产品设计能力。产品是连接资金端和资产端的桥梁，是实现资源市场配置的主要载体，一流投行的专业服务最终都表现为多样化的产品服务体系，在产品和服务差异化上取得成功，避免了单一的价格竞争。其四，金融科技能力。世界一流投行在提升核心业务能力的同时，利用金融科技与已有业务进行协同，并通过金融科技拓展新的业务领域。其五，研究能力。卓越的资产定价能力是一流投行的重要特征。高盛等通过打造高素质的研究团队，在欧洲市场开发上取得了突破性的成功。[1]

三是提高国际化程度。国际化布局是高盛公司收入和利润长期稳定的重要原因。高盛公司海外业务收入占比常年保持在40%左右，这种收入结构不仅能提升收入来源，还能分散单一市场波动风险。高盛从20世纪70年代开始布局国际各地区金融中心，循序渐进在全球范围内开展各种业务，与各国企业和政府机构保持密切合作。全球化布局不仅能够认清主要经济体市场动向，适应全球经济金融一体化趋势，还能服务美国企业"走出去"和其他国家企业"走进来"。就具体国际化路径而言，高盛公

---

[1] 徐翌成、王小溪等：《建设我国国际一流投行的政策建议》，《中国证券业2018年论文集》（上册）。

司充分利用本土主营业务优势，深入挖掘传统核心业务积累的各种资源，打入国际市场；成功进入国际市场后，通过设立海外分公司、子公司、合资公司或参与并购交易，与主营其优势业务的当地企业或金融机构合作，实现强强联合，巩固国际市场地位，扩大国际市场份额；同时紧跟国际市场需求变动，利用前期国际化业务开展积累的各种资源，适时开展产品创新，转变业务模式，从而延长业务链条并形成核心业务。

四是通过并购整合缩短业务发展周期。并购整合是实现业务迅速扩张和强化核心业务优势的重要手段。综合性投行高盛公司通过并购逐步建立起机构客户服务的核心优势，而精品投行 Evercore 通过并购重组提高了咨询业务的专业化服务能力，形成自己的核心竞争力。通过外部并购，国际投行很大程度上缩短了业务内生发展周期，迅速建立了核心业务优势，推动公司业务的转型发展。

三　多措并举加快建设世界一流投资银行

建设世界一流投行既要充分发挥市场在资源配置中的决定性作用，又要更好地发挥政府作用。

一是加快金融产品创新和完善资本市场制度，为建设世界一流投行创造良好的市场环境。高质量的资本市场是培育世界一流投行的现实土壤。与国外成熟资本市场相比，中国资本市场在制度供给、体系建设、工具品种与参与主体等宏观环境方面存在较大差距，需要加快补短板。一方面，丰富场内外市场的交易品种，规范发展场外市场，逐渐放开衍生品业务，多渠道推动股权融资，推动直接融资市场发展。加快完善促进直接融资体系需要提升多层次市场的覆盖面，增强直接融资体系的包容性。另一方面，提升市场基础制度的完备性，增强直接融资服务的针对性。以注册制改革为龙头，加快完善发行上市、再融资、并购重组、分拆上市等制度。

二是适度放宽杠杆率约束，为证券公司资产负债表扩张进行政策松绑。国际经验表明，提升杠杆率是增强证券公司资本实力的重要手段。2023年11月3日，证监会印发《证券公司风险控制指标计算标准规定》征求意见稿，按照监管扶优限劣、分类监管的思路，对证券公司的风险资本准备系数进行了调整。在实施过程中需要重点关注：一方面，对于不同规模和不同发展定位的券商制定差异化净资本监管指标。譬如，对于从事股票质押、融资融券、场外期权等风险较高业务，但证券公司自身风控水平和综合实力较强，这种情况下应实行差异化的净资本计算标准，助力大型证券公司做大做强。另一方面，对于风控合规的大型证券公司可以适当放开杠杆率相关指标限制，采用差异化区间式监管，有助于大型券商开展创新业务、扩大业务规模，同时也能够保障对中小券商的有效监管。此外，还需要充分借鉴美国投行驾驭较高杠杆水平的条件，及时监测总资产收益率波动性和重资产业务收益波动性。

三是优化跨境业务和海外分支机构监管，提升证券公司国际化竞争力。一方面，提升跨境业务的竞争力。需要适度放宽外汇监管，为证券公司开展跨境业务提供便利，适当放宽证券公司境外发债在额度、结汇等方面的要求。允许境内证券公司利用更多手段管理跨境资金，给予更灵活的跨境结算和境内外资金管理政策。探索设置仅用于境外融资资金引入以及"一带一路"等跨境项目开展的年度专项外汇额度，提升证券公司为客户提供全球综合金融服务的能力。逐步放宽具备相应能力的证券公司直接参与国内外金融衍生品市场交易的限制，不断加大外汇、利率、信用等跨境衍生产品的创新力度，丰富交易工具和手段。另一方面，加快推动海外分支机构发展。目前外资合资券商可以获得国内经营证券业务的全牌照，但部分西方国家对中资投行在当地开展业务设置各种限制障碍。相关机构应当坚持双向对等开放原则，加强国际监管的沟通协调，在市场准入、对等审查机制方面提供支持，帮助中资券商在国际市场上享有同等的市场地位、争取公平竞争的环境。

四是选择部分头部证券公司作为世界一流投行建设试点公司，在政策上予以支持。其一，拓宽融资渠道、丰富融资工具。允许符合一定标准的大型券商更多地参与央行公开市场操作，能够通过 SLF、MLF 等多种方式获得流动性支持。有条件地放开资本项目管制，对券商境外发债、资本回流等给予政策支持。支持试点证券公司充分利用股票质押贷款等短期融资方式，投行与主管部门沟通，适当放宽企业质押股票条件，获得灵活高效的资金。支持试点证券公司发行长期债券，作为资本金壮大实力。支持试点证券公司与大型商业银行长期合作，从商业银行获得稳定资金。适度放宽试点证券公司融资品种、规模、期限及成本等各类政策限制，提升证券公司的资金和流动性管理能力。其二，支持优先拓展衍生品业务、发展柜台市场业务和账户管理业务。支持试点证券公司在风险可控的前提下优先拓展衍生品业务，提高专业机构投资的参与程度，鼓励服务实体经济、以风险管理为导向的衍生品应用。给予证券行业更大自主权，打通全业务流程，将柜台市场打造为支持资本市场发展与直接融资的基础平台，完善基础功能。允许试点证券公司设立专门的账户用于财富管理，就相关金融产品的投资或交易做出价值分析或投资判断，协助客户进行投资管理和资产配置，有利于财富管理业务的长远发展。其三，加快授予证券公司跨境业务资格。鼓励中资证券公司参与跨境投融资以及"一带一路"跨境并购和重大资产重组等项目，并在政策审批等方面给予一定的支持。

五是引导不同类型证券公司实施差异化发展战略，避免同质化竞争。对于大型投行而言，需要利用规模优势打造平台化业务模式，实现行业专业化。发挥大型投行业务规模优势，实现前、中、后台分离，打造投行平台化业务模式，提升行业专业化水平，以应对注册制下对投行专业能力的挑战。对于中小券商而言，在产业链布局、经营模式、产品开发、能力建设等方面进行差异化定位，选择大型券商不能有效覆盖到的客户群体并建立差异化竞争优势，专注于某个行业领域或某项业务领域，在该细分领域实现更深的产业理解和资源积累，掌握细分行业的垂直资源，培养其在细分行业领域或业务中的核心竞争力，从而走"小而精"的专业化发展道路。具体而言，中小券商的特色化、差异化发展可以从三部分入手：在区域特色方面，中央金融工作会议明确提出，"支持国有大型金融机构做优做强，当好服务实体经济的主力军和维护金融稳定的压舱石，严格中小金融机构准入标准和监管要求，立足当地开展特色化经营"。[1] 对于全国性券商，可以在业务契合度高、符合发展战略的特定区域加大资源投入力度；对于地方背景券商，可以立足股东支持，发挥其根植地方、熟悉本土企业的优势，做深做实地方客户。在业务特色方面，各证券公司可立足自身特点，围绕零售、机构客户不同的业务需求，在权益、固收、研究等业务细分领域寻求特色优势，从而构建有自身特色的分层次、差异化、定制化服务体系。以机构客户业务为例，券商可以通过建立客户服务一体化运营体系，加强"投资＋投研＋投行"联动，为全产业链、全生命周期业务引流，形成具有自身特色的机构客户服务模式。在科技特色方面，中小券商应充分抓住中国金融科技蓬勃发展的优势，通过积极研究并探索新技术在投行各业务领域的应用，以数据和技术拓展新产品谱系、新业务模式、新客户群体。在实践中，可以选择与领先的科技企业积极开展战略合作，促进业务和技术深度融合，也可通过加大自主开发力度，培养、汇聚具有技术经验和业务知识的复合性数字化人才。

六是全方位提升证券公司综合竞争力。其一，优化治理结构。从股东结构来看，世界一流投行的机构投资者股东数量占比较高，且股权结构较为分散，使得股东在公司股东大会或董事会决策过程中能够起到相互制衡的作用，有助于提升决策效率，在关键时刻降低公司短视风险，促进企业走上稳健的长期发展道路。从董事会结构来看，建立健全投资银行内部控制制度，必须加强独立董事的作用，以此来监督董事会的决策，保证决策

---

[1] 《中央金融工作会议在北京举行 习近平李强作重要讲话 赵乐际王沪宁蔡奇丁薛祥李希出席》，《人民日报》2023年11月1日第1版。

的透明度，减少暗箱操作。加强经营管理层的市场化选择，公司应采取人力资源方面的应对措施，引进国际化的人才。加强信息披露，实现多重监管政策，投资银行应该及时、准确、公平、完整地进行信息披露。投资银行领导班子应加强风险控制意识，稳健合法经营，实现业务创新与完善公司治理结构相结合。① 其二，加强投行业务转型与创新。从中国证券行业近几年的变化趋势可以看出，传统的通道服务佣金收入所占的比重逐渐下降，因此经纪业务应由单一通道服务向全方位财富管理方向转型。目前，中国券商的营业收入主要依靠股票公开发行，而企业财务顾问等综合性金融服务占比较少。借鉴美国投资银行从事承销保荐业务的经验，中国投资银行的承销与保荐业务应向为客户提供前端、中端、后端的综合金融服务转型。国内投行由于行业监管过严，上市后募集的大量资金只能用于投资债券、银行存款和股票等风险高、收益率低的业务。而融资融券、股票约定式回购、直接投资、金融衍生品套期保值和做市商业务均属于消耗资本，且具有较高收益率的买方业务，国内投行应由传统的证券买卖向这些创新型买方业务转型。从创新方向来说，资产管理业务应由传统的证券资产管理模式向全方位的资产管理模式发展。此外，中国投资银行在做好财务顾问的同时，应开拓并购融资和并购自营业务。② 其三，大力发展金融科技。"建设世界一流投行"应当抓住数字化、信息化发展机遇，大力发展金融科技，加大金融科技投入，积极吸纳 IT 相关人才，构建数字化人才梯队，着力提升自主研发能力，将信息技术作为提升竞争力的重要抓手，通过技术驱动提升客户服务能力、产品开发能力和业务创新能力，加强金融科技与业务场景结合落地，提升客户投资体验，形成自身核心竞争力，推动证券业朝着智能化、数字化方向发展。因此，券商应积极与互联网企业设立合资子公司，在金融科技领域加大投资，加强信息领域布局，

---

① 汪从起：《我国投资银行业务存在的问题及对策研究》，《中国外资》2020 年第 19 期。
② 刘洋、徐欣：《我国投资银行业务现状及发展策略》，《湖北工业大学学报》2017 年第 32 期。

第八章　建设世界一流投资银行

补充金融科技产业链相应环节的能力，以新的体制机制实施信息驱动的业务及管理模式创新，为"建设世界一流投行"提供强大的科技硬实力支撑。其四，完善风险管理体系。"建设世界一流投行"离不开完善的全面风险管理体系和先进的信息技术平台，应当持续增加在合规风控、信息技术方面的研究及投入，加大相关专业人才的培养与引进，运用金融科技手段推进合规风控系统的建设与优化，不断完善计量方法和计量工具，提升精细化风险管理水平，确保风险管理对境内外业务的全覆盖。首先，在风险管理架构上，应当建立风险管理三道防线机制，即董事会下设的风险管理委员会、经营管理层下设的专业委员会、相关内部控制部门与业务部门共同构成公司风险管理的主要组织架构。同时，应当构建自己的风险管理系统，对包括流动性风险、市场风险、信用风险、操作风险在内的各种风险进行实时监控、识别与管理。此外，要利用重组的营运资本和相关银行信贷支持，定期进行检查和反思，在定期检查业务和风险后，根据业务和市场的变化，定期对业务进行重新评估，确保业务在可控的范围内运行。[1]

（执笔人：徐枫）

---

[1] 施焰劼：《浅析我国投资银行问题现状及发展对策》，《科技经济市场》2020年第12期。

第九章

发挥保险业的经济减震器和社会稳定器功能

2023年10月召开的中央金融工作会议指出,"金融要为经济社会发展提供高质量服务。要着力营造良好的货币金融环境,切实加强对重大战略、重点领域和薄弱环节的优质金融服务……要着力打造现代金融机构和市场体系,疏通资金进入实体经济的渠道……要着力推进金融高水平开放,确保国家金融和经济安全"。[①] 在着力打造现代金融机构和市场体系中,明确提出"发挥保险业经济减震器和社会稳定器功能",赋予了保险业在金融和经济系统中更加清晰的行业定位。中国对于保险业功能作用的认识是不断深化的,2006年发布的《国务院关于保险业改革发展的若干意见》(国发〔2006〕23号)首次明确了保险具有经济补偿、资金融通和社会管理功能,是市场经济条件下风险管理的基本手段,是金融体系和社会保障体系的重要组成部分,在社会主义和谐社会建设中具有重要作用。在保险业改革发展的总目标中指出要充分发挥保险的经济"助推器"和社会"稳定器"的作用。2014年发布的《国务院关于加快发展现代保险服务业的若干意见》(国发〔2014〕29号)对保险业发展目标的描述

---

① 《中央金融工作会议在北京举行 习近平李强作重要讲话 赵乐际王沪宁蔡奇丁薛祥李希出席》,《人民日报》2023年11月1日第1版。

第九章　发挥保险业的经济减震器和社会稳定器功能

为：到2020年，保险的社会"稳定器"和经济"助推器"作用得到有效发挥。2017年全国金融工作会议中也再次强调，"促进保险业发挥长期稳健风险管理和保障的功能"。纵观历次文件中对保险业功能的定位，此次中央金融工作会议对保险业的定位更加凸显了在当前经济由高速增长转向高质量发展的背景下，在党中央统筹发展与安全的战略要求下，保险业在金融和经济系统运行、社会治理中应当发挥的重要作用。在实现社会主义现代化和建设金融强国的大背景下，保险业发展要以发挥经济减震器和社会稳定器为根本目标，做好社会保障体系的重要参与者、市场风险管理服务的主要提供者、社会矛盾化解和社会治理的重要推动者。

本章首先从保险业运行机制出发，从理论层面分析保险业如何发挥经济减震器和社会稳定器功能，在此基础上，从顶层制度设计、政企合作和行业实践三个方面总结梳理中国保险业发挥经济减震器和社会稳定器的具体实践和成就，最后针对进一步发挥保险业经济减震器和社会稳定器功能提出政策建议。

一　发挥保险业经济减震器和社会稳定器功能：理论机制

保险业以风险为经营标的的本质决定了保险的运行本身可以起到减少风险对个人、企业现金流的冲击。保险业通过收集保费、汇聚风险、形成资金池、投资运作，并向遭受风险损失的主体支付赔款或保险金的方式开展业务。随着经济社会的发展，保险业务尤其是财产保险业务不断创新以满足社会对风险保障的多样化需求，业务种类越发多样。

（一）保险业如何发挥经济减震器和社会稳定器功能

减震器（Absorber）与稳定器（Stabilizer）是汽车的两个重要部件。在机动车经过不平路面时，吸震弹簧虽然可以过滤路面的震动，但弹簧自身还会有往复运动，减震器就是用来抑制这种弹簧跳跃从而使汽车驾驶更为平顺。稳定器则用来防止汽车在转弯行驶时车身发生横向侧倾。使用经济减震器和社会稳定器来描述保险业在经济和社会运行中的作用，既言简意赅地总结了保险业的作用，也十分形象地展现出了保险业在经济、社会中发挥作用的具体方式。想要了解保险业如何发挥经济减震器和社会稳定器功能，首先需要理解保险业的经营活动及其内容，进而从微观层面理解保险业的运行及其功能发挥途径。

1. 保险业的经营活动与内容

提供经济保障和风险管理服务是保险业的主功能，是保险业区别于其他金融行业的立业之本。[①] 基于这个基础和核心功能，保险业通过将个体面临的可保风险[②]进行汇聚，从而将少数个体面临的损失在整个群体中分散。从保险业核心经营活动与流程来看，其主要可以分为承保、资金管理、理赔三大版块（见表9—1）。具体地，保险人通过承保活动收取保费形成资金池以应对风险，并对资金池进行管理和投资实现保值增值，在风险事故发生时，将资金池的资金用于补偿被保险人的损失。

表9—1　　　　　　　　　保险业核心经营活动

经营活动	具体内容
承保	针对不同风险开发相应保险产品并定价、销售、核保和承保
资金管理	将各个业务线收集的保费进行汇集，形成资产池，并进行资金管理、运营与投资等活动
理赔	对保险事故核定损失、保险责任并支付赔款或保险金

资料来源：笔者整理。

---

① 孙祁祥、郑伟：《保险制度与市场经济：六个基本理念》，《保险研究》2009年第7期。

② 可保风险通常是指非系统性的、满足大数法则的风险。

风险无处不在，并且随着社会活动、商业活动的不断丰富而变得更加多种多样。从最初的海上保险开始，以风险为经营标的的保险业逐渐发展，目前已经形成了包含以人的寿命、健康为承保标的人身保险业务、以财产损失风险为承保标的的财产保险业务、以侵权风险等为标的的责任保险以及以信用风险等为标的的信用保证保险业务等险种的保险业务。根据中国保险业的特点，监管部门统计数据时将人身保险分为寿险、健康险、意外险三大类，将财产保险分为企业财产保险、家庭财产保险、机动车辆保险、工程保险、责任保险、保证保险、农业保险七个大类。可以看出，保险业参与居民生活、企业经营、政府管理和社会运转的方方面面。

2. 保险业发挥经济减震器和社会稳定器的途径和方式

通过开展保险业务，保险业为经济社会运行的各个方面、各个流程提供保险保障服务，通过不同的方式发挥经济减震器和社会稳定器作用。

一是作为风险处置的快速响应者。保险业最为直接和核心的功能是在发生风险事故后，通过支付赔款帮助个人或企业迅速恢复正常状态。相应的保险赔付包括风险造成的直接或间接损失，恢复重建费用等。此外，当风险事故发生时，保险公司通常会与相应的执法部门、应急管理部门等迅速到达事故现场，帮助采取专业的减损、恢复措施，以最大限度降低可能的损失，并避免损失进一步扩大。这不仅有助于风险的直接承担者快速恢复、稳定运行，对于受其影响的上下游主体也有保护保障作用。

二是作为有效的风险管理者。为了控制赔款规模，保险业具有控制和管理风险的天然动机。一方面，购买保险必须符合相应的安全生产责任标准和法规要求，从而激励企业和个人加强安全防范和遵纪守法，否则企业和个人必须自己承担可能的巨额损失；另一方面，可以通过费率与风险挂钩的机制促进企业和个人完善防灾防损体系，防患于未然。商业保险也可以基于专业的风险管理技术和能力，建立相关的风险预警机制，从而有效减少风险的发生。

三是作为社会保障体系的建设者。作为一种市场经济的制度手段，保险业也会与政府部门广泛合作，共同构筑社会保障的安全网。政府的社会保障体系是一国居民福利的重要保障，但高福利的制度设计不仅会给政府财政带来较大的支出压力，也不利于发挥市场机制的作用。通过保险业与政府共同参与的市场和政府合作机制，可以构建更有效率的社会保障体系。

四是作为社会矛盾的化解者。保险是运用市场机制进行社会治理的重要方式之一，责任保险通过自身的市场化运作机制，在被保险人和第三者之间搭建沟通桥梁，将主体之间可能的侵权责任关系转化为市场经济关系，在保障被保险人利益的同时也保护了第三者合法利益，从而有效化解社会矛盾产生和激化的可能。

五是作为创新的重要推动者。从海上保险的起源可以看出，保险诞生的最初目的就是应对风险活动中个人难以承担的高昂损失成本。随着技术的不断进步，新兴风险不断出现，创新活动所面临的风险也更加复杂和多样。面对更多的未知风险和不确定性，保险可以使风险更可能被接受或承担。与此同时，保险机制有助于新兴技术的快速市场化，从而加速创新。

六是长期资本的重要提供者。保险业通过保险业务，尤其是长期寿险、年金险等业务汇集起的大规模资金具有长久期属性，因而天然地具备长期资本属性，追求安全稳健收益，可以作为资本市场和实体经济长期资本的重要来源，也与环境、社会和治理（ESG）投资理念高度契合。在资金运用时，保险业通过其长期资金优势，可以在稳定资本市场，以及支持重大基础设施建设、重大科技创新项目、重大国家战略等方面发挥重要作用。

（二）保险经济学视角下保险业的经济减震器和社会稳定器功能分析

保险思想的萌芽和现代保险制度的出现远远早于现代经济学的研究。一方面，西方保险思想的萌芽早在公元前2000年之前就已经出现，并在货物运输、粮食仓储等领域有所应用。另一方面，1384年，第一份具有现代意义的保险契约——比萨保单的诞生，标志着海上保险和现代商业保险制度的产生。随着劳合社以及火灾保险社的陆续出现，加之商品经济的不断发展，海上保险逐渐扩展为货物运输保险；火灾保险则演进为包括家庭财产保险、企业财产保险在内的广义火灾保险。16世纪末，人身保险在欧洲出现。而代表现代经济学兴起的亚当·斯密《国富论》的出版则发生在1776年。因此，从理论起源来看，保险业的朴素思想和实践应用早于现代经济学及其相关研究，这也从侧面说明了保险对于经济社会发展具有不可或缺的重要作用。

个人层面，在效用理论和一般均衡的微观分析框架下，对于风险厌恶的理性个人，在保费公平的条件下，购买足额保险是其理性的决策。如果保费中加入了附加费用，那么最优保险决策将是"不足额"保险。而在生命周期理论的框架下，保险机制可以做到不同生命周期阶段内的资源跨期配置，以达到在不同生命周期阶段平滑消费和收支的目的。这从微观层面表明，保险对于个人应对风险是不可或缺的，其主要功能是消除由于外生风险导致的收入和支出波动。也有实证研究表明，小额保险可以通过使家庭在危机期间不放弃资产或减少消费，帮助防止此类灾难对家庭人力资本投资和未来生产力的不利后果。[1]

随着保险业的不断发展，1990年前后，学者开始关注保险在经济增长中发挥的作用，[2]并普遍认为保险业可以推动经济发展。除了作为经济系统的组成部分，保险业可以起到贡献税收、促进就业的作用。[3]孙祁祥

---

[1] Janzen, S. A. and Carter, M. R., 2019, "After the Drought: The Impact of Microinsurance on Consumption Smoothing and Asset Protection", *American Journal of Agricultural Economics*, 101 (3): 651–671.

[2] Outreville, J., 1990, "The Economic Significance of Insurance Markets in Developing Countries", *Journal of Risk and Insurance*, 57, 487; Ward, D. and Zurbruegg, R., 2000, "Does Insurance Promote Economic Growth? Evidence from OECD Countries", *Journal of Risk and Insurance*, 67 (4): 489–506.

[3] Kessler, D., de Montchalin, A. and Thimann, C., 2016, "The Macroeconomic Role of Insurance", in Hufeld, F., Koijen, R. S. J. and Thimann, C. (eds.), *The Economics, Regulation, and Systemic Risk of Insurance Markets*, Oxford Academic.

和郑伟也认为，保险制度安排不完善会导致无法实现使用市场化手段对社会生产、交换、分配和消费中无处不在的风险进行管理，市场的基础资源配置作用就将大打折扣从而直接影响市场经济体制的建立与完善，因此保险业不完善的市场经济不是完善的市场经济。① 也有实证研究验证了不完善的保险市场可能会增加风险的技术投入。②

2008 年由保险集团 AIG 风险引发的金融危机爆发，保险业在金融系统乃至宏观经济体系中的作用逐渐受到关注。之后，国际保险监督官协会（IAIS）分析了保险业的风险特点，并认为保险业的传统业务并不受周期性金融风险的影响，且大概率不会给金融带来系统性风险。③ Baluch 等认为，保险业更多是作为金融危机的受影响者，而非制造者。④

王建伟和李关政将财产保险视为一种套期保值工具，可以对宏观经济发挥套期保值作用，从而稳定经济运行，起到"稳定器"作用。⑤ 田玲和高俊基于中国 1999—2009 年保险市场和 GDP 数据，使用向量误差修正模型（VECM）实证检验了保险业具有抑制经济波动的"稳定器"作用。⑥ 邵全权等将财产与健康风险以及保险保障因素引入 DSGE 模型体系发现，保险可以降低风险冲击对经济波动的影响程度，使主要宏观经济变量的波动更加缓和。⑦

---

① 孙祁祥、郑伟：《保险制度与市场经济：六个基本理念》，《保险研究》2009 年第 7 期。

② Foster, A. D. and Rosenzweig, M. R., "Microeconomics of Technology Adoption", *Annual Review of Economics*, 2010, 2 (1): 395 – 424.

③ International Association of Insurance Supervisors (IAIS), 2011, "Insurance and Financial Stability", https://www.iaisweb.org/uploads/2022/01/Insurance_ and_ financial_ stability.pdf.

④ Baluch, F., Mutenga, S. and Parsons, C., 2011, "Insurance, Systemic Risk and the Financial Crisis", *The Geneva Papers on Risk and Insurance. Issues and Practice*, 36 (1): 126 – 163.

⑤ 王建伟、李关政：《财产保险对国民经济总量和经济波动性的影响——基于套期保值模型与中国的实证》，《财经研究》2008 年第 8 期。

⑥ 田玲、高俊：《"助推器"还是"稳定器"：保险业对经济产出作用的经验证据》，《保险研究》2011 年第 3 期。

⑦ 邵全权、王博、柏龙飞：《风险冲击、保险保障与中国宏观经济波动》，《金融研究》2017 年第 6 期。

二 发挥保险业经济减震器和社会稳定器功能：中国实践

随着中国经济的快速发展和保险市场的不断完善和开放，中国保险市场规模不断增长，自2017年以来就一直保持全球第二大保险市场地位，保费规模占全球市场份额的10%左右。面对更加复杂和多样的风险环境，发挥好保险业的经济减震器和社会稳定器功能不仅是建设金融强国、金融高质量发展的必然要求，也是国家治理体系和治理能力现代化建设中的应有之义。近年来，国家治理层面顶层制度设计的不断完善为保险业发挥经济减震器和社会稳定器功能提供了制度保障，政府和保险机构合作的不断加强丰富了保险业发挥经济减震器和社会稳定器功能的途径，加之保险业风险减量服务探索的不断推进，保险业的经济减震器和社会稳定器作用日益显著。

（一）国家治理层面的制度性安排

保险作为一种市场经济下的风险管理制度安排，其作用的发挥受到自身承保能力、外部社会环境、公众认知等多方面的影响。因此，顶层设计的完善对于保险业作用的有效发挥尤为关键。近年来，除了持续推进出口信用保险、农业保险等政策性保险的发展，中国逐渐建立并完善农业保险制度、巨灾保险制度、强制责任保险制度、个人养老金制度等，进一步发挥和提升保险业在稳经济、促稳定方面的作用。

1. 农业保险不断"扩面""增品""提标"

乡村振兴、粮食安全和共同富裕都离不开农业的发展。21世纪初，中国就提出建立农业保险制度，2003年修订的《中华人民共和国农业法》第46条明确提出由国家建立和完善农业保险制度。2007年财政部印发《中央财政农业保险保费补贴试点管理办法》，明确提出2007年在6个省份开展政策性农业保险试点，中国政策性农业保险正式实施。2013年，国务院颁布《农业保险条例》（国务院令第629号），对农业保险活动进行了进一步规范。2019年财政部、农业农村部等五部委联合印发《关于加快农业保险高质量发展的指导意见》的通知（财金〔2019〕102号），明确提出了我国农业保险在未来10年的发展目标。

中国农业保险制度从开始试点至今，经过十多年的发展，不断扩面、增品、提标。2007年，财政部在6省（区）试点水稻、能繁母猪等品种的直接物化成本保险；2012年直接物化成本保险保费补贴区域扩大至全国，糖料作物也被纳入中央财政农业保险保费补贴范围，还将大兴安岭森林保险纳入中央财政农业保险保费补贴范围。2016年起财政部持续完善农业保险保费补贴政策，将水稻、小麦、玉米制种保险纳入补贴范围，补贴品种扩大至种、养、林3大类16个大宗农产品，并陆续开展了农业大灾保险试点、三大粮食作物完全成本保险和种植收入保险试点等改革试点工作。目前，中国农业保险制度已经实现了对三大粮食作物、天然橡胶、油料作物等16个大宗农产品及60余个地方优势特色农产品的覆盖，建立了"中央保大宗，地方保特色"的补贴体系，在"政府补贴＋保险公司市场化运营"的模式下持续高质量发展。

2023年1—11月，中国农业保险保费收入1371亿元，提供风险保额45633亿元。截至2022年，中国农业保险经营主体已由2007年的6家增加至30余家，多数省份有3家以上机构开展竞争；全国农业保险基层服务网点40万个，基层服务人员近50万人，基本覆盖所有县级行政区域和95%以上的乡镇，在金融服务"三农"中居于领先地位。

2. 交强险保障水平和服务能力稳步提升

交强险是"机动车交通事故责任强制保险"的简称。在2005年颁布的《中华人民共和国道路交通安全法》中，明确规定了"国家实行机动车第三者责任强制保险制度"，以法律的形式确定了交强险制度。

第九章　发挥保险业的经济减震器和社会稳定器功能

2006年7月,《机动车交通事故责任强制保险条例》颁布并实施标志着交强险制度的正式实施,交强险制度至今已运行了17年。2019年车险综合改革后,交强险的保障水平有所提高,费率厘定的科学性和公平性也进一步提升。作为中国第一项强制责任保险,交强险在服务民生保障、参与道路交通安全治理、减少社会矛盾和风险等方面发挥了不可替代的作用。

一方面,通过保险事故理赔,有效化解交通事故对第三者造成的损失。2019年,车险综合改革后,交强险责任限额由12.2万元提升至20万元,同时优化后的费率浮动方案使车均保费进一步下降。金融监管总局2023年7月公布的数据显示,2022年中国交强险参保机动车数量达到3.37亿辆,其中汽车参保数量共计2.99亿辆。[①] 2022年交强险赔付支出1845亿元。交强险的奖惩制度根据被保人的历史出险情况对保险进行调整,也对驾驶人的风险行为起到了一定的约束作用。此外,保险业还积极参与道路交通事故社会救助基金[②]的管理和使用,截至2022年年底,已累计从交强险中提取救助基金279亿元。[③] 借助保险业的技术优势扩大基金救助对象范围、延长救助时间、压缩办理时限、规范救助基金网上申请和审核流程等。

另一方面,保险公司参与到道路交通事故处理,创新了道路交通事故处理的方式,提高了交通事故的处理效率,完善了社会治理。如在重庆市率先推出的"警保联动"模式已在全国推广,保险公司的理赔查勘员通过"警保联动"机制提高了事故处理的专业水平,通过交管系

[①]《国家金融监管总局关于2022年度机动车交通事故责任强制保险业务情况的公告》,2023年7月28日,http://www.cbirc.gov.cn/cn/view/pages/ItemDetail.html?docId=1120187&itemId=925&generaltype=0。

[②] 道路交通事故社会救助基金是政府设立的社会专项公益基金,主要用于肇事机动车未投保交强险、肇事后逃逸以及抢救费超过交强险责任限额后对受害人抢救费、丧葬费等的垫付。

[③] 于泳:《交强险保民生坚实有力》,《经济日报》2023年8月3日第7版。

统与保险理赔系统的对接和融合，对于小额人伤的理赔做到了快处快撤，有效提高了交通事故的处理效率。通过保险公司与政府部门间合作以及保险科技的投入，也形成了交通事故处理的一些新模式，比如浙江余杭通过整合法院、公安、保险公司、司法鉴定机构等参与交通事故处置的单位，通过流程对接、系统对接和数据共享，以调解前置、规则统一和信息系统运行为核心，为交通事故当事人提供在线人身损害赔偿计算、赔偿调解、立案应诉和保险赔付的一体化处理的"余杭模式"。通过保险公司参与调解前置成功解决了大量的道路交通纠纷，有效减轻了基层警务人员、司法工作人员的工作压力，减少了社会矛盾和风险，提高了社会治理的效率。

3. 巨灾保险制度建设与试点不断推进

气候变化使灾害治理的难度不断加大，而经济的发展使自然灾害导致的经济损失也不断加大。应急管理部统计数据显示，2023年前三季度，中国自然灾害形势复杂严峻，各种自然灾害共造成8911.8万人次不同程度受灾，因灾死亡失踪499人，紧急转移安置275.1万人次；倒塌房屋11.8万间，严重损坏42.2万间，一般损坏103.5万间；农作物受灾面积9714.8千公顷；直接经济损失3082.9亿元。[①] 从历年的统计数据看，虽然受灾人次在呈波动下降的趋势，直接经济损失却呈现波动上升的趋势。2023年前三季度的直接经济损失就超过了近年最大损失年份2020年的80%。

2008年汶川地震发生后，中国高度重视巨灾保险在灾害管理与应对中的作用，党中央、国务院先后在保险业发展、防灾减灾规划、国民经济和社会发展纲要等指引性文件（见表9—2）中提出加强保险业的参与和巨灾保险制度的建立，完善了相关顶层制度。

---

① 应急管理部：《2023年前三季度全国自然灾害情况》，2023年10月。

第九章　发挥保险业的经济减震器和社会稳定器功能

表 9—2　　　　　　　　保险参与灾害治理的顶层设计

出台部门与时间	政策文件	涉及保险的主要表述
国务院 2014 年 8 月	《关于加快发展现代保险服务业的若干意见》（国发〔2014〕29 号）	完善保险经济补偿机制，提高灾害救助参与度；建立巨灾保险制度，探索对重大灾害的有效保障模式
国务院 2017 年 1 月	《国家综合防灾减灾规划（2016—2020 年）》国办发〔2016〕104 号	发挥市场和社会力量在防灾减灾救灾中的作用，加快建立巨灾保险制度，完善社会力量参与防灾减灾救灾政策
中共中央 2020 年 11 月	《中共中央关于制定国民经济和社会发展第十四个五年规划和二〇三五年远景目标的建议》	完善国家应急管理体系，加强应急物资保障体系建设，发展巨灾保险，提高防灾、减灾、抗灾、救灾能力
中央政府 2021 年 3 月	《中华人民共和国国民经济和社会发展第十四个五年规划和2035 年远景目标纲要》	优化国家应急管理能力体系建设，提高防灾减灾抗灾救灾能力。发展巨灾保险
国家减灾委员会 2022 年 7 月	《"十四五"国家综合防灾减灾规划》（国减发〔2022〕1 号）	当前灾害保险机制尚不健全，作用发挥不充分，要建立健全巨灾保险体系，推进完善农业保险、居民住房灾害保险、商业财产保险、火灾公众责任险等制度，充分发挥保险机制作用

资料来源：笔者整理。

随着顶层制度的不断完善，中国巨灾保险制度建设工作逐步推进。《建立城乡居民住宅地震巨灾保险制度实施方案》《地震巨灾保险条例》等一系列政策陆续出台，巨灾保险陆续在多个省份开始试点。目前中国巨灾保险制度建设取得了一定成效。一是完善了商业保险公司承保巨灾的基础设施。2015 年，中国城乡居民住宅地震巨灾保险共同体成立，承担提供地震保险服务，参与灾害损失分担的重要职能。财险公司根据自愿参与、风险共担的原则申请加入。在此基础上，2016 年，保险行业开发了首款面向居民个人的巨灾保险产品——中国城乡居民住宅地震巨灾保险，上海保险交易所的巨灾运营平台为地震巨灾保险产品提供场内交易和平台运营支持。截至 2022 年 6 月末，地震巨灾保险共同体累计为全国 1876 万户次居民提供 7087 亿元的地震巨灾风险保障，累计赔款约 9636 万元。

二是多地积极试点探索保险保障更为多元的"政府出资＋保险运营"巨灾保险模式。地方政府和保险公司共同参与的地方性巨灾保险试点覆盖面更广，通过与政府的合作也可以更好地将保险机制嵌入到防灾减灾与应急管理体系中，提高灾害治理能力。从目前的试点情况看，地方性的巨灾保险试点的保费主要来自地方政府的资金，保障责任一般为住宅损坏、人身伤亡、家庭财产损失、农作物损失等涉及民生的损失，承保的风险主要包括地震、台风、暴雨、洪水等自然灾害。部分地区巨灾保险试点具体情况如表9—3所示。

表9—3　　　　　　　　中国部分地区巨灾保险试点情况

试点地区	试点项目	试点时间	保费来源	保障责任
浙江省宁波市	巨灾保险	2014年11月	宁波市政府	台风、强热带风暴、龙卷风、暴雨、洪水和暴雪及其引起的各类次生灾害造成的家庭财产损失（>2000户）或人员伤亡（>3人）以上
云南省大理白族自治州、玉溪市	政策性农房地震保险	2015年8月	省、市、县共同承担，承担比例6∶2∶2	5级及以上地震及其次生灾害导致的农村房屋损失以及居民人身伤害
山东省	民生综合保险	2016年7月	市县两级财政共同承担	各类自然灾害事故及家庭意外事故导致的人身伤亡及住房、室内财产损失
湖南省	巨灾保险	2017年7月	居民人身死亡巨灾保险财政承担；农业巨灾保险保费、农房巨灾保险保费由省级财政承担50%，市县财政承担50%	自然灾害导致的人身伤亡、农房倒塌和种养业巨灾损失。人身伤亡和农房倒塌理赔需要满足一定的损失条件；对于农业巨灾保险需要满足气象或灾害评估标准
河南省	巨灾保险	2022年6月	由市、县两级财政承担，具体比例由试点省辖市自行确定。省财政按照30%的比例予以补贴	因暴雨、洪涝，以及由此引发的突发性滑坡、泥石流等地质灾害，水库溃坝、内涝（含客水）等次生灾害，造成人身死亡（失踪）或住房倒损

资料来源：笔者整理。

4. 强制或准强制责任保险险种不断丰富

责任保险对于化解社会纠纷、维护社会安全和谐稳定具有不可或缺的作用，而在与公众利益关系密切的领域探索开展（准）强制责任保险试点，对涉及民生、公众安全的社会活动各方进行有效约束也是国内外的通用做法。自2006年中国机动车强制保险推行以来，中国在高危行业也建立了强制责任保险制度。此外，在食品安全、环境污染、医疗责任、校园安全等领域，一些具有强制或准强制的责任保险制度也在不断推进。

安全生产方面，2016年《中共中央 国务院关于推进安全生产领域改革发展的意见》明确要求建立健全安全生产责任保险制度，在矿山、危险化学品、烟花爆竹、交通运输、民用爆炸物品、金属冶炼、渔业生产等高危行业领域强制实施，确立了中国安全生产责任强制保险制度。此后原国家安全局、原银保监会、财政部2019年联合印发了《安全生产责任保险实施办法》，应急管理部2019年印发了《安全生产责任保险事故预防技术服务规范》并将其作为行业强制性标准，进一步强化安全生产责任保险在防控风险、防范和减少生产安全事故发生中的作用。2021年6月10日，第十三届全国人民代表大会常务委员会第二十九次会议通过了关于修改《中华人民共和国安全生产法》的决定，2021年9月1日起正式施行的《中华人民共和国安全生产法》第五十一条规定属于国家规定的高危行业、领域的生产经营单位，应当投保安全生产责任保险。安全生产责任保险的法定保险定位正式确立。

医疗安全方面，2019年通过的《中华人民共和国疫苗管理法》规定国家实行疫苗责任强制保险制度。疫苗上市许可持有人应当按照规定投保疫苗责任强制保险。因疫苗质量问题造成受种者损害的，保险公司在承保的责任限额内予以赔付。确立了中国疫苗责任强制保险的法律地位。2020年，国家药监局会同国家卫健委、原银保监会就《疫苗责任强制保险管理办法（征求意见稿）》（以下简称《管理办法》）向社会公开征求意见。《管理办法》要求疫苗获得上市许可后、上市销售前，疫苗上市许可持有人应当与保险公司依法订立保险合同，投保疫苗责任强制保险。不过《管理办法》征求社会意见后尚未正式发布。

具有准强制责任保险特点的医疗责任险的发展则较早。2007 年，原卫生部等三部委联合发布《关于推动医疗责任保险有关问题的通知》（卫医发〔2007〕204 号），提出在全国范围内推行医疗责任保险。2014 年，原国家卫生计生委、司法部、财政部等五部委联合发布的《关于加强医疗责任保险工作的意见》（国卫医发〔2014〕42 号）提出，全国三级、二级公立医院参保率在 2015 年年底前应分别达到 100% 和 90%，使医疗责任险在一定程度上也具备了强制保险的特征。同年国务院印发《关于加快发展现代保险服务业的若干意见》（国发〔2014〕29 号）也明确提出，与公众利益关系密切的医疗责任等领域应试点探索强制责任保险制度。2018 年国务院发布《医疗纠纷预防和处理条例》（国令第 701 号），规定国家应建立完善医疗风险分担机制，发挥医疗保险在医疗纠纷中第三方赔付和医疗风险社会化分散的作用，鼓励医疗机构投保医责险。随着医疗责任保险在全国的推进，在化解医疗纠纷上发挥了积极作用。[1]

公共安全方面，2022 年 4 月，教育部办公厅印发《全国依法治校示范校创建指南（中小学）》的通知（教政法厅函〔2022〕3 号），明确要求全员购买校方责任险或者校园综合险，通过校方责任险、校园综合险等途径，建立社会化的安全风险分担机制。2024 年 1 月 1 日开始实施的《无人驾驶航空器飞行管理暂行条例》规定，使用民用无人驾驶航空器从事经营性飞行活动，以及使用小型、中型、大型民用无人驾驶航空器从事非经营性飞行活动，应当依法投保责任保险。

此外，在《中华人民共和国环境保护法》《中华人民共和国食品安全法》等法律中，均有鼓励相关企业投保相关责任保险的明确条文，在食品安全、

---

[1] 段白鸽、王永钦、夏梦嘉：《金融创新如何促进社会和谐？——来自中国医疗纠纷的证据》，《金融研究》2023 年第 7 期。

环境污染等方面，相关的责任保险制度也在陆续推进。2021 年，生态环境部曾就《危险废物环境污染责任保险管理办法（征求意见稿)》征求意见。

（二）政府与市场合作的探索

在一些关系国家安全与稳定的重要领域，国家层面自上而下构建了包括保险市场力量在内的风险管理和治理机制。与此同时，保险业积极参与政府的各项工作，由政府发挥激励、引导与约束作用，保险业发挥市场化的损失补偿和风险管理作用，有效提高政府服务效能，在完善社会保障体系，助力"健康中国""平安中国"建设，支持科技创新等方面取得了积极成效。

1. 保险业积极参与社会保障体系建设

一是积极承担大病保险、长期护理保险等社会保险经办工作，初步形成了共建共治共享的社会保险治理格局。保险业自 2012 年开始参与大病保险经办，发挥保险公司在机构、人员、技术等方面的优势，提升了医保经办的服务效率和质量。截至 2022 年年底，大病保险已覆盖 13.5 亿人。2022 年，基本医疗保险、大病保险、医疗救助三重制度累计惠及农村低收入人口就医 14481.7 万人次，减轻医疗费用负担 1487 亿元。目前 21 家保险公司在全国承办城乡居民大病保险业务，10 年来已赔付超 7000 万人。[1] 此外，保险业积极参与长期护理保险经办。长期护理保险是在人口老龄化加剧背景下由政府主导的、以基本医疗保险参保群体为主要受众基础的一项社会保险制度，以满足失能老年人对护理服务的需求，资金主要来自医保资金或财政资金补助。目前，中国长期护理保险制度试点已覆盖 49 个城市，参保人数达 1.69 亿人，多数城市由保险公司参与经办。截至 2022 年年底，共有 31 家保险公司先后参与经办长期护理保险制度试点项目。

二是积极推进普惠健康保险发展。2020 年以来，各地保险公司在政

---

[1] 新华社：《10 年来城乡居民大病保险赔付超 7000 万》，2024 年 1 月 3 日。

府指导下陆续推出"惠民保"产品，填补了社会医疗保险和商业医疗保险之间的空白地带，有效满足了老年群体、健康状况不佳的群体对健康保险的需求。截至2022年12月，全国共推出263款产品，覆盖29个省级行政区，年保费收入超过200亿元，参保人数超过8000万人。随着覆盖地区和参保人数的不断增加，其服务水平也进一步提升，如浙江省等地实现了"惠民保"与基本医保、大病保险、医疗救助等"一站式"结算。

三是积极参与第三支柱个人养老金。在国家层面的个人养老金制度建立之前，保险业2018年5月在上海、福建和苏州工业园区推出的个人税收递延型商业养老保险试点，2021年6月在浙江和重庆推出的专属养老保险试点，均取得了一定成效。金融监管总局最新数据显示，截至2023年9月末，专属商业养老保险承保保单合计63.7万件，累计保费81.6亿元；其中，新产业、新业态从业人员和灵活就业人员投保保单件数约7.9万件。[①] 2022年4月，国务院办公厅印发《关于推动个人养老金发展的意见》（国办发〔2022〕7号），中国账户制个人养老金制度正式确立。同年11月，人社部、财政部等5部门联合印发《个人养老金实施办法》；随后，多项配套措施陆续出台，包括个人养老金个税优惠政策以及金融监管部门出台的相关配套业务规定，通过设立个人账户并辅以税收优惠政策，激励居民参与个人账户缴费，当前对于个人账户的缴费上限设定为每人每年12000元。2023年9月，金融监管总局开展个人税收递延型商业养老保险试点与个人养老金衔接工作，这也标志着2018年5月开始探索的税收递延型商业养老保险正式退出历史舞台，以个人账户养老金、企业年金/职业年金、基本养老保险三支柱为主体的养老保险制度体系正式确立。目前，个人养老金账户开户数已超过5000万人。[②] 2023年10月，金

[①] 朱艳霞：《专属商业养老保险"试点"转"常态"》，《中国银行保险报》2023年10月26日第1版。

[②] 曾德金：《我国个人养老金开立账户超5000万人》，《经济参考报》2024年1月10日第6版。

融监管总局印发《关于促进专属商业养老保险发展有关事项的通知》，正式将专属商业养老保险由试点业务转为常态化业务。截至2023年年底，个人养老金产品共有753只，其中保险类产品109只，而在保险类产品中，专属商业养老保险产品则是主流产品。

2. 保险业积极参与社会治理

随着保险业服务能力的提升，其服务对象不再仅仅局限于个人和企业，同时也不断与政府部门合作，在辅助社会治理、化解社会矛盾纠纷、完善社会救助体系等方面发挥了积极作用。

一方面，保险业发挥自身在风险管理上的专业特长，嵌入政府社会管理的各个环节。一是通过公共管理综合保险提高政府服务效能。早在2011年，北京市西城区就推行了公共管理综合保险，截至2021年，已为全区124个政府部门、244个事业单位、263个社区统一投保，进而创新了"服务+保险"模式，开展了114部电梯安全动态检测服务和老旧小区筒子楼独立烟感安装服务，以每年固定保费支出成本化解和分担不确定的政府部门公共事务管理风险。[①] 2021—2022年，北京市朝阳区政府通过为区内小微企业购买疫情防控复工复产保险，为停工停产的小微服务型企业减少损失。保险给予每人每天100元赔偿，最高赔偿期限21天，每家企业每次停业事故累计最高可赔偿10万元。截至2021年11月，人保财险北京分公司完成的服务型企业疫情防控保险的首轮赔款支付涉及企业员工491人次，累计赔款金额79.78万元。二是通过自然灾害民生综合保险发挥保险业在社会救助方面的作用。在灾害民生综合险、公众责任保险、公共安全救助保险等具体的产品形态下，由财政资金出资投保，针对自然行政区内的居民因自然灾害、特定意外事故、见义勇为等导致的人身伤亡、房屋损毁、基本财产损失、基本生活救助进行理赔。数据显示，目前全国31个省（区、市）均开办有灾害民生类保险业务，覆盖了217个地

---

① 徐利：《推动保险创新融入社会治理》，《前线》2021年第8期。

市的 1100 个区县，保障人数约 5.7 亿人。山东、福建、北京、湖北、重庆、天津、浙江、江西、湖南、广东 10 个省份的县区覆盖率达到 50% 以上，其中山东实现了全省覆盖。[①]

另一方面，保险业通过发挥保险优势积极主动承担社会责任。除了在历次大型自然灾害或公共安全事件中捐款捐物，保险业还通过保险业务的独特优势积极承担社会责任。如新冠疫情期间，保险业主动扩展保险责任，将新冠感染纳入人身险、意外险、旅行险等产品的保障范围。为参保医疗责任险统保项目的医疗机构的医务人员提供额外人身意外保障，在原保险方案基础上免费扩展"医务人员感染法定传染病责任"保障；在政府救助责任保险中附加传染病救助责任等。除了捐款捐物，保险业还向抗击疫情一线的医护人员及其家属、新闻工作者、警察等公职人员，社区工作者、志愿者、电力、物流等保障生活正常运行行业员工主动赠送 10 万—100 万元保额不等的保险保障。在传统的保险保障基础上，商业保险机构也在产品和服务模式上进行创新，助力重大疫情防控工作。

（三）保险行业的风险减量服务探索

长期以来，保险业更多发挥的是风险补偿作用，但随着技术的进步、经济社会的发展，风险的种类、形态、表现、影响都越来越复杂和多元。人为因素、技术因素对风险后果的影响也越来越显著。保险业势必要从单纯的事后"现金支付者"的角色向事前、事中、事后的全过程"风险管理者"角色转变。尤其是在金融高质量发展的大背景下，保险业高质量发展也对保险业风险减量管理提出了更高的要求。

2023 年 1 月，银保监会印发《中国银保监会办公厅关于财产保险业积极开展风险减量服务的意见》（银保监办发〔2023〕7 号），从监管高度对

[①] 魏思佳、韩迪、王一鸣：《覆盖 31 个省保障 5.7 亿人——自然灾害民生保险崭露头角》，《中国应急管理》2023 年第 8 期。

第九章　发挥保险业的经济减震器和社会稳定器功能

财险业的风险减量管理作出要求。同年9月，保险行业协会发布贯彻落实《中国银保监会办公厅关于财产保险业积极开展风险减量服务的意见》的实施方案，从推动标准制定、夯实行业基础、加强行业自律、推进行业交流、做好宣传引导五个方面给出了保险业推进风险减量服务的具体方向。

在行业具体实践中，根据不同险种面临的不同风险特点，保险公司积极开展了不同形式的防灾、减灾、防损、减损活动，强化风险管控。如在农业保险领域，人保财险通过部署风险监控点成功预警并协助化解水淹风险数千次，累计实现减损超过1亿元。中华财险与国家农业信息中心共同成立"农业保险地理信息技术联合实验室"，建立以互联网运用、卫星遥感、无人机航拍及手持移动设备共同组成的"天、空、地"一体化，多维度、立体式查勘定损的种植险应用体系。在安全生产责任险领域，保险公司加大事故预防服务和风险隐患排查工作，有效减少了出险事故数量。例如，在江苏常州，通过政府与保险公司共同合作，将数字技术应用于防灾减损工作，由平安产险牵头成立的"保险风控服务中心"将59家涉爆粉尘、深井铸造企业的69路视频监控、754个传感器进行接入，2023年1—8月，共监测因储水罐水压不足、除尘器灰斗高温等原因引起的报警148条，有效发挥了风险预警作用。

此外，在一些新兴的保险业务领域，如知识产权保险，除了通过保险理赔帮助中小企业维持生产经营、减少经济损失，保险机构的参与为帮助企业化解、应对知识产权风险提供了有效途径。《中国知识产权保险发展白皮书（2022）》显示，截至2022年年底，全国已有超过22个省份、99个地市开展了知识产权保险业务，累计为超过2.8万家企业提供了逾1100亿元风险保障。[①] 知识产权保险的保障范围覆盖了专利、商标、著作权、地理标志、集成电路布图设计、植物新品种以及商业秘密等近乎所有

---

① 国家知识产权局知识产权发展研究中心、中国人民财产保险股份有限公司：《中国知识产权保险白皮书（2022）》，2022年12月。

的知识产权类型，涵盖知识产权创造、保护、运用各个环节。一方面通过先行赔付等条款降低了企业损失，另一方面也可以降低中小企业因非主观故意侵权面临知识产权恶意投诉或诉讼的风险，为知识产权保护体系中合法救济渠道提供有效补充。

三　政策建议

进一步发挥保险业的经济减震器和社会稳定器功能需要从制度层面、行业发展层面和消费者层面共同发力，通过顶层制度的完善、保险行业的高质量发展、国民保险意识的提高，形成三个层面互相促进、互相强化的良好发展环境。

（一）进一步完善顶层设计

社会环境、技术环境的发展变化给风险的管理和应对带来更多挑战，正如贝克在《风险社会》一书中指出的，当前社会更需要关注的是现代生产力和破坏力所引发的后果，除了自然风险，更多更具威胁的风险是由于工业化活动（如核污染）、技术活动（如网络风险）、政治活动（如战争、恐怖主义等）导致的。[1] 而由此产生的诸多风险在传统意义上并不"可保"，其风险的后果影响范围更大、更持久、更加无法预测。这也意味着传统的依靠大数法则的保险应对手段发挥的作用将变得有限。因此，保险业经济减震器和社会稳定器功能的发挥不仅需要保险业不断发展，提高自身可保能力，探索更多元化的风险分散渠道，更专业化的风险管理手段，更需要从顶层制度层面将保险这一市场机制更有效地嵌入统筹国家安全与发展的框架中。

一是进一步完善制度和法律环境。法律层面权责利的明确可以使各方

---

[1]　[德]乌尔里希·贝克：《风险社会》，何博闻译，译林出版社2004年版。

第九章　发挥保险业的经济减震器和社会稳定器功能

责任更加明确，是保险作为社会力量参与风险治理的基础。如在数据要素市场化快速发展的背景下，数据要素使用各个环节都需要法律法规进行规范，以明确各个主体的合规范围。而对于涉及公众安全和利益的风险，要在上位法层面给予保险业参与风险治理的制度支持，如在食品安全、环境污染、公众安全以及网络安全、个人信息安全等涉及公众利益的敏感领域，应在《中华人民共和国食品安全法》《中华人民共和国环境保护法》《中华人民共和国民法典》《中华人民共和国网络安全法》《中华人民共和国个人信息保护法》等法律法规中特殊、关键行业建立明确的强制保险制度，形成政府、企业、保险业三位一体的风险治理格局。

二是进一步加大财税政策的支持力度。从国内保险实践上看，当前中国在一些关乎国计民生发展的保险业务领域，如农业保险、进出口信用保证保险、巨灾保险等险种运作上均采取了政府补贴的模式，在减轻投保人资金压力、提高各方参与积极性、提升风险管理水平等方面发挥了重要作用。但总体来看，中国保险业的深度和密度均有待提高，应进一步加大对农业保险、巨灾保险、责任保险等险种的财政补贴和税收优惠力度。进一步引导农业保险建立与粮食生产挂钩的机制，让更多生产者多得补贴，激发种粮农户生产增产的动力。加大对地方优势特色农产品保险的财税支持力度；鼓励保险机构满足新型农业经营主体的保障需要，积极为农村三大产业融合发展过程中新业态的生产风险、运输风险、销售风险、消费风险等提供保障。

三是完善保险业发展的基础设施。由政府部门牵头加强政府部门、相关行业部门与保险之间的数据共享。鼓励各部门与保险公司协同搭建风险治理与数据共享服务平台，提高保险业数据获取便利程度，共同开发多维度、多视角风险分析模型工具，在保证数据安全的前提下为保险企业提供便利，降低保险业的投入成本。

（二）持续推进保险行业高质量发展，提高行业服务能力

一是认真学习贯彻中央金融工作会议精神，将坚持党的领导融入保险监管和公司治理各环节。引导保险公司树立良好的发展理念,维护保险业良好声誉。监管部门和保险行业协会要在"保险姓保"的原则下,持续助力保险业推进高质量发展。保险业经济减震器和社会稳定器功能的发挥离不开保险业的发展壮大、保险密度和保险深度的进一步提高以及保险业服务能力和水平的提升。大型保险机构尤其是大型国有保险机构、政策性保险机构等要坚持政治性、人民性,发挥好主力军和压舱石作用;中小机构要做好差异化经营,以安全稳健经营为底线,同时基于自身优势、地域优势,服务好当地产业发展。

二是积极参与做好科技金融、绿色金融、普惠金融、养老金融、数字金融五篇大文章。依托科技保险、知识产权保险、首台(套)重大技术装备保险、产业链综合保险等服务科技创新重点领域,助力"高精尖"产业和"国之重器"攀高逐新;深化"保险+科技+服务"模式创新,建立覆盖信用融资、技术创新、装备购置、产品研发、生产与人员安全、成果转化和产能提升等全方位全流程的综合保险机制。加大绿色保险的创新力度,除了现有的环境污染责任保险、巨灾保险等业务,加强与新能源行业,如光伏、风电、储能等行业的交流与合作,通过创新险种和服务模式等方式提高保险业的参与度。加大"碳保险"创新,针对碳交易主体的风险开发相应的创新产品。加大对新市民群体、"带病体"、老年群体等群体的普惠保险产品供给,进一步优化"惠民保"产品,探索普惠、可持续的发展模式。

三是持续推进保险业风险减量管理服务。行业层面应提供数据、标准和技术支持,保险公司层面要进一步增加科技投入,通过数字化平台建设,提高对风险的全流程监测预警和管理能力,并不断积累风险数据,优化风险分析模型,更好地服务企业发展;构建多元化、复合背景的风险管理人才队伍,提高风险管理服务的专业度,提高风险减量服务的客户满意度,让被保企业切切实实享受到风险减量服务的价值。

四是进一步完善再保险市场建设。再保险市场的发展关系到整个保险市场的承保能力，不仅可以通过业务分出将中国市场的风险分散给国际市场，通过接收国际业务也可以与国内的风险进行对冲分散。中国作为全球第二大保险市场，但再保险市场发展明显不足。行业数据显示，2022年中国分出至境外保费规模约1120亿元，境外分入保费规模约283亿元，再保险市场有近4倍逆差。A. M. Best 2022年统计的全球前50位再保险主体中，中国只有3家。在再保险领域拥有自主权对于维护中国金融安全、能源安全和国家安全都有重要的意义。应持续提升再保险市场的承保能力，支持再保险机构以服务中国"走出去"企业和"一带一路"共建国家和地区企业为主，逐渐积累业务经营，稳步提高国际化业务能力和水平。

（三）加强消费者保护和国民保险意识教育工作

2023年国家金融监管总局成立，中国金融监管进入"一行一局一会"的新格局，新的监管格局适应了当前金融行业融合发展的背景，更有利于对消费者权益的保护。消费者权益的保护工作需要从加强消费者教育和消费者权益维护两个方面提高。

消费者教育方面，当前社会尤其是中老年群体对保险认知和认可普遍不足，不能有效知晓保险产品的功能作用与局限，容易引发销售误导或理赔纠纷。随着保险消费群体不断年轻化、网络化，年轻保险消费者对保险的认知和保险意识均有所提高。因此，在新环境下，要借助互联网技术、自媒体平台等多元途径，探索保险教育新途径、新方式，提升保险教育的传播度和可接纳性。一方面，借助自媒体平台提高在欠发达地区、农村群体、老年群体中的普及度，加大保险业在自媒体上的创作，采用新颖、亲民的形式传播保险意识。另一方面，自媒体等新型传播渠道对于保险业负面消息的传播也存在过分夸大、信息不实等问题，容易引起误解误导，因此，保险业也要建立相应队伍，及时回应网络平台上的热点问题和事件，避免不良信息持续发酵。同时，也可以采取保险知识进校园等多种方式，加强对青少年保险知识和保险意识的培养。

在消费者保护方面，一方面，监管部门要加强对风险点的监测，采取多种方式加大对保险消费风险提示工作。借助官方网站、官方微信等多种渠道的风险提示栏目定期发布提示信息，针对社会较为关注的银保产品销售误导、内地居民赴港购险、涉保电信欺诈等市场热点问题，探索采用短视频等新型方式扩大影响力，帮助保险消费者识别、防范有关风险，切实提高保险消费者理性消费和自我保护能力。另一方面，要加大在消费者纠纷化解上的投入力度，加强行业自律，采用多元化的纠纷化解机制提高投诉处理、纠纷解决效率。鼓励专业第三方平台在保险销售、理赔和纠纷化解中发挥积极作用。监管部门则要为消费者进一步维权提供更多便利。

（执笔人：郭金龙、朱晶晶）

第十章

以金融高水平开放助力金融强国建设

党的二十大擘画了全面建设社会主义现代化国家、以中国式现代化全面推进中华民族伟大复兴的宏伟蓝图。综观全球发展史，强国的现代化发展历程几乎都是从工业强国、贸易强国再到金融强国。金融是现代经济的核心，是实体经济的血脉，是国家核心竞争力的重要组成部分。习近平总书记在中央金融工作会议强调"八个坚持"，深刻阐释了中国特色金融发展之路的本质特征。中国特色金融发展之路既遵循现代金融发展的客观规律，更具有适合我国国情的鲜明特色，与西方模式有本质区别。中央金融工作会议旗帜鲜明地提出，以加快建设金融强国为目标，以推进金融高质量发展为主题，以金融高质量发展助力强国建设、民族复兴伟业。实现加快建设金融强国的目标，推动金融高质量发展，深化改革、扩大开放是必由之路。党的十八大以来，在以习近平同志为核心的党中央坚强领导下，我国坚持统筹金融开放和安全，着力推进金融高水平开放。金融业对外开放的深度、广度持续提升，跨境投融资不断便利化，人民币国际化稳中有进，金融业制度型开放稳步扩大，更多外资金融机构和长期资本来华展业兴业；国际金融中心建设成效显著，上海国际金融中心的竞争力和影响力不断增强，香港国际金融中心地位不断巩固提升；人民币债券市场更加活跃，跨境资本双向流动有所增强，具有中国特色的资本账户开放路径稳慎推进。

金融高水平开放为中国高质量发展提供了有力支持。本章聚焦金融高水平开放，总结了新时代以来中国推进金融开放的政策实践以及金融开放取得的重大成就。在此基础上，根据中央金融工作会议精神和习近平总书记在省部级主要领导干部推动金融高质量发展专题研讨班上的重要讲话精神，选取金融市场制度型开放、上海和香港国际金融中心建设、跨境资本流动与资本账户开放三个议题展开分析，以金融高水平开放助力金融强国建设。首先，简要梳理中国金融市场制度型开放的现状和特征，在对比分析不同金融市场开放模式的优缺点后，给出未来中国金融市场制度型开放路径的选择。其次，梳理上海和香港两大国际金融中心建设成效和不足，为进一步增强上海国际金融中心的竞争力和影响力，巩固提升香港国际金融中心地位提供真知灼见。最后，总结新时代以来中国跨境资本流动的事实及特征，指出现阶段中国资本账户开放在资本流动带来的资源优化配置效应和资本异常流动引发经济金融风险之间做到了较好平衡，这种具有中国特色的资本账户开放道路不仅具有理论支撑，在实践中也彰显出蓬勃的生命力，是目前中国资本账户开放在权衡收益和风险之后的最优选择。

一　新时代中国金融开放取得的重大成就

党的十八大以来，以习近平同志为核心的党中央统筹国内国际两个大局，深刻把握金融高质量发展的内在规律，强调要通过扩大对外开放，提高中国金融资源配置效率和能力，增强国际竞争力和规则影响力。习近平总书记关于金融开放的重要论述为我们做好新时代金融高水平开放工作提供了根本遵循，是推进金融高水平开放必须要遵守的基本原则。根据习近平总书记的重要指示批示精神，金融监管部门密集推出了一揽子有助于金融高水平开放的政策措施，从启动沪深港通、沪伦通、债券通、互换通，到放开外资金融机构在华持股比例限制，大幅扩大外资金融机构业务范围，再到深化人民币汇率形成机制改革，稳步推进人民币国际化，积极稳妥推动金融业对外开放。新时代十年，中国金融开放取得了重大成就，金融业对外开放程度不断深化，金融领域制度型开放稳步推进，人民币国际化步伐不断加快，国际收支更加平衡稳健，双向开放的金融体系有力支持了中国经济高质量发展。

（一）新时代中国推进金融高水平开放的基本原则和政策实践

党的十八大以来，习近平总书记高度重视开放型经济体系建设，在多个重要场合就推进金融高水平对外开放发表了一系列重要讲话。2017年7月14日，习近平总书记在全国金融工作会议指出，"要扩大金融对外开放。要深化人民币汇率形成机制改革，稳步推进人民币国际化，稳步实现资本项目可兑换。要积极稳妥推动金融业对外开放，合理安排开放顺序"。① 2018年4月10日，习近平主席在博鳌亚洲论坛年会开幕式上宣布，中国将"大幅放宽市场准入"。在金融业方面，"宣布的放宽银行、证券、保险行业外资股比限制的重大措施要确保落地，同时要加大开放力度，加快保险业开放进程，放宽外资金融机构设立限制，扩大外资金融机构在华业务范围，拓宽中外金融市场合作领域"。② 2019年2月22日，习近平总书记在十九届中央政治局第十三次集体学习中强调，"要提高金融业全球竞争能力，扩大金融高水平双向开放，提高开放条件下经济金融管理能力和防控风险能力，提高参与国际金融治理能力"。③ 2020年8月24日，习近平总书记在经济社会领域专家座谈会上发表题为"正确认识和把握中长期经济社会发展重大问题"的重要讲话，指出以高水平开放打造国际合作和竞争新优势，在推进对外开放中注意两点：一是形成全方

---

① 习近平：《习近平谈治国理政》（第二卷），外文出版社2017年版，第281页。
② 习近平：《开放共创繁荣　创新引领未来：在博鳌亚洲论坛2018年年会开幕式上的主旨演讲》，人民出版社2018年版，第11页。
③ 习近平：《论把握新发展阶段、贯彻新发展理念、构建新发展格局》，中央文献出版社2021年版，第310页。

位、多层次、多元化的开放合作格局；二是越开放越要重视安全，越要统筹好发展和安全，着力增强自身竞争能力、开放监管能力、风险防控能力，炼就金刚不坏之身。① 2022年12月9日，习近平主席在中国—海湾阿拉伯国家合作委员会峰会上指出，推动金融投资合作新进展，包括中国愿同海合会国家开展金融监管合作，便利海合会国家企业进入中国资本市场；同海方成立共同投资联合会，支持双方主权财富基金以多种方式开展合作；研究举办中海产业和投资合作论坛；加强数字经济和绿色发展等领域投资合作，建立双边投资和经济合作工作机制；开展本币互换合作，深化数字货币合作，推进多边央行数字货币桥项目。② 2023年10月30—31日，习近平总书记在中央金融工作会议上提出，"要着力推进金融高水平开放，确保国家金融和经济安全。坚持'引进来'和'走出去'并重，稳步扩大金融领域制度型开放，提升跨境投融资便利化，吸引更多外资金融机构和长期资本来华展业兴业。增强上海国际金融中心的竞争力和影响力，巩固提升香港国际金融中心地位"。③ 2024年1月16日，习近平总书记在省部级主要领导干部推动金融高质量发展专题研讨班上发表重要讲话强调，"要通过扩大对外开放，提高中国金融资源配置效率和能力，增强国际竞争力和规则影响力，稳慎把握好节奏和力度。要以制度型开放为重点推进金融高水平对外开放，落实准入前国民待遇加负面清单管理制度，对标国际高标准经贸协议中金融领域相关规则，精简限制性措施，增强开放政策的透明度、稳定性和可预期性，规范境外投融资行为，完善对共建'一带一路'的金融支持。要加强境内外金融市场互联互通，提升跨境投融资便利化水平，积极参与国际金融监管改革。要守住开放条件下的金融

---

① 习近平：《在经济社会领域专家座谈会上的讲话》，人民出版社2020年版，第8页。
② 《习近平出席首届中国—阿拉伯国家峰会并发表主旨讲话强调弘扬守望相助、平等互利、包容互鉴的中阿友好精神，携手构建面向新时代的中阿命运共同体》，《人民日报》2022年12月10日第1版。
③ 《中央金融工作会议在北京举行　习近平李强作重要讲话　赵乐际王沪宁蔡奇丁薛祥李希出席》，《人民日报》2023年11月1日第1版。

安全底线"。①

习近平总书记关于金融开放的重要论述内涵丰富、思想深刻，为我们做好新时代金融高水平开放工作、推动中国金融高质量发展奠定了理论基础、提供了根本遵循和行动指南。从习近平总书记的重要讲话中我们总结概括出推进金融高水平开放应遵循的基本原则为：金融开放的目的是提高中国配置全球资源的效率和能力，切实增强中国在国际上的竞争力和规则影响力，从而以金融高质量发展助力金融强国建设；金融开放的核心逻辑是以制度型开放为突破口，着力推进金融高水平对外开放，对标国际高标准经贸协议中金融领域相关规则，精简限制性措施，加强境内外金融市场互联互通，提升跨境投融资便利化水平，积极参与国际金融监管改革；基本要求是稳慎把握好开放的节奏和力度，统筹金融开放和安全，牢牢守住开放条件下的金融安全底线。

根据习近平总书记对落实金融开放措施提出的"宜早不宜迟，宜快不宜慢"重要指示批示精神，中国人民银行、原银保监会、证监会等金融监管部门迅速行动起来，持续推出金融业开放的具体举措。从近年来中国放宽金融市场准入的一揽子开放措施（这部分内容请看本章附录）中可以看到，中国金融业对外开放已经进入新的历史阶段。

（二）新时代中国金融开放取得的重要成就

党的十八大以来，以习近平同志为核心的党中央积极探索新时代金融发展规律，不断加深对中国特色社会主义金融本质的认识，不断推进金融实践创新、理论创新、制度创新，积累了宝贵经验，逐步走出一条中国特色金融发展之路。在习近平总书记的掌舵领航下，中国金融开放取得了重大成就，集中体现在以下三个方面。

---

① 《习近平在省部级主要领导干部推动金融高质量发展专题研讨班开班式上发表重要讲话强调　坚定不移走中国特色金融发展之路　推动我国金融高质量发展之路　赵乐际王沪宁丁薛祥李希韩正出席　蔡奇主持》,《人民日报》2024年1月17日第1版。

一是金融市场制度型开放有序扩大，外资金融机构在华准入和展业限制基本解除。例如，取消银行、证券、基金、期货、保险领域的外资股比限制，不断扩大外资金融机构在华的业务范围；推出沪港通、沪伦通、深港通、债券通等互联互通机制，方便境内外投资者进行跨境投资。随着金融业对外开放不断深化，大量外资金融机构和长期资本进入中国金融市场展业兴业。公开数据显示，2023年证监会新批了1家外商独资证券公司，3家外商独资基金公司，1家独资期货公司，2家合资基金公司转为独资，截至2023年年底累计有20家外资控股或全资证券基金期货公司相继获批，基金公司达到51家。合格境外投资者（包括合格境外机构投资者和人民币合格境外投资者）QFII数量达到806家，QFII来源国家与地区已经超过40个；推进中日、中新、深港、沪港ETF互通，目前已有20只互联互通ETF产品。2017年以来，债券市场境外投资者范围从境外央行类机构、人民币境外清算行和参加行，扩大至境外持牌金融机构以及养老基金等中长期投资者。截至2023年9月，进入中国债券市场的境外机构有1110家，覆盖了包括主要发达国家在内的70多个国家和地区；来自52个国家和地区的202家银行在华设立了分支机构；境外机构持有中国债券3.3万亿元人民币，比2017年年末增长了近200%，中长期投资者持债量占比近70%；熊猫债发行主体扩大至外国政府类机构、国际开发机构、境外金融机构和非金融企业，累计发行量约7500亿元人民币，比2017年年末增长240%。黄金市场"国际板"国际会员达103家，交易规模累计24.6万亿元人民币，是2017年年末的6.8倍。

二是人民币国际化步伐不断加快，在国际支付结算方面取得新进展。根据国际资金清算系统（SWIFT）公布的数据，人民币在全球支付中的占比从2023年10月的3.6%增长至2023年11月的4.6%，成为全球第四大常用货币；人民币融资货币功能大幅提升，2023年9月人民币在全球贸易融资中占比5.8%，排名升至第二；目前已有80多个境外央行或货币当局将人民币纳入外汇储备。人民币跨境支付系统（CIPS）参与者遍布100个多国家和地区，业务覆盖180多个国家和地区，CIPS的建成运行使人民币的跨境使用规模快速扩大。2023年前三季度人民币跨境收付金额为38.9万亿元，同比增长24%，其中货物贸易人民币跨境收付金融占同期本外币跨境收付总额的比例达到24.4%，创下近年来的最高水平。海外人民币清算网络不断优化，2022年以来中国先后在老挝、哈萨克斯坦、巴基斯坦、巴西设立人民币清算行，为境内外人民币清算提供了更加便利的条件。离岸人民币市场交易更加活跃，2022年年末主要离岸市场人民币存款余额达到1.5万亿元。

三是国际收支更加平衡稳健，资本项目开放稳步推进，已实现较高可兑换水平。在新冠疫情和地缘政治的冲击下，全球通胀高企，美欧为抑制通胀开启激进加息政策，世界经济在"三高一低"的全球宏观金融格局下面临巨大的下行压力。在此背景下，中国国际收支始终保持在合理均衡水平。2022年中国经常账户顺差4175亿美元，比2021年增长32%，与同期GDP比值为2.3%。货物贸易顺差6856亿美元，比2021年增长22%，其中货物贸易出口3.4万亿美元，增长5%，进口2.7万亿美元，增长1%；服务贸易逆差943亿美元，较2021年下降6%，其中电信计算机信息服务、其他商业服务呈现顺差分别增长66%和23%，反映中国数字贸易快速发展。直接投资继续保持净流入态势，2022年直接投资净流入323亿美元，其中中国对外直接投资净流出1580亿美元，来华直接投资净流入1903亿美元，表明中国经济持续回升向好对国际长期资本依然保持较强的吸引力。[①] 目前，中国已经有超过90%的资本项目实现了不同程度的开放，人民币资本项目可兑换取得了积极进展。未来在守住开放条件下金融安全的底线前提下，中国将稳慎推进资本项目开放。

---

① 数据来自《2022年中国国际收支报告》。

二　中国金融市场制度型开放的模式及路径选择

党的二十大报告指出，"稳步扩大规则、规制、管理、标准等制度型开放"。[①] 推进金融领域更高层次、更高水平的制度型开放是新时代金融高质量的必然要求，也是提升金融服务实体经济质效的必然选择。制度型开放不仅为中国金融市场开放指明了方向，同时提出了更高要求。目前，中国金融市场开放已涵盖股票、债券、商品期货等领域，沪深港通、债券通、互换通、"跨境理财通"试点、基金互认等投资渠道，形成以合格机构投资者制度、互联互通机制和境外投资者直接入市为主的金融市场双向开放模式。在金融市场制度型开放的指引下，不同金融市场模式的效果怎样，如何协调不同金融市场开放模式，未来中国金融市场开放模式及路径应如何选择，这是接下来要重点探讨和回答的问题。下面，我们先简要梳理中国金融市场制度型开放的现状和特征，然后对比分析不同金融市场开放模式的优缺点，最后指出中国未来金融市场制度型开放应选择的路径安排。

（一）中国金融市场开放的现状及特征

中国金融市场开放兼顾市场交易效率和跨境资本风险管理，整体上遵循渐进式、管道开放的开放路径。[②] 目前，中国主要金融市场基本实现对境外投资者全部开放，只是在投资者范围、交易品种类和交易方式上存在差异。对于股票市场，境外投资者可以通过合格境外机构投资者（QFII）、人民币合格境外机构投资者（RQFII）、沪港通、深港通投资中国境内股票；对于债券市场，境外投资者可以通过 QFII、RQFII、债券市场直接入市（CIBM Direct）、债券北向通投资中国境内债券；对于特定商

[①] 习近平：《高举中国特色社会主义伟大旗帜　为全面建设社会主义现代化国家而团结奋斗——在中国共产党第二十次全国代表大会上的报告》，人民出版社2022年版，第32页。

[②] 潘功胜：《人民币国际化十年回顾与展望》，《中国金融》2019年第14期。

品期货品种，境外投资者可以直接参与中国特定商品期货期权品种的交易（如原油期货）；对于资管产品市场，境外投资者可以通过跨境理财通及基金互认投资中国境内资管产品（见图10—1）。

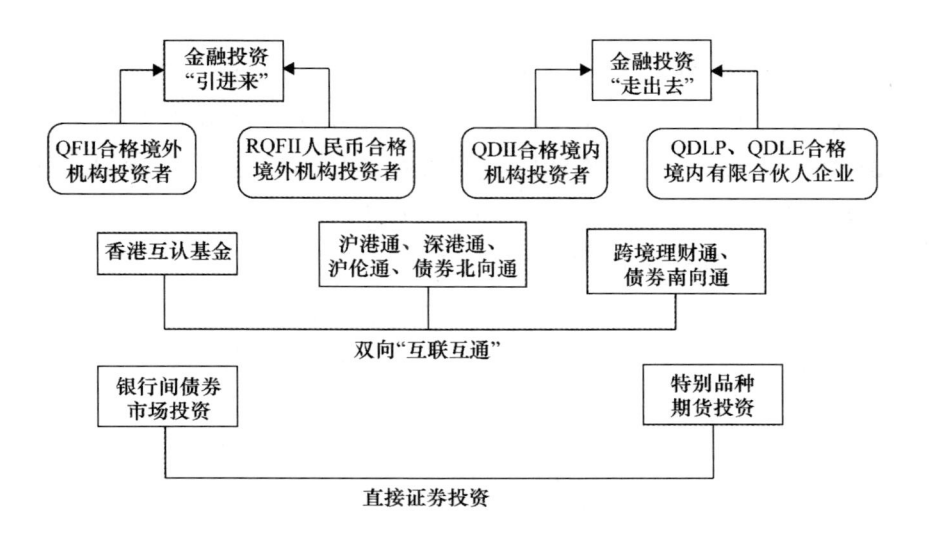

```
                    金融投资                         金融投资
                    "引进来"                         "走出去"

    QFII合格境外      RQFII人民币合格      QDII合格境内       QDLP、QDLE合格
    机构投资者        境外机构投资者       机构投资者         境内有限合伙人企业

    香港互认基金      沪港通、深港通、                       跨境理财通、
                     沪伦通、债券北向通                     债券南向通

                              双向"互联互通"

    银行间债券                                              特别品种
    市场投资                                                期货投资

                              直接证券投资
```

图 10—1　中国金融市场开放结构和模式

资料来源：笔者根据蒋一乐等、赵振翔和张晓燕的文献整理得到。参见蒋一乐、施青、何雨霖《我国金融市场制度型开放路径选择研究》，《西南金融》2023年第9期；赵振翔、张晓燕：《金融市场制度型开放服务双循环》，《中国金融》2023年第14期。

现阶段，中国金融市场开放模式可以分为两大类：一是直接入市模式；二是互联互通模式。① 其中，直接入市包括 QFII、RQFII、CIMB Direct、特定品种期货期权投资开放等渠道；互联互通模式包括沪港通、深港通、债券通、基金互认、跨境理财通等渠道。从时间上看，中国金融市场开放最先实践的是直接入市模式，最近十年互联互通模式逐渐成为金融市场开放的主要模式。由于不同金融市场开放模式在不同的历史阶段推出，因此在

---

① 霍颖励：《金融市场开放和人民币国际化》，《中国金融》2019年第14期。

实践中存在明显的差异。直接入市模式需要境外投资者在境内落地，交易规则和习惯需要遵循境内安排，而互联互通模式则是打通境内外基础设施和交易机制服务跨境投资，交易习惯和安排更符合国际惯例。① 中国金融市场开放的一个显著特征是推动人民币跨境支付使用。直接入市模式的前一阶段（如 2022 年 11 月推出的 QFII）使用"本币自由兑换"类型的资本项目开放方式，后一阶段（2011 年 12 月推出的 RQFII、2016 年 2 月推出的 CIBM Direct）使用"本币跨境支付"类型的资本项目开放方式。相比之下，近年来推出的互联互通模式以普遍使用人民币跨境支付。其中，债券通和跨境理财通要求跨境支付需要使用人民币跨境支付系统（CIPS），凸显中国金融市场开放和人民币国际化协调推进的鲜明特征。

中国金融市场多渠道开放虽然满足了不同外资的投资偏好，但不同渠道同时存在、相互隔离，在市场准入和资金汇兑等方面的监管要求也不一致，给境外投资者投资的交易操作增加了难度。② 对于直接入市模式和互联互通模式，二者的交易习惯和规则有所不同，在账户开立、资产托管和交易结算等基础设施安排上均存在显著差异。在此背景下扎实推进金融市场制度型开放，利用规范的制度标准和管理规则，可以提升不同开放渠道的协同性和一致性，破解外资进入境内投资的障碍限制。

近年来，中国政府部门积极推进金融市场制度型开放。对于直接入市模式，2018 年国家外汇管理局发布《合格境外机构投资者境内证券投资外汇管理规定》，中国人民银行、国家外汇管理局发布《关于人民币合格境外机构投资者境内证券投资管理有关问题的通知》，取消 QFII 和 RQFII 本金锁定期限制和资金汇出 20% 的比例限制；2019 年全面取消 QFII/RQFII 额度限制；2020 年进一步降低 QFII/RQFII 准入门槛；2020 年中国证监会宣布允许 QFII、RQFII 参与证券交易所的债券回购、融资融券、转

---

① 蒋一乐、施青、何雨霖：《我国金融市场制度型开放路径选择研究》，《西南金融》2023 年第 9 期。
② 潘功胜：《人民币国际化十年回顾与展望》，《中国金融》2019 年第 14 期。

融通证券出借交易，扩大了 QFII/RQFII 投资范围。对于互联互通模式，2016 年沪深港通均取消总额度限制，每日额度也大幅提高；从 2018 年 5 月 1 日起，沪深港通每日额度扩大 4 倍，沪股通及深股通每日额度从 130 亿元人民币调整为 520 亿元人民币，港股通每日额度从 105 亿元人民币调整为 420 亿元人民币；2018 年债券通全面实施货银两讫结算模式。2023 年 11 月 7 日，中国证监会副主席王建军在国际金融领袖投资峰会上表示，将落实好中央的决策部署，进一步加强跟境外市场的互联互通，落实好境外上市新规，优化 QFII 制度，吸引更多的境外机构到内地资本市场展业。同时，积极参与资本市场国际治理，不断深化资本市场制度型开放。

（二）中国金融市场开放模式的路径选择

中国金融市场开放的两种模式各具特色，这就决定了不同模式适用不同的境外投资者。直接入市的准入门槛较高，但投资范围更宽，适合那些中长期的大型境外机构投资者。互联互通因交易便利、低成本优势使其对中小境外投资者更具吸引力，尤其是互联互通不改变境外投资者交易规则和习惯，极大地降低了交易成本，受到中小投资者喜爱。从中国人民银行公布的数据来看，互联互通模式优势明显，对市场吸引力较高。2018—2021 年，境外机构和个人持有境内人民币股票和债券规模平均年增速超过 40%，而这一数据在 2014—2017 年不足 25%。2015—2017 年人民币跨境收付金额的平均年增速不到 1%，但在 2018—2021 年这一增速接近 40%，这表明互联互通模式极大地推动了跨境人民币结算使用规模。

根据金融市场制度型开放应兼顾吸引境外投资者，同时维护境内经济金融安全这一准则，蒋一乐等设计了一套简洁实用的评价框架，对比分析直接入市模式和互联互通模式的差异，[①] 他们比较直接入市典型渠道（如

---

① 蒋一乐、施青、何雨霖：《我国金融市场制度型开放路径选择研究》，《西南金融》2023 年第 9 期。

QFII、RQFII、CIBM Direct）和互联互通典型渠道（如沪深港通、债券通、跨境理财通）发现，QFII/RQFII 的优势在于投资范围广，有利于提升本国金融服务能级且容易监管，但缺陷在于便利程度较低、准入门槛相对较高；沪深港通、债券通等优势在于便利程度较高，有助于扩大跨境人民币使用范围和频率，缺陷在于投资范围较窄，不利于本国风险防范，对经济发展和金融稳定的作用较弱。

  总的来看，直接入市模式在金融市场制度型开放中更具优势。这是因为，直接入市模式的交易规则由中国制定掌握，一般来说具有很大的自主权。互联互通模式需要国与国之间相互合作，对一些有争议的规则可能协商成本很高。尤其是，互联互通模式遵循国外交易习惯和准则，交易受到境外当地法律法规保护，这会导致中国境内监管部门难以充分有效地对其展开监管，而境外一旦出现传染性较强的金融风险，对本土经济发展和金融稳定将造成严重的负面冲击。此外，互联互通模式下人民币交易主要发生在境外离岸市场，而境外离岸市场不像境内在岸市场对人民币有很强的实际交易需求，境外离岸市场的人民币交易往往用于外汇投机交易，这可能对中国外汇市场和境内在岸市场带来潜在风险，特别是境内金融基础设施有限尚不能为离岸人民币衍生品提供集中清算、电子化交易和交易报告库等监管措施之前，加强场外衍生品监管已成为国际共识。

  习近平总书记在中央金融工作会议和推动金融高质量发展专题研讨班上对金融高水平开放提出明确要求，强调要稳慎把握好节奏和力度，统筹金融开放和安全，牢牢守住开放条件下的金融安全底线。从这一点来看，中国金融市场制度型开放应遵循直接入市模式为主、互联互通模式为辅的路径安排。当然，从制度型开放的内涵来看，直接入市模式更加有利于推动金融市场制度型开放。由于直接入市模式改革涉及境内体制机制、监管模式、金融基础设施等多个方面，而这正是制度型开放的主要内容。相比之下，互联互通主要搭建境外投资者进入中国金融市场的管道，这些不同管道之间难以打通，也很少涉及境内交易规则制度，且开放水平较低，不适合作为金融市场制度型开放的支撑。直接入市模式的优势在于，一方面促进国际要素在境内聚集，可以提升中国境内金融机构和金融人才的竞争力；另一方面资金在境内开立账户落地，交易的资金数据相对公开透明，有助于中国构建预防系统性金融风险的监管和评估体系。

三　上海和香港国际金融中心建设

中央金融工作会议明确提出加快建设金融强国的目标，这是党中央立足中国式现代化建设全局作出的战略部署。习近平总书记在省部级主要领导干部推动金融高质量发展专题研讨班开班式上发表重要讲话，深刻提出，金融强国需要具备一系列关键核心金融要素，其中一条就是拥有强大的国际金融中心。我们聚焦上海和香港国际金融中心建设，梳理两大金融中心建设成效和不足，旨在进一步增强上海国际金融中心的竞争力和影响力，巩固提升香港国际金融中心地位，从而为上海和香港国际金融中心建设提供真知灼见，以强大的国际金融中心助力金融强国建设。

（一）上海国际金融中心建设成效及不足

20世纪90年代初上海首次提出建设国际金融中心设想，2009年上海国际金融中心建设被确立为国家战略。经过数十年努力奋斗，上海国际金融中心建设取得了长足发展。新时代十年，上海国际金融中心建设取得了重大突破，金融总量大幅跃升，金融改革深入推进，金融开放持续扩大，服务实体经济能力不断增强，金融风险防范体系日益健全，国家战略地位进一步凸显。[1] 从推动人民币国际化发展的金融基础设施网络建设，到加快以金融对外开放为导向的自贸区离岸金融建设，再到补短板的金融市场

---

[1] 上海市人民政府新闻办公室：《新时代上海国际金融中心建设的成效与展望》，2022年10月11日，https://www.shanghai.gov.cn/nw12344/20221011/d02f33436a7343218b9193734c00ba6f.html。

建设，上海国际金融中心建设正在稳步扎实推进。① 从英国智库 Z/Yen 集团与中国（深圳）综合开发研究院联合发布的全球金融中心指数（GFCI）来看，上海国际金融中心指数排名从 2007 年的第 35 名跃升至 2019 年的第 3 名。② 总的来看，上海在 2020 年基本建成了与中国经济实力以及人民币国际地位相适应的国际金融中心。

2023 年 12 月 1 日，习近平总书记在上海考察时指出，加快建设"五个中心"是党中央赋予上海的重要使命。目前，上海正在加强现代金融机构和金融基础设施建设，实施高水平金融对外开放，着力推进高质量金融服务，不断提升国际金融中心竞争力，努力建设成为全球一流的国际金融中心。《上海国际金融中心建设"十四五"规划》提出：到 2025 年，上海国际金融中心能级显著提升，服务全国经济高质量作用进一步凸显，人民币金融资产配置和风险管理中心更加巩固，全球资源配置功能明显增强，为到 2035 年建成具有全球重要影响力的国际金融中心奠定坚实基础。对标纽约、伦敦、新加坡等国际一流金融中心，不难发现上海国际金融中心建设还存在明显差距，特别是以下两个短板较为突出，从而阻滞了上海国际金融中心能级进一步提升。

一是国际化程度不高，全球资源配置功能有限。有研究发现，如果把全球各个金融中心在同一平面直扑开来画出散点分布，然后用线条连接彼此之间存在的关联关系，结果发现纽约、伦敦和新加坡就像光的辐射源一样，以密集的线条联结起其他金融中心，相比之下从上海发出的光线就暗淡得多。刘元春从市场规模、外资投资和"上海价格"三个维度对比分析发现，2022 年年底上交所总市值不足纽交所和纳斯达克总市值的 17%，中国债市和资产支持债券占 GDP 比值、场外金融衍生品日均交易量以及

---

① 杨雪峰：《提升国际化水平　打造上海国际金融中心建设"升级版"》，中国社会科学网，2023 年 8 月 29 日，https://www.cssn.cn/glx/glx_llsy/202308/t20230829_5682135.shtml。

② 在新冠疫情和美国"去中国化"的双重冲击下，最新的上海国际金融中心指数排名有所下跌，2023 年上海国际金融中心指数排在全球第 7 名。

股票市场回报率上均显著落后于美国和英国；国际直接投资资产占GDP比例和国际证券投资资产占GDP比例与美国和新加坡相比也存在较大差距；尽管国内对大宗商品的需求旺盛，但期货市场国际化品种较低，以人民币计价和结算的大宗商品总体规模偏低。[①] 此外，上海跨国企业总数远远落后于纽约和伦敦，目前还没有境外机构在上交所直接上市。由此可见，上海国际金融市场中心在市场规模和运行效率与纽约和伦敦相比存在明显不足，加上"上海价格"的影响力主要局限于国内，国际认可度还不高，限制了上海吸引和配置全球资源的能力。

二是金融科技发展水平相对落后，制约上海国际金融中心能级提升。金融科技的快速发展对金融业态的影响不仅是全方面的，更是革命性的。如数字货币、区块链创造了新的金融业务模式和金融产品，物联网和供应链金融强化了金融与实体经济的衔接，大数据和人工智能重塑了金融活动。毫无疑问，金融科技已经成为金融发展的重中之重，是影响金融中心建设最重要的因素。从全球金融中心指数排名来看，近年来，上海在金融科技单项指标排名落后是导致其全球金融中心指数排名滑落的主要原因之一。目前，上海在金融科技领域的竞争力和发展潜力还有待激活。首先，从《2023全球独角兽榜》来看，上海独角兽企业上榜数量达到66家，仅次于北京，但分布在金融科技领域的较少。现有的金融科技产业涵盖的主要是金融机构下属的科技子公司，硬科技企业比较匮乏，这表明上海金融科技生态尚不成熟，对科创企业的吸引力不足。其次，上海私募股权投资和风险投资（PE/VC）市场发展滞后导致科创企业融资难度加大。从国内PE/VC基金募集规模来看，2022年上海在全国排名第9位，不仅落后于北京和深圳，更是被天津和安徽超过。此外，金融科技人才储备不足也是上海金融科技发展水平落后的一个重要影响因素。

---

① 刘元春：《提升上海国际金融中心建设能级的三个关键》，《新金融》2023年第11期。

(二) 香港国际金融中心建设成效及挑战

自1997年回归以来，香港经济持续保持繁荣稳定，国际金融中心地位不断增强。一方面，香港背靠强大的祖国，金融业实现了跨越式发展，国际金融中心地位变得更加牢固；另一方面，香港联通世界，作为国际金融中心具有独特的资源优势和丰富的管理经验，为祖国的经济建设作出了重大贡献。新时代以来，中央政府依照宪法和基本法对香港特别行政区行使全面管治权，制定实施《中华人民共和国香港特别行政区维护国家安全法》，落实"爱国者爱港"原则，香港国际金融中心建设迎来重大历史机遇。中央政府承诺，将继续坚定不移地给予香港一贯的政策支持，稳固并优化香港国际金融中心地位，保持香港长期繁荣稳定。《中华人民共和国国民经济和社会发展第十四个五年规划和2035年远景目标纲要》明确提出：一如既往支持香港提升国际金融中心的地位；强化香港作为全球离岸人民币业务枢纽、国际资产管理中心及风险管理中心。习近平总书记在庆祝香港回归祖国二十五周年大会暨香港特别行政区第六届政府就职典礼上明确提出，"香港正处在从由乱到治走向由治及兴的新阶段，未来5年是香港开创新局面、实现新飞跃的关键期。机遇和挑战并存，机遇大于挑战"。[1]

香港具有高度开放的商业环境、深度的金融市场体系、完善的金融基础设施、巨大的人才优势、健全的法律体系以及国际化的金融监管体系，一直是全球重要的国际金融中心。从最新的全球金融中心指数（GFCI）（2023年第34期）来看，香港国际金融中心排名全球第4位，整体评分较前值显著上升。其中，香港在营商环境、人力资本、金融业发展水平以及声誉等传统指标上具有突出优势，在金融科技和绿色金融等新兴指标上发展势头同样强劲。根据2022年5月SWIFT发布的人民币跟踪报告发布的数

---

[1] 习近平：《在庆祝香港回归祖国二十五周年大会暨香港特别行政区第六届政府就职典礼上的讲话》，《人民日报》2022年7月2日第2版。

据，香港离岸人民币结算规模占全球比重接近75%，显著高于新加坡等离岸人民币清算中心。2021年年底，香港离岸人民币存款余额在全球占比接近60%，发行的离岸人民币债券在全球占比超过80%，是全球最大的离岸人民币资金池和最大的离岸人民币债券市场。中国人民银行行长潘功胜在香港金融管理局—国际清算银行高级别会议上表示，香港是全球规模最大的离岸人民币市场、亚洲最大的资产管理中心、私人财富管理中心和第二大对冲私募基金枢纽，中国人民银行将坚定维护香港国际中心地位，优化跨境人民币业务政策体系，支持香港打造亚太地区金融科技枢纽和可持续金融中心。国家金融监管总局局长李云泽在香港第十七届亚洲金融论坛上表示，香港是全球知名的国际金融中心，在经济自由度、金融市场深度、国际化法律环境和人才储备等方面具有显著优势。金融监管总局将继续加强与香港方面的双边监管合作，在CEPA框架下不断推进向港澳更高水平开放，全力支持香港发挥在"一国两制"下的独特优势，不断巩固提升香港国际金融中心地位。

回归祖国26年，香港国际金融中心取得的成就举世瞩目。但面对百年未有之大变局，目前香港国际金融中心建设主要面临如下两点挑战：一是香港国际金融中心具有双重属性。一方面，高度开放的金融市场以及联系汇率制使全球资金在香港流通量高、进出灵活，对国际资金具有很强的吸引力，但在美欧货币政策迅速转换的特殊背景下，跨境资金在香港易出现大规模流进流出的极端情况，对香港金融稳定极有可能会造成较大冲击。另一方面，香港作为祖国的一部分，其经济活力和市场资源高度依赖祖国，但其金融市场运行遵循的法律法规等制度以及市场监管框架与内地存在较大差异。香港国际金融中心的双重属性是一把双刃剑，对内地金融市场的发展产生积极显著影响的同时也积累了潜在金融风险。[1] 二是中资

---

[1] 万喆：《提升香港国际金融中心新阶段面临的挑战及对策》，《中信经济导刊》2023年1月11日。

金融机构在香港金融市场缺乏话语权。香港是全球金融机构最集中的城市之一，但占主导的金融机构大多是"外来户"。近年来，尽管中资银行、证券、保险等金融机构在香港发展迅速，如中资银行在香港的总资产已超过 2 万亿港元，占香港银行业总资产的比重超过 50%，中资保险的保费业务收入占香港保险业保费收入的 1/5，中资投行承销香港 IPO 已超过西方传统知名投行。[①] 但截至目前，香港还没有形成来自国家的大型金融机构，在金融市场上缺少话语权和主导权，这导致在金融市场发生较大幅度波动时，特别是爆发金融危机时，缺少本土大型金融机构的有力支持，在一定程度上会影响香港金融体系的稳定性。

总体来看，香港国际金融中心建设虽然面临挑战，但未来仍是机遇大于挑战。例如，面对新加坡的挑战，香港国际金融中心的竞争优势集中体现在：银行业与保险业国际化优势突出、股票市场规模优势明显、[②]国际债券发行领先、外汇市场交易活跃、资产管理规模强势增长等。但与纽约、伦敦甚至东京、上海相比，香港自身的经济体量还不足以支撑香港国际金融中心向更高能级跃升。在以国内大循环为主体、国内国际双循环相互促进的新发展格局中，香港凭借独特的区位优势、开放的制度环境和成熟的资本市场，恰好处在国内循环和国际循环的结合点。为此，香港需要进一步强化"背靠祖国、联通世界"的超级联系人功能，以深度融合大湾区为契机，利用 CEPA 框架以及前海、横琴等自贸区的特殊优惠政策，不断纵深推进香港国际金融建设在祖国内地的经济腹地，同时积极参与"一带一路"和 RECP（区域全面经济伙伴关系协议）的金融枢纽建设，主动担当起中外资金融通的桥梁，进一步强化离岸人民币业务覆盖范围，扩宽国际金融中心业务，从而进一步巩固提升香港国际金融中心地位。

---

① 来自彭博中国经济数据。
② 截至 2023 年 9 月，香港交易所总市值为 4.10 万亿美元，是新加坡交易所总值的 66 倍。

四 跨境资本流动与资本账户开放

资本流进流出的反复循环是全球经济金融一体化的固有特征。资本大规模流动通常会引发新兴经济体的货币金融危机，同时资本流动的突然逆转被认为是造成新兴经济体金融市场和宏观经济不稳定的主因之一。2008年国际金融危机后，跨境资本大规模流动重新引起学界对资本管制的关注。2015年"8·11"汇改以后，中国外汇市场出现较大幅度波动，出现资本外逃现象，人民币一度面临较大的贬值压力，中国人民银行为了维护金融市场和汇率稳定果断出手，对异常跨境资本流动进行干预。历史经验和相关研究表明，资本账户开放会同时带来收益和风险。如果资本项目完全开放，资本大规模流进流出会损害中国金融市场和宏观经济的稳定，这种负面冲击效应在国内金融改革完成前将更加突出。如果资本账户严格管制，则会限制中国深度融入全球经济金融体系。由于无法顺畅地吸收和配置全球金融资源，这将严重制约中国构建相互促进的双循环新发展格局。一直以来，各界关于中国资本账户开放的争论就没有停止过，在全球宏观金融格局快速演变以及中美经贸摩擦的背景下，统筹金融开放和安全，稳慎推进资本账户开放是实现金融高质量发展的必由之路，亟须研究。

（一）中国跨境资本流动的事实及特征

2008年国际金融危机以来，中国国际收支出现了一些新的变化。一是经常账户在国际金融危机后至新冠疫情前虽然保持顺差，但顺差呈现不断缩窄态势，而新冠疫情后中国经常账户顺差出现显著上行，但经常账户顺差与GDP比值多年来一直在2%上下波动，保持在合理均衡水平。二是非储备性质金融账户在国际金融危机前一直保持顺差，但在危机后呈现顺差/逆差相互交替的格局。三是净误差与遗漏在国际金融危机后一直呈现净流出趋势，流出规模在2010—2014年相对较小，在2015—2018年较大，此后逐渐缩小（见图10—2）。总的来看，中国国际收支维持基本平衡格局。2022年经常账户顺差4019亿美元，较2021年增长14%，这得益于中国完整的产业链供应链体系使得货物贸易竞争力强且富有韧性，加上跨境电商等贸易新业态蓬勃发展以及贸易伙伴多元化，中国货物贸易增长有力，同时计算机信息服务、知识产权和商业服务等生产性服务贸易收入增长也相对较快。2022年非储备性质的金融账户逆差为2110亿美元。近年来中国非储备性质的金融账户出现小幅逆差，这是中国人民银行近年来退出常态化外汇干预逐步形成的自主平衡的国际收支格局。

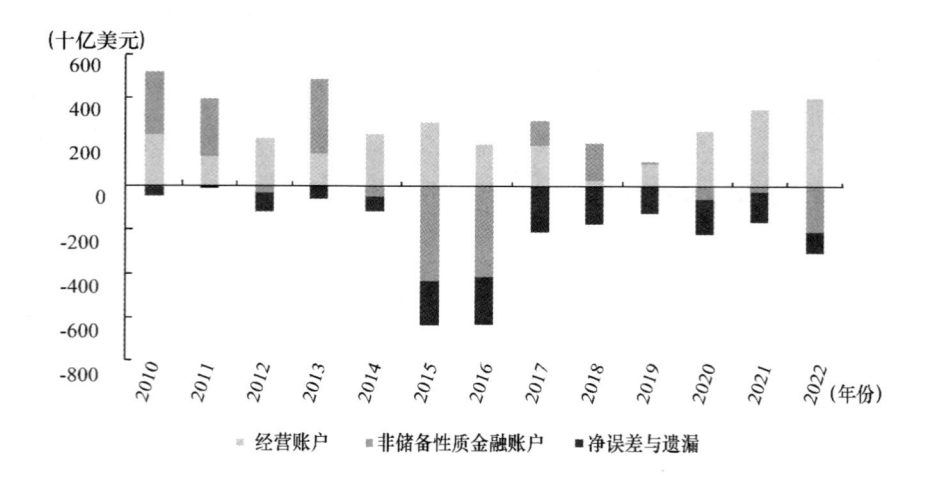

图10—2 中国国际收支

资料来源：CEIC。

借鉴张明的做法，[①] 我们利用非储备性质金融账户余额和净误差与遗漏余额之和刻画中国跨境资本流动情况（见图10—3）。在2012年之前，中国跨境资本连续十余年均为净流入，其中直接投资是资本净流入的主要贡献者。2012年之后，中国跨境资本流动整体呈现净流出态势（2013年除外），其中

---

① 张明：《跨境资本流动新特征与资本账户开放新讨论》，《财经智库》2022年第1期。

2015年和2016年跨境资本流出规模相对较大，分别达到6362.8亿美元和6346.6亿美元。从非储备性质金融账户的三大构成来看（见图10—4），直接投资在金融危机后保持相对稳定，除个别年份（2016年）外均保持净流入。证券投资变动趋势和美国货币政策周期密切相关。从图10—5可以看出，美联储在2008年国际金融危机后有两次明显的加息操作：第一次加息起点是2015年第四季度，第二次加息起点是2022年第一季度。每当美联储开启加息周期，中国跨境证券投资都会净流出，如2015—2016年中国跨境证券投资为净流出，2022年随着美联储开启近40年来最激进的加息政策，中国跨境证券投资出现大幅外流。上述资本流动现象符合全球金融周期理论，即美国紧缩性货币政策提高了无风险利率，强化了投资者风险厌恶情绪，致使资本价格急剧下跌，美元升值使跨境资本从他国回流美国。相比之下，其他投资项的不稳定性最大，是驱动中国资本外流的主要动力。由于其他投资主要反映跨境借贷，因此跨境借贷资金波动对中国资本流动的影响更为显著。

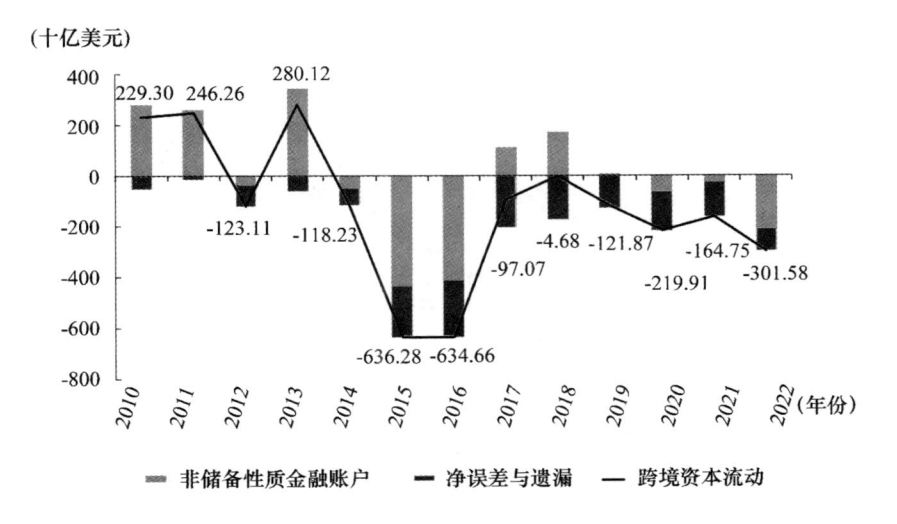

图10—3 中国跨境资本流动规模

资料来源：CEIC。

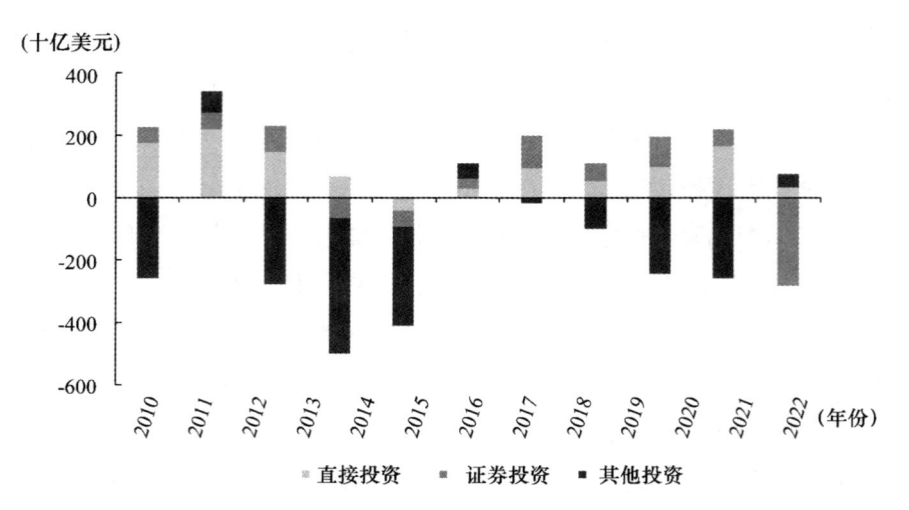

图 10—4 中国非储备性质金融账户余额

资料来源：CEIC。

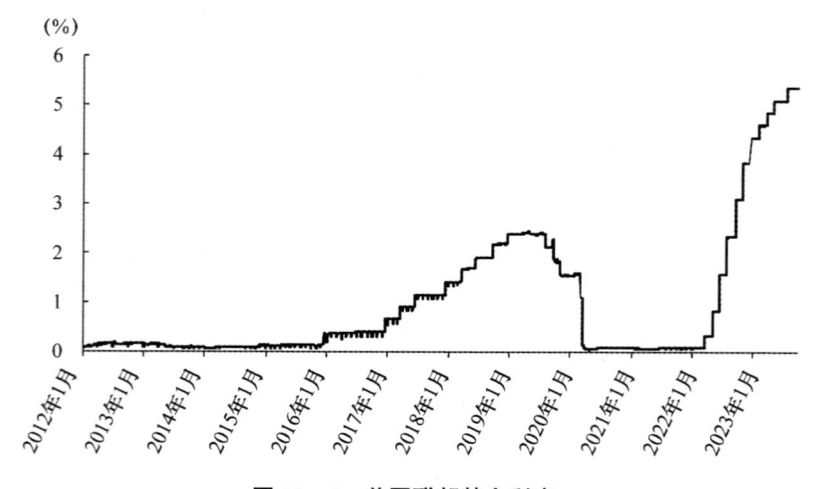

图 10—5 美国联邦基金利率

资料来源：CEIC。

第十章　以金融高水平开放助力金融强国建设

与其他新兴经济体相比，中国跨境资本流动存在显著的异质性。在国际金融危机期间（2008—2011 年），大部分新兴经济体和发展中国家的跨境资本持续净流出，而中国跨境资本却持续出现净流入态势；在 2013 年美联储宣布退出量化宽松（The Taper Tantrum）以及 2015 年年末美联储加息时，新兴经济体的资本流出规模要显著高于中国，[①] 这一特征在 2022 年美联储加息政策下同样得到印证。究其原因，主要有两点：一是中国是一个大型开放经济体，除了美国货币政策，影响中国跨境资本流动的因素有很多。以直接投资为例，无论美联储货币政策如何调整，在中国经济发展始终稳重向好的背景下，外资特别是长期资本来华展业兴业是大势所趋，符合资本逐利的本质特征。二是中国在保持资本账户开放的大方向不变的前提下，保留一定的资本管制措施，特别是在应对一些突发的重大内外部冲击时，金融监管部门果断出手，及时强化跨境资本流动管理，较好地维护了金融市场和外汇市场稳定。

（二）中国资本账户开放的现状和路径选择

资本账户开放是现阶段中国金融改革的一项重要内容。在 1996 年中国实现经常项目可兑换后，如何实现资本项目可兑换成为各界关注和研究的重大课题。1997 年亚洲金融危机导致中国资本账户开放暂时搁置，2003 年人民银行逐步放宽对资本流出的限制，2009 年人民币贸易结算试点推出使得对短期跨境资本流动管制进一步放松，2012 年 2 月和 4 月中国人民银行调查统计司课题组先后发布两份关于中国资本账户开放的报告。在中国人民银行发布相关报告后，国内学界专家和中国人民银行调查统计司课题组围绕资本账户开放问题进行了激烈的辩论。其中，有两轮争辩反响较大：第一轮争辩聚焦中国资本账户开

[①] 这里需要注意，与大部分新兴经济体不同，2013 年美联储宣布退出量化宽松政策并未引起中国跨境资本外流。

放条件是否已经成熟；第二轮争辩聚焦中国资本账户开放是否应该"加快"以及是否应该设定时间表和路线图。① 之后，党的十八届三中全会通过了《中共中央关于全面深化改革若干重大问题的决定》，明确指出："完善人民币汇率市场化形成机制，加快推进利率市场化，健全反映市场供求关系的国债收益率曲线。推动资本市场双向开放，有序提高跨境资本和金融交易可兑换程度，建立健全宏观审慎管理框架下的外债和资本流动管理体系，加快实现人民币资本项目可兑换。"② 尽管改革的方向已经确定，但关于如何加快实现人民币资本项目可兑换的讨论还将继续。

实际上，国内关于资本账户开放的争论和国外学术界重新审视资本管制有效性的讨论有异曲同工之妙。2008 年国际金融危机爆发前，IMF 和西方学者均认为新兴经济体应该取消资本管制，加速开放资本账户。但危机发生后，对于资本流动激增带来的潜在风险导致学界重新审视资本管制政策的优点。③ 对于新兴经济体来说，传统的货币政策无法有效应对美国货币政策变化引致的跨境资本流动。以美国紧缩性货币政策为例，对于不盯住美元、采取浮动汇率制度的新兴经济体，如果不跟随美国加息，美元升值使资本迅速回流美国，造成本国货币被大量抛售从而大幅贬值，结果造成本国金融市场发生剧烈波动，并且货币贬值还会造成国内通胀高企。对于跟随美国加息的新兴经济体，跟随美国加息的主要目的是对冲美元升值压力，但这类经济体的自身经济发展本就不景气，跟随美国加息会进一步收紧国内信贷条件，在紧缩性环境中本国经济可能会加速陷入衰退。在

---

① 中国金融四十人论坛（CF40）组织、参与并见证了历时两年的中国资本账户开放问题的大讨论，他们将相关论文、评论和圆桌讨论结集成书，试图将不断深入的讨论以及形成的共识记录成章以飨读者。参见陈元、钱颖一《资本账户开放：战略、时机与路线图》，社会科学文献出版社 2014 年版。

② 《十八大以来重要文献选编》（上），中央文献出版社 2014 年版，第 518 页。

③ Ostry, J. D., Ghosh, A. R. and Habermeier, K., 2010, "Capital Inflows: The Role of Controls", IMF Staff Position Note 10/04.

第十章 以金融高水平开放助力金融强国建设

此背景下,政策当局采用资本管制和外汇冲销政策能有效应对跨境资本异常流动造成的经济金融风险,[①] 不过资本管制背后的政策成本可能很高。[②] 总的来看,资本流动通过影响国内资产价格从而产生货币外部性(Pecuniary Externality),这给资本管制提供了用武之地。对于国外利率上升造成本国资本外流、资产价格下跌、投资减少的情景,金融监管部门固然可以通过加息来缓解资本外流的困境,但利用货币政策稳定资本账户的成本相当高昂,更遑论政策当局希望货币政策可以"以我为主",即货币政策用来实现国内的经济目标。相比之下,资本管制直接通过限制资本外流来应对国外利率上升对本国经济造成的负面冲击,给予货币政策更多的自主权实现国内经济目标,并且现有研究已经证实资本管制增强货币政策独立性与汇率制度安排无关。[③]

中国资本账户开放经过 20 多年稳健有序推进,目前直接投资开放程度最高,证券投资开放程度次之,货币市场、衍生品市场和跨境借贷仍保留严格的管制。[④] 张礼卿从两个维度衡量中国资本账户开放程度:[⑤] 一是基于法规角度(de jure)。根据 IMF 提供的《汇兑安排和汇兑限制》,中国可兑换项目已经超过 90%,完全不可兑换项目已经不足 10%。二是基于事实角度(de facto),即实际开放度。通过计算各种数

[①] Farhi, E. and Werning, I. , 2012, "Dealing with the Trilemma: Optimal Capital Controls with Fixed Exchange Rates", NBER Working Paper 18199; Unsal, D. F. , 2013, "Capital Flows and Financial Stability: Monetary Policy and Macroprudential Responses", *International Journal of Central Banking*, 9 (1): 233–285.

[②] Liu, Z. and Spiegel, M. , "Optimal Monetary Policy and Capital Account Restrictions in a Small Open Economy", *IMF Economic Review*, 2015, 63 (2): 298–324.

[③] 对于固定汇率制度而言,如果资本账户开放,则国内利率必须要跟踪外国利率路径,这样根据利率平价方程才能确保汇率不变,因此在固定汇率制度下金融监管部门需要通过资本管制来恢复货币政策的自主权。对于浮动汇率制度而言,原则上国内利率可以偏离外国利率,但是在缺乏资本管制的情景下,政策当局同样需要借助利率工具来防止跨境资本大幅波动,因此资本管制对于政策当局恢复货币政策自主性同样重要。

[④] 张明:《跨境资本流动新特征与资本账户开放新讨论》,《财经智库》2022 年第 1 期。

[⑤] 张礼卿:《对中国资本账户开放进程的一些观察与思考》,《国际金融》2021 年第 11 期。

量指标（如境外投资者持有的境内债券市场资产托管余额占比、持有境内股票规模占 A 股流动总市值比重等）并和其他国家横向比较发现，现阶段中国资本账户实际开放程度远低于法规显示的水平。之所以会出现这种情况，一个重要的原因可能是中国资本账户在保持开放的大方向不变的前提下，会根据国内经济金融风险适时调整甚至回调。例如，在 2015 年 "8·11" 汇改之后，面对人民币大幅贬值压力，中国人民银行大幅收紧了跨境资本流动管制，这种资本流动管理格局呈现出 "宽进严出" 的典型特征。目前，中国资本账户开放在资本流动带来的资源优化配置效应和资本异常流动引发经济金融风险之间做到了平衡，在保持一定程度的资本管制的同时实现了人民币汇率有管理地浮动，并保持了货币政策独立性，这种具有中国特色的资本账户开放道路不仅在实践中被证明具有强大的生命力（如中国成功应对了 2008 年国际金融危机以及新冠疫情等严重外部冲击的考验而没有爆发金融危机），同时在理论上也具有一定的支撑（如 IMF 关于资本账户管理观点的转变以及伦敦政治经济学院教授 Rey 提出的 "二元悖论"，均强调了资本账户管制的必要性）。

未来中国资本账户开放和国内其他金融改革应如何统筹推进？近些年来被广泛接受的观点认为，资本账户开放应晚于利率和汇率改革。例如，陈创练等认为金融市场化改革应遵循利率市场化—汇率制度改革—资本账户开放的顺序；[1] 陈中飞等认为汇率制度改革先行、利率市场化次之、资本账户开放最后；[2] 杨小海等认为国内结构性改革优先于资本账户开放。[3] 后疫情时代，中国如何在资本账户开放过程中把握好效率与风险的平衡？

---

[1] 陈创练、姚树洁、郑挺国等：《利率市场化、汇率改制与国际资本流动的关系研究》，《经济研究》2017 年第 4 期。

[2] 陈中飞、王曦、王伟：《利率市场化、汇率自由化和资本账户开放的顺序》，《世界经济》2017 年第 6 期。

[3] 杨小海、刘红忠、王弟海：《中国应加速推进资本账户开放吗？——基于 DSGE 的政策模拟研究》，《经济研究》2017 年第 8 期。

主流观点认为在当前充满高度不确定性的国际环境下，中国资本账户不宜加速全面开放。我们认为，在经历多次争论后中国资本账户开放的路径和方向已经逐步明晰。随着全球经济金融格局的快速演变，中国资本账户开放必须要平衡好资本账户开放的收益和风险，在稳步推进国内金融改革的同时，审慎推进资本账户开放，在资本全面开放之前可以构建一个高水平、全开放、包含境内和境外两部分的人民币离岸金融体系来满足国内对全球金融的需求以及全球对人民币作为支付和储备货币的需求，[①] 等到国内金融市场改革和人民币浮动汇率制度改革相对完善成熟，中国资本账户开放自然水到渠成。

五　结论与政策含义

金融高水平开放是推动金融高质量发展、建设金融强国的重要抓手。新时代以来，中国金融开放取得了重大成就，集中体现为金融市场制度型开放有序扩大，外资金融机构在华准入和展业限制基本解除；人民币国际化步伐不断加快，在国际支付结算取得新进展；国际收支更加平衡稳健，资本项目开放稳步推进，目前已实现较高可兑换水平。根据中央金融工作会议精神和习近平总书记在省部级主要领导干部推动金融高质量发展专题研讨班上的重要讲话精神，本章以资本流动和资本账户开放、金融市场制度型开放、上海和香港国际金融中心建设为切入点分析金融高水平开放如何助力金融强国建设。

本章研究发现：第一，中国货物贸易增长有力，计算机信息服务、知识产权和商业服务等服务贸易收入增长相对较快，非储备性质的金融账户近年来出现小幅逆差，这是中国退出常态化外汇干预逐步形成

[①] 张春、蒋一乐、刘郭方：《中国资本账户开放和人民币国际化的新路径：境内人民币离岸金融体系建设》，《国际经济评论》2022年第4期。

的自主平衡的国际收支格局。目前，中国资本账户开放在资本流动带来的资源优化配置效应和资本异常流动引发经济金融风险之间做到了平衡，在保持一定程度的资本管制的同时实现了人民币汇率有管理地浮动，并保持了货币政策独立性，这种具有中国特色的资本账户开放道路不仅在实践中被证明具有强大的生命力，在理论上也具有一定的支撑。第二，中国金融市场开放已形成直接入市和互联互通两种模式。直接入市模式投资范围广，有利于提升本国金融服务能级且容易监管，但便利程度低、准入门槛高；互联互通模式便利程度较高、有助于扩大跨境人民币使用规模，但投资范围较窄且不利于本国风险防范。在统筹金融开放和安全的要求下，直接入市模式在金融市场制度型开放中更具优势。未来中国金融市场制度型开放应遵循直接入市模式为主、互联互通模式为辅的路径安排。第三，上海正在加强现代金融机构和金融基础设施建设，着力推进高质量金融服务，努力建设成为一流的国际金融中心，但全球资源配置功能有限以及金融科技发展水平相对落后制约了上海国际金融中心能级提升。香港凭借独特的区位优势、开放的制度环境和成熟的资本市场，处在国内循环和国际循环的结合点。要巩固提升香港国际金融中心地位，香港需要进一步承担起中外资金融通的桥梁，强化离岸人民币业务覆盖范围，扩宽国际金融中心业务。

基于上述讨论，我们认为本章能够得出如下政策含义：一是提高跨境资本流动管理和风险应对能力，稳慎推进资本账户开放。应加强对跨境资本流动总量和结构变化的监测分析，对重点领域、重点行业实施监测预警，在情景分析和压力测试的基础上不断丰富跨境资本监管的工具箱，切实防范风险跨市场、跨境传递共振，牢牢守住开放条件下的金融安全底线。全球经济金融形势变化和中美经贸摩擦给中国资本账户开放带来新的挑战。为稳步推进中国资本账户开放，降低潜在风险，可以在金融开放的新片区先行先试，为全面推进资本账户开放做好经验总结和风险压力

第十章 以金融高水平开放助力金融强国建设

测试。

二是扎实推进金融市场制度型开放，吸引更多外资金融机构和长期资本来华展业兴业。从规章细则、管理标准等制度层面入手，优化营商环境，加强知识产权保护，落实准入前国民待遇加负面清单管理制度，对标国际高标准经贸协议中金融领域相关规则，精简限制性措施，增强开放政策的透明度、稳定性和可预期性，规范境外投融资行为，加快构建与国际通行规则相衔接的金融制度体系和监管模式，积极引入境外优质金融机构和长期资本，提升跨境投融资便利化，打造规则完备、结构合理、功能齐全、监管有力的具有中国特色的现代化金融市场新体系。

三是增强上海国际金融中心的竞争力和影响力，巩固提升香港国际金融中心地位。与纽约、伦敦相比，上海国际金融中心的能级有待进一步提升。应强化上海国际经济、金融、贸易、航运和科技创新"五个中心"联动建设，畅通金融要素市场、资金跨境流动渠道，提供更具竞争优势的金融基础设施，牢牢掌握人民币利率、汇率定价的主动权，加快建设全球人民币资产管理中心，有序务实推进人民币国际化，不断提升上海国际金融中心的竞争力和影响力。同时，粤港澳大湾区一体化建设加快推进，为香港金融发展提供了广阔的空间和坚实的腹地支撑。应扩大理财通范围和市场规模，在法律、基础设施、人才等方面强化粤港澳金融互联互通，增强离岸人民币流动性，进一步巩固提升香港国际金融中心地位。

（执笔人：胡志浩、江振龙）

附　　录

附表 10—1　2018 年中国放宽金融市场准入的一揽子开放措施

	内　容
中国人民银行	1. 取消银行和金融资产管理公司的外资持股比例限制，内外资一视同仁，允许外国银行在我国境内同时设立分行和子行
	2. 将证券公司、基金管理公司、期货公司、人身险公司的外资持股比例上限放宽至51%，三年以后不再设限
	3. 不再要求合资证券公司境内股东至少有一家证券公司
	4. 为进一步完善内地和香港两地股市互联互通的机制，从 2018 年 5 月 1 日起把互联互通每日的额度扩大 4 倍，也就是说将沪股通及深股通每日额度分别调整为 520 亿元人民币，沪港通下的港股通及深港通下的港股通每日额度分别调整为 420 亿元人民币
	5. 允许符合条件的外国投资者来华经营保险代理业务和保险公租业务
	6. 放开外资保险经济公司经营的范围，与中资机构一致
	7. 鼓励在信托、金融租赁、汽车金融、货币经济、消费金融等银行业金融领域引入外资
	8. 对商业银行新发起设立的金融资产投资公司和理财公司的外资持股比例不设上限
	9. 大幅度的扩大外资银行的业务范围
	10. 不再对合资证券公司的业务范围单独设限，内外资一致
	11. 全面取消外资保险公司设立前需开设 2 年代表处的要求
	12. 2018 年内力争开通"沪伦通"
银保监会	1. 推动外资投资便利化，包括取消对中资银行和金融资产管理公司的外资持股比例限制，实施内外一致的股权投资比例规则；对商业银行新发起设立的金融资产投资公司和理财公司，外资持股比例不设置限制；鼓励信托、金融租赁、汽车金融、货币经纪、消费金融等各类银行业金融机构引进境外专业投资者；将外资人身险公司外方股比放宽至51%，3 年后不再设限
	2. 放宽外资设立机构条件，包括允许外国银行在中国境内同时设有子行和分行，以及在全国范围内取消外资保险机构设立前需开设 2 年代表处的要求
	3. 扩大外资机构业务范围，包括全面取消外资银行申请人民币业务需满足开业 1 年的等待期要求，允许外国银行分行从事"代理发行、代理兑付、承销政府债券"业务，降低外国银行分行吸收单笔人民币定期零售存款的门槛至 50 万元，允许符合条件的境外投资者来华经营保险代理业务和保险公估业务
	4. 优化外资机构监管规则，对外国银行境内分行实施合并考核，调整外国银行分行营运资金管理要求

第十章 以金融高水平开放助力金融强国建设

续表

	内　容
证监会	1. 允许外资控股合资证券公司。合资证券公司的境内股东条件与其他证券公司的股东条件一致；体现外资由参转控，将名称由《外资参股证券公司设立规则》改为《外商投资证券公司管理办法》
	2. 逐步放开合资证券公司业务范围。允许新设合资证券公司根据自身情况，依法有序申请证券业务，初始业务范围需与控股股东或者第一大股东的证券业务经验相匹配
	3. 统一外资持有上市和非上市两类证券公司股权的比例。将全部境外投资者持有上市内资证券公司股份的比例调整为"应当符合国家关于证券业对外开放的安排"
	4. 完善境外股东条件。境外股东须为金融机构，且具有良好的国际声誉和经营业绩，近3年业务规模、收入、利润居于国际前列，近3年长期信用均保持在高水平
	5. 明确境内股东的实际控制人身份变更导致内资证券公司性质变更相关政策

资料来源：笔者根据公开资料整理得到。

第十一章

改革和完善人民币汇率形成机制及其配套措施

2023年10月召开的中央金融工作会议再次提到"保持人民币汇率在合理均衡水平上的基本稳定"。自2005年7月21日的人民币汇率形成机制改革起，人民币汇率形成机制已经在"有管理的浮动汇率制度"下探索运行了十八年。相较于浮动汇率制度和固定汇率制度，"以市场供求为基础，参考一篮子货币进行调节，有管理的浮动汇率制度"，可以兼顾平衡市场供求、维护人民币汇率稳定、保证央行在危机时刻的干预效率等多个目标，有力支撑了中国过去十余年来的宏观经济发展和金融稳定。

新时代，尤其是在"两大变局"加速演进、国际政治经济不确定性增强的环境下，中央金融工作会议提出了"金融强国"的目标。2024年1月16日，习近平总书记在省部级主要领导干部推动金融高质量发展专题研讨班上发表重要讲话，其中提到金融强国需要具备一系列关键核心金融要素，位列第一的就是"拥有强大的货币"。作为连接国内国际的人民币汇率的定价规则，"强大的货币"必然要保持价值的相对稳定，并在国际市场上拥有一定的使用广度和深度，因而，人民币汇率形成机制改革和政策目标被赋予了更多的期待。第一，避免人民币汇率大幅波动。汇率作为平滑外部冲击的稳定器，能够在复杂的国际宏观环境中为中国经济发展营造良好的外部环境，避免外部冲击引发人民币计价资产价值的巨幅波动,体现中国宏观金融体系的韧性。第二,稳定人民币汇率预期。人民币汇率预期稳定是人民币汇率稳定和防范资本流动风险的重要保障,这一方面需要进一步改革和完善汇率形成机制,发挥市场自动稳定器的功能,另一方面央行要提升自身的话语权和公信力,尤其在重大危机面前保证自身所传递的信号能稳定市场。第三,引导汇率回归合理均衡水平。积极探寻人民币的均衡汇率水平,在稳定外部价格体系的同时增强政策工具的力度和有效性,为国内的经济改革和人民币国际化的推进创造空间。

2015年的"8·11"汇改已经过去了八年,也应适时评估既有的人民币汇率形成机制,为下一阶段改革和完善人民币汇率形成机制提供参考。本章将回顾"8·11"汇改以来人民币汇率波动的原因和特点,进而引出对下一阶段改革和完善人民币汇率形成机制的讨论,提供相关政策建议。

一 "8·11"汇改以来人民币汇率波动的特点

2015年8月11日,中国人民银行宣布:"为增强人民币兑美元汇率中间价的市场化程度和基准性,央行决定完善人民币兑美元汇率中间价报价。自8月11日起,做市商在每日银行间外汇市场开盘前,参考上日银行间外汇市场收盘汇率,综合考虑外汇供求情况以及国际主要货币汇率变化向中国外汇交易中心提供中间价报价。"此次"8·11"汇改变革了人民币兑美元中间价的定价机制,人民币兑美元开始正式进入双向浮动的时代。在摒弃事实盯住美元的汇率制度后,人民币汇率形成机制中更加关注"参考一篮子货币",对基本面冲击反应更加迅速,体现了市场供求关系,在宏观上较好地发挥了"汇率稳定器"的作用,在微观上对企业汇率风险管理提出了更高的挑战。

(一)人民币兑美元汇率波动明显上升

2015年8月11日,中国人民银行宣布调整人民币兑美元汇率中间价报价机制，做市商在每日银行间外汇市场开盘前，需参考上日银行间外汇市场收盘汇率、外汇供求情况及国际主要货币汇率变化，向外汇交易中心提供中间价报价。这一改革主要针对人民币兑美元的双边汇率，在中间价报价机制改革之后，人民币兑美元汇率波动性明显上升，并呈现出双向自由浮动的汇率走势。根据在香港市场交易的人民币外汇期权所计算的隐含波动率（见表11—1）可以看出，在2010年6月19日至2015年8月10日USD/CNY外汇期权隐含波动率为2.01（1个月）、2.25（3个月），在"8·11"汇改后的时期（2015年8月11日至2023年7月31日）USD/CNY外汇期权隐含波动率为4.93（1个月）、5.22（3个月），波动率提升了超过一倍。外汇期权隐含波动率不仅反映了人民币兑美元汇率的实际波动情况，也反映出市场主体对于人民币兑美元汇率的预期和包容性。随着隐含波动率的提升，显示出人民币汇率更具弹性，市场对于汇率波动的包容性更强。

  对比不同货币与美元双边汇率的外汇期权隐含波动率（见表11—1），我们可以看到USD/CNY仍是除USD/HKD外最低的，这时常被拿来攻击中国的汇率制度。然而，与其他货币进行对比发现，人民币的隐含波动率与欧元、英镑等同样兼具国际货币属性的货币相比，已经没有明显的差距，更多的是汇率政策理念上的差异。在资本自由流动的经济体中，汇率"大开大合"迅速调整到位，甚至出现超调，可以通过校准本国和外国的资本收益，实现国际资本流动的稳定。中国作为一个尚未完全开放资本账户的国家，则需要人民币在合理均衡的水平上保持基本稳定，这样才可以实现资本流动的平衡和国内宏观政策的独立性。从国际货币基金组织每年发布的《汇率制度和汇兑限制年报》（Annual Report on Exchange Arrangements and Exchange Restrictions，AREAER）看，国际组织对于中国汇率形成机制的归类也存在反复，在"8·11"汇改之后的八年中，曾经五次修改人民币的事实（de facto）汇率制度安排，并最终将其定义为"类爬行安排"。显示出中国需要提高自身的国际话语权，引导和说服他人认可人民币汇率制度的科学性。

第十一章　改革和完善人民币汇率形成机制及其配套措施

表 11—1　　不同货币与美元双边汇率的外汇期权隐含波动率

	隐含波动率（1个月）		隐含波动率（3个月）	
	2010.6.19—2015.8.10	2015.8.11—2023.7.31	2010.6.19—2015.8.10	2015.8.11—2023.7.31
USD/CNY	2.01	4.93	2.25	5.22
EUR/USD	9.81	7.51	10.04	7.59
AUD/USD	10.93	9.81	11.27	9.91
GBP/USD	7.98	9.12	8.38	9.28
NZD/USD	11.64	10.27	11.99	10.34
USD/CAD	8.14	7.36	8.39	7.33
USD/CHF	10.24	7.26	10.40	7.43
USD/HKD	0.56	0.84	0.62	0.95
USD/JPY	9.51	8.56	9.85	8.65
USD/KRW	9.31	8.85	10.02	9.02
USD/MXN	11.29	12.69	11.71	12.69
USD/MYR	7.83	7.35	8.19	7.73
USD/NOK	11.72	10.97	11.91	10.99
USD/RUB	13.81	18.87	13.72	18.99
USD/SEK	11.72	9.70	11.95	9.76
USD/SGD	5.92	5.00	6.16	5.07
USD/THB	5.52	6.18	6.05	6.27

资料来源：Bloomberg。

表 11—2　　AREAER 对人民币汇率制度的界定

年份	法定安排	事实安排	备注
2010	管理浮动	稳定安排	—
2011	管理浮动	类爬行安排	2010 年 6 月 21 日发生变化；汇率锚是美元
2012	管理浮动	类爬行安排	—

续表

年份	法定安排	事实安排	备注
2013	管理浮动	类爬行安排	—
2014	管理浮动	其他管理安排	2014年12月24日发生变化
2015	管理浮动	类爬行安排	2015年11月11日发生变化；汇率锚是货币篮子
2016	管理浮动	稳定安排	2016年8月24日发生变化
2017	管理浮动	类爬行安排	2017年6月1日发生变化；汇率锚是货币篮子
2018	管理浮动	其他管理安排	2018年6月22日发生变化
2019	管理浮动	其他管理安排	—
2020	管理浮动	类爬行安排	2020年7月31日发生变化；汇率锚是货币篮子
2021	管理浮动	类爬行安排	—
2022	管理浮动	类爬行安排	—

注：汇率制度对应的英文分别为：法定安排（de jure arrangement）、事实安排（de facto arrangement）、管理浮动（managed floating）、稳定安排（stabilized arrangement）、类爬行安排（crawl-like arrangement）、其他管理安排（other managed arrangement）。最后一列备注指示 IMF 事实安排变化的时间。

资料来源：《汇率制度和汇兑限制年报》（Annual Report on Exchange Arrangements and Exchange Restrictions，AREAER）。

（二）参考一篮子货币进行调节的特征浮现

从表11—2中可以看到，虽然十年前国际货币基金组织也将人民币汇率制度安排归类为"类爬行安排"，但与今天的汇率制度存在一个明显的区别就是：人民币汇率锚从美元转变为货币篮子。2005年的"7·21"汇改就已经明确人民币汇率会"参考一篮子货币"，但直至2015年12月11日，中国外汇交易中心才正式对外公布 CFETS 货币篮子的构成，包括美元、欧元、日元、港元、英镑、澳元、新西兰元、新加坡元、瑞士法郎、加元、马来西亚林吉特、俄罗斯卢布、泰铢13种货币，2017年又将南非兰特、韩元、阿联酋迪拉姆、沙特里亚尔、匈牙利福林、波兰兹罗提、丹麦克朗、瑞典

第十一章 改革和完善人民币汇率形成机制及其配套措施

克朗、挪威克朗、土耳其里拉、墨西哥元归入其中，形成了24种货币构成的CFETS货币篮子。从图11—1中可以看到，在"8·11"汇改之前，人民币汇率指数呈现单边人民币升值的趋势，并且在特定的时间区间内呈现急速升值，例如从2014年8月至2015年1月的半年时间内，人民币汇率指数升值10.89%。而在"8·11"汇改之后，人民币汇率指数开始走向双向浮动，汇率目标更加关注一篮子货币的稳定，汇率指数的年波动幅度均在8%以内。

与此相对比，美元兑人民币汇率的波动在"8·11"汇改之后明显增强。从图11—2中可以看到，"8·11"汇改之后美元兑人民币的波动浮动更大，走势更加反映市场供求关系，体现为汇率走势呈现明显的"锯齿状"，而非单边的趋势变动。市场主体和监管主体对于美元兑人民币的汇率波动也表现出更加包容的态度，2022年在美元持续快速加息的背景下，人民币相较于美元贬值13%（年内最低点和最高点相比），人民币外汇交易和中国外汇储备保持稳定。

人民币汇率制度安排中"参考一篮子货币进行调节"，不仅体现在汇率指数的稳定性和美元兑人民币波动提升，其他货币与人民币汇率的波动变化也表现出结构性特征。第一，与中国贸易联系密切的国家，双边汇率波动下降。日元、韩元、马来西亚林吉特、澳元和人民币的双边汇率波动率在"8·11"汇改后明显下降，随着人民币国际化的推进，国家之间的贸易开始更多地使用本币计价结算，贸易流所奠基的巨大外汇交易联系，双边国家的监管主体和市场主体都有维持双边汇率稳定的诉求。第二，人民币与欧元，以及（隐形）锚定欧元的货币的波动率出现下滑。在"8·11"汇改之前，人民币兑欧元的波动率远远高于人民币兑美元的波动率；在"8·11"汇改之后，二者的波动率基本一致，甚至在大部分时期人民币兑欧元的汇率更加稳定。这一关系同样表现在（隐形）锚定欧元的货币之中，如波兰兹罗提、丹麦克朗、匈牙利福林。

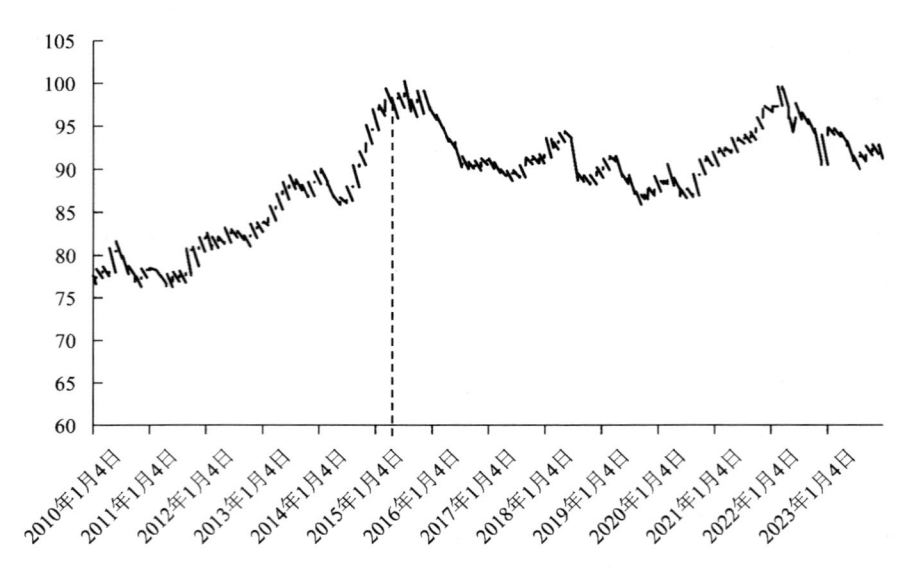

图 11—1 CFETS 人民币汇率指数（2015 年货币篮子）

资料来源：Wind。

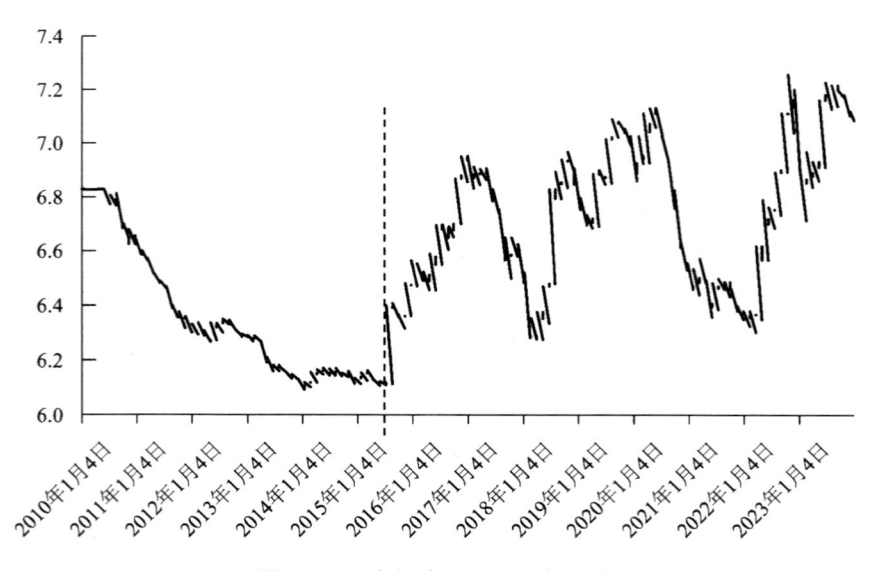

图 11—2 中间价：美元兑人民币

资料来源：Wind。

表 11—3　CFETS 人民币汇率指数中 24 种货币的汇率波动对比

年份	AED	AUD	CAD	CHF	DKK
2010—2015	0.0106	0.0408	0.0242	0.0350	0.0320
2016—2022	0.0257	0.0259	0.0238	0.0235	0.0219
	EUR	GBP	HKD	HUF	JPY
2010—2015	0.0323	0.0241	0.0106	0.0470	0.0354
2016—2022	0.0217	0.0241	0.0262	0.0310	0.0331
	KRW	MXN	MYR	NZD	PLN
2010—2015	0.0282	0.0381	0.0332	0.0380	0.0458
2016—2022	0.0233	0.0425	0.0174	0.0277	0.0288
	RUB	SAR	SEK	SGD	THB
2010—2015	0.0695	0.0106	0.0355	0.0192	0.0244
2016—2022	0.0777	0.0255	0.0270	0.0189	0.0259
	TRY	USD	ZAR		
2010—2015	0.0484	0.0106	0.0570		
2016—2022	0.0970	0.0257	0.0457		

注：挪威克朗（NOK）早期数据缺失严重，故没有纳入。
资料来源：Wind 和作者计算。

（三）对基本面冲击的反应更加灵敏

在"8·11"汇改之后，人民币汇率的波动也与宏观经济更加紧密相关。最直接的例证，我们将美元兑人民币中间价与中美的 GDP 增速差、10 年期国债收益率差、通货膨胀差做简单回归。从图 11—3 中可以看到，在"8·11"汇改之后的年份，宏观因子对于人民币汇率变动的解释力明显提升。根据汇率平价理论以及巴萨效应，长期汇率由价格水平和部门间的生产率所决定，因而经济基本面会影响汇率的均衡水平。"8·11"汇改之后，人民币汇率制度更能反映市场供求变化，直接的表现便是微观主体对于人民币的供给和需求，背后反映的则是基本面（生产率、国际收支、经济预期）的变化。

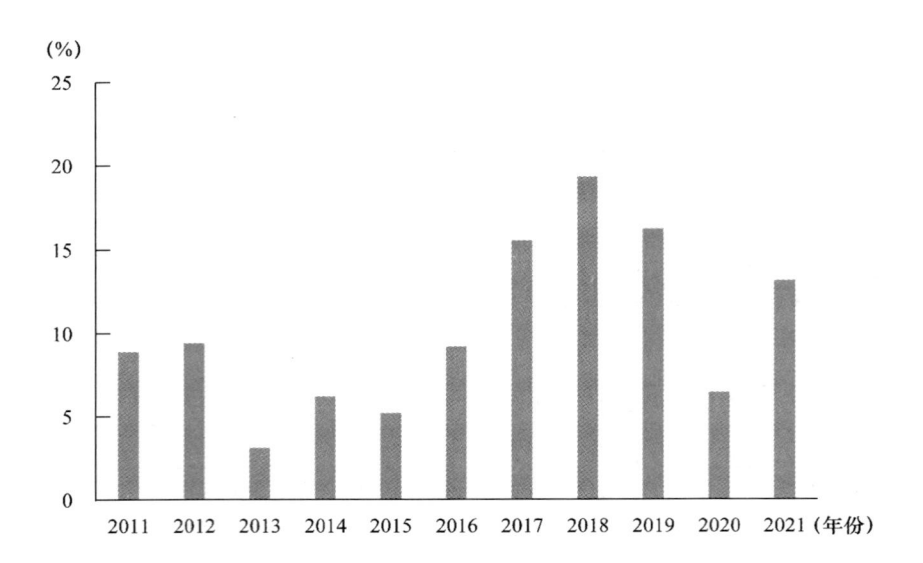

图11—3 美元兑人民币中间价对宏观因子的反应

资料来源：Wind和作者计算。

由于在过去很长一段时间内，人民币事实上盯住美元，无论是中国市场的经济主体，还是世界范围内关心人民币汇率变动的人员，都习惯性遵循锚定美元的思路来解释人民币汇率变动。"8·11"汇改之后，人民币汇率抛弃"美元锚"的信号开始明确，而新的锚还没有建立，造成了市场的短期恐慌情绪。但经过八年的实践，中间价更加反映市场供求和基本面情况已经为市场所公认，每次宏观大事件都会在人民币汇率变动中找到对照和体现。市场主体已经逐渐接受人民币有管理的浮动汇率制度，更加强调从经济基本面的逻辑去分析和诠释人民币汇率波动。

与此同时，人民币与中国宏观经济的联系更加紧密，汇率作为"宏观稳定器"的职能开始浮现。新时代的高水平对外开放，要求善于统筹国内国际两个大局，利用好国际国内两个市场、两种资源，这就要求人民币在合理均衡的水平上保持基本稳定。"8·11"汇改之后，世界经历了英国脱欧、中美贸易摩擦、新冠疫情、乌克兰危机等一系列重大事件，人民币汇率表现出弹性浮动，维持了人民币对外价值的稳定，保障了中国货币政策的有效性。在国际收支中可以看到，中国的国际收支在"8·11"汇改之后更加平衡，虽然根据经济形势变化经常账户差额、资本和金融账户差额会出现比较大的变动，但国际收支差额始终稳定在一个低水平，占GDP的比重在2.5%以内。

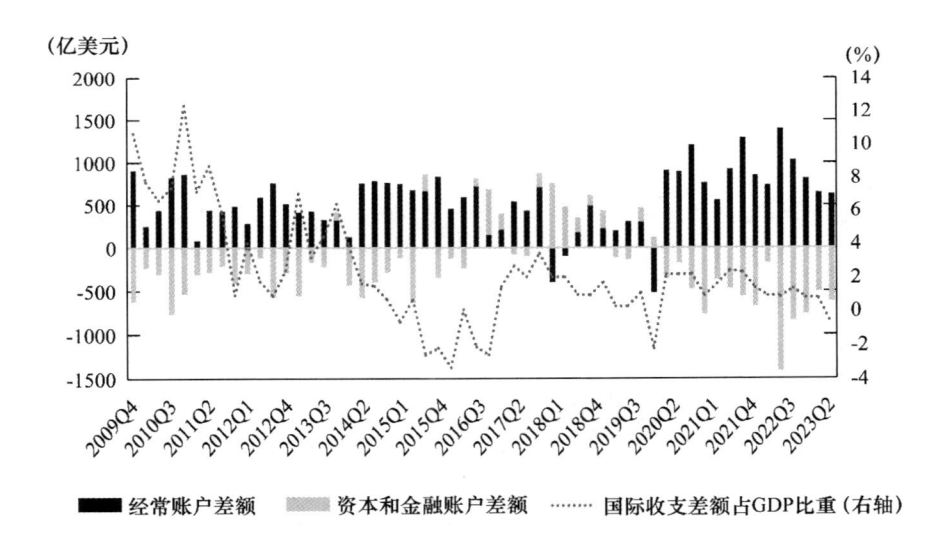

图11—4 中国的国际收支情况

资料来源：Wind。

（四）人民币汇率更加体现市场供求水平

汇率作为内外部均衡的调节器，决定了国内商品和服务与国外相比的相对价格，很大程度上决定了本国对外国商品的需求、外国对本国商品的需求。"8·11"汇改以来，人民币汇率更加体现市场供求的又一个现实表现就是，各种跨境套利行为被有效遏制，汇率市场发展更加市场化、规范化。在学术界，常常使用两个国家的统计差异来度量虚假贸易。在"8·11"汇改之前，人民币积累了一定的贬值预期，中国大陆统计的对中国香港的出口远高于中国香港统计的从中国大陆的进口，最高峰超过了278亿美元（见图11—5）。背后的逻辑就在于，在中国资本管制的大背景下，套利交易者利用虚假贸易的渠道进行套利交易。"8·11"汇改之前的半年，美元兑人民币的中间价几乎维持不变，甚至略有升值，与市场供求反映出来的"用脚投票"的行为相去甚远，并没有做到"人民币汇率在合理均衡的水平上保持相对稳定"。然而，在"8·11"汇改之后，我们发现虚假贸易的代理指标出现明显下滑，人民币汇率已经能够基本体现市场供求。

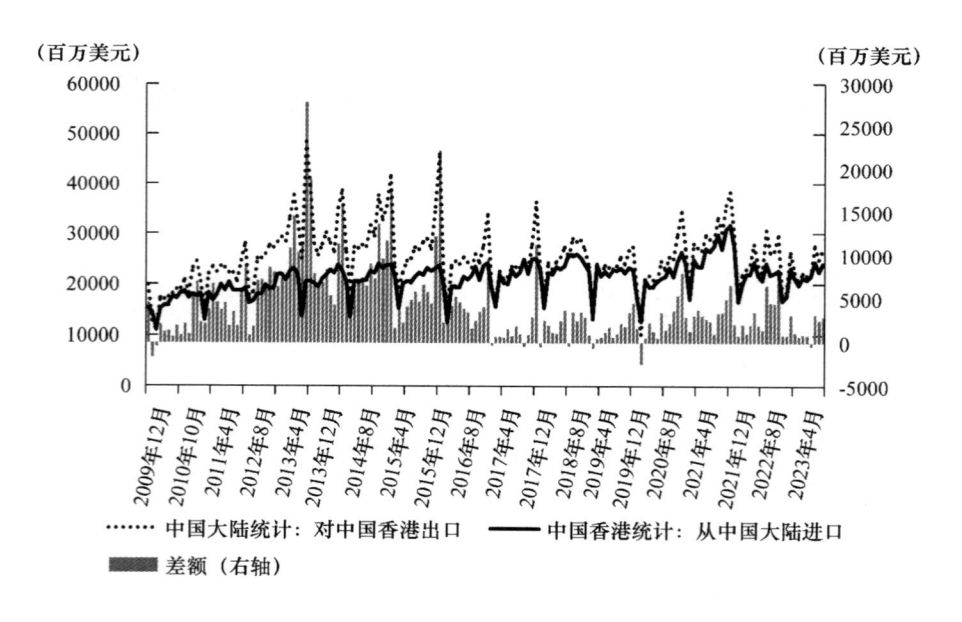

图11—5 中国大陆和中国香港的统计差异

资料来源：Wind。

第十一章 改革和完善人民币汇率形成机制及其配套措施

人民币充分体现市场供求，意味着人民币不应具有单边的升（贬）值预期。"8·11"汇改之前，美元兑人民币中间价保持稳定，但是离岸市场的人民币相较于美元却在逐渐贬值，中间价与人民币贬值预期和离岸人民币走势出现严重背离。这不仅影响中间价在决定人民币汇率水平中的基准性地位，影响中国汇率市场化改革的目标，甚至可能在国外风险事件爆发时冲击中国的汇率制度，引发金融危机。在"8·11"汇改之后，人民币离岸在岸价差保持基本稳定（见图11-6），虽然偶有事件导致价差增大，但并不是单一为正（贬值预期），而是双向浮动。这意味着人民币汇率更加具有弹性，体现市场供求，维持在合理均衡的水平上保持基本稳定。

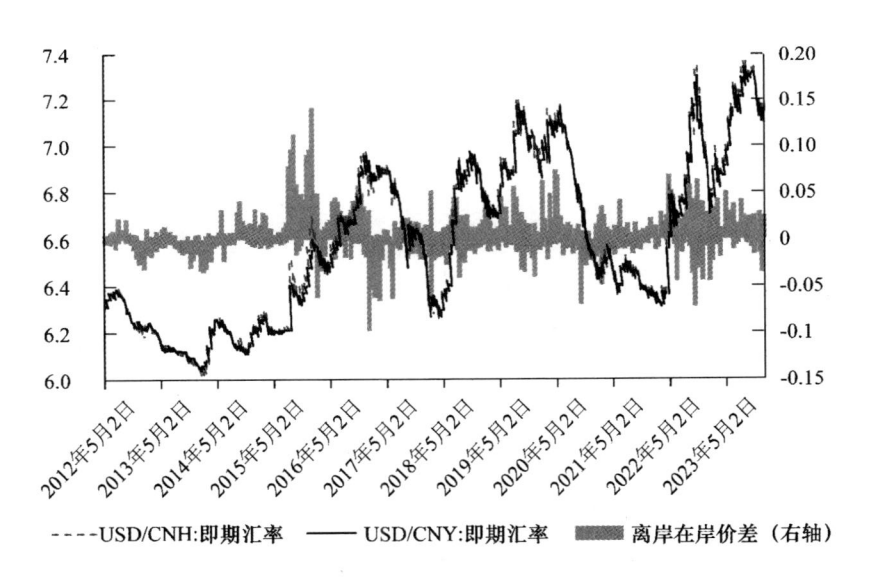

图11—6 人民币汇率的离岸在岸价差

资料来源：Wind。

（五）汇率波动的微观效应开始显现

人民币汇率在"8·11"汇改之后，开启了人民币兑美元双向自由浮动的时代，央行卸去了过多的"汇率责任"。与此同时，汇率波动的微观效应开始显现，企业开始面临更高的汇率风险，也对企业汇率风险管理提出了更高的要求。汇率波动的微观效应的表现之一，为汇率波动对企业经营现金流的影响越来越大。根据中国上市公司的年报统计，在2015年之后，中国A股上市公司现金流量表中汇率变动对现金的影响有显著的提升，约为"8·11"汇改之前的3倍（见图11-7）。汇率波动的微观效应的表现之二，为人民币计价资产与人民币汇率的联动性增强。图11—8展示了美元兑人民币中间价和沪深300指数的走势情况，"8·11"汇改之后人民币贬值往往伴随股市下跌，而人民币升值期间股市往往上涨。

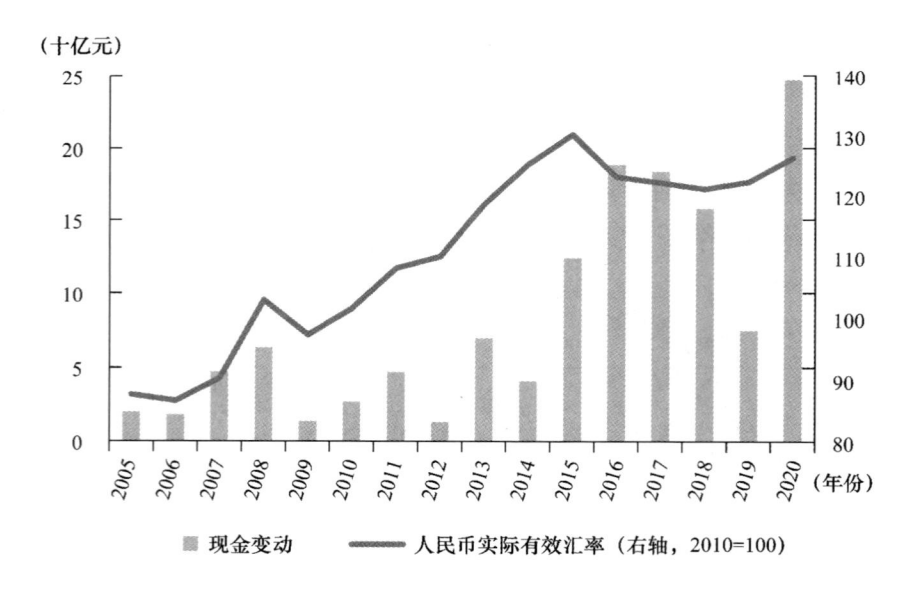

图11—7 中国A股上市公司现金流量表中汇率变动对现金的影响和人民币实际有效汇率

资料来源：Wind。

第十一章　改革和完善人民币汇率形成机制及其配套措施

图 11—8　人民币汇率和股票市场变动

资料来源：Wind。

作为微观效应的直接测度，汇率风险暴露程度显示"8·11"汇改之后中国企业面临的汇率风险的暴露比例提升、影响程度加大（见表11–4）。[①] 2010年6月19日至2015年8月11日，有10.2%的中国企业存在对美元的风险暴露，12.0%的中国企业存在对汇率指数的风险暴露。"8·11"汇改之后，2015年8月11日至2020年12月31日，有21.5%的中国企业存在对美元的风险暴露，24.4%的中国企业存在对汇率指数的风险暴露。从各个币种的结果来看，"8·11"汇改之后越来越多的上市公司开始面临显著的汇率风险暴露问题，并且正向和负向汇率风险暴露比例都有显著提升，体现了汇率波动幅度扩大的影响。从影响程度来看，一个正向标准差的汇率变动（汇率指数）对股票价值的影响由"8·11"汇改之前的 –0.140 （0.122）提高至"8·11"汇改之后的 –0.183 （0.169）。从中可以看到，

[①] 张策、何青：《上市企业汇率风险暴露及影响因素研究》，《金融监管研究》2022年第5期。

"8·11"汇改之后，人民币汇率的弹性增加，人民币对所有货币汇率整体波动加大，企业面临更高的汇率风险暴露比例和更严重的影响程度。企业提升自身的汇率风险管理能力，任重而道远。

表11—4　　中国上市公司的线性汇率风险暴露比例和影响程度

	2010年6月19日至2015年8月11日		2015年8月11日至2020年12月31日	
	负	正	负	正
USD	5.0 (-0.121)	5.2 (0.126)	10.4 (-0.158)	11.1 (0.171)
EUR	4.4 (-0.144)	8.7 (0.126)	7.9 (-0.193)	13.5 (0.183)
JPY	4.1 (-0.122)	5.8 (0.115)	9.1 (-0.221)	17.7 (0.198)
GBP	4.6 (-0.140)	7.3 (0.118)	8.0 (-0.173)	14.1 (0.173)
INDEX	4.2 (-0.140)	7.8 (0.122)	8.6 (-0.183)	15.8 (0.169)

注：上行代表存在汇率风险暴露的上市公司比例（％），下行括号中的数值代表存在汇率风险暴露的上市公司的暴露程度。

资料来源：张策、何青：《上市企业汇率风险暴露及影响因素研究》，《金融监管研究》2022年第5期。

二　"8·11"汇改以来对人民币汇率形成机制的反思

自2005年提出"有管理的浮动汇率制度"以来，人民币汇率形成机制已经在此基础上探索运行了十八年，积累了一系列实践管理经验的同时，也发现了一些问题。"8·11"汇改后，人民币汇率弹性明显提升，"以市场供求为基础""参考一篮子货币进行调节"的特征和内涵不断丰富，较好地平抑了外部冲击，维持了中国宏观经济的平稳运行。然而，与"金融强国"中提到的"强大的货币"要求相比，人民币汇率形成机制还有很大的完善空间，不仅体现在对现有汇率形成机制的理解和落实上，更突出表现在与当前国际形势和治理体系的协调相容之中。

（一）不断深入理解和完善"有管理的浮动汇率制度"

在人民币汇率形成机制的选择上，第一种是选择固定汇率或者自由浮动汇率，第二种是选择二者的中间状态。中国目前"以市场供求为基础，参考一篮子货币进行调节，有管理的浮动汇率制度"便属于中间状态。相对于浮动汇率制度和固定汇率制度，中间状态的选择将这种制度的优点结合在一起，可以同时兼顾平衡市场供求、参考一篮子货币、维持人民币汇率基本稳定、保证中央银行在危急时刻的干预效率等多个目标。但是，它在结合优点的同时也继承了两种汇率制度的缺点，当贬值预期浮现并不断加剧的时候，多个目标的冲突会使得政府的调控陷入两难的选择，需要高额的外汇储备和强大的政府信誉支持。并且一旦处理不好，还会面临外汇储备的流失和政府信誉的下降。所以，中央银行是否要将人民币汇率走向浮动汇率制度，是否需要"一贬到底"来寻找人民币的合意汇率水平曾引起过一些争论。但是，需要客观提及的是，没有一种汇率制度适合所有国家或者某个国家的所有时期。选择什么样的汇率制度，主要参考中央银行的汇率政策目标，本国的宏观经济情况和世界经济和政治形势。现阶段，继续维持"有管理的浮动汇率制度"是最优选择。

然而，这并不意味着人民币汇率制度改革可以就此止步不前。"有管理的浮动汇率制度"作为中间汇率制度的一种，在20世纪末一系列货币危机中逐渐为各国政府所摒弃，被认为在资本自由流动的世界里是完全不可持续的制度。这一理论在现实中得到过无数次印证，但细数其作用机制：当官方承诺遭遇质疑或政府干预空间受限时，市场的投机力量将会冲击汇率，将币值迅速升（贬）至一个远离均衡水平的位置。因而，"有管理的浮动汇率"制度要想为市场所信服，关键在于两点：第一，维持官方承诺的可信性和政府干预外汇市场的能力；第二，增加投机操作的成本。

维持官方承诺的可信性和政府干预外汇市场的能力，在中国显得尤为重要，二者互为补充。维持官方承诺的可信性，需要政府干预外汇市场的能力作为背书。中国目前拥有超过3万亿美元的外汇储备，在必要时，中国政府有干预市场的能力。同时，人民币外汇做市商的25家中有19家为中国国有大型商业银行、政策性银行、股份制银行和城商行，人民币中间价的报价不会受境外势力干预和主导，保证人民币汇率中间价定价机制的稳定有效。政府干预外汇市场的能力也与官方承诺息息相关，官方有力的表态和与市场积极有效的沟通，能够降低政府干预市场的成本和难度，反之亦然。

增加投机操作的成本则与宏观审慎和资本账户开放紧密相关，这也印证了汇率制度改革需要与其他配套制度同步进行。理论上，中间汇率制度难以维系的结论建立在资本自由流动的前提下，现实中中国尚未完全开放资本账户。2023年10月召开的中央金融工作会议，提出"要着力推进金融高水平开放，确保国家金融和经济安全"。[1] 随着金融开放，维持可信的"有管理的浮动汇率制度"的难度会更大，在统筹金融开放与安全的时候需要思考资本账户开放对汇率制度大的冲击，坚持底线思维、极限思维防范和化解可能出现的金融风险。

（二）尊重市场规律，秉承"以市场供求为基础"

"有管理的浮动汇率制度"最后也落脚到"浮动"上，人民币汇率在合理均衡的水平上自由浮动，不仅是政策目标，也是市场规律。其中的关键在于，汇率波动应围绕在合理均衡的水平上下，而不是漫无方向地任由投机实力操纵。虽然理论上有估计均衡汇率的各种方法，但是从各国的实

---

[1] 《中央金融工作会议在北京举行　习近平李强作重要讲话　赵乐际王沪宁蔡奇丁薛祥李希出席》，《人民日报》2023年11月1日第1版。

第十一章 改革和完善人民币汇率形成机制及其配套措施

践中看，无论是政策部门、监管部门，还是研究学者、市场参与主体，都不能准确判断汇率的均衡水平在什么位置，这必然会导致汇率不可能自发地自动稳定在市场均衡汇率水平，也不可能在有因素影响均衡汇率水平的时候，迅速反应并调整至新的均衡汇率水平值。这时候，如何判断和分析人民币是否处于合理均衡的水平之上，需要秉承"以市场供求"为基础的理念，尊重和敬畏市场规律。

首先，要做到的一点是摒弃"浮动恐惧症"。学者发现，经历过20世纪70—90年代的世界衰退之后，在新兴市场国家和发展中国家普遍存在"害怕浮动"（fear of floating）的情况。[①] 出现这种情况是可以理解的，各国都害怕汇率大幅波动对本国经济发展和金融稳定造成冲击。然而，正如前文所述，无论是政策部门、监管部门，还是研究学者、市场参与主体都不能准确判断均衡汇率水平，也不能预知汇率的变动。想了解和知晓当下汇率水平于均衡汇率水平的相对位置，需要市场主体积极参与、"用脚投票"，反映出当下不同主体对于汇率水平的认知和判断，体现出市场供求。若不允许市场汇率浮动，维持在官方认定的均衡汇率水平，一旦汇率预期积攒到一定程度，将会冲击汇率制度乃至整体经济的稳定。

诚然，外汇市场作为金融市场的一种，必然会存在羊群效应，推动汇率水平走向极端，甚至是不合理（远离均衡汇率）的位置。这体现出市场也会存在非理性行为，这种非理性行为虽然最终也会回归，但放任不管依然会对经济发展和金融稳定产生极大的负面影响，甚至演变成不可控的金融危机。因而，在尊重市场规律的同时，也要加强与市场的沟通和预期引导。中国政府在"8·11"汇改之后，在稳定市场对于人民币汇率的预期上多有作为。政府直接干预市场，于市场参与主体的伤害是直接的，并且可能抬升寻租动机。市场沟通和预期引导则不同，在矫正市场失灵的时

[①] Calvo, G. A. and Reinhart, C. M., 2002, "Fear of Floating", *Quarterly Journal of Economics*, 117: 379–408.

候依然是温和可控的。"沟通"意味着是双向交流，政府部门去倾听市场主体对于汇率形势的看法，市场主体反映他们在汇率操作中所面临的行为困难，讲事实、摆道理，政府部门通过专业的分析判断对当前的形势进行分析和解读，能够更加低成本、有效地矫正市场预期。"引导"意味着沟通是有一定的技巧的，事前要加强对舆情信息的搜集整理和分析，及时澄清不实传闻，减少不必要的市场恐慌，在沟通中设身处地思考，兼具理性和感性，必要时发挥政府部门信誉的背书机制。

（三）汇率制度改革不宜单兵突进，需协调配合

汇率作为内外部均衡的重要结合点，意味着微小的变化都可能会影响内外部均衡。无论是中国的历次汇率市场化改革，还是各国进行汇率制度变革的经验，都告诉我们经济稳定、与其他制度的协调是汇率制度改革能顺利进行的关键。新时代的中国更是如此，当下中国特色社会主义进入新时代、我国社会主要矛盾发生新变化、世界百年未有之大变局加速演变，国内经济的发展和金融的稳定，即内部均衡问题更加突出和关键，更加需要人民币汇率在合理均衡水平上保持基本稳定，平衡内外部均衡，防止外部冲击对中国宏观经济运行和稳定产生系统性影响。汇率制度改革更加强调在适宜的时代背景下，在合意的时间点，主动推进、渐进改革，将其对内外部均衡的影响、与其他制度的摩擦在尚未发生危机的情况下进行控制和解决，做好统筹安排。

做好统筹安排，一是要在理论上厘清汇率制度变革与其他制度和改革措施的关系。人民币汇率形成机制与高水平对外开放、人民币国际化等政策举措紧密相连，更加开放的市场需要更加具有弹性的人民币汇率，人民币国际化程度提升也需要人民币汇率形成机制更加反映市场供求。在内部均衡中，人民币汇率制度直接影响宏观调控（货币政策）的有效性，进而影响中国经济转型与发展；在外部均衡中，人民币汇率制度需要与宏观审慎和外汇市场建设同步推进，增强外汇市场的深度和广度，更好地进行价值发现和资源配置,通过外汇宏观审慎缓解市场中的羊群行为。二是要明确政策信号,"心往一处想、劲往一处使"。国际金融中心建设、人民币国际化需要人民币更加市场化,并且维持一定的升值预期,保证人民币币值,维持境外主体持有人民币的意愿;当下中国经济面临一定的下行压力,客观上需要人民币适当贬值,为国内货币政策和经济转型提供政策空间。在过去几年间,事关人民币汇率的两种声音时常交织在一起,市场主体难以把握汇率改革的目标和趋势。但是,汇率的走势,或者说汇率制度改革的节奏,是一个难以预见、需要相机决策的行为。从另一个意义上讲,人民币汇率形成机制改革是一个系统工程,与其他宏观经济制度改革交织在一起。政府部门需要在合适的场合明确阐明人民币汇率形成机制改革未来的方向和节奏。

(四) 现有国际货币体系下,仍需重视美元汇率

中国在过去很长一段时间内,维持对美元的隐形锚,市场也习惯于用锚定美元的思维去理解和诠释人民币汇率变动。随着几次人民币汇率市场化改革,人民币汇率波动展现出独立自主的走势,开始将锚转为"以市场供求为基础,参考一篮子货币"。在过程中,我们发现两个趋势,一方面人民币在对外贸易中作为计价和结算货币的份额在提升,但是这种趋势非常缓慢;另一方面,中国企业面临越来越大的汇率风险管理压力。面对更具弹性和市场化的人民币汇率,有实力、有定价话语权的企业会选择人民币计价,从而规避波动加大的汇率风险,但大部分企业则是承受美元计价的风险,不断学习掌握管理汇率风险的技巧和方法。诚然,人民币国际化在持续推进,有积极进展,但我们也应该看到现实情况,美元计价依然在中国企业的对外贸易中占据一个非常大的份额。在过去,这种汇率风险管理的压力集中在央行,承担了过度的汇率责任,呵护了初入国际市场的中国企业。现在,汇率风险管理的压力回到权责相匹配的经营主体,随着人民币汇率的双向自由浮动,汇率风险暴露水平随即提升。一方面,企业

没有汇率风险管理的经验，常常是被动接受汇率波动对企业收入和利润的影响，甚至存在少数企业利用对外经贸合同单方向赌人民币兑美元贬值；另一方面，具备风险管理业务能力的企业，在寻求汇率风险管理工具的时候发现工具缺失或成本过高，难以满足企业对冲汇率风险的现实需求。上述两个方面的解决对应两个方向，其一，汇率风险管理的教育；其二，外汇市场建设。国家外汇管理局企业汇率风险管理服务小组2022年发布《企业汇率风险管理指引》，结合近年来中国企业进行汇率风险管理的实践，采用企业的真实案例，为企业从事汇率风险管理业务提供了参考指南。在外汇市场建设方面，不断丰富人民币的汇率风险管理工具，降低成本、提高流动性，并针对性地提供外币衍生产品。有效助力于中国企业防范和化解汇率风险。

从中国外汇交易中心披露的数据（2023年12月）来看，目前有24种货币可以与人民币直接交易，但在这24种货币中美元交易量占据96.88%，欧元交易量占据1.47%，日元交易量占据0.61%，其他货币的交易量微不足道。人民币尚无法实现与全部货币的交易和对冲，对美元、欧元之外货币的对冲成本较高。事实上，这并不是人民币（中国）的问题，无论是欧元、日元、英镑等区域或国际货币，还是其他小币种，在外汇市场交易中最主要的交易货币就是美元。根据国际清算银行的统计，这一比例平均在88%以上。背景原因是当下的国际货币体系依然是以美元为核心的体系，并伴随乌克兰危机、英国脱欧等事件不断强化，美元的币值变动是外汇市场中的系统性风险，美国的货币政策和风险偏好是驱动全球金融周期的核心因素。[1] 因而，虽然人民币汇率形成机制更加市场化、走向有管理的浮动汇率制度，但仍需密切关注人民币兑美元的汇率变化，其对企业经营和汇率风险管理，以及中国金融稳定具有重要影响。

---

[1] Miranda-Agrippino, S. and Rey, H. , 2020, "US Monetary Policy and the Global Financial Cycle", *Review of Economic Studies*, 87：2754 – 2776.

三　新时代如何推进人民币汇率形成机制改革

新时代，"金融强国"的目标要求我们重新审视和理解人民币汇率形成机制的重要作用。在复杂的国际环境下，人民币汇率形成机制改革的目标更加复杂、权衡更加突出，需要坚持系统观念对下一阶段人民币汇率形成机制的改革进行思考。首先，要适应新时代的国际环境，服务于中国经济转型和发展。没有一种汇率制度安排可以适用于一个国家的所有时期，随着百年未有之大变局加速演变，汇率制度安排也应进行适当调整应对，更好地缓冲外部冲击的影响，为国内宏观经济平稳发展和结构转型营造适宜的环境。其次，汇率制度改革切忌单兵突进，需要协调配合。前文也提及人民币汇率形成机制与其他改革措施紧密联系在一起，牵一发而动全身，在改革之前需要做好压力测试和预案管理，事先推进和完善一系列配套措施，提升人民币汇率形成机制改革的成效。

（一）适应新时代的国际环境

从国际上看，世界正在经历百年未有之大变局，世界经济版图发生的深刻变化前所未有，新一轮科技革命和产业革命带来的新陈代谢和激烈竞争前所未有，国际力量对比发生的革命性变化前所未有，全球治理体系的不适应、不对称前所未有。当下，百年未有之大变局加速演进，地缘政治冲突频繁爆发，宏观政策分歧分化严重，针锋相对的观点加大了全球治理和国际协调的难度，提升了全世界的风险偏好，投机性资本在全球流动加剧。同时，世界的新一轮大发展大变革大调整中，科技革命和产业革命呈现区域化、板块化的特点，全球产业链和供应链呈现多元化布局，贸易保护主义和单边主义深刻影响着各国的政策布局和框架，世界经济下行风险加剧，不稳定不确定因素显著增多。

在不确定性的国际宏观环境中，资本市场上的投资者避险情绪加大，开始出现对安全资产的追逐，稳定并且有一定升值预期的币种及其计价资产受到追捧。人民币汇率制度改革在复杂的国际环境下应坚持稳中求进的工作总基调，更好地发挥"稳定器"的功能，维护中国的内外部均衡。其中的关键在于理性看待汇率制度的改革，如果能在现行制度下引导市场预期、完成汇率调控目标，保持人民币汇率在合理均衡的水平上基本稳定，则不宜过快推进下一步的汇率制度改革和贸然开放资本账户。新时代必将孕育新的理论，在经济全球化时代的汇率制度理论已经产生与实践的裂痕，作为"牵一发而动全身"的汇率制度改革，必将做好与国际形势、中国改革相协调配合的事前考量。

（二）服务于中国经济转型和发展

中国经济仍处于重要战略机遇期，在新时代中国发展的战略机遇具有新的内涵，包括加快经济结构优化升级、提升科技创新能力、深化改革开放、加快绿色发展、参与全球经济治理体系变革。从服务于中国经济转型和发展的视角来看，在中国经济改革不断向纵深推进的过程中，人民币汇率形成机制的目标应该聚焦于三点：第一，稳定人民币预期，为国内经济发展营造良好的环境。当经济改革的重心落脚在国内的时候，汇率目标要更加重视人民币汇率预期的稳定，以及与之伴随的资本流动稳定。在有管理的浮动汇率制度下，政策部门要通过适时引导预期，保持必要时进行外汇市场干预的能力，确保在重大危机来临时能够以低成本稳定人民币外汇市场。第二，避免人民币汇率大幅波动，保持人民币计价资产体系和中国金融系统稳定。汇率大幅波动必然会带来人民币计价资产的价值波动，即使波动依然围绕着均衡汇率水平，也会增加相关微观交易主体的操作风险和风控难度，形成对中国金融系统的冲击。因而，人民币汇率政策需要避免大张大合，在宏观基本面没有发生明显变化的情况下，积极与市场沟通稳定人民币汇率水平。第三，探索和引导汇率回归合理均衡水平。积极探寻人民币的合理均衡水平，在现有的汇率价格基础上，逐步引导市场汇率向合理均衡水平靠拢，并在汇率波动过程中关注市场供求变化，印证对合理均衡汇率水平的判断。诚然，人民币汇率可能会存在多重均衡水平，现阶段汇率制度在于稳定外部价格体系、增强国内政策的有效性，以及为国内经济改革和重大战略实施创造空间，进行汇率制度改革应"先立后破"，做好压力测试的前提下稳慎推进。

（三）事前完善人民币汇率制度改革的配套措施

1. 宏观审慎管理

随着越来越市场化的人民币汇率形成机制，资本流动的强顺周期性、全球金融周期的起伏涨落会增加外汇市场波动、造成汇率超调，干扰汇率在合理均衡水平上保持基本稳定。这种情况是市场化的汇率形成机制必然面对却又无法独立化解的风险点，宏观审慎政策则"对症下药"聚焦于此。根据往次各国金融危机的经验教训，即使国内宏观经济基本面保持稳健，在外部冲击下国内经济的结构性矛盾也会爆发，金融机构和金融市场之间的紧密联系会成为金融危机的加速器。背后的原因在于，经济运行是具有顺周期性的，经济主体的行为是具有惯性的，对价格判断的认知变化需要一定的时间过程，并且容易受到羊群效应的影响。因而，日常的价格稳定并不意味着整个金融体系的稳定，而是经济和金融的平稳运行掩盖了隐藏在背后的潜在风险，并随着经济的越发繁荣和顺周期的金融行为而不断累积，最后引爆可能会造成极端的影响。在反思之后，宏观审慎工具被逐渐认可和广泛应用。汇率制度在市场化之后也会出现强顺周期性和非理性交易行为，宏观审视工具可以从跨周期、跨部门等多个维度避免风险的积聚和发酵。

作用于外汇市场，宏观审慎依然可以从跨周期和跨部门两个维度发挥作用，前者体现为跨周期的缓冲工具，在不同时间周期内对微观主体开展跨境业务进行限制；后者体现为将风险限制在外汇市场或个别业务和机构的小范围。目前，针对跨周期的缓冲，在人民币中间价定价机制中引入了逆周期因子，克服在外汇定价中存在的顺周期行为。同时，短期外债余额指标、境内机构为境外投资企业提供融资性对外担保管理、境外放款宏观审慎调节系数、跨境融资宏观审慎调节参数等针对跨境资本流动的宏观审慎措施，通过在不同时期调整相应的宏观审慎参数，限制或提升微观主体进行开展跨境业务的能力，平抑外汇市场的顺周期行为。宏观审慎管理的另一维度，是对单一市场、单一机构的管理，避免风险在机构之间、市场之间传染。2020年中国人民银行中国银行保险监督管理委员会发布《系统重要性银行评估办法》，仅关注银行的境外债权债务，并没有将开展外汇市场业务的指标纳入其中。所以，目前中国尚无针对外汇市场风险传染的宏观审慎管理措施。考虑到目前的外汇市场做市商数量和规模，短期风险压力较小。但从中长期来看，随着外汇市场建设和发展，外汇市场会逐渐成为中国金融市场的重要组成部分。需要前置性思考如何将外汇市场重要参与主体纳入宏观审慎的管理框架之中。

2. 外汇市场建设

人民币要想做到真正的"以市场供求为基础"，兼具深度和广度的人民币外汇市场是重要支撑。中国统一的银行间外汇市场自1994年成立，经过近三十年的发展，已经成为重要的外汇交易市场，根据国际清算银行的统计数据（2022年4月），中国大陆的外汇交易量位居世界第十，占比约1.55%。但是与人民币的国际地位相比，有较大差距。同样是国际清算银行的统计数据，人民币日均交易量超过5262亿美元，在全球外汇交易中占比超过7%，排名第五。从外汇交易品种来看，外汇掉期和外汇即期是最重要的交易品种。从微观参与主体结构来看，银行金融机构依然是最重要的参与方，其次为财务公司，其他非银行金融机构、国际金融机构的参与较少。从中国外汇市场发展和建设的节奏来看，中国外汇市场取得巨大发展的同时，在中国进行外汇产品交易仍然存在不少的限制，整体市场的活跃度不高。外汇市场的深度、广度和流动性依然需要进一步提升。

人民币汇率形成机制需要探求市场供求水平，对外汇市场最直接的要

第十一章 改革和完善人民币汇率形成机制及其配套措施

求就是丰富外汇市场的交易主体和交易产品。丰富外汇市场交易主体并不是一朝之功，需要与资本账户开放和汇率制度改革配合进行。目前，国际上的趋势就是非银行机构在全球外汇市场交易中的占比越来越高，人民币的市场供求分析中也必然包含对非银行金融机构的分析。同质化严重的交易中，其交易行为仅仅反映出单一类型主体的供需，不利于探寻人民币的合理均衡汇率水平。并且，人民币在岸市场和离岸市场的交易主体差异越大，二者出现背离的可能性越高，越不利于人民币中间价的基准性和代表性。丰富的外汇市场交易产品会影响到微观主体参与外汇市场的积极性，是外汇市场深度和未来发展潜力的重要指示因素。中国外汇交易中心在过去几年推出了外币对交易、外币拆借、人民币外汇期权等众多产品，丰富了外汇市场的供给。考虑到人民币与众多货币依然无法直接交易，且没有对应的外汇衍生品，建议适时推出人民币汇率指数的相关产品，便利企业通过交叉对冲其所面临的汇率风险。同时，关注与国家战略的配合，可试点推出"一带一路"国家货币的货币市场交易，服务于"一带一路"倡议的推进。

在外汇市场建设的议题上，非常重要的讨论就是实需原则。中国的外汇市场交易一直实行实需原则，即存在真实、合规的基础交易并具有外汇风险敞口。实需原则在人民币汇率形成机制渐进改革的过程中发挥了重要作用，有效防范了跨境投机性资本对中国宏观金融稳定的冲击，也增强了资本管制和宏观审慎工具的有效性。随着人民币汇率形成机制更加市场化，高水平金融开放审慎推进，实需原则也出现了一些负面影响，最直接的一点就是不利于外汇市场规模的扩大，广泛反映外汇市场参与主体的供求关系。同时，单一化的交易主体会强化汇率单边波动的惯性，虽然不是学术定义上的羊群效应，但事实上加大了汇率波动的顺周期性。坚持稳中求进的工作总基调，要求改革不能单兵冒进，实需原则是中国外汇市场交易的重要原则，可以探讨进行放宽的试点方案，例如在海南"全岛封关"之后进行外汇即期市场的放宽，并进行总额控制。

3. 参与国际治理

当下世界经济格局的演变对全球经济治理体系提出了更高的要求，需要各方秉持"人类命运共同体"的理念，共同构建公正高效的全球金融治理格局，维护世界经济稳定大局；共同构建开放透明的全球贸易和投资治理格局，巩固多边贸易体制，释放全球经贸投资合作潜力。中国积极参与全球治理，释放出一个积极的信号。既往广大发展中国家饱受个别发达国家政策外溢性的影响，美国等全球治理体系中的中心国家的政策将会影响其他国家的宏观经济和金融状况。为此，各国通过 IMF、G20 等多边平台进行协调，但由于无法对中心国家进行限制，中心国家不可能会通过让渡自身国家的利益来降低外溢性。因而，中国以及众多发展中国家的货币币值都会很大程度上受美国货币政策的影响。中国在全球治理中提出"人类命运共同体"的理念，全球治理要摒弃单边主义，针对政策外溢性要通过国际协调进行沟通和解决。参与国际协调也是有一定的成本，一方面沟通的进行需要以自身的综合国力进行背书的国际话语权开展，拥有更高国际话语权的国家开展协调，其协调成功的概率越高；另一方面国际协调常常会受到政治因素的干扰导致无法达成一致的观点，这就需要寻找技术上的共识。

美元依然位于当下国际货币体系的核心位置，美国的货币政策会产生外溢性，人民币汇率也必然会受到冲击。为了更好地发挥汇率的"稳定器"功能，美元兑人民币双边汇率需要保持一定的弹性，尤其是提升对短期波动的政策容忍度，这样才能在外部冲击来临时，通过市场供求的实时变化迅速将汇率调整到位，压缩投机操作的空间，维持人民币汇率的稳定。同样，我们也应该看到，人民币国际化能够通过便利交易主体直接使用人民币进行交易，增强人民币外汇市场的深度，降低外部冲击对人民币汇率稳定的影响。当然，人民币国际化的推进也是与中国经济的长期增长、人民币计价资产的深度、资本账户开放等议题息息相关，不宜单从缓解人民币外汇市场压力的视角进行思考。党的二十大报告提出的有序推进

第十一章 改革和完善人民币汇率形成机制及其配套措施

人民币国际化，正是要求从一个统筹的视角、系统的视角进行思考。

中国参与国际治理、提升国际话语权，对于提升人民币的国际地位，和宣示人民币汇率制度的可信度也有积极作用。2020年7月31日，IMF在AREAER报告中将人民币汇率形成机制由"其他管理安排"调整为"类爬行安排"，认为人民币的事实上还是存在政府干预。然而，从人民币汇率波动的程度上来看，已经与主要国际货币没有明显区别，人民币汇率能够在合理均衡的水平上保持基本稳定，是汇率制度管理的成效，而不是汇率非市场化的佐证。这不仅需要中国提升国际话语权，为人民币的汇率形成机制正名，同样还需要中国学者从理论层面进行技术探源和学理阐释，服务于人民币汇率形成机制的改革。

（执笔人：张策）

第十二章

稳慎扎实推进人民币国际化

中央金融工作会议强调加快建设金融强国、推动金融高质量发展，作出了人民币国际化稳慎扎实推进的重要部署。习近平总书记的重要讲话进一步强调金融强国的关键核心金融要素，第一个就是强大的货币。人民币走向国际化，是人民币成为强大货币的必由之路，是人民币跨境使用服务实体经济的高水平开放之路，是统筹金融开放与安全的稳中求进之路。新时代新征程，新形势新任务，如何稳慎扎实推进人民币国际化，具有非常重要的战略意义，也是当前极为紧迫的政治问题和经济问题。

一 人民币国际化是人民币成为强大货币必由之路

习近平总书记的重要讲话多次提及人民币国际化。2015年12月，习近平总书记在中央经济工作会议上指出，"要利用人民币'入篮'机遇，加快推进金融业改革开放，稳步推动人民币成为国际储备货币"。[①] 2016年9月，习近平主席在G20峰会开幕式上进一步指出，"在有序开展人民币汇率市场化改革、逐步开放国内资本市场的同时，我们将继续推动人民币走出去，提高金融业国际化水平"。[②] 2017年12月，习近平总书记

[①] 《习近平关于社会主义经济建设论述摘编》，中央文献出版社2017年版，第65—66页。
[②] 《习近平关于社会主义经济建设论述摘编》，中央文献出版社2017年版，第303页。

第十二章　稳慎扎实推进人民币国际化

在中央经济工作会议上指出,"人民币纳入国际货币基金组织特别提款权货币篮子,人民币国际化迈出重大步伐"。① 2016 年 10 月人民币正式加入特别提款权（SDR）,到 2022 年 5 月国际货币基金组织（IMF）完成了 5 年一次的 SDR 定值审查并提高人民币权重,人民币在 SDR 货币篮子中的权重也从开始的 10.92% 上调至 12.28%,目前位居全球第三位。一方面,人民币"入篮"对人民币国际化来说是质的变化,意味着人民币已进入国际货币第一阵营。② 另一方面,人民币在 SDR 货币篮子权重上升,体现出人民币"入篮"以来国际地位的上升,也表明国际社会对上调人民币国际占比已达成共识。

（一）人民币国际化与人民币成为强大货币内在统一

人民币国际化的目的到底是什么？概言之,就是让人民币成为强大货币。建设金融强国是推进中国式现代化的迫切需要,人民币成为强大货币是金融强国建设的首要关键核心金融要素。一国的金融实力,从国际来看,主要考察：货币的国际可接受度（是否作为国际储备货币、是否作为国际结算及买卖货币）,外汇储备的规模,金融市场环境安全和稳定程度,拥有的国际金融中心数量及其影响力,在外国发行的金融工具及其数量等。③ 货币是金融的基础,是国际竞争力、宏观治理和综合国力的综合体现。人民币走向国际化,意味着不仅在国内大循环更好基于流通手段和价值尺度相统一进而更好充分发挥支付手段和贮藏手段功能,而且在国际大循环通过逐步发挥世界货币职能,在国内国际双循环下更好实现流通手段、价值尺度、支付手段、贮藏手段、世界货币职能的系统集成综合履行。人民币国际化,逐步成为储备货币,将分享储备货币权利,承担储备

---

① 习近平：《论把握新发展阶段、贯彻新发展理念、构建新发展格局》,中央文献出版社 2021 年版,第 209 页。
② 霍颖励：《人民币走向国际化》,中国金融出版社 2018 年版,序言第 6 页。
③ 曾康霖：《为中国金融立论》,西南财经大学出版社 2022 年版,第 120 页。

货币义务。① 权利主要是：第一，进一步便利对外贸易投资的高质量发展，使中国在对外经济金融往来中有更大的主动权；第二，提高中国在国际事务中的制度性话语权，扩大中国在国际经济金融事务中制定规则的权力。义务主要是：第一，扮演"国际银行家"角色，发挥"全球银行"职能；② 第二，世界范围内资金流动突然变化对国内经济金融产生影响；第三，货币强势时储备作用增加，货币疲软时储备作用减少，储备作用变化与汇率变化相叠加，汇率不稳定性增强。人民币完成登上国际舞台的过程，从学理上讲，取决于全面的利益权衡——寻求本国利益和国际利益的均衡点。③ 人民币走向国际化的过程，实际上就是人民币成为强大货币的过程，二者是内在统一的。一方面，要顺势而为，水到渠成；另一方面，百年未有之大变局下也需要坚定的国家意志作为有力支撑。稳慎扎实推进人民币国际化，使人民币成为真正强大的货币，使中国在国际政治经济舞台上发挥更大的积极作用。

（二）人民币在全球体系中的国际地位显著提升

在国际交往中，人民币已从过去"无声无息"，到现在日益成为世界所不能忽视的一种货币。④ 所谓人民币国际化，第一，最简单的表述就是人民币跨境被广泛使用；第二，较为完整的定义是，人民币在国际范围内行使货币功能，逐步成为主要的贸易计价结算货币、金融交易货币及国际

---

① 陈彪如：《关于人民币迈向国际货币的思考》，《上海金融》1998 年第 4 期。
② 国际货币发行国某种意义上扮演着借短贷长的区域或全球银行功能，为全球经济金融活动提供短期流动性，在全球范围内实现资本的有效配置，进而促进全球经济金融发展。这要求国际货币发行国须具有三项优势：一是本国具有健全的经济与财政基础和有效保护产权的法律制度，以支持政府 AAA 级国际信用；二是有规模巨大且有效的国债和准国债交易市场，为全球投资者提供流动性便利；三是本国企业和金融机构有在全球范围内配置资源的能力，在技术创新、全球投资和风险管理等方面具有先进性。参见潘英丽《有序推进人民币国际化》，《中国金融》2015 年第 19 期。
③ 黄达：《人民币的风云际会》，《经济研究》2004 年第 7 期。
④ 黄达：《人民币的风云际会》，《经济研究》2004 年第 7 期。

储备货币；第三，人民币国际化，有时被用于指人民币成为国际货币的过程，有时被用于指实现人民币真正国际化的目标。① 货币自由使用，理论上是指在国际交易支付中被广泛使用和在主要外汇市场上被广泛交易，实践中主要是通过货币在全球外汇储备、国际银行业负债、国际债务证券、跨境支付、贸易融资中的比重及在主要外汇市场交易量等指标来衡量。② 从人民币国际使用程度指标反映看：第一，在支付结算货币功能方面，人民币跨境收付金额合计从 2009 年不到 100 亿元增长至 2015 年超过 12 万亿元，2018 年近 16 万亿元，而后稳步提升，2022 年达到 42 万亿元，近 5 年来同比增速有所递减，但平均来看年均增速高达 37%。从人民币国际支付全球市场份额看，截至 2023 年年末为 4.1%，稳居全球第 4 位。第二，在投融资货币功能方面，③ 据环球银行金融电信协会（SWIFT）数据，截至 2023 年三季度末，人民币在全球贸易融资中占比为 5.8%，稳居全球第 2 位；2022 年年末，国际清算银行（BIS）公布的人民币国际债务证券存量为 1733 亿美元，排名升至第 7 位，同比提升 2 位。此外，BIS 的 2022 年调查显示，截至 2022 年年末，近三年来人民币外汇交易在全球市场的份额由 4.3%增长至 7%，排名由第 8 位上升至第 5 位。第三，在储备货币功能方面，从 IMF 官方外汇储备货币构成（COFER）的季度数据看，截至 2023 年 9 月，人民币占比约达到 2.4%（见图 12—1），全球 80 多个国家和经济体已将人民币纳入储备货币。回顾人民币国际化十余年发展进程，随着人民币的计价支付、投融资、储备等货币功能的全面增强，人民币在国际货币体系中的地位显著提升。④

---

① 戴相龙等：《领导干部金融知识读本》（第三版），中国金融出版社 2014 年版，第 403 页。

② 《党的十九届五中全会〈建议〉学习辅导百问》编写组：《党的十九届五中全会〈建议〉学习辅导百问》，党建读物出版社、学习出版社 2020 年版，第 167 页。

③ 中国人民银行：《2023 年人民币国际化报告》，http：//www.pbc.gov.cn/huobizhengceersi/214481/3871621/5114765/index.html。

④ 潘功胜：《人民币国际化十年回归与展望》，《中国金融》2019 年第 14 期。

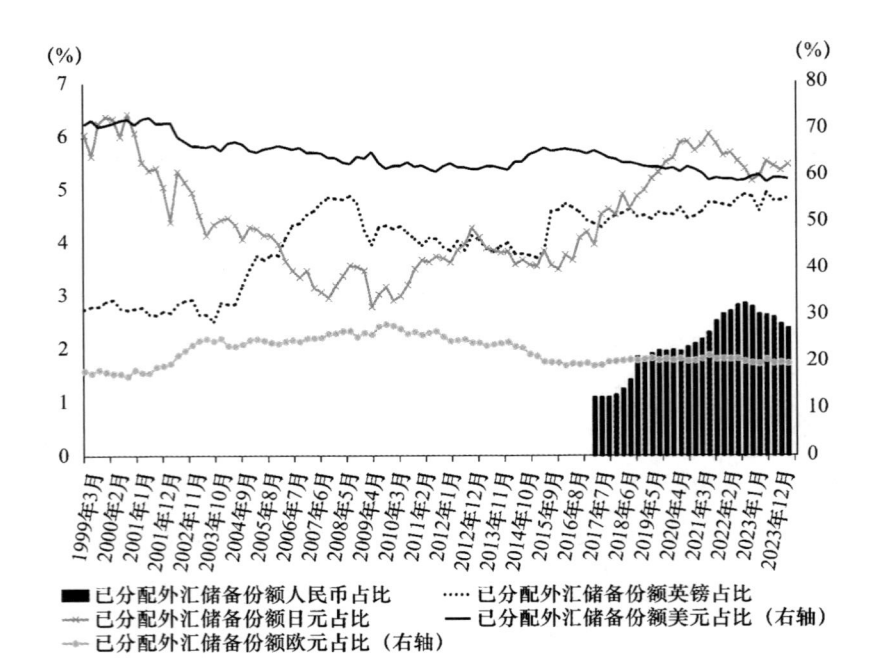

图 12—1　全球外汇储备中主要储备货币占比

资料来源：Wind，IMF。

(三) 人民币距离关键国际货币还有多远

人民币国际化应该有广泛和长远的目标，例如，应使人民币最终成为国际储备货币。① 百年未有之大变局下，人民币如何成为真正的强大货币，如何保持人民币在全球储备货币体系中地位稳中有升，任重而道远。从 IMF 官方外汇储备货币构成（COFER）季度数据看，截至 2023 年 9 月，人民币储备占比约为 2.4%，不仅与同期美元储备占比（60%）和欧元储备占比（20%）仍相差较远，且与同期的英镑储备占比（4.8%）和日元储备占比（5.5%）相比也有待提升（见

---

① 余永定：《最后的屏障：资本项目自由化和人民币国际化之辩》，东方出版社 2016 年版，序言第 32 页。

第十二章　稳慎扎实推进人民币国际化

图12—1）。对标核心储备货币，人民币国际化，需要跨越以下门槛：一是能否达到英镑的国际化水平，对标英镑在全球官方储备货币中的占比在5%左右。二是能否达到日元的国际化水平，对标日元在全球官方储备货币中的占比在5%以上。三是能否达到欧元的国际化水平，对标欧元在全球官方储备货币中的占比在20%左右。四是能否达到美元的国际化水平，对标美元在全球官方储备货币中的占比在60%左右。未来人民币的国际地位如果能够跨越这些门槛，都将具有重要的里程碑意义，当然这不是轻而易举的事情。人民币从现有的2.4%到5%，这需要翻一番；从2.4%到20%以上，则需要扩大10倍。这既是人民币国际化的潜能所在，也是挑战所在。五是对标2016年人民币"入篮"时在SDR货币篮子中的比重10.9%。假设2025年人民币储备占全球储备比重达到10%以上（基本上是目前英镑占比和日元占比之和），人民币将成为美元、欧元之后的第三大储备货币。基于2023年9月的COFER数据，假设各国和地区人民币储备由英镑储备和日元储备都转投中国的国债，届时中国需要发行的满足人民币国际化需要的国债量为11290.9亿美元（英镑储备5303.58亿美元+日元储备5987.32亿美元，参照2023年9月COFER季度数据），折合人民币约8.24万亿元的国债量。这将导致中国的财政收支结构、金融市场乃至宏观经济金融运行的重大调整。[①] 此外，储备货币占比份额竞争斗争激烈不容忽视。若以美元的占比下降来衡量去美元化，后国际金融危机时代去美元化与其他国际货币占比提升的相关性动态需高度关注（见图12—2）。尽管"去美元化"已有所展开，但美元国际核心货币惯性下，美元霸权及其在石油黄金大宗商品定价上占主导地位，短期内实际上难以撼动。大国博弈复杂性将带来外部冲击不确定因素，这也让人民币的国际使用并非坦途且面临情况更加复杂。

[①] 王国刚：《人民币国际化的冷思考》，《国际金融研究》2014年第4期。

图 12—2　全球储备美元占比与人民币、英镑、日元、欧元占比走势对比

资料来源：Wind，IMF。

（四）具有中国特色的人民币国际化之路

从国际货币关系看，人民币和欧元成为美元重要的货币竞争对手方（中美欧竞争博弈），英镑和日元是美元的货币交易对手方（美、英、日合作大于竞争）。历史地看（见图12—1），1999—2023年，美元在全球储备货币体系中占比下降了约13个百分点（但目前维持在60%以上），英镑的占比下降了约0.6个百分点，日元的占比上升了约2.1个百分点，欧元的占比仅上升了约2个百分点（目前维持在约20%），人民币的占比上升了约2.4个百分点。自2018年国际金融危机后，百年未有之大变局叠加疫情冲击，如上所述，美元试图将自身占比维持在60%以上（见图12—2），美元占比上下调整甚至近期曾有所上升，但人民币占比却有所下降，英镑占比以及日元占比均有所上升，欧元占比近期下降，这表明储备货币占比份额的斗争复杂与竞争激烈。从全球外汇储备中储备货币国各自货币占比与其各自实际有效汇率（REER）之间关系看（见图12—3），基本上大体呈现出正向相关关系。对此，需要指出是：第一，对于美元，在量化宽松（QE）前为正向相关关系，QE 后为负向相关关系；第二，对于人民币和欧元，均表现出明显的正向相关关系；第三，英镑较特殊，基本上为负向相关关系；第四，日元与美元相似，并且虽然 REER 贬值但是储备货币占比提升。值得注意的是，美元长期占据国际货币体系的主导地位，在一定程度上源于全球对强大、流动、安全的"源本抵押品"（Fundamental Collateral，FC）的刚性需求。换言之，以美元计价的美国国债成为全球金融市场的 FC，这是美元成为关键国际货币重要源动力之一，其作用机制体现为国际金融中介、进出口企业与银行之间相互强化的内生币种选择。[1] 结合上述相关关系的变化，某种程度表明了基于 FC 的全球流动性（Global Liquidity，GL）与储备货币价值稳定性之间可能存在矛盾。[2] 当储备货币发行国（特别是美英日）币值稳定与可靠国际公共品（FC→GL）之间存在某种冲突时（如 2008 年国际金融危机后 QE 下货币的"金融流通"与"工业流通"失衡），可能就需要相互联合互为交易对手方，进而缓释（FC→储备货币→GL）全球流动性创造过程，并对其主要的货币竞争对手方产生"挤出"效应和外部冲击。从货币国际化模式看，人民币走向国际化，成为强大货币，一方面，借鉴已有的英国模式（海外殖民＋全球实力扩张）、美国模式（军事霸权＋国际政治经济实力＋能源大宗定价＝美元霸权）、日本模式（依附型＋区域扩散＋金融开放）、欧元区（德国）模式（区域一体化），但是本币国际化外部条件发生改变下传统的货币国际化路径可能已不复存在。[3] 另一方面，在现有发展阶段上，面对国际货币竞争乃至压制，并且（1）自身 FC 基础相对大而不强，（2）国际大循环金融化过程（FC→储备货币→GL）不具比较优势，（3）货币国际化"工业流通"

---

[1] 张宇燕、夏广涛：《源本抵押品：一个理解全球宏观经济和金融市场的概念》，《国际金融》2022 年第 2 期。

[2] 陆磊、李宏瑾：《纳入 SDR 后的人民币国际化与国际货币体系改革：基于货币功能和储备货币供求的视角》，《国际经济评论》2016 年第 3 期。

[3] 陈卫东、边卫红、熊启跃等：《本币国际化：理论和现实的困局及选择》，《国际金融研究》2023 年第 7 期。

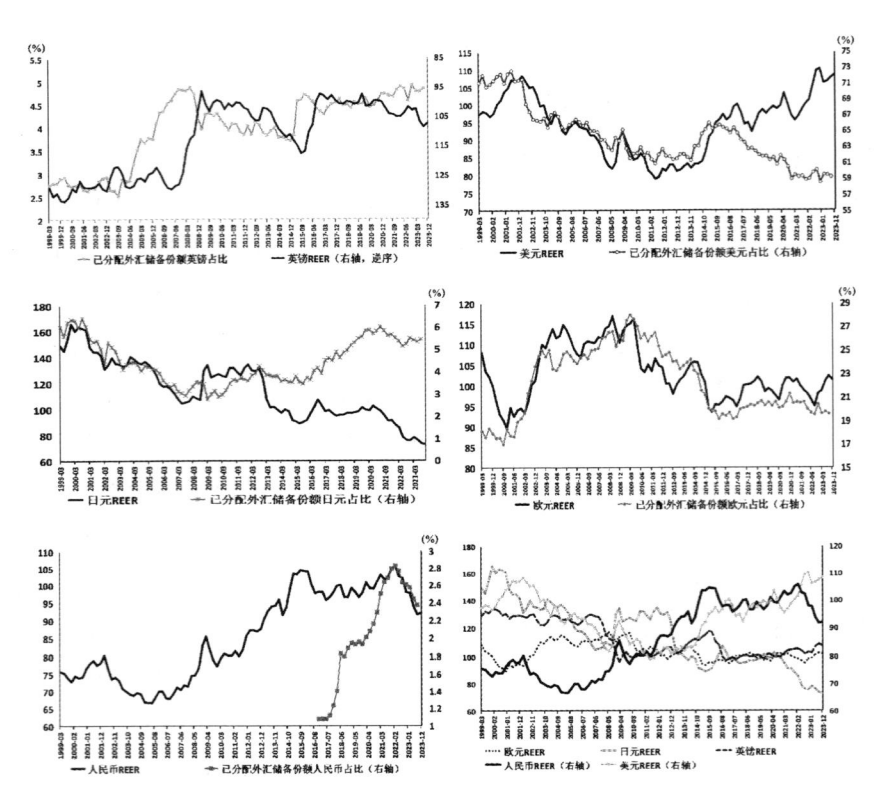

图12—3 全球主要储备货币占比与各自（中美欧日英）REER走势

资料来源：Wind，IMF，BIS。

更为突出，亟须走出一条实现人民币成为强大货币、以服务实体经济高质量发展、协调好可靠国际公共品供给与币值稳定的具有中国特色的货币国际化之路。为使人民币最终成为国际储备货币（成为强大货币），须解决如何提供人民币国际流动性问题，即如何为非居民提供他们可以持有的人民币资产。[1] 利用国际公共品全球安全资产相对匮乏的机会，利用"美元武器化"背景下其他大国纷纷寻找SWIFT替代的趋势，完善人民币跨境

---

[1] 余永定：《最后的屏障：资本项目自由化和人民币国际化之辩》，东方出版社2016年版，序言第36页。

支付结算系统（CIPS），努力实现 CIPS 与其他主要系统的合作，夯实人民币国际化的基础设施建设，同时在国内市场与离岸市场丰富向非居民提供高质量的人民币金融产品。[1] 综上，推进人民币国际化，对于维持储备货币偿付能力和币值稳定、维系全球货币体系稳定具有重要意义；[2] 更深层次的问题又涉及中国金融体系改革，[3] 完善金融基础设施建设不容忽视，特别是在新形势下，稳慎扎实推进人民币成为关键国际货币已是中国建设金融强国的题中应有之义。

（五）人民币成为强大货币的基本条件

习近平总书记的重要讲话指出，"虽然我国经济总量跃居世界第二，但大而不强、臃肿虚胖体弱问题相当突出，主要体现在创新能力不强，这是我国这个经济大块头的'阿喀琉斯之踵'……我国经济大而不强问题依然突出，人均收入和人民生活水平更是同发达国家不可同日而语，我国经济实力转化为国际性制度性权力依然需要付出艰苦努力"。[4] 随着金融改革不断深化，金融体系、金融市场、金融监管和调控体系日益完善，金融机构实力大大增强，我国已成为重要的世界金融大国。要加快建设金融强国。[5] 从历史经验看，一个国家货币演变成为国际货币需要具备一些重要条件，经历一个曲折的过程。大致来说，共性因素包括：强大的经济实力和综合国力，发达而开放的金融市场，信誉良好而坚挺的货币，庞大的贸易盈余和对外投资，广泛的文化政治影响，等等。在客观条件具备的情

---

[1] 张明：《稳慎扎实推进人民币国际化》，《经济学家》2023 年第 12 期。
[2] 范小云、陈雷、王道平：《人民币国际化与国际货币体系的稳定》，《世界经济》2014 年第 9 期。
[3] 王孝松、刘韬、胡永泰：《人民币国际使用的影响因素：基于全球视角的理论及经验研究》，《经济研究》2021 年第 4 期。
[4] 《习近平关于社会主义经济建设论述摘编》，中央文献出版社 2017 年版，第 34、39 页。
[5] 《中央金融工作会议在北京举行　习近平李强作重要讲话　赵乐际王沪宁蔡奇丁薛祥李希出席》，《人民日报》2023 年 11 月 1 日第 1 版。

况下，国际货币竞争需要坚定的国家意志并经历一番激烈的政治经济外交斗争。① 纵观历史，货币国际化要具备经济、金融方面的基本条件，也要有可供选择的历史机遇：一是经济实力长期居于强国地位；二是国际贸易占比较高；三是国际投资发展较快；四是货币币值稳定；五是国际重大政治事件提供相关契机。② 值得注意的是，从金融大国迈向金融强国，任重而道远。一方面，中国已成为金融大国，但还算不上金融强国，中国金融业的全球竞争力、影响力、话语权与世界第二大经济体的地位还不相称。③ 如前所述，世界市场份额（全球占比）的国际竞争日趋激烈。中国对外交往（见图12—4）的比较优势还是在对外贸易与投资上，特别是对外贸易优势明显。但在逆全球化背景下，对外贸易的引擎作用将受到影响，培育巩固对外合作竞争新优势日益紧迫。另一方面，金融强国建设，需要以高水平开放促进金融业全球竞争能力提升，需要主动参与全球经济金融治理，但越开放就越要重视安全，要以安全为基石推进金融开放走深走实。④ 统筹好金融发展和金融安全，是建设金融强国的底线要求和根本遵循。⑤ 从战略目标看，"成功的货币国际化"应是一国货币通过国际化促进了实体经济的可持续发展，为本国带来了重大利益，并且能够将国际化过程中的风险控制在可承受的范围内。⑥ 人民币国际化，其实是指人民币在国际经济交易中的作用，这一点类似 IMF 对进入 SDR 货币篮子的基本要求（在贸易活动和金融交易中被广泛使用），美国前财长盖特纳曾经要求的将央行独立性作为加入 SDR 篮子的前提，

---

① 韩文秀：《建言中国经济成长》，中国言实出版社2018年版，第668页。

② 戴相龙等：《领导干部金融知识读本》（第三版），中国金融出版社2014年版，第403页。

③ 学习贯彻习近平新时代中国特色社会主义经济思想 做好"十四五"规划编制和发展改革工作系列丛书编写组：《促进金融更好服务实体经济》，中国计划出版社、中国市场出版社2020年版，第5页。

④ 陈雨露：《以金融强国建设全面推进中国式现代化》，《红旗文稿》2023年第24期。

⑤ 张晓晶：《底线要求在哪里》，《学习时报》2023年11月8日第2版。

⑥ 潘英丽：《论人民币国际化的战略目标》，《财经智库》2016年第2期。

第十二章　稳慎扎实推进人民币国际化

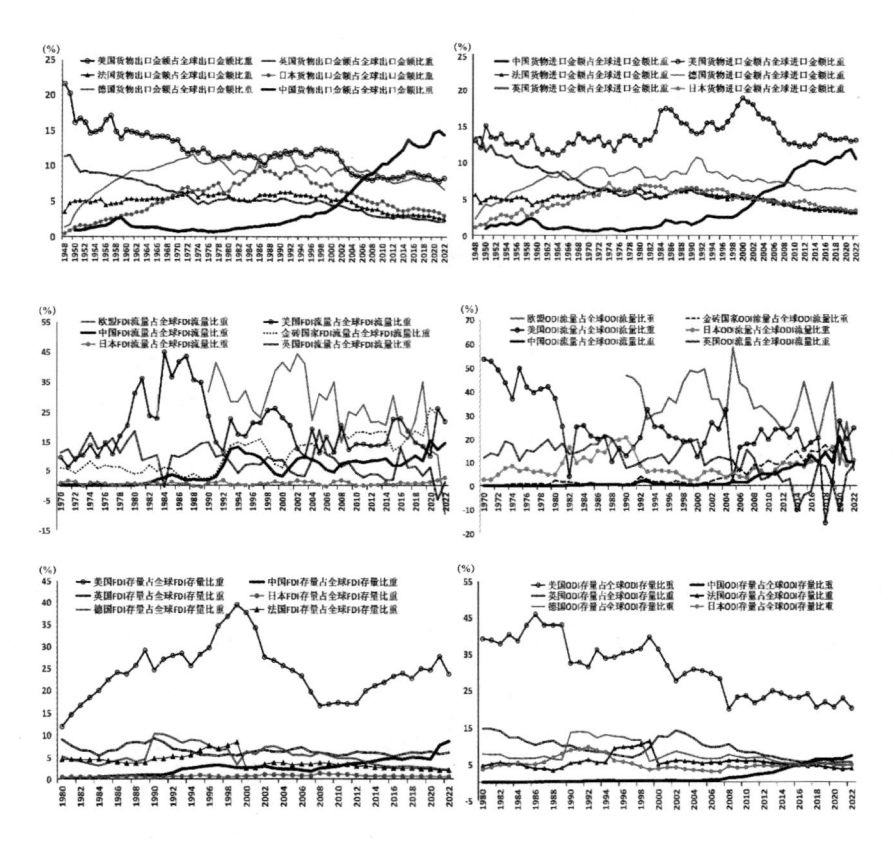

图 12—4　主要经济体（中美欧日英等）贸易投资全球占比走势

资料来源：Wind，WTO，UNCTAD。

这其实就超出了 IMF 的规则。① 从货币国际化的影响因素看，经济实力、贸易投资规模和币值稳定等经济基本面因素，对于支撑货币的国际地位极为重要，资本项目开放水平、金融市场发展水平、政治稳定性和

---

① 对此，人民币纳入 SDR 货币篮子需符合的标准，一是"主要贸易国"，二是"自由使用"。人民币符合这两条标准，进而成功"入篮"，自 2016 年 10 月 1 日被 IMF 认定为自由使用货币。参见黄益平《人民币离国际货币有多远？》，《中国外汇》2011 年第 8 期。

· 325 ·

军事实力能显著影响货币国际化进程。① 此外，一种主权货币成为国际货币，还取决于其在政治、经济、科技、外交甚至军事等方面的综合实力，网络效应（network effect）的影响也不容忽视。②

二 稳步提升人民币国际化质效服务高水平开放

人民币国际化，是人民币跨境使用"提质增效"高质量服务实体经济的高水平开放之路。2023 年 7 月，习近平总书记在主持召开中央全面深化改革委员会第二次会议时强调，要"以制度型开放为重点，聚焦投资、贸易、金融、创新等对外交流合作的重点领域深化体制机制改革，完善配套政策措施，积极主动把我国对外开放提高到新水平"。③ 在构建新发展格局的新形势下，高质量发展需要实现更大范围、更宽领域、更深层次的高水平开放，这也对相应的国际化货币管理能力提出了更高要求。在以中国式现代化全面推进强国建设、民族复兴的新任务下，稳慎扎实推进人民币国际化，应在坚持市场主导的基础上，更好完善对人民币国际使用的支持体系，为市场驱动（市场需求）不断增强、市场作用更好发挥，创造更加良好的货币金融环境和安全稳定的宏观金融条件。

（一）领会人民币国际化重要部署的措辞变化

百年未有之大变局下，营造更好的政策环境，更加便利境内外主体持

---

① 彭红枫、谭小玉：《人民币国际化研究：程度测算与影响因素分析》，《经济研究》2017 年第 2 期。
② 张礼卿：《稳慎扎实推进人民币国际化：发展历程与路径探析》，《学术前沿》2024 年第 1 期。
③ 《习近平主持召开中央全面深化改革委员会第二次会议强调　建设更高水平开放型经济新体制　推动能耗双控逐步转向碳排放双控　李强王沪宁蔡奇出席》，《人民日报》2023 年 7 月 12 日第 1 版。

第十二章 稳慎扎实推进人民币国际化

有、使用人民币至关重要。近年来，从顶层设计来看，部署人民币国际化相关重要措辞不断变化。第一，从"人民币跨境使用"到"人民币国际化"。对于人民币国际化，中国实际上一直采取审慎方针。直到2014年12月中央经济工作会议在公告中才首次指出"稳步推进人民币国际化"。[1] 此前，只是讲"推动人民币可兑换"或"扩大人民币的境外使用"，对于人民币国际化，最简单的表述就是人民币跨境使用。第二，"稳步"→（"有序"）→"稳慎"→（"有序"）→"稳慎扎实"。一是强调"稳步"。2014年12月中央经济工作会议首次指出，"稳步推进人民币国际化"。2017年7月，全国金融工作会议指出，"要深化人民币汇率形成机制改革，稳步推进人民币国际化，稳步实现资本项目可兑换"。[2] 2019年10月，党的十九届四中全会指出："建设更高水平开放型经济新体制"，"稳步推进人民币国际化"。[3] 二是强调"有序"。资本项下人民币国际使用逐渐成为推进人民币国际化的重要方向。2015年10月，党的十八届五中全会指出，"形成对外开放新体制"，"扩大金融业双向开放。有序实现人民币资本项目可兑换，推动人民币加入特别提款权，成为可兑换、可自由使用货币"。[4] 2022年10月，党的二十大报告指出，"有序推进人民币国际化"。[5] 三是强调"稳慎"以及"稳慎扎实"。2020年10月，党的十九届五中全会指出，"建设更高水平开放型经济新体制"，"稳慎推进人民币国际化，坚持市场驱动和企业自主选择，营造以人民币自由使用为基础的新

---

[1] 《中央金融工作会议在北京举行　习近平李强作重要讲话　赵乐际王沪宁蔡奇丁薛祥李希出席》，《人民日报》2023年11月1日第1版。
[2] 习近平：《习近平谈治国理政》（第二卷），外文出版社2017年版，第281页。
[3] 《中共中央关于坚持和完善中国特色社会主义制度、推进国家治理体系和治理能力现代化若干重大问题的决定》编写组：《中共中央关于坚持和完善中国特色社会主义制度、推进国家治理体系和治理能力现代化若干重大问题的决定》，人民出版社2019年版，第23页。
[4] 《党的十八届五中全会〈建议〉学习辅导百问》编写组：《党的十八届五中全会〈建议〉学习辅导百问》，党建读物出版社、学习出版社2015年版，第24页。
[5] 习近平：《高举中国特色社会主义伟大旗帜　为全面建设社会主义现代化国家而团结奋斗——在中国共产党第二十次全国代表大会上的报告》，人民出版社2022年版，第33页。

型互利合作关系"。① 2023年10月，中央金融工作会议进一步指出"稳慎扎实推进人民币国际化"。② 四是"有序"贯穿于（"稳步"→"稳慎"→"稳慎扎实"）过程之中，从推进人民币国际化相关措辞变化看，起步于"稳步"，成形于"稳慎"，提质于"稳慎扎实"，过程中强调"有序"，从而将"稳"与"进"最终落在"实"上，以切实提升国际循环的质量和水平。与此同时，强调"稳慎"更加要突出把握好节奏和力度，不要急功近利，强调"扎实"更加突出防控风险以及坚持统筹金融开放和安全原则。

（二）"生产—市场—货币"框架下人民币国际化

人民币成为强大货币，走向世界，将促进国内企业和资本市场在全球范围内配置资源，从而产生重大改变。马克思将劳动价值论贯彻到国际经济领域，创立了国际价值理论，对于国际价值的形成进一步指出："一个国家的资本主义生产越发达，那里的国民劳动强度和生产率，就越超过国际水平。因此，不同国家在同一劳动时间内所生产的同种商品的不同量，有不同的国际价值，从而表现为不同的价格，即表现为按各自的国际价值而不同的货币额。所以，货币的相对价值在资本主义生产方式较发达的国家，比在资本主义生产方式不太发达的国家要小。"③ 换言之，同种商品的价值从价格上，生产率较高的国家要低于生产率较低的国家。④ 此外，美国经济学家杨格认为，市场容量取决于分工，即市场容量可由有效需求界定，该需求取决于真实收入，真实收入又取决

---

① 《党的十九届五中全会〈建议〉学习辅导百问》编写组：《党的十九届五中全会〈建议〉学习辅导百问》，党建读物出版社、学习出版社2020年版，第36页。

② 《中央金融工作会议在北京举行 习近平李强作重要讲话 赵乐际王沪宁蔡奇丁薛祥李希出席》，《人民日报》2023年11月1日第1版。

③ 马克思：《资本论》（第一卷），人民出版社2004年版，第645页。

④ 王国刚：《马克思的金融理论研究》，中国金融出版社2020年版，第162页。

于劳动生产率，劳动生产率反过来又由分工决定。[1] 对于人民币国际化而言，遵循马克思的"生产的国际关系。国际分工。国际交换。输出和输入。汇率。"理论逻辑，借鉴马克思资本循环的三阶段和三种形态分析：资本循环是生产过程和流通过程的统一，产业资本的连续性运动不仅是生产过程和流通过程的统一，而且也是三种循环的空间上并存，时间上继起的统一。将资本循环中货币资本循环（G…G'），生产资本循环（P…P）和商品资本循环（W'…W'）分别对应并简化加总为"货币""生产"和"市场"过程，并将它们首尾相连，即将资本循环折叠后，可进一步得到分析框架中的"生产—市场—货币"的"三位一体"。[2] 在此基础上，可将人民币国际化纳入"生产—市场—货币"分析框架（见图12—5）。其中，"生产"是生产能力、产能以及经济增长（特定时点稳态）某个"切面"的抽象；"市场"是市场体系、市场化、供求关系的综合；"货币"是货币、资金和金融体系的概括，并将"要素市场""商品市场""资产市场""本外币市场"置于各自在资本循环的位置上。强调"供给侧结构性改革"更以"生产"维度统观"生产—市场—货币"全局；"市场在资源配置中起决定性作用"更以"市场"维度统观"生产—市场—货币"全貌；"人民币国际化"对应的是"货币"维度。

具体而言：第一，从生产出发，总量生产函数刻画经济增长作为生产的国际关系重要组成，与之相应的首要条件是市场，即市场在资源配置中起决定性作用。作为流通环节的时空场所，市场本身就是最稀缺的资源，价值规律在市场经济中得以体现。第二，作为市场交易的"镜

---

[1] Young, A., "Increasing Returns and Economic Progress", *The Economic Journal*, 1928 (38): 527–542.

[2] 林楠：《外汇市场主要风险点和防控举措》，载王国刚等《金融风险之点和可选防控之策》，中国社会科学出版社2017年版，第290页；林楠：《人民币国际化：基于马克思主义政治经济学视角》，中国金融出版社2022年版，第119—121页；林楠：《国际货币关系研究》，中国金融出版社2023年版，第132页。

像"，货币同时又是生产的"第一推动力"。货币的本质是通过货币职能（价值尺度、流通手段、支付手段、财富贮藏、世界货币等）来体现的。其中，人民币在国际范围内行使货币功能，逐步成为贸易计价结算货币、金融交易货币以及国际储备货币，就是人民币国际化的完整定义。第三，从生产的国际关系看，在发达经济体所编织的全球流动性网络和全球贸易投资协定网络结合下，参与世界市场，维护中国在国际市场足够份额的要求日益急迫。人民币成为强大的货币，走向世界，并不是为了国际化而国际化，而是要以服务"贸易投资和产业链升级"为重点。从国际分工和比较优势看，将人民币打造成以"中国制造"支撑的生产性国际货币，与"中国制造"向"中国创造"转型相得益彰、相辅相成。第四，人民币国际化战略关键在"生产"维度上，以服务"贸易投资和产业链升级"为重点，将人民币打造成强大的货币；在"市场"维度上，以维护中国在国际市场上足够份额为底线，在增强国际竞争力基础上，在中美博弈中维护好国民福利，实现人民币国际化本位基础"源于人民服务于人民"；在"货币"维度上，从巩固人民币计价结算功能，向支持人民币市场交易和国际储备功能推进，在加快国内货币市场、外汇市场以及人民币金融产品"资产池"建设的同时，筑牢金融安全网和风险防火墙。第五，从安全维度来看，稳慎扎实推进人民币国际化，即努力提供"无危机增长—安全大市场—安全资产"的"三位一体"全球公共品供给新模式。[1] 从空间向度上来看，为世界经济增长提供巨大的市场空间，跳出规模报酬不变的"零和博弈"老路，走向规模报酬递增的"合作共赢"新路。从时间向度上来看，是要培育可自由支配时间的世界市场和国际价值的大背景和大环境，在此过程中，实现"无危机增长—安全大市场—安全资产"相统一。

---

[1] 林楠：《国际货币关系研究》，中国金融出版社2023年版，第25页。

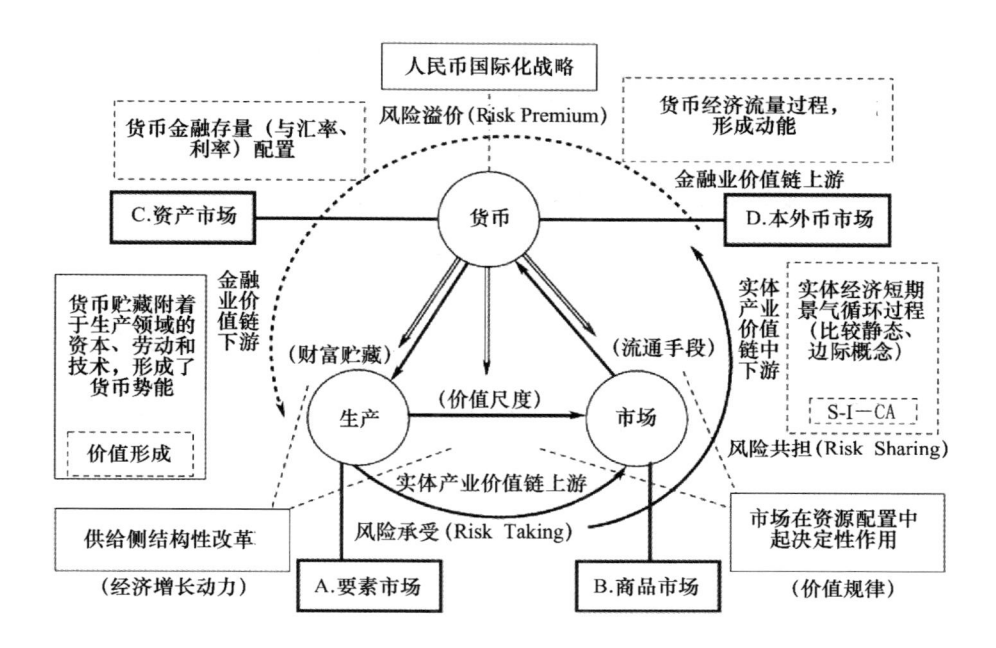

图 12—5 "生产—市场—货币"框架下推进人民币国际化

资料来源：笔者绘制。

（三）人民币国际化进程中跨境收付的再审视

人民币国际化是一个水到渠成的自然历史过程，跨境收付是市场主体自身商业决策结果。① 从人民币跨境收付金额规模看，2023 年前三季度合计 39 万亿元，同比增长 24%；2022 年全年合计 42 万亿元，同比增长 15%。② 2023 年 1—11 月，人民币跨境收付金额为 48 万亿元，同比增长 24%，其中，货物贸易人民币跨境收付金额占同期本外币跨境收付总额的比例为 25%，比 2022 年的 18% 有较大提升，为近年来最高水平。回顾历史，人

---

① 《党的十九届五中全会〈建议〉学习辅导百问》编写组：《党的十九届五中全会〈建议〉学习辅导百问》，党建读物出版社、学习出版社 2020 年版，第 166 页。

② 中国人民银行：《2023 年人民币国际化报告》，http：//www.pbc.gov.cn/huobizhengceersi/214481/3871621/5114765/index.html。

民币跨境收付从 2009 年不到 100 亿元增长至 2015 年超过 12 万亿元，2018 年近 16 万亿元，而后稳步提升。第一，从总量增长变化看，2019 年以来跨境人民币业务结算金额当月值同比增长基本平稳，近五年来同比增速虽然有所递减，但是平均来看年均增速高达 37%（见图 12—6）。第二，从资金结构看（见图 12—7），一是 2023 年中国跨境贸易人民币业务结算金额当月值同比增长基本平稳，直接投资结算业务当月值同比增长下降；二是 2016 年以来跨境贸易人民币收付比呈"U"形，直接投资项下收付比呈现扁倒"U"形；三是 2018—2021 年二者对带动收付均衡的影响作用相互交织，大致相同，2022 年跨境贸易人民币收付比有较大提升，直接投资项下收付比有所下降。第三，对应资金流向，从季度数据看，人

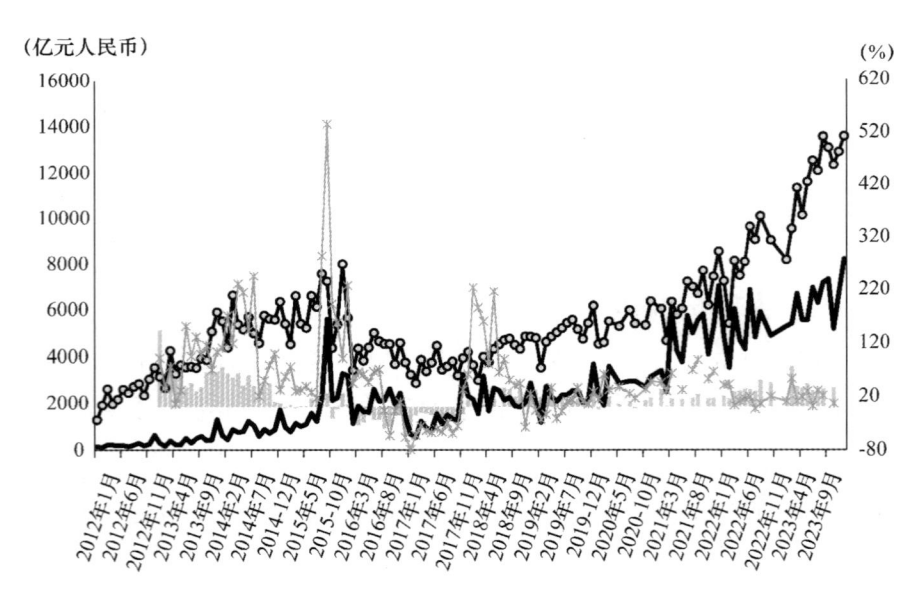

图 12—6　跨境贸易投资人民币业务结算金额及其同比增长

资料来源：Wind。

民币跨境收付比近期相较2015—2019年大幅波动时期更为平缓，2019年以来跨境人民币结算实际金额当季值收付比大致维持在1上下，流入流出基本趋于均衡；从年度数据看，2015—2018年随着跨境贸易人民币收付比下降，直接投资项下收付比不断提升，2022年以来直接投资项下收付比下降（见图12—7）。值得注意的是，与跨境贸易人民币收付相比，直接投资人民币收付还存在一定的数量和质量以及均衡发展的差距。这意味着人民币跨境循环可能还存在堵点，人民币国际化基础有待进一步夯实。尽管跨境收付份额不断扩大，人民币跨境使用的范围也在不断拓展、频率稳步加大，但是人民币自由使用服务实体经济的水平仍有待进一步提升。

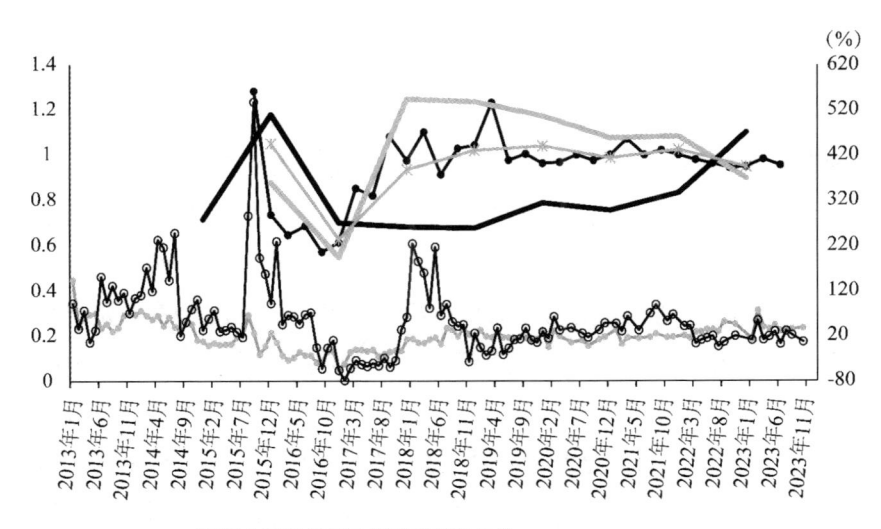

图 12—7　跨境人民币业务结算金额及收付比的结构化走势对比

资料来源：Wind。

（四）提升人民币对外投资水平更好服务"走出去"

进入"新时代"，百年未有之大变局与新冠疫情相叠加，外部环境不确定性、复杂性也在陡增，但中国经济稳定发展的态势没变，人民币对外投资合作使用的市场驱动力没变，这也是进一步推进人民币国际化的重要宏微观基础所在。"走出去"战略是党的十六大提出重大决策之一，是构建开放型经济新体制的重要组成部分。党的十九大报告指出，创新对外投资方式，促进国际产能合作，形成面向全球的贸易、投融资、生产和服务网络。随着中国已从资本输入大国向资本输出大国转变，企业"走出去"的速度和规模都取得巨大成就。从超大规模市场与世界市场份额维护来看，超大规模市场为对外直接投资提供了国内基础，但世界市场份额（全球占比）国际竞争也日趋激烈。全球经济进入低迷期，但中国货物出口金额占全球出口总额比重仍保持稳增长态势，接近15%［见图12—4（a）］；2008年国际金融危机后，中国ODI流量全球占比较之前有大幅度提升，目前已超过10%［见图12—4（d）］。但是，中国经济大而不强的问题依然突出，经济实力转化为国际制度性权力依然需要付出艰苦努力。从国际看，如何维护中国在国际市场上的足够份额日益紧迫；从国内看，关键是加快"中国制造"转型升级。进入新时代，中国制造业份额已超过了美国（目前占全球的27%），虽然中国制造业大而不强、还存在原始创新不足且容易被"卡脖子"的"短板"，但中国制造业崛起并成为全球第一制造业大国，仍然是国力显著增强的标志。[①] 人民币国际化着力点在哪？如前所述，人民币要成为强大的货币，走向世界，并不是为了国际化而国际化，应以服务"贸易投资和产业链升级"为重点。从国际分工和比较优势看，将人民币打造成以"中国制造"支撑的生产性国际货币，与"中国制造"向"中国创造"转

---

① 张晓晶：《中国共产党领导中国走向富强的百年探索》，《中国社会科学》2021年第11期。

型相得益彰、相辅相成。促进企业对外直接投资是中国产业结构转型升级的需要，通过海外兼并收购学习外国先进技术与管理经验，转而用于提高自身国内竞争力，有助于企业从传统的低附加值劳动密集型产业向更高附加值资本与技术密集型产业转型升级，从而更好向"微笑曲线"两端攀升。这成为中国企业海外直接投资重要诉求，更好服务中国企业海外投资提质增效、促进更高水平"走出去"将成为大势所趋。① 第一，从学理上看，企业"走出去"与国家经济发展息息相关。根据英国经济学家邓宁（Dunning，1981）的 ODI 理论，将 ODI 分为四个阶段：一是人均 GDP 小于 400 美元，对外投资和吸引外资均近乎为零；二是人均 GDP 大于 400 美元小于 2000 美元，对外投资近乎为零、吸引外资大于零；三是人均 GDP 大于 2000 美元小于 4750 美元，对外投资小于吸引外资并且均大于零；四是人均 GDP 大于 4750 美元，对外投资大于吸引外资并且均大于零。第二，从中国 ODI 发展速度看，仅用 9 年中国就将对外投资（ODI 流量）从 100 亿美元增长到 1000 亿美元，同样过程，美国用了 26 年，日本用了 23 年，英国和德国用了 14 年。中国对外投资（ODI 流量）自 2013 年以来始终稳定在 1000 亿美元以上，并在 2016 年达到了历史峰值近 2000 亿美元（是 1994 年 20 亿美元 100 倍）。第三，从各国 ODI 发展规模看，2018 年中国的对外直接投资存量超过了英国、德国和日本，但与美国相比还有差距［见图 12—4（f）］。百年未有之大变局下，受全球经济下行、贸易投资保护主义等因素影响，2017 年以来中国对外直接投资流量有所回落，尽管受到贸易摩擦和新冠疫情冲击，但中国对外直接投资仍保持企稳态势，并且伴随共建"一带一路"深入推进，中国的对外直接投资将会持续稳定累积增长。第四，从发展阶段来看，1994 年以来中国 ODI/FDI 与人均 GDP 基本上呈现较显著的同步态势（见图 12—8），并且随着 2015 年中国人均 GDP 超过 8000 美元，中国

---

① 张明：《中国资本账户开放：行为逻辑与情景分析》，《世界经济与政治》2016 年第 4 期。

ODI/FDI＞1（出现净流出）。2016年至今，中国人均GDP继续稳步提升并且已超过10000美元，ODI/FDI却出现持续下降（其背后的原因值得深思，可能与近年来ODI流量持续下降有关，见图12—4）。第五，从人民币跨境支付ODI/FDI看，其走势与中国ODI/FDI基本一致，但二者相差甚远（见图12—8）。作为全球第二大投资国，中国对外直接投资ODI约一半用人民币投资，从而人民币在资本项下不断输出。第六，综合来看，相比人均GDP趋势，中国ODI/FDI出现阶段性下调（见图12—8），这也提示我们"稳慎扎实"的重要意义所在。从微观基础看，尽管中国出现ODI/FDI下降，但未来ODI/FDI很可能会大幅提升（这将有赖于ODI的大幅增长），中国对外投资及人民币对外投资使用未来发展空间仍较为可观。在企业"走出去"过程中，随着海外分公司成立和项目开工，跨境投资量不断上

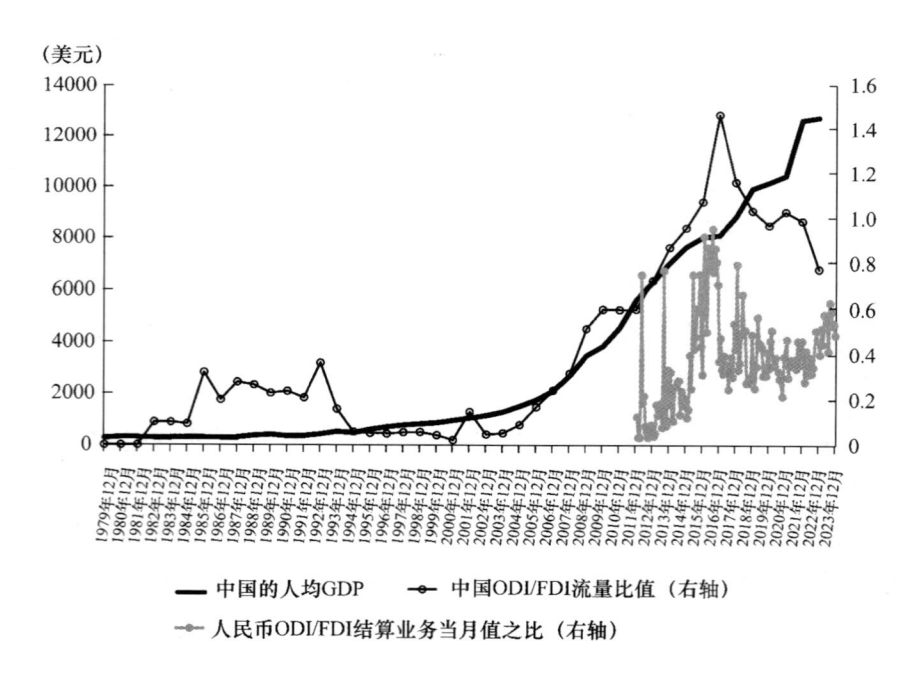

图12—8 中国人均GDP、ODI/FDI与人民币跨境收付ODI/FDI

资料来源：Wind。

升，伴随人民币跨境清算机制政策便利性和可预期性提升，企业更有动力使用人民币跨境直接投资（见图12—8，2022年以来人民币跨境支付ODI/FDI已开始不断提升）。第七，从基础的基础看，高效便捷的清算结算体系有利于增强人民币被市场主体选择作为计价结算币种的吸引力，从而进一步扩大人民币跨境使用。但是，人民币跨境基础设施布局还不够广泛，网络效应也尚未得到充分体现，仍处于发展期，特别是在"一带一路"共建国家人民币投资合作使用与现有人民币跨境支付系统的桥梁再搭建日益紧迫。

（五）稳步推进跨境人民币清算结算体系建设

中国人民币跨境结算系统主要有代理行和清算行两种模式。境内具有国际结算业务能力、可为企业提供人民币跨境结算服务的银行为境内结算行，为境外银行开立人民币同业往来账户的境内银行为境内代理行。在代理行模式下，如果交易方的开户行与境外交易方开户行的代理行为不同行，需要经过中国人民银行大额支付系统办理跨行转账；在清算行模式下，境内外交易双方都须经转清算行办理人民币支付业务。第一，多层的资产负债表映射来看：当涉外企业收付款时，企业存款行"企业存款"（银行的负债）相应发生变化，这家银行自己的可交易存款（如存款准备金，银行的资产）也相应发生变化，进而最终反映在央行的资产负债表中。此外，与在岸账户体系不同，目前国内相关离岸账户仅限开办跨境人民币业务，而不得从事外币业务。由于人民币尚未完全可自由可兑换，境外人民币资金的保值、增值仍面临着严峻挑战。第二，服务体系方面，境外二级或多级清算与代理行模式可能存在的问题。从账户体系看，建立在跨境同业往来账户基础上的境外二级或多级清算与一国货币走向国际化相伴而生。就代理行模式而言，如果境内交易方开户行与境外交易方开户行的代理行为不同银行，则需要中国人民银行大额支付系统来办理跨行转账，中间处理环节较为繁多，不仅会影响入账时间，同时也增加了支付成本。推动企业"走出去"，在服务体系方面，涉及金融支持（特别是账户体系）问题，亟须做好同类金融机构、同质金融业务法规的一致性工作。此外，也涉及产业政策、财政补贴等问题。第三，政策框架方面，跨境人民币清算机制结算体系建设有待进一步完善。在加快构建以国内大循环为主体、国内国际双循环相互促进的新发展格局下，需要进行大量的跨境支付结算。与之相应，人民币跨境清算机制的政策便利性以及可预期性有待进一步提升。值得注意的是，人民币跨境投资使用的主管部门涉及多个部门，多部门间关于人民币跨境直接投资的审核和监管有待进一步相互统一和协调配合，以避免在管理和监测存在一定的真空地带。第四，网络化布局方面，全球价值链重构延伸嵌入本币计价结算仍存在挑战。网络化布局是通过互设机构，建立合作关系，形成互联互通的网络化合作机制。目前，全球价值链产业链已成为全球网络化布局最为重要的产业分工合作方式。稳步兴起的人民币全球网络有助于中国企业及银行业全球扩张，并且这种影响是相互促进、相辅相成的。基于全球价值链重构延伸及共建"一带一路"相关的基础性金融需求，如何使人民币对外投资合作使用不断增大，更好推进网络化布局，使人民币国际化与共建"一带一路"两大网络化布局走向更加高度契合，有待进一步完善。

三　扎实推进人民币国际化统筹金融开放与安全

人民币国际化，须坚持统筹金融开放与安全的基本原则。2019年2月，习近平总书记在中共中央政治局第十三次集体学习时强调，"要提高金融业全球竞争能力，扩大金融高水平双向开放，提高开放条件下经济金融管理能力和防控风险能力，提高参与国际金融治理能力"。[1] 如前所述，习近平总书记关于人民币国际化的相关重要论述，是习近平经济思想金融篇章国际金融领域的具体体现，是新时代涉外金融工作的根本遵循。建设

---

[1] 习近平：《论把握新发展阶段、贯彻新发展理念、构建新发展格局》，中央文献出版社2021年版，第310页。

金融强国，需要打造强大的货币，人民币国际化的核心也在于打造强大货币，而非简单的相关指标反复，应避免急于求成和指标反复，确保人民币国际化走出一条扎实稳健的统筹发展与安全的"稳中求进"之路。

（一）持续完善人民币国际循环"输出—回流"机制

货币充当交易媒介服务国际经济活动正是国际货币最基本的职能，一国货币要想成为国际货币，该国对外经济活动须有足够大的规模，并形成一个良性循环：扩大出口→扩大贸易顺差→扩大对外投资和贷款，在这一循环过程中，国家对外经济活动规模不断扩大，国家主权货币则借势逐步成为国际货币。[1] 在构建新发展格局的新形势下，人民币的跨境资金流将逐步替代长期以来中国主要基于"国际大循环"的外汇资金流，即以人民币支付进口和对外投资合作使用（输出人民币）→通过出口、外资以及境外主体投资境内金融市场（回流人民币），其间，本外币市场是人民币跨境使用"双循环"的重要载体（在岸市场以上海为"枢纽"；离岸市场以中国香港为"枢纽"，人民币流入中国香港为香港离岸人民币市场提供了流动性支持和资金来源，拓宽人民币从香港回流则为其开展资产方人民币业务奠定了基础）。人民币要成为强大货币、要成功走向国际化，就必须要建立起人民币输出、境外流通和回流的良性循环机制。[2] 这不仅需要

---

[1] 韩文秀：《建言中国经济成长》，中国言实出版社2018年版，第683页。
[2] 从人民币的输出和回流看，微观上，企业、个人和金融机构是市场主体；宏观上，国际收支是重要载体和管理工具。对于人民币的输出渠道，具体而言：一是贸易及其他经常项下对外支付人民币（进口对外支付）；二是境内机构以人民币进行对外直接投资；三是境内银行向境外主体提供人民币贷款；四是境内代理行、港澳人民币业务清算行售出人民币；五是通过个人携带、商业银行调运和中银香港代保管库等渠道向境外提供人民币现钞。在这五个主渠道中，进口对外支付曾经是人民币资金流出的主要渠道。随着人民币跨境业务不断发展，目前已经历从贸易结算到直接投资使用，再到金融市场交易使用的发展路径。对于人民币回流渠道，具体而言：一是贸易及其他经常项下收入人民币（出口对外收入）；二是外国投资者来华以人民币直接投资汇入人民币；三是境内从境外取得人民币融资（人民币外债）；四是清算行等三类机构进入银行间债券市场投资及RQFII的证券投资；五是境外参加行向境内代理行出售人民币；六是人民币现钞回流等。参见林楠《人民币国际化：基于马克思主义政治经济学视角》，中国金融出版社2022年版，第115—117页。

跨境人民币内外循环顶层设计政策优化，而且更需要跨境人民币金融服务自身的扩容与提升。如何对私人部门，便利贸易投资、支付结算，对公共部门，便利把人民币作为国际储备货币，从而稳慎地让人民币走得出去，同时又流得回来，人民币国际大循环"输出—境外流通—回流"机制至关重要。实际上，英镑（乃至美元）体系瓦解与否的关键就在于此。值得注意的是，一方面，在人民币还没有完全自由可兑换前，流出境外的人民币需要有离岸市场，以促进、保证人民币的跨境使用。当前人民币离岸市场以中国香港为主，东南亚、欧洲、中东和其他地区多个国家也都在积极参与人民币离岸市场（包括存款市场、货币市场、债券市场等）建设与发展。① 人民币离岸市场建设完善、广度和深度不断拓展，不仅为非居民在国际贸易投资中自由使用人民币提供了更多机会，而且也将更好满足其持有人民币进行金融资产配置和风险管理的需要。一方面，伴随跨境人民币资金池规模不断扩大，人民币境外持有者出于保值增值需要，将会积极寻求投资渠道；另一方面，人民币的回流渠道不断拓宽，将有助于进一步增强人民币投融资货币功能。不容忽视的是，人民币离岸市场形成并且不断活跃，人民币跨境资金流进流出的通道实际上就已经更加打开。历史地看，"8·11"汇改后，人民币双向波动，特别是伴随人民币单边汇率预期发生逆转，境外减持人民币资产的情况已时有发生：据统计，2015年6月至2016年9月期间，境外机构和个人累计减持包括股票、债券、贷款和存款等人民币金融资产合计约1.3万亿元人民币。② 类似的情况在2022年也有发生。

对比来看（见图12—9），值得注意的是：第一，上述"8·11"汇改后的境外减持（以下简称"上次"）主要是存款和贷款（且存贷不同步），而近期（2022年以来的，以下简称"这次"）主要是股票和债券（且股债同步）；第二，上次调整后境外机构和个人持有境内人民币金融

---

① 霍颖励：《人民币走向国际化》，中国金融出版社2018年版，序言第5页。
② 边卫红：《离岸人民币市场步入阶段性调整期：人民币国际化与离岸市场发展会议综述》，《国际金融》2017年第1期。

第十二章 稳慎扎实推进人民币国际化

资产合计约在 4 万亿元人民币水平，而这次调整后已攀升到约 10 万亿元人民币水平；第三，上次调整后，人民币离岸市场管理不断强化，以存款和贷款为基础的人民币离岸市场流动性基本上保持了稳中有升，特别是 2020 年以来从资本和金融项下其他投资人民币跨境收付金额看，其与境外机构和个人持有境内人民币资产的存款部分都相对平稳且基本一致；进一步从跨境人民币资金池金额看，其与境外机构和个人持有境内人民币金融资产的股票和债券部分在 2022 年以前较一致，2022 年后出现了"分叉"（见图 12—9）。综上，本外币市场、在岸离岸市场的相

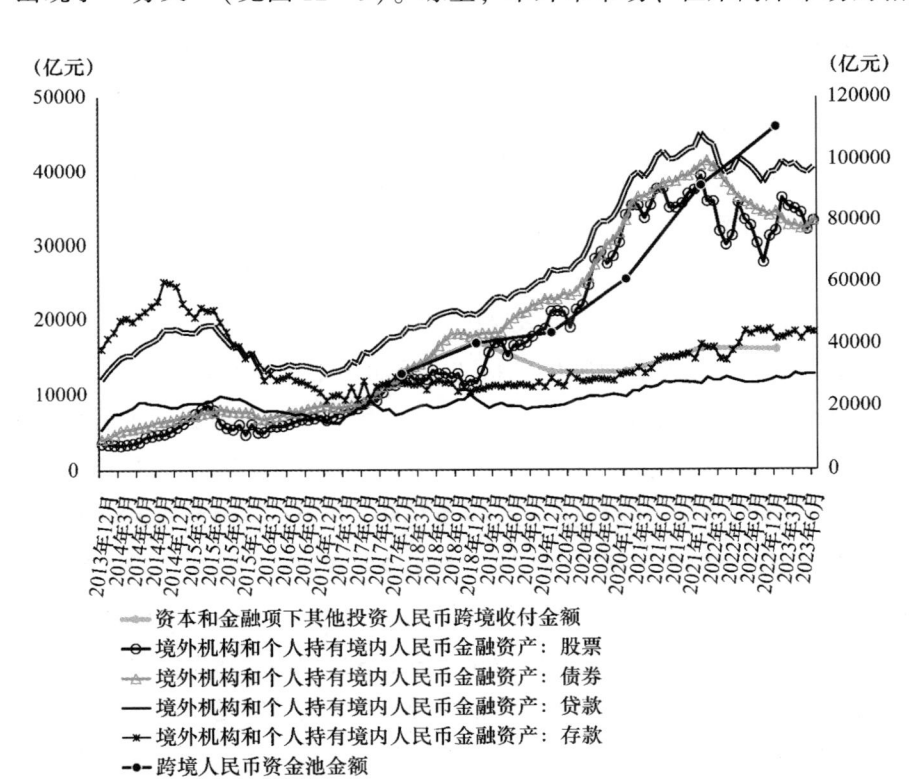

图 12—9 境外机构和个人持有境内人民币金融资产情况

资料来源：Wind，中国人民银行。

互影响不容忽视，由于离岸市场与全球金融市场联通更为直接，如何发挥离岸市场积极作用，实现离岸与在岸市场的良性互动日益紧迫。为此，须坚持统筹金融开放与安全原则，强化金融安全保障和外部风险防范意识，持续完善离岸市场人民币流动性供给安排，在确保国家金融安全和经济安全的基础上，实现人民币国际大循环机制的稳步推进。

（二）稳慎扎实推进人民币国际使用相关金融支持

人民币国际化的本质是让非居民购买并持有人民币定值的金融资产。第一，建立一个有弹性、有深度、高密度的国债市场，调整政府债券系列，更好为人民币国际化创造条件。为推动人民币国际化，根据市场经济惯例，考虑到人民币国际化如今比以往任何时候都重要，注意到非居民进入中国金融市场主要购买并持有国债，为了明示政府债券之本质，宜将以"金融债""企业债"等面世的各种以政府信用为基础的国有或国有控股机构发行的债务统一整理为"政府机构债"，并且其与中央政府债券、地方政府债券一起，形成国家债券系列，从而为市场投资者提供准确的信息，吸引其投资于国债市场。[1] 第二，从国家资产负债表看，为满足海外人民币资金投资中国金融市场的需求（成为人民币回流的重要通道），要高度警惕各种金融产品的超规模发行和交易。货币在一国范围内和在国际范围内有至关重要的区别，在国际经济领域，各国对国际货币的选择权实际上是市场经济中供求双方市场选择权延伸，结合开放型经济内外交互运行机理和国际收支所反映的趋势变化，对于人民币国际化以及中国经济发展而言，中国将可能面临从长期债权国转为债务国的问题，需要高度警惕高负债情况下陷入美国国际金融危机的类似情况。[2] 第三，保持人民币币

---

[1] 李扬：《货币政策和财政政策协调配合：一个研究提纲》，《金融评论》2021年第2期。

[2] 王国刚：《人民币国际化的冷思考》，《国际金融研究》2014年第4期。

值稳定，稳步走向大国货币强国货币复兴之路。伴随人民币国际化推进，资本与金融项目更加开放，将为人民币输出与回流开辟必要的途径，在此过程中，如何在追求货币政策独立性的同时维持人民币汇率稳中有升，将面临货币政策汇率政策相互协调等更大挑战。[1] 应尽快化解存量泡沫和过剩产能，觅得新的增长动力，保持人民币内外币值稳定。微观上，实现人民币汇率合理均衡，促进企业技术和核心竞争力提升，有助于增强实体经济应对外部冲击的弹性。宏观上，实现人民币汇率动态趋稳对国际收支趋向平衡发挥相应作用，并且对应于符合自身国民利益和参与全球资源配置的理想状态。保持人民币汇率在合理均衡水平上基本稳定，实现人民币汇率对美元汇率指数"标而不盯"，人民币对美元名义汇率在合理区间内双向波动。在路径上，实现人民币实际有效汇率"升值强国"下超越"中等收入陷阱"和货币的真正强大。第四，进入"新时代"，国际收支背后重要时代主题，即如何通过国际收支风险监测，在国际收支安全下积极稳妥推动金融高水平开放。伴随中国大部分的资本项目都已经得到较高程度的开放（目前只有少数涉及个人项下的资本项目还没有开放），应按照积极稳妥原则，有序推动金融市场开放，稳慎扎实提升资本项目可兑换程度以及资本项目开放质量。全面分析国家对外金融风险状况，这不仅是在扩大对外开放过程中维护中国经济金融安全的客观需要，也是实现从外汇管理事前监管到事后监管、从行为监管到主体监管，全面强化功能监管、穿透式监管及持续监管的迫切需要。第五，提高人民币清算结算效率，稳步推进"一带一路"人民币使用。夯实CIPS为"一带一路"资金融通提供有效基础支撑，助力其为共建"一带一路"发挥纽带支撑作用日益显著。人民币跨境支付系统（CIPS一期）采取全额结算方式提供清算结算服务，但还存在不节约流动性和运行时间（11小时）相对较短，无法满足更多时区人民币跨境清算需求等问题。为支持金融市场双向开放，进一步推进

---

[1] 王爱俭：《人民币国际化政策考量与理念创新》，《现代财经》2013年第9期。

基础设施互联互通，人民币跨境支付系统（CIPS 二期）建设针对不同类型参与者制定了配套准入机制，以支持跨境债券交易资金结算。在此基础上，进一步扩容人民币自由使用主体范围，让国内外市场主体更愿意使用人民币。此外，应建立信息便利化机制，加强跨部门信息共享和联合监管，加快推进人民币支付系统信息共享建设，提高人民币清算、结算效率。第六，深化区域货币合作，建设以人民币为主的区域性金融安全网：扩大双边本币互换、结算的范围和规模，不仅是满足紧急情况下流动性支持的需要，更是服务于正常情况下的跨境贸易和投资的需要。进一步扩大"一带一路"共建国家双边本币互换、结算的范围和规模，是推动亚洲债券市场的开放和发展，推进亚洲货币稳定体系，完善区域性金融安全网的重要举措。推动亚洲债券市场的开放和发展，有助于将区域内的储蓄和投资直接相连。进一步提高区域内的投资水平，发展亚洲债券市场所需的信用保证和投资机制，并通过本地货币计价，规避货币和期限"双重错配"。在此基础上推动亚洲债券市场的开放和发展，强化地区金融市场的基础设施建设。

（三）防范金融风险，统筹金融开放与安全

资本项目开放对于人民币国际化是不可或缺的，但是要完全做到这一点，至少在未来一个时期内不是一件容易的事：一方面，资本项目完全开放本身就是一把双刃剑；另一方面，在金融市场的规模、完善性和复杂性方面，以及在金融监管、货币政策宏观金融管理领域，中国与发达经济体之间仍存在差距，还有很长的路要走。[①] 第一，切实拓宽金融市场广度深度，完善宏观审慎政策框架，有效防范和化解金融风险隐患。在金融市场广度上，应进一步加快金融市场创新，提供多样化的金融产品，进而增强人民币金融资产的吸引力。在金融市场深度上，应加

---

① 张宇燕：《人民币国际化：赞同还是反对》，《国际经济评论》2010 年第 1 期。

大我国债券市场和外汇市场的发展力度,扩大金融市场整体规模,提高市场流动性。通过加强和进一步完善债券市场,为回流人民币提供安全稳定的资产池。在风险可控的条件下,为国内外投资者提供更丰富的人民币产品和投资选择。在宏观层面,把"稳杠杆"作为开放经济金融系统的一个重要政策目标,以此防范由汇率、利率波动引发的资产价格波动导致的系统性风险。根据我国国情,建立宏观审慎管理和微观审慎监管协调配合、互为补充的机制,健全正确反映金融体系健康稳定程度的金融风险预警机制和风险防范长效机制。第二,做好货币政策数量型工具调控向价格型工具调控转变以及相关本外币政策协调。加快货币政策调控由数量型向价格型转变。逐步转变规范人民币基础货币发行机制,尝试转向政府依据本国信用发行国债,央行通过买卖国债在公开市场上调节货币量和利率,实现人民币基础货币封闭式循环运行。完善货币供应量中期控制基础上的货币政策,提高名义控制变量变化的相关性,促进市场一致预期的形成,兼顾货币供应量增长的连续性来稳定经济主体的预期,为央行在货币市场与外汇市场的后续调控创造政策空间。汇率作为更具有弹性的货币政策工具,应在货币政策中充当调控工具。以增大汇率弹性为抓手,建立外部冲击与国内经济间的缓冲带,实现汇率的动态稳定,加快汇率市场化机制平衡转轨。第三,稳步增强中国在国际金融治理体系中的"制度性话语权"。稳步推进人民币国际化,这是增强中国在国际货币和金融治理体系中的"制度性话语权"的重要战略举措。人民币国际化不仅是时代发展的要求,也是大国开放经济高质量发展必然趋势,是水到渠成、长期发展、客观的市场过程,也是扎实推进的重大战略。随着外部风险不确定性、国内经济转型压力、国内外市场关联性的不断提升,人民币国际化机遇和挑战并存。为此,必须进一步深化金融供给侧结构性改革,着力发展以人民币计价交易、结算、投融资等各种产品,协调好人民币和外币的双向开放步调,突出本币优先原则,防范币种错配风险,在风险可控前提下,支持发展人民币跨境支付和投资。与此同时，不断完善宏观审慎管理体系，并保留紧急情况下的特定处置手段，切实保障人民币国际化战略可持续发展空间。

（执笔人：林楠）

第十三章

构建中国特色住房金融体系

中央金融工作会议指出，要"坚定不移走中国特色金融发展之路"，同时会议也指出，做好金融工作的根本宗旨是"坚持金融服务实体经济"。房地产行业是国民经济的支柱行业，住房又是重要的民生问题，金融如何支持行业发展、服务好住房民生，根本遵循是构建中国特色住房金融体系。中国是世界上唯一成功的大国转型经济体，采取了渐进式的转型道路；金融体系的转型内化于经济体制改革过程中，因此也表现出不断试错的特征。尽管当前房地产市场和住房金融体系面临诸多问题，但我们应坚持历史唯物主义的观点看待问题，过往住房金融体系对住房民生的改善做出了巨大贡献。本章首先描述中国住房金融体系发展的演进历史，分析当前住房金融格局的形成原因；其次分析当下住房体系面临的问题及房地产新模式的方向，因为构建中国特色住房金融体系离不开其所处的宏观环境；在此基础上，我们再次探讨住房金融体系发展的国际经验，指出住房市场离不开金融体系的支持，不能因当前存在诸多问题废弃住房金融；最后，基于金融服务实体经济的思想构建中国特色住房金融体系。

一 中国住房金融体系的演进历史

中国住房金融体系是伴随住房市场化改革同步建立的，在改革之初国际上三种主流住房金融模式很快在国内落地,分别是美国的商业银行贷款模式、德国的住房互助储蓄模式和新加坡的公积金强制储蓄模式。在发展过程中,中国住房金融的主导模式逐渐由公积金模式向商业银行贷款模式转变,这一转变有着深刻的宏观背景和改革路线线索。本节阐述中国住房金融体系的演进历史,并分析过往商业银行贷款模式成为主导的原因。

(一)住房市场化改革及住房金融体系的初步建立

1978年党的十一届三中全会之后,中国启动全面经济体制改革,住房制度也迫切需要改革:一方面,建筑行业面临计划体制下的普遍问题,即激励不足导致的短缺经济,1978年城镇居民人均住房面积仅3.6平方米;另一方面,短期政策调整带来的压力,1700万名知青(约占当年城镇人口的10%)返城面临没地方住的问题。改革开放的总设计师邓小平于1980年4月提出了解决住房问题的系统思路,在同有关同志谈建筑业和住宅问题时指出,"城镇居民个人可以购买房屋,也可以自己盖。不但新房子可以出售,老房子也可以出售,可以一次付款,也可以分期付款,十年、十五年付清。住宅出售之后,房租恐怕要调整,要联系房价调整房租,使人们感到买房合算"。[①]这一思路包括三方面内容:第一,住宅可以商品化并在市场上交易;第二,对住宅交易给予金融支持;第三,通过提租的方式倒逼市场化改革。

住房市场化改革起初进展得并不顺利,最大的障碍是各方交易主体缺钱。第一,居民兜里没有买房钱。由于长期实行低工资制度,居民收入低;此外大部分收入要用于基本生活支出,1978—1990年城镇居民恩格尔系数一直在50%以上。第二,企业普遍大面积亏损,无力参与集资建

[①] 中共中央文献研究室编:《邓小平年谱一九七五——一九九七(上)》,中央文献出版社2004年版,第614—615页。

房或补贴职工买房。国有企业亏损额从1980年的34.3亿元上升至1990年的348.8亿元，由于普遍亏损，企业间面临严重的三角债问题。第三，财政困难，无力补贴住房消费。1979—1993年实行的是财政包干体制，财政体制改革初期地方积极性被调动起来，但很快出现了"两个比重"①下降的问题。1981—1989年，中央政府每年都存在向地方财政借款的情况，借款额占中央支出的比例年均达到6.2%。在这样的背景下，财政部部长刘仲藜表示，"房改不能打财政的主意，不能开这个口子"。②

各交易主体尽管缺乏购房、建房资金，但可以向银行体系借钱，这是催生住房金融体系发展的背景。1984年全国建筑业和基本建设管理体制改革座谈会以后，6月国务院发布了《关于改革建筑业和基本建设管理体制若干问题的暂行规定》（〔1984〕123号），其中提出建设周转资金由建设银行贷款、企业事业单位集资等多种渠道解决。同年10月，中国建设银行发布《关于城市土地开发和商品房贷款问题的通知》（〔84〕建总字第822号），提出在全国范围内开展城市土地开发和商品房贷款业务，并将其作为一项主要业务进行开拓。1985年4月，中国建设银行深圳分行借鉴香港住房按揭贷款的方式，向南油集团85户"人才房"发放中国第一笔个人住房按揭贷款。至此中国商业性个人住房融资业务正式诞生。1986年3月15日，国务院正式确立烟台、唐山、蚌埠为全国房改首批试点城市。同年，烟台住房改革配套试验的第一个商品化住宅小区——民生小区建成。由于烟台抓房改比较得力，得到各阶层群众的拥护，1987年烟台召开人代会换届时，市长俞正声全票通过。新一届政府履职后，烟台市政府出台了《烟台市城镇住房制度改革试行方案》，该方案提出了发放住房券、公房出售优惠等措施；并且提出住房制度改革必须有金融体制改革的配合，要成立住房储蓄银行。

---

① "两个比重"下降是指财政收入占GDP比重下降和中央财政占全国财政比重下降。
② 陈学斌：《90年代中期住房制度改革回顾》，https://theory.gmw.cn/2015-08/31/content_16874382.htm，2015年。

1987年12月，中国人民银行批准成立两家住房储蓄银行，分别是烟台住房储蓄银行和蚌埠住房储蓄银行。它们专营住房金融业务，同时开办商品房经营贷款和个人住房贷款业务。至此中国互助储蓄住房金融业务正式诞生。1991年上海借鉴新加坡住房公积金经验率先试行住房公积金制度，1992年《上海市住房制度改革实施方案》正式出台，实施"建立住房公积金、提租补贴、配房买债券、买房给优惠、建立房委会"五位一体的住房制度改革方案。上海住房公积金制度的试行，开辟了新的个人住房融资渠道，不仅增加了职工购房资金还扩展了建房资金来源，极大缓解了当地职工住房紧张状况。至此，世界上主流的三种住房金融模式，即美国的"商业银行贷款+政府担保二级市场运转"模式、德国的"住房互助储蓄银行"模式、新加坡的"公积金强制储蓄+公共组屋"模式，于1992年在中国全部落地。

（二）住房金融体系的初期发展导向及转变

住房金融体系的初期发展导向是新加坡模式。1994年国务院颁布了《关于深化城镇住房制度改革的决定》（国发〔1994〕43号），文件包括两方面的内容：一方面继续推行住房市场化，具体手段包括出售公房（文件明确了公房成本价的核算方法）和提高租金（文件明确住房租金应达到双职工家庭平均工资的15%）；另一方面擘画了中国未来的住房体系并形成配套的金融制度。文件指出，"建立以中低收入家庭为对象、具有社会保障性质的经济适用住房供应体系和以高收入家庭为对象的商品房供应体系"，与这种"双轨制"住房体系相配套，住房金融应"建立住房公积金制度；发展住房金融和住房保险，建立政策性和商业性并存的住房信贷体系"。

之所以选择新加坡模式，主要是基于当时改革的经济背景：第一，1984年全面引入价格双轨制后，由于短缺经济的影响宏观经济出现了通货膨胀快速上升的势头。第二，1985年"拨改贷"制度推行后，银行存在货币信贷投放冲动，一些学者认为通胀的主要原因是货币发行过多。① 第三，1993 年广东、广西和海南等地出现了较为严重的房地产泡沫，对经济发展带来严重的负外部性。在这样的宏观经济背景下，中国社会科学院"经济体制改革纲要"课题组提出了"稳中求进"的改革思路，② 在具体实施中则应稳定优先，即"头三年（1988—1990 年）治理经济环境，主要是治理通货膨胀"。③ 政策制定参照了这一思路，1993 年 6 月，中共中央和国务院发布《关于当前经济情况和加强宏观调控的意见》（中发〔1993〕6 号）（国 16 条），要求各地整顿金融秩序、严控信贷规模、加强房地产市场的宏观管理，1994 年政府又实施收紧银根和紧缩财政支出的"双紧政策"。在这样的宏观金融背景下，住房金融模式的选择不可能是"纯商业信贷"导向，只能是政策性金融导向。在强制性储蓄的"新加坡模式"和自愿互助储蓄的"德国模式"中，前者被选中，其原因包括两点：第一，在上海试点成功后，北京、天津、辽宁、黑龙江、湖北等地陆续开始了住房公积金试点，而住房储蓄银行仅限于烟台、蚌埠两地。第二，上海的住房公积金制度是由市长朱镕基推动的，1993 年他被任命为国务院副总理，这显然有利于这项制度在全国推行；1998 年朱镕基当选国务院总理，1999 年《住房公积金管理条例》正式颁布。

尽管中国住房金融体系的初始状态选择了"新加坡模式"，但三种模式竞争的结果却是"商业银行贷款"模式胜出。从表 13—1 可以看出，个人住房贷款余额的增速远超公积金余额贷款增速，从横向比较来看，2022 年公积金贷款占个人住房贷款的比例仅为 18.81%。

---

① 张卓元：《体制改革和经济发展应稳求进》，《中国计划管理》1989 年第 1 期。
② 刘国光：《稳中求进的改革思路——在一次研讨会上的发言》，《财贸经济》1988 年第 3 期。
③ 张卓元：《稳中求进还是改中求进》，《数量经济技术经济研究》1989 年第 2 期。

表 13—1　　　　　　　　中国不同住房金融产品的对比

年份	个人住房贷款 余额（万亿元）	个人住房贷款 占总贷款的比例（%）	房地产开发贷款 余额（万亿元）	房地产开发贷款 占总贷款的比例（%）	公积金贷款 余额（万亿元）	公积金贷款 占个人住房贷款的比例（%）
1998	0.07	0.82	—	—	—	—
1999	0.14	1.46	—	—	—	—
2000	0.33	3.34	—	—	—	—
2001	0.56	4.95	—	—	—	—
2002	0.83	6.29	—	—	—	—
2003	1.20	7.55	—	—	—	—
2004	1.60	9.02	0.78	4.40	—	—
2005	1.84	9.45	0.91	4.70	—	—
2006	2.27	10.08	1.41	6.26	—	—
2007	3.00	11.46	1.80	6.88	—	—
2008	2.98	9.82	1.93	6.36	—	—
2009	4.76	11.91	2.53	6.32	—	—
2010	6.20	12.94	3.13	6.54	—	—
2011	7.14	13.03	3.49	6.37	—	—
2012	7.50	11.91	3.86	6.13	1.66	22.13
2013	9.00	12.52	4.60	6.40	2.17	24.11
2014	10.60	12.98	5.63	6.89	2.55	24.06
2015	13.10	13.94	6.56	6.98	3.29	25.11
2016	18.00	16.88	7.11	6.67	4.05	22.50
2017	21.90	18.23	8.30	6.91	4.50	20.55
2018	25.80	18.93	10.19	7.48	4.98	19.30
2019	30.20	19.72	11.22	7.33	5.59	18.51
2020	34.50	19.97	11.91	6.89	6.23	18.06
2021	38.30	19.88	12.01	6.23	6.89	17.99
2022	38.80	18.13	12.69	5.93	7.30	18.81
2023年9月	38.40	16.37	13.17	5.61	—	—

资料来源：Wind。

第十三章 构建中国特色住房金融体系

"商业银行贷款"模式在历史中胜出"公积金"模式，总的根源在于房价上涨速度过快。根据国家金融与发展实验室的统计，1998—2018 年一线和二线城市房价的年化复合增长率达到 12%，20 年间房价增长了 9.65 倍。"公积金"模式与房价快速上涨的环境是完全不匹配的，具体可以从金融体制和财政体制两方面分析。

金融体制方面，"公积金"模式是"以存定支、自存自用、自我积累"[①]的模式，与"商业银行贷款"模式相比它不具备信用创造功能。在房价快速上涨、房价总额较大的情况下，公积金贷款面临额度不足的困境。比如北京的公积金贷款额度上限为 120 万元，在操作上还存在"公转商"贷款的情况。公积金整个"资金池"较小还存在两个制度的原因：其一，公积金的制度特征之一是强制缴存，新加坡公积金的覆盖率达到 99%，而中国 2022 年只有 37%；其二，没有实现全国范围内的统筹，中西部地区普遍存在贷不出去的情况，而东部地区则面临额度不足的困境。相较而言，"商业银行贷款"模式可以释放出充足的房贷资金，当然这离不开 1994—1998 年的一系列金融改革：其一，1994 年的金融体制改革确立了中央银行、政策性银行和商业银行三分离的银行体系架构，1995 年全国人大先后通过《中华人民共和国中国人民银行法》和《中华人民共和国商业银行法》，这使得商业银行可以真正按市场化原则开展业务；其二，1998 年启动了上万亿的不良资产剥离计划，这是通过外科手术方式解决了"拨改贷"的历史遗留问题，使得银行可以轻装上阵为城市化提供金融服务；其三，1994 年的外汇体制改革实现了官价和黑市价汇率并轨，并确立了强制结售汇制度，这奠定了以外汇储备为基础的发钞模式，这一模式持续了近二十年，进一步增加了信用循环。由于一系列金融改革，银行体系为房地产市场发展提供了充足的资金支持，个人住房贷款和

[①] 汪利娜：《政策性住宅金融：国际经验与中国借鉴》，《国际经济评论》2016 年第 2 期。

房地产开发贷款也成为银行的主打产品，二者余额占总信贷余额的比例在高峰时达到27.05%（见表13—1）。

财政体制方面，1994年的分税制改革以及之后土地财政的逐步形成，构成了房价上涨的供给面因素，而公积金制度难以匹配高房价环境。其一，分税制改革造成了中央和地方相对财力的根本转变。1993年中央与地方之间的财政收入比为22∶78，支出比为28∶72；1994年中央与地方之间的财政支出比为30∶70，与1993年相比变化不大，而财政收入比却变成了56∶44。此后十余年间，财政体制基本保持着这种"收入上移、支出下移"的大体格局，地方财政缺口逐年扩大。其二，土地财政的形成。土地财政的形成源于地方财政缺口，但并不是简单的"多卖地、卖高价地"模式，实际上是"以地引资"和"以地生财"两种模式的并存。前者是指，地方政府利用土地招商引资通过引入大工业项目，从而推动本地经济快速增长，争取在GDP考核中胜出。[1] 在这一过程中，地方政府的土地出让行为甚至是亏损的，而后者恰好可以弥补。后者是指，地方政府借助土地招拍挂制度高价出让商住（居住）土地。[2] 由于这些地块用于服务业，容易形成卖方市场，而地方政府恰好利用自身垄断权力将高地价转嫁给本地服务业消费者。这在中国出现了一个奇特现象，即居住用地价格远超工业用地价格，2022年前者是后者的27.1倍。反观新加坡与公积金制度相配套的公共组屋制度，它具有两个鲜明的特点：其一，组屋市场控制了整个住房市场约80%的份额，且长期保持低价，[3] 这就使得公积金的贷款额度能够满足购房人的需求。其二，新加坡政府如何保持组屋市场的

---

[1] 张莉、王贤彬、徐现祥：《财政激励、晋升激励与地方官员的土地出让行为》，《中国工业经济》2011年第4期。

[2] 陶然、陆曦、苏福兵等：《地区竞争格局演变下的中国转轨：财政激励和发展模式反思》，《经济研究》2009年第7期。

[3] 蔡真、池浩珲：《新加坡中央公积金制度何以成功——兼论中国住房公积金制度的困境》，《金融评论》2021年第2期。

低价呢？秘诀就是土地市场保持成本价甚至是亏损经营。①

经济适用房制度（与新加坡组屋类似）当年为何没有得到贯彻执行呢？其一，改革的历史逻辑。当初推动住房货币化改革，其目的在于通过市场化方式解决过去住房建设给财政和国有企业带来沉重负担的问题，这与整个改革开放的大逻辑是一致的。市场化改革的逻辑在于放开价格，通过价格引导资源配置，在这一过程中企业通过获取超额利润就有了生产积极性。对于经济适用房建设，相关文件规定采取保本微利的原则确定售价，利润控制在3%。开发商是追求超额利润的市场主体，在这一规定下自然没有积极性参与经济适用房建设。其二，土地财政不支持经济适用房制度。中国财政是中央和地方多级财政体系，分税制改革后地方政府面临财政压力和GDP考核，土地财政成为达到多重目标的重要手段，在这样的背景下土地政府不可能提供低价土地，自然也就不能支持经济适用房制度。其三，经济适用房制度本身的漏洞。中国的经济适用房制度并没有像新加坡组屋制度那样形成闭环结构，经济适用房的准入审核不严，退出时并没有回售给政府或下一个有资格的经适房申购者，且经适房售卖后的资金也没有重新回流到公积金中心。这些制度漏洞使经济适用房成为寻租的重要场所，也因而成为发展商品房市场的重要理由。

二　当前中国住房体系面临的问题及新模式的方向

制度的发展存在一定的路径依赖，渐进式改革成功的关键在于使制度根植于其所处的宏观环境。就金融体系的发展而言，中央金融工作会议指出，"坚持金融服务实体经济是做好金融工作的根本宗旨"，因此要构建中国特色住房金融体系，基本前提是分析当前中国住房体系的现

---

① 蔡真、池浩珲：《新加坡中央公积金制度何以成功——兼论中国住房公积金制度的困境》，《金融评论》2021年第2期。

状和问题。2021年以来，党中央提出要探索房地产新的发展模式，这为未来的房地产工作指明了方向，也是构建中国特色住房金融体系的根本遵循。

（一）房地产行业总体现状

自1998年住房货币化改革以来，房地产行业取得了长足发展。从需求端看，1999年商品住宅销售面积仅为1.18亿平方米，销售额为2188.74亿元；到2021年高峰时销售面积为15.65亿平方米，销售额为16.27万亿元；22年间销售面积和销售额分别增长了12.3倍和73.3倍。从供给端看，1999年商品住宅竣工面积为1.62亿平方米，房地产开发投资额（住宅）为2637.63亿元；到2021年高峰时竣工面积为7.30亿平方米，开发投资额为11.12万亿元；22年间竣工面积和开发投资额分别增长了3.5倍和41.2倍。

房地产行业的快速发展显著改善了老百姓的居住条件。根据"七普"调查数据，2020年中国人均居住面积达到42平方米（城市居民为36.5平方米）。而住房货币化改革的1998年，城市人均建筑面积和农村人均住房面积分别为18.7平方米和23.3平方米。二十多年间，中国居民人均居住面积翻了一番。目前中国居民人均拥有房间数为1.07间，94%的家庭至少拥有独立卫生间和厨房。从每人获得独立居住空间和单个家庭拥有独立洗漱和烹饪设施的视角看，住房资产在总量上已经接近均衡。从国际比较来看，OECD国家这两个指标分别为1.7间和97%，中国与之差距也不大。

（二）房地产行业面临的问题

当前房地产行业面临的主要问题是：房企违约风险蔓延，并对金融体系、财政体系稳定产生负面影响。房企大面积违约有其历史根源：过往房地产行业采取了"高负债、高杠杆、高周转"的"三高"运营模式，这依托于人口红利和快速城市化的背景，且中国人均住房面积处于较低水平，供需缺口形成了行业高利润。根据 Wind 统计，2007—2019 年房地产开发行业销售毛利率高达 33.9%，净资产收益率为 13.4%。正是由于行业高回报的特性，房企才采取高周转（经营杠杆）和高负债（金融杠杆）的方式进一步增加回报。然而，经济进入高质量发展阶段，尽管人均 GDP 和居民人均收入处于较高水平，但增速放缓，行业利润难以覆盖杠杆资金成本，这导致风险集中爆发。

房企大面积违约已产生严重的负面影响。金融体系方面，2023 年前三季度，房企境内信用债违约数量高达 136 只，违约金额为 1793.2 亿元，占境内信用债违约金额的比例为 89.2%；房企境外信用债违约数量为 22 只，违约金额为 90.1 亿美元，占境外信用债违约金额的比例为 100%。当前房企违约构成债券市场违约的主要部分，对金融市场稳定造成较大影响。房企违约还会通过抵押品渠道影响商业银行资产质量，造成不良率上升。国有银行的房地产开发贷的不良率和不良余额从 2019 年开始就呈"双升"局面，最为严重的是中国工商银行：不良率由 2019 年的 1.71% 上升至 2023 年上半年的 6.68%，不良余额同期由 109.4 亿元上升至 512.3 亿元。近年来商业银行的不良率是呈下降趋势的，且不高于 2%，房地产不良率远超各行业平均值，对银行信用风险构成主要威胁。

财政体系方面，受影响最为严重的是土地财政；而土地出让收入是城投债还本付息的主要来源，土地出让收入的下降导致地方债务面临较大风险。我们测算了 2023 年前三季度土地出让金对城投债的利息覆盖情况，如果该比值小于 100%，则该地区发行的城投债有违约风险。从测算的 277 个地级市来看，共有 37 个城市的比例低于 100%，其中不乏重庆这样的直辖市。如果考虑到土地出让金 80% 的金额需要用于土地一级市场的开发整理，仅考虑 20% 的土地出让金是否能够覆盖城投债的利息，那么该比值低于 100% 的城市将扩大至 184 个。

房地产行业面临的另一个重要问题是结构性失衡，即"一个行业、两种危机"。对于一线城市而言，尽管当前房价有所下行，但其主要面临的问题是居住可负担能力的危机。根据 Numbeo 的统计，2023 年上海、北京、深圳和广州的房价收入比分别为 46.6、45.8、40.1 和 37.3，在世界主要城市排名中分列第 1 名、第 2 名、第 6 名和第 8 名，这意味着中国一线城市是世界上房价最难以负担的城市。对于部分二线和三线城市而言，其主要面临的问题是住房库存过剩和需求不足。2023 年第三季度末，二线城市平均住宅库存去化周期为 21.4 个月，三线城市为 42.5 个月；对比而言，一线城市只有 13.5 个月。据 Wu 等的研究，有 13 个城市的新住房产量超过需求增长至少 30%，11 个城市的新住房产量超过需求增长至少 10%，这些城市大多位于内陆地区。① 导致区域结构失衡的原因是，房地产市场过去整体处于短缺状态，投资存在一定盲目性，没有适应城市化进程中人口向大城市迁移的结构性特点。

（三）房地产新模式的发展方向

2021 年中央经济工作会议首次提出探索房地产发展的新模式，2022 年和 2023 年中央经济工作会议又都提及，这期间政府工作报告、国务院重要会议以及部委文件都对新模式有所阐释。新模式的提出，实际上指明了在新发展阶段房地产行业转型的必要性，随着实践和政策制定的推进，新模式的内涵越来越清晰。结合最近的两次重要会议——中央金融工作会议（2023 年 10 月 30—31 日）和全国住房城乡建设工作会议（2023 年 12 月 21—22 日），我们大致可以看出房地产新模式的原则性方向：第一，"房子是用来住的、不是用来炒的"定位不会变。这是从过去"三高"旧模式中总结的深刻教训，房地产市场的发展只有与经济、金融形成良性循

---

① Wu, J., Gyourko, J. and Deng, Y., 2016, "Evaluating the Risk of Chinese Housing Markets: What We Know and What we Need to Know", *China Economic Review*, 39: 91 – 114.

环才能形成经济稳定发展的基石。同时住房又是重大民生问题，坚持"房住不炒"定位就是最大限度维护老百姓的利益。第二，防范化解房地产风险是中短期工作目标。中央金融工作会议的公报在防范化解金融风险的内容中重点强调了房地产风险，并提出了三个具体措施：健全房地产企业主体监管制度和资金监管，完善房地产金融宏观审慎管理，一视同仁满足不同所有制房地产企业合理融资需求。全国住房与城乡工作会议列明了2024年4大板块18个方面的重点工作，第一项重点工作就是关于稳定房地产市场发展的，也提出了三个具体措施：持续抓好保交楼保民生保稳定工作，稳妥处置房企风险，重拳整治房地产市场秩序。2023年中央经济工作会议提出"先立后破"的工作思路，这是对过去一段时间"未立先破"所产生的负面影响的纠正，这也是为什么两部门将防风险工作放在优先位置的原因。第三，关于房地产市场的未来发展，更加强调政府在住房保障方面的作用，也即"市场+保障"的双轨制。在住房保障建设领域，中央金融工作会议和全国住房与城乡工作会议都提及了要加快保障性住房等"三大工程"建设，其服务对象是"新市民、青年人和农民工"；在市场化住房领域，中央金融工作会议指出要更好支持改善性住房需求，全国住房与城乡工作会议则提出建立"人、房、地、钱"要素联动的新机制，这实际上反映了过去规划、土地供给和金融资源没有很好地与人口流动相适配。

三　住房金融体系发展的国际经验

住房金融体系的发展除了要根植于中国房地产的现状和新模式的方向，其作为金融体系的一部分，本身也具有一些金融的共性特征。本节主要从金融功能观的理论视角阐明住房体系离不开金融支持，以及各国住房金融体系具有一些共性的制度。住房体系需要金融，这是构建中国特色住房金融体系的基础。

（一）住房生产、消费离不开金融支持

住房的生产，也即房地产开发活动，在土地购置环节和开发建设环节都需要大量资金，加上房地产项目建设周期和销售周期较长，使得资金成为房地产开发企业赖以生存和发展的命脉。莫顿（Merton）将金融的功能归为六项，在住房生产领域金融发挥的首要功能是集聚资源，即通过开发贷这一产品为房企募集资金；其次是跨期资源配置，通常开发贷的期限在2—3年，这与项目开发周期是匹配的；最后是风险管理和激励机制，因为开发贷作为一种外源性融资，它的多少影响到公司治理结构。[①] 因此，房地产开发贷款制度是住房生产不可或缺的制度。

住房是居民家庭消费中的最大一笔耐用消费品，在不考虑财富代际转移的情况下，单一家庭几乎不可能单纯依靠收入积累在一生中的较早时期买得起住房。2020年主要发达国家的房价收入比为8.6，假设成年人从20岁开始工作，这意味着发达国家居民在不吃不喝的情况下要到28.6岁才能买得起住房；同年中国的房价收入比为29.1，以上述条件看中国人要到接近50岁才能买得起住房。在住房消费领域金融发挥的主要功能是跨期资源配置，即通过个人住房按揭贷款这一产品将居民住房的远期消费转化为即期消费，从而解决住房资金积累滞后、不足的问题。因此，按揭贷款制度是住房消费不可或缺的制度。

（二）住房交易离不开金融支持

金融在住房交易中的表现是预售制，预售制中买方支付的定金可视为卖方的无息融资，这体现了金融属性。预售制是针对大额商品（或服务）采取的一种销售制度，这种销售方式背后蕴含着深刻的金融原理。因为对

[①] ［美］兹维·博迪、［美］罗伯特·C. 莫顿：《金融学》，伊志宏等译，中国人民大学出版社2000年版，第23—30页。

于大额商品交易而言，如果采取"先付钱后交货"的方式，卖方有卷款潜逃的可能；如果采取"先交货后付钱"的方式，买方有可能因为产品的一点瑕疵而拒绝付款。这时预售制就发挥出促成交易的重要作用：对于买方而言，定金相当于对购买承诺的担保费，实际上发挥着金融功能中的风险管理作用。对于卖方而言，预售产品要比现货产品便宜，这笔便宜的费用包括两个作用，一是对交付产品承诺的担保费，这实际上也是发挥了风险管理的功能；二是对使用买方无息资金的补偿，这实际上发挥了金融集聚资金的功能。如果预售制中还伴随多次分期付款，那么分期付款还具有过程监督的作用。

海外成熟房地产市场普遍采取预售制。以美国为例，联邦住房管理局要求预售比例达到30%。1999—2021年，美国住房预售比例从75.7%先下跌至2011年的55.2%，再回升至2021年的75.2%。韩国国土海洋部于1978年颁布《住房供给条例》，其中第7条和第26条规定了住房预售制度。尽管预售制在当下受到多方诟病，但从海外经验看预售制是住房交易不可或缺的制度，这是因为预售对双方而言提供了风险管理功能。当然，中国的住房预售制与成熟市场存在差距，也亟待改进。

（三）住房存量资产盘活离不开金融支持

与住房存量资产盘活直接相关的金融制度是房地产投资信托基金（REITs）制度。REITs是一种标准化可流通的金融产品，通常采取公司、基金或信托的组织形式，通过发行股票、受益凭证或其他权益凭证的方式向投资者募集资金，由专业投资管理机构投资和经营可产生收益的房地产或房地产相关资产来获取投资收益和资本增值，并将绝大部分投资收益（一般超过90%）分配给投资者的投资信托基金。REITs制度能够盘活房地产存量市场，其原因在于：份额化发行的特点有利于筹集资金，同时为房地产开发企业或房地产持有者开辟一条通过出售资产获取融资的新途径，这有利于提升不动产的流动性，优化其资产负债结构。

纵观世界主要国家的 REITs 发展史，其制度导入大都发生在经济低迷或地产泡沫破裂后。因为房地产泡沫破裂后面临的最大问题是如何筹集资金处理大量不良资产，来增加房地产市场流动性和阻止房地产价格的持续崩塌。例如，美国导入 REITs 制度是在 1960 年，而在 1956—1959 年美国经历了短暂的经济低迷；日本导入 REITs 制度是 2000 年，主要是应对房地产持续低迷的状态。REITs 制度已成为盘活住房存量的重要金融制度。截至 2022 年年末，全球共有 41 个国家或地区已经推出了 REITs 制度，上市 REITs（全球共 893 家上市 REITs）的市值约为 1.9 万亿美元。这些国家和地区的总人口接近 50 亿人，GDP 合计占全球 GDP 的 83%。

（四）住房金融体系具有一定政策性金融属性

各国住房金融体系并不完全是纯商业金融形式，三种主流的住房金融模式都带有政策性金融的属性。美国的"商业银行贷款＋政府担保二级市场运转"模式的政策性金融属性主要体现在：房地美和房利美是政府支持机构（Government Sponsored Enterprises，GSE），它们为个人按揭贷款的证券化提供信用担保。德国的"住房互助储蓄银行"模式的政策性金融属性主要体现在两个方面：一是政府给予政策支持，采取"低存低贷"的政策；二是政府给予住宅储蓄奖励金，约为住房储蓄合同金额的 10%。新加坡的"公积金强制储蓄＋公共组屋"模式的政策性金融属性也体现在两个方面：一是"低存低贷"的政策，新加坡公积金贷款利率常年保持在 2.6%，存贷利差只有 0.1%，这意味着公积金的运转需要财政补贴。二是购买组屋可以申请补贴，包括额外公积金购屋津贴、特别公积金购屋津贴等。

住房金融体系具有一定政策性金融属性，其原因包括两点：第一，与住房权有关。住房权是基本人权的一项重要内容，国际人权法提出"人人享有适足住房权"（Right to Adequate Housing）。基本人权的实现，关键是国家要承担相应义务。对于适足住房权，国家义务包括尊重、保护、促进和实施四个层次，促进和实施这两个层次离不开国家财政的投入，而这正是财政之于国家治理的重要意义所在。第二，与金融体系流动性和稳定性有关。住房按揭贷款在金融体系中的规模较大且期限较长，往往缺乏流动性；房地产市场则是影响金融稳定的重要因素之一，且泡沫破裂产生的危害极大；这需要一定的政策性金融制度安排，以应对负外部效应。

目前中国的住房金融体系以商业性金融为主，政策性金融的成分较少。一方面，个人按揭贷款二级市场没有政府担保；另一方面，公积金制度没有实行强制储蓄，覆盖面较小。构建中国特色住房金融体系，就是要在住房金融体系共性的基础上结合中国房地产市场现阶段国情进行合理设计。

四 构建中国特色住房金融体系

构建中国特色住房金融体系应遵循以下两大原则：第一，与中国住房体系的现状和房地产新模式的方向相结合。当前中国住房体系的两大特点是风险蔓延和结构失衡，房地产新模式的方向也涉及防风险和保障房建设这两方面，中国特色住房金融体系应围绕这两方面展开。第二，保持住房金融体系的延续性并遵循普遍国际经验。改革的经验告诉我们：制度发展具有一定路径依赖，在既有路径上进行增量改革比爆炸式改革的成本更小，也更容易成功；同时国际经验表明住房金融体系普遍具有政策性金融属性，这是住房金融体系的一般规律。当前中国住房金融体系实际上是"商业银行贷款＋政府担保二级市场运转"美国模式和"公共组屋＋公积金强制储蓄"新加坡模式并存的局面，但这两个模式在当前都面临短板：美国模式缺少后半段政府担保的介入，新加坡模式缺少前半段公共组屋的建设。因此，中国特色住房金融体系的构建应是在双模式的基础上完善两级结构。当然，中国的"双模式＋两级结构"住房金融体系还应包括其他增量和优化内容。

（一）建立政府住房收储机制

建立政府住房收储机制的主要目的在于化解房地产风险，形成宏观经济逆周期调节的工具。中国房地产市场每年销售达十几万亿元的规模，如此巨量规模的市场面临长周期波动，必然带来宏观系统性风险，因此建立政府住房收储机制应对弱平衡增长问题，可以形成行业发展和宏观发展的稳定器。政府住房收储机制在化解风险和新模式建设方面的作用有三点：其一，稳定市场预期。政府住房收储机制由于有政府信用背书，其行为动向可以为市场树立标杆，有利于减少市场持币观望需求。其二，助力提供稳定优质的保障房供给。如果政府住房收储机制收储的住房位于一线或二线热点城市，这恰好是新市民聚集地，这有利于增加大城市住房供给，同时也有利于稳定大城市房价。其三，助力存量房地产资源改造提升。如果政府住房收储机制收储的住房位于二线非热点城市或三线城市，收储机构可以因地制宜将存量房改造成养老地产、旅游地产等项目，这种存量资产盘活的方式也能够助力化解地方债务风险。

建立政府住房收储机制可以采取两种方案：其一，各地方政府自己进行收储，收储的资金来源于地方政府专项债或由中央政府发行特别国债并对各省进行配额管理。这么做的好处是各省比较了解当地情况，可以较好地落实化解风险责任；缺点是各省可以利用这一机制膨胀投资。其二，中央成立政府支持机构（GSE）或委托现有的开发性金融机构进行收储，收储的资金来源于金融机构债。这么做的好处是金融机构在资产评估方面具有专业性；缺点是收储资金有限，不能从一省的全局化解风险。

（二）建立政府信用支持的资产证券化机制

中国已有资产证券化机制，但要使房地产市场平稳健康发展，需要建立政府信用支持的资产证券化机制。建立这一机制既是为了补齐美国模式后半段的缺失,也是与上述政府住房收储机制是配套的。建立这一机制的理由有三点:第一,住房是民生工程,而住房购买又需要金融支持,降低老百姓购房成本就是惠民生的体现。综观世界主要国家住房金融体系,都存在一个类似于住房金融的中央银行,如美国的两房、日本的住专公司,这类政府支持机构(GSE)为按揭一级市场提供担保、发挥最后贷款人职能,这就使得按揭成本极大降低。第二,有利于化解系统性金融风险。由于政府支持机构(GSE)是国有性质,无论是财政救助还是央行提供流动性,都师出有名;这就避免了对市场机构救助时的道德风险和纳税人的反对声音。实际上,美国应对危机时最重要的措施就是接管两房,日本也于1996年救助住专公司。第三,没有政府信用支持的住房金融机构,整个资产支持证券市场发展不起来,也就难以发挥稳定房地产市场的作用。根据证券业和金融市场协会(SIFMA)的数据,2021年年底美国资产证券化市场存量规模为12.2万亿美元,其中机构类资产证券化债券(Agency ABS,即两房和吉利美发行的 ABS)占比为87.6%,非机构类产品(Non-agency ABS)占比仅为12.4%。2007年第一季度(危机前)非机构类产品占比高达37.9%,正是私人部门的次级贷款大量进入资产池才导致了危机的发生。美国的经验表明,如果没有政府信用支持,资产证券化市场的发展空间非常有限,也不稳定。

(三)配售型保障房须建立有限闭环制度

建立配售型保障房制度是为了补齐新加坡模式的前半段的短板。从目前住房体系的现状来看我们已具备回到1998年房改"初心"的条件:第一,保障房建设(筹集)的需求量不是很大,国家财政的负担不是很重。目前中国居民人均居住面积达到42平方米,总量基本均衡;主要问题是结构性失衡,即一线和热点二线城市的新青年、新市民的住房需求。而房改初期主要是总量缺口较大,采取市场化措施是必然选择。第二,土地财政不具备可持续性,地方政府已改变土地供给的思路,如为保障性租赁住房提供近乎成本价的 R4 用地，而长期低地价的保障房制度是公积金制度成功发挥的重要前提。要想成功实现新加坡模式的两级结构，还有一个重要条件，即避免保障房和商品房的套利，新加坡模式针对组屋设计了有限闭环制度。

所谓有限闭环制度，概言之就是"出后不能再进"。新加坡的商品房市场和组屋市场存在巨大的价格差异：私人住宅市场的价格通常是新组屋市场的 4—6 倍，转售组屋市场的价格是新组屋市场的 2—3 倍。对此新加坡法律规定，一个家庭只能拥有一套政府组屋，一个人一生只有两次购买组屋的机会。具体操作如下：一个居民购买组屋后如果想在五年内转卖组屋，必须获得建屋发展局的同意或支付高昂的政府税费。满五年后不卖可以继续居住，如果转卖组屋有两个选择：一是永久退出组屋市场。这时进入私人住宅市场意味着该居民成为真正的高净值人群，能够负担得起 4—6 倍的房价，这自然不需要组屋制度的保障了。二是组屋市场置换。这时新加坡政府要求，购买新组屋后原来的组屋必须在半年内出售，这就保证了居民始终只能持有一套组屋，没有囤积组屋的可能。此外，购买原组屋所动用的公积金及其利息须如数再存入公积金局，如果是购买私人住宅，公积金的优惠政策就大打折扣，这从资金支持方面切断了炒房的可能；如果置换组屋，公积金的优惠政策还能享有。

新加坡的组屋制度特征可以概括为三点：第一，组屋市场和商品房市场不连通；第二，在组屋市场内的人享有一次置换机会；第三，从组屋市场退出后不得再次进入。中国要学习新加坡的组屋制度，应坚持交易的闭环结构，即第一点和第三点应保留。但第二点应根据我国国情进行修改，即不限制置换次数。因为中国是一个大国，居民存在跨城市择业定居的需求。在实践过程中，一些人可能会利用不限制置换次数采取多次离结婚套取配售型保障房的情况，对此应设置一个家庭在存续状态只能拥有一套配售型保障房的要求，同时应按家庭人口规模动态调整住房面积大小。

（四）优化现有公积金制度

如果配售型保障房的有限闭环制度建立起来，公积金制度还需要优化，这样才能更好发挥对保障人群的资金支持作用。首要的问题是扩大公积金覆盖率，这一方面是为了使低收入群体享受到政策性住房金融服务，另一方面是为了在总量上扩大公积金规模，从而支持配售型保障房的购买。扩大公积金覆盖率的关键措施是，改变强制储蓄制度为自愿储蓄制度。强制储蓄要求单位和个人各承担一半公积金缴存额；而企业面临负担重的问题，不愿意为职工承担另一半。强制储蓄的结果是单位逃避，最终损害了职工利益。转变为自愿储蓄制度有人担心公积金制度没有吸引力，其实不然：其一，公积金是税前收入，享受免税政策，而商业贷款的还款使用的是税后收入；其二，公积金贷款利率比商业贷款利率低，可降低购房人负担。要想使得公积金制度更有吸引力，应提高公积金贷款额度，而缴存覆盖面扩大后可以支持贷款额度的提升。转变为自愿储蓄制度有人担心技术上不可行，理由是公积金依托企业和职工两级账户体系运转，其实不然：2021年住房和城乡建设部在重庆、成都、广州、深圳、苏州、常州6个城市开展灵活就业人员参加住房公积金制度试点，这些城市的灵活就业人员的公积金账户只有个人缴存部分。在完成强制缴存向自愿缴存制度转换后，首先向全部城镇居民推广。具体地说，缴存基数分两种情况，无单位的居民或灵活就业人员参照当地平均工资标准，有单位的按单位工资标准或参照当地平均工资（就高不就低）；缴存比例仅设定总比例限制（不超过24%），个人和单位所占比例由个人自行决定。其次向全部非城镇居民推广。具体地，缴存基数参照当地农村居民平均纯收入，缴存比例不超过平均纯收入的30%。

其次要提高住房公积金的使用效率。目前公积金的使用存在流动性不足和资金闲置并存的现象：前者主要表现在发达地区，这些地区出现的公积金贷款轮候制度、贷款额度限制、资产证券化项目以及公转商贴息贷款都表明存在流动性不足的情况；后者主要表现在欠发达地区，这些地区的资金使用效率低，公积金整体上还是表现出资金沉淀的问题。可以从以下两个方面着手解决：第一，从投资着手拓宽投资渠道。公积金投资渠道仅限于购买国债，这主要是出于安全性的考虑；然而中国金融市场取得长足发展，一些次主权的债券（如地方政府债券、政策性金融债）具有极高信用等级，流动性也较高，可适当放宽投资限制。第二，从全国统筹着手，通过打通各地公积金地方割据的局面，提高资金使用效率。当然全国统筹是一项难度较大的工作，可逐步推进：其一，针对各地现存住房公积金制度的差异，应在保持各省市因城施策的必要差异的前提下，寻找能够兼容的地方进行调整，加强各地住房公积金之间的联系，扩大规模效益。其二，利用互联网技术，跨越地区间隔，建设各地之间的信息互联互通平台，使群众在人口迁移或改变工作城市时更加便捷地调整自己的住房公积金账户。其三，在中央层面统筹进行顶层设计，优化现行住房公积金管理制度。

（五）预售制应与成熟市场制度接轨

当前中国期房预售制导致消费者背负按揭贷款债务又面临收楼风险的双重困境，对此一些学者提出了"取消预售制，改为现售制"的建议。这一建议从短期看是错误的：因为中国房企开发 50% 左右的资金来源于预售的定金和按揭贷款，如果采取现售制，即使当前没出现爆雷的国有房企也会面临资金链断裂的风险。预售制是海外成熟市场的普遍制度，这是各国住房金融体系的共性制度，中国采取住房预售制方向没错，关键在于核心细节出现问题，即按揭贷款的发放时点。

从成熟市场经验看，按揭贷款都是在房屋交付后发放。在美国，银行在政府部门对竣工房屋进行检查并发放入住证后才发放按揭贷款。在中国香港，按揭贷款一般在交楼前 3 个月开始申请。这么做的好处是：一方面有利于降低银行的系统金融风险，另一方面也能避免开发风险被提前转嫁给消费者。中国按揭贷款的发放是在开发商取得预售许可证之后，现房交付之前。过去这种预售方式之所以没出问题，是因为房价一直上涨，开发商的资金池是不断做大的，能够保证楼盘的交付。但这个过程中开发风险实际上是已经转嫁给消费者了，只是在过去房价上涨环境下风险没有爆发。尽管按揭的贷款合同与住房销售的买卖合同是相对独立的，但购房者在收不到房的情况下也只能选择断供这种方式降低风险，"集体停贷事件"的爆发正是这个原因。

将按揭贷款的发放时点调整至房屋交付之后，这是预售制改革的核心要求，是与国际接轨的关键。这一改革有利于厘清开发商、购房者和银行三者的风险关系，有利于将房屋销售的买卖合同与住房按揭的贷款合同真正独立区分开。因为房屋交付后形成的贷款合同，银行的抵押物为住房而非在建工程，即使购房人违约，银行针对房屋也有相应处置手段。而买卖合同的风险则可以通过优化资金监管和担保机制解决。

（六）建立健全房地产企业主体监管制度

当前房地产行业面临严重困难挑战的主要原因是：房企借助"三高"模式进行资本无序扩张，房地产行业获得了类金融化的市场地位，并且风险造成了严重的外溢效应。当前对房地产市场和房企采取了一定的救助措施，为防范道德风险应建立健全房地产企业主体监管制度，这既是中国特色住房金融体系的一项内容，也是落实中央金融工作会议的精神。对此我们提出两条具体措施：其一，参照金融机构采取资本充足率管理。对房企投资开发的项目进行合理的风险权重划分，并在集团公司层面设定最低资本要求。通过资本充足率管理，在微观上可以起到遏制房企规模过度扩张的作用，在宏观上可以起到逆周期调节的作用。其二，对上市房企的隐性债务进行特别信息披露。复杂而又隐匿的债权债务关系是导致风险处置困难的重要原因，针对当前房企采取明股实债的融资方式和合作开发的模式，可要求上市房企的长期股权投资进行并表披露。

（执笔人：蔡真）

第十四章

防范化解地方政府债务风险

为应对经济下行压力，财政政策更加积极有为，债务规模扩张与经济增速放缓共同驱动地方政府负债率攀升，债务风险不断累积。若仅考虑地方政府法定债务，2023年全国法定负债率由2018年的20.0%上升至32.2%，债务风险总体可控。若同时考虑地方政府法定债务和融资平台有息债务，2023年全国宽口径负债率由2018年的58.4%上升至73.6%，超过国际通行的60%警戒线。近年来，中国地方政府债务管理坚持"开前门、堵后门"，寻求稳增长与防风险的动态平衡。一方面，地方政府专项债早发快用支持重点项目建设，对带动扩大有效投资、保持经济平稳运行发挥了重要作用。2023年新增专项债提前批额度高达2.19万亿元，较2022年提前下达的1.46万亿元增长50%，专项债发行使用节奏明显加快。另一方面，对于地方政府隐性债务保持高压监管态势，坚决遏制隐性债务增量，稳妥化解隐性债务存量。截至2022年年底，地方政府隐性债务增长势头得到遏制，隐性债务减少1/3以上，隐性债务风险缓释可控，其中广东、北京已率先实现全域隐性债务清零。

当前地方政府债务风险化解取得积极成效，但在经济短期下行压力加大和房地产市场转向新发展模式的背景下，应高度警惕地方政府债务风险特征和传导机制发生的新变化，尤其是地方政府债务、房地产、金融等重点领域风险互溢。为有效防范化解地方政府债务及其衍生的金融风险，中央金融工作会议提出"建立防范化解地方债务风险长效机制，建立同高质量发展相适应的政府债务管理机制，优化中央和地方政府债务结构"，①明确了地方政府债务治理的中长期改革方向。本章总结了2023年地方政府债务治理的三大新变化，从法定债务和隐性债务两个方面梳理地方政府债务风险的传导路径，并聚焦"借、用、管、还"四个环节提出更好统筹稳增长和防风险的可行路径，以期为建立防范化解地方政府债务风险长效机制提供参考。

一 地方政府债务风险现状和传导路径

2023年积极的财政政策兼顾稳增长和防风险，地方政府债务风险有所缓释。从地方政府法定债务来看，新增地方政府债务限额从2022年的4.37万亿元提高至4.52万亿元，第四季度发行约1.4万亿元特殊再融资债券用于置换存量隐性债务，2023年全国法定负债率同比上升3.1个百分点至32.2%。若再考虑融资平台有息债务，隐性债务监管保持高压态势，叠加城投债迎来到期高峰，2023年融资平台有息债务同比减少2.1万亿元，带动全国宽口径负债率同比下降0.7个百分点至73.6%（见图14—1）。分区域看，青海省、贵州省、天津市、吉林省法定负债率超过60%警戒线，主要源于特殊再融资债券放量发行。逾七成省份宽口径负债率超过60%警戒线，天津市和贵州省宽口径负债率分别高达137.6%和130.7%。从同比变化来看，近八成省份法定负债率有所提高，其中天津市、吉林省增幅超过10个百分点。近四成省份宽口径负债率出现下降，其中贵州省、陕西省降幅约为10个百分点。通过发行特殊再融资债券，贵州省法定负债率有所上升，但宽口径负债率大幅下降10.1个百分点，表明隐性债务置换取得良好

---

① 《中央金融工作会议在北京举行　习近平李强作重要讲话　赵乐际王沪宁蔡奇丁薛祥李希出席》，《人民日报》2023年11月1日第1版。

成效。由于经济总量出现负增长，河南省法定负债率和宽口径负债率分别同比上升5.5个和6.4个百分点。

整体来看，当前中国地方政府法定债务风险总体可控，但专项债存在偿债压力加大和定价机制扭曲问题。隐性债务风险正在有序化解，但风险传导路径较为复杂，主要表现为财政风险与金融风险的累积叠加效应。本章重点考察专项债和融资平台债务风险的主要特征和传导机制。

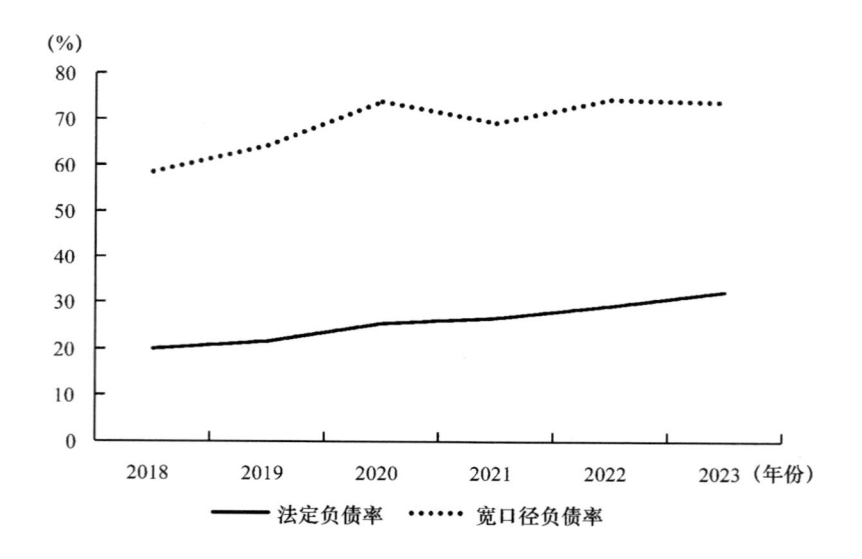

图 14—1 2018—2023 年地方政府负债率

注：法定负债率＝地方政府债务余额/GDP；宽口径负债率＝（地方政府债务余额＋融资平台有息债务余额）/GDP。

资料来源：Wind 数据库。

（一）土地财政遇冷引发专项债风险凸显

2015 年以来，地方政府专项债从无到有，发行规模不断增加，使用范围持续扩大，成为扩投资和稳增长的重要政策工具。2015—2018 年，专项债发行处于起步阶段，年均发行规模约为1.9 万亿元，主要投向土地储备、收费公路、棚户区改造和轨道交通四大领域。自2019年起，专项债发行规模大幅增加、发行进度明显加快，投向领域逐步扩大至11个，用作项目资本金范围也扩大至13个，专项债发行额占地方政府债券比重超过60%。在加快专项债发行使用的同时，也需警惕专项债规模增长带来的风险隐患。土地出让收入下滑叠加项目收益低于预期对专项债原有偿债模式造成冲击，加上专项债发行定价市场化程度不高，共同导致专项债风险日益凸显且向财政金融领域传导。

第一，土地出让收入下降叠加项目收益虚高加大专项债偿付风险，可能触发财政重整。专项债以公益性项目对应的政府性基金收入或专项收入作为偿债资金来源，由于专项债项目收益水平偏低，还本付息对土地出让收入依赖度较高。一方面，随着房地产市场进入深度调整期，土地出让收入增速下降造成专项债付息压力加大。2022年土地出让收入出现负增长，而专项债付息支出达到0.62万亿元，占地方政府性基金收入的比重从2021年的5.0%升至8.4%，占地方政府性基金支出的比重从2021年的4.3%升至5.9%，逐渐接近触发财政重整的10%红线。[①] 此外，土地出让收入被用于土地拆迁补偿、乡村振兴等刚性支出的比例逐年升高，部分PPP项目、政府投资基金也寻求土地财政作为兜底保障，进一步挤压了专项债的偿债空间。另一方面，地方政府为了争取专项债资金对专项债项目过度包装，项目收益不及预期加大了专项债偿债隐忧。根据《国务院关于2022年度中央预算执行和其他财政收支的审计工作报告》披露，20个地区通过虚报项目收入、低估成本等将项目包装成收益与融资规模平衡，借此发行专项债券198.21亿元。江

---

① 根据《国务院办公厅关于印发〈地方政府性债务风险应急处置预案〉的通知》（国办函〔2016〕88号）的规定，市县政府年度一般债务付息支出超过当年一般公共预算支出10%的，或者专项债务付息支出超过当年政府性基金预算支出10%的，债务管理领导小组或债务应急领导小组必须启动财政重整计划。国办函〔2016〕88号文出台以来，因专项债付息支出占比超过10%红线，四川省资阳市的安岳县和雁江区在2018年进行了财政重整并于次年5月成功退出，黑龙江省鹤岗市在2021年启动了财政重整。

苏省审计厅抽查 2019 年以来的 346 个专项债项目发现，有 275 个近 3 年资金平衡方案预期收益未实现，其中 255 个未达预期的 50%。①

第二，专项债价格难以真实反映项目管理和信息披露的差异，这种定价机制扭曲潜藏金融风险。当前专项债发行定价市场化程度仍待提升，主要表现为两方面。一是专项债定价主要与省级政府信用挂钩，未能充分体现项目管理情况。② 造成这一现象的体制性成因是缺乏权责统一的专项债发行机制，专项债发行主体是省级政府，但前期准备、资金使用、项目管理和还本付息均由市县政府负责，专项债发行和偿还主体权责分离加剧预算软约束问题。作为专项债的主要持有者，银行等金融机构更加关注省级政府主体信用以及项目是否符合发债要求，但对项目经营性现金流能否覆盖专项债本息的偿债能力关注不足，难以对专项债的市场化发行产生有效约束。二是专项债信用评级同质化，价格区分度较弱。由于存在省级政府的隐性担保，专项债信用等级大多为最高的 AAA 级，无法体现地方政府财政实力、偿债能力、债务风险以及专项债项目质量之间的差异。加上地方政府往往多地区、多项目集合打包发行专项债，进一步抹平了专项债的发行定价差异。对于财力较强的市县政府，省级政府统一发行专项债的利率通常高于其自身发债能获得的市场利率水平，使其承担不必要的债务融资成本；而对于财力较弱的市县政府，省级政府打包发行专项债降低了融资成本，从而掩盖了真实债务风险。

（二）隐性债务积累加剧财政金融风险互溢

地方政府隐性债务多以融资平台公司为举债主体和风险载体，融资平台债务既会通过隐性担保和土地购置加大财政风险，还会通过金融机构资产负

---

① 《江苏省 2022 年度省级预算执行和其他财政收支情况审计结果》。
② 温来成、徐磊：《项目管理、信息披露与地方政府专项债券价格形成机制》，《财政研究》2021 年第 3 期。

债表和风险溢价渠道与金融风险相互传导,并借助银行间市场资金拆借和融资平台担保网络引发财政金融风险跨区域、跨部门传染(见图14—2)。

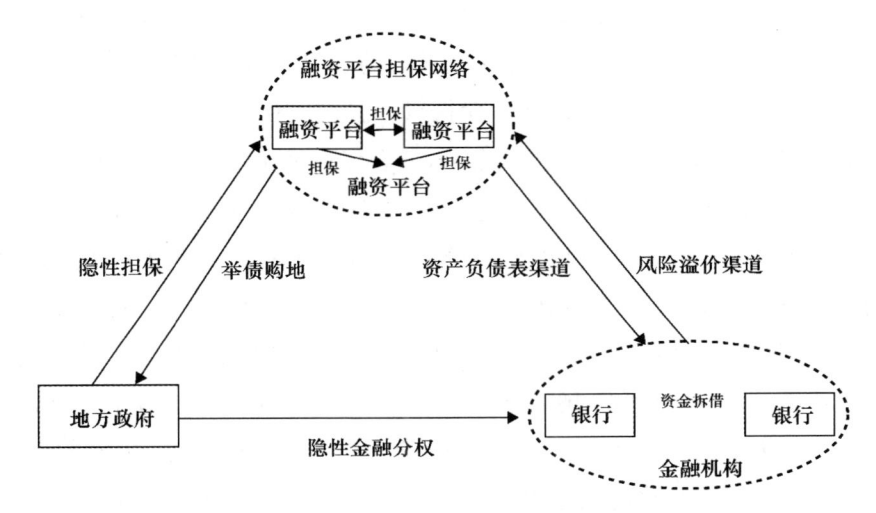

图 14—2 地方政府隐性债务风险的传导路径

资料来源:笔者绘制。

1. 融资平台债务积累加大财政风险

第一,融资平台债务违约强化财政风险兜底。隐性债务扩张的重要制度基础是政府隐性担保和隐性金融分权,① 即地方政府在中央政府兜底预期下无序举债,隐性金融分权创造的弱融资约束环境为融资平台公司举债提供了制度便利。目前多数融资平台公司市场化转型尚未完成,在股权构成、融资投向、债务偿还等方面仍与地方政府保持一定关联,融资平台债务违约风险加大地方财政兜底压力,财政风险随之上升。更进一步地,由于存在上级政府兜底预期,一旦本级地方政府依靠自身财力难以化解债务风险,融资平台债务违约还会向上级政府传导,进而引发区域性财政

---

① 隐性金融分权是指在中央统一规范的金融制度安排之外,地方政府对地方性金融机构进行干预和管理,从而控制地方信贷资源分配。

风险。

第二，融资平台公司举债购地造成隐性债务风险和土地财政风险相互交织。分税制改革以来，地方政府以土地作为融资工具主导和推动经济发展，形成了以土地出让和土地抵押为核心的"以地谋发展"模式。[1] 随着房地产市场和人口增长迎来结构性拐点，土地出让收入持续下滑打破了"以地谋发展"模式的底层逻辑，融资平台债务风险逐渐显现。2022年以来，全国土地出让收入同比下降超三成，对融资平台债务的覆盖程度大幅下滑。为应对房地产市场下行引发的土地财政风险，一些地方政府借助融资平台公司举债购地托底土地市场。[2] 由于融资平台公司购入地块大多位于城市郊区，土地抵押或开发价值较低，加之其在开发商业地产项目方面缺乏竞争力，融资平台购地后难以通过土地抵押融资或开展房地产开发业务来改善现金流，土地资产变现能力较差。为减轻融资平台公司举债购地的资金压力，地方政府往往以财政补贴、奖励等形式返还部分土地出让金，变相为融资平台公司注入土地资产。考虑到融资平台公司购地可能引发地方政府财政收入虚增和隐性债务风险，中央及时出台《关于加强"三公"经费管理严控一般性支出的通知》（财预〔2022〕126号）对融资平台公司举债购地行为予以纠偏。

第三，地方政府通过减值处置国有资产化解隐性债务，引发国有资产流失风险。财政部提出的六种化债方式之一是出让政府股权和经营性国有资产权益偿还债务，但实际操作中面临一定难度。一方面，优质国有资产、政府资产可供出让的资源非常有限，国资体系下的资产（包括优质上市公司资产）基本已被抵押或质押。另一方面，地方政府为偿付融资平台债务而抛售国有资产，往往存在减值处置资产情况，造成国有资产流

---

[1] 刘守英、王志锋、张维凡等：《"以地谋发展"模式的衰竭——基于门槛回归模型的实证研究》，《管理世界》2020年第6期。

[2] 张路、龚刚：《房地产周期、地方政府财政压力与融资平台购地》，《财经研究》2020年第6期。

失风险。例如，一些地方政府并未按照规定程序对拟出租或出售的国有资产价值进行科学合理评估，也未严格遵循招投标流程出租或出售国有资产，从而导致国有资产流失现象时有发生。

2. 融资平台债务风险与金融风险相互溢出

第一，融资平台债务借助金融机构资产负债表渠道进行风险传递，并通过银行间市场资金拆借形成风险扩散。融资平台债务风险与金融风险紧密关联的直接表现是融资平台债务以银行贷款、城投债等形式存在于商业银行资产负债表中，融资平台债务违约对金融机构资产负债表产生冲击，从而引发系统性宏观金融风险。其一，地方政府隐性担保影响市场投资者对城投债信用风险的判断，城投债价格非市场化波动导致金融体系内在脆弱性。其二，融资平台举债主要用于地方基础设施建设，投融资成本与期限错配引发金融风险。基础设施建设具有投资周期长、项目自身收益率低、社会综合收益率高等特征，融资平台公司的综合融资成本通常高于基建项目投资回报率，且融资期限明显短于基建项目投资周期。基建投资扩张导致融资平台债务风险顺周期积累，通过作用于商业银行内生流动性风险最终引致金融风险。[①] 其三，随着银行贷款和发债融资监管趋严，融资平台公司更加依赖信托贷款、融资租赁、银行理财等影子银行业务融资，影子银行之间业务关联、风险传递，更易触发系统性金融风险。其四，地方性商业银行是本地融资平台债务的主要持有者，且往往需要在银行间市场中拆借资金，各区域地方性商业银行通过银行间资金拆借形成网络关联，从而导致不同区域的融资平台债务通过银行网络关联间接地联系在一起，形成隐性债务风险的跨区域外溢。[②]

第二，金融风险通过风险溢价渠道向融资平台债务风险传导。一方

[①] 毛锐、刘楠楠、刘蓉：《地方政府债务扩张与系统性金融风险的触发机制》，《中国工业经济》2018年第4期。

[②] 熊琛、周颖刚、金昊：《地方政府隐性债务的区域间效应：银行网络关联视角》，《经济研究》2022年第7期。

面，金融风险上升引致的实际净资产损失导致金融部门融通资金能力受限，金融机构为满足资本监管而被迫去杠杆和收缩信贷，并对持有的融资平台债务要求更高的风险溢价。另一方面，金融部门资产损失导致实体经济衰退，进而引发融资平台债务违约率上升，风险溢价随之提高。因此，金融风险上升通过提高融资平台债务风险溢价，加剧融资平台再融资压力和偿债风险。

3. 融资平台债务风险通过担保网络跨区域传导

融资平台公司之间通过签订担保合同，建立了以网络形态呈现的复杂担保关系（担保网络）。融资平台债务风险沿着担保链条在担保网络中加速传递和放大，融资平台担保网络可能由原来的"互助集团"异化为"违约联盟"，导致因局部债务风险跨区域外溢而引发系统性财政金融风险。本章基于2009—2019年融资平台公司财务报表，手工搜集融资平台担保数据，并借助网络分析方法构建融资平台担保网络关联。[①] 在担保网络中，融资平台公司是网络中的节点，融资平台公司之间的担保关系是网络中的连边（见图14—3）。

节点中心性分析是地方政府债务风险网络研究中的重要内容，主要研究个体或群体在网络结构中的重要性或权重，为判定经济主体在债务风险传染中的系统重要性提供了理论依据。典型的中心性分析指标包括节点度、中介中心度和接近中心度，其中，节点度和中介中心度对本章研究的有向担保网络更有意义，[②] 这两个指标的区别在于对重要性的界定标准不同。节点度（k_i）是指与节点i直接相连的边数和，侧重于衡量直接风险传染路径数量。在担保网络中，融资平台i的节点度越大，说明融资平台i的直接担保交易对手数量越多，风险传染路径越广泛，越容易受到来自其他融资

[①] 曹婧、韩瑞雪：《地方政府债务风险的传导机制及化解路径》，《金融市场研究》2023年第12期。

[②] 接近中心度对网络结构的要求较为严格，需要网络是完全连通的，但融资平台担保网络并不满足全局连通条件，因此接近中心度不适用于本章分析。

第十四章　防范化解地方政府债务风险

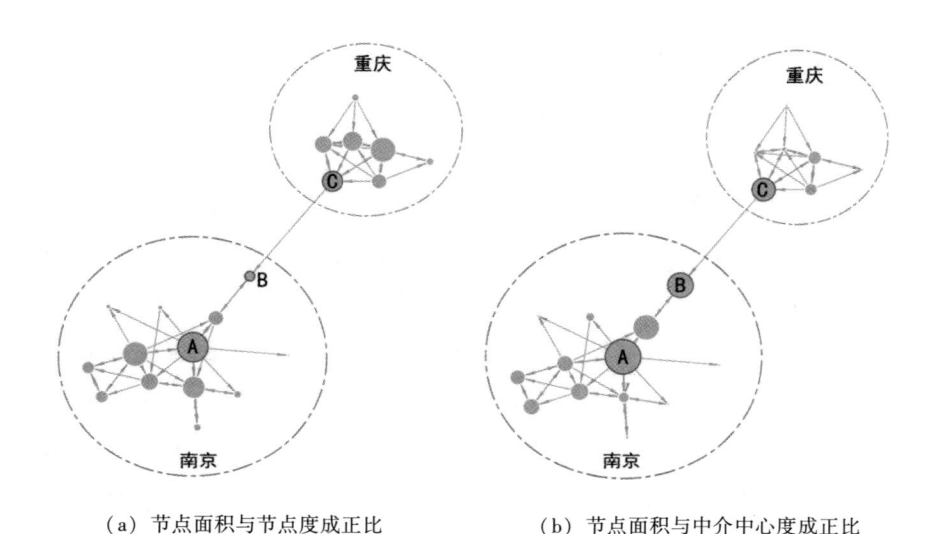

（a）节点面积与节点度成正比　　　　（b）节点面积与中介中心度成正比

图 14—3　融资平台担保网络关联结构示意

注：图中的节点表示融资平台公司，箭头代表担保人向债务人提供担保的方向，根据融资平台公司财务报表提供的担保信息整理得到。若两个节点之间是双向箭头，说明两家融资平台公司存在互相担保业务。图中上方圆圈中的融资平台公司位于重庆市，图中下方圆圈中的融资平台公司位于南京市。

资料来源：笔者绘制。

平台债务违约、经营不善等状况的牵连，从而加剧风险传染。中介中心度（$between_i$）是指网络中原本不具有直接关联的节点之间，须通过节点 i 被间接连接起来的最短路径的条数，[①] 计算公式为：$between_i = \sum_{s \neq i \neq d} \dfrac{n_{sd}^i}{g_{sd}}$。其中，$g_{sd}$ 为从节点 s 到节点 d 的最短路径数量，n_{sd}^i 为从节点 s 到节点 d 的 g_{sd} 条最短路径中经过节点 i 的最短路径数量。中介中心度侧重于衡量节点之间的间接关联关系，中介中心度越大，节点 i 在担保网络中所起的"桥

[①] 在网络理论中，若两个节点可以通过一些首尾相连的边连接起来，则称这两个节点是可达的，并把连接路径中边数最少的路径称为最短路径。

梁"作用越强，利用中介位置进行风险传染的概率也越高。[1] 结合上述对担保网络的定义和节点中心性指标的刻画，研究发现融资平台债务风险通过担保网络跨区域传导呈现以下特点。

第一，担保网络将多家融资平台公司绑定在同一网络结构中，为债务风险进一步传染蔓延提供了必要条件。担保网络的风险传导路径主要有两种：一是直接传导，当担保关系中的一方出现债务危机时，另一方也将受到不利影响。具体地，当被担保企业出现债务违约时，需由担保企业履行代偿责任，债务风险从被担保企业传导至担保企业；若担保企业出现危机并失去了对外担保能力，会使被担保企业的融资得不到有效担保而难以进行再融资，导致被担保企业的资金链断裂产生风险，债务风险从担保企业扩散至被担保企业。二是间接传导，融资平台公司的风险事件会通过企业间级联效应传导至与之没有直接担保关系的融资平台公司。原因在于担保网络具有典型的"小世界"特征，网络成员密切关联、相互制约。一旦网络中一家融资平台公司发生债务违约，风险很可能出现"债务危机—担保关系—传染—再传染"的多米诺骨牌式传播。以图14—3为例，如果在担保网络中位于南京市的融资平台公司A发生债务违约，由于融资平台公司A与B存在直接担保关系，融资平台公司B会受到直接传染。位于重庆市的融资平台公司C虽与融资平台公司A不存在直接担保关系，但可能通过融资平台公司B间接受到融资平台公司A造成的负面影响，属于债务风险间接传染。

第二，担保关系在网络中分布不均，少数融资平台公司在担保网络风险传染中扮演着至关重要的角色。图14—3（a）对融资平台公司之间直接风险传染渠道的数量差异进行了可视化展示，其中，节点面积的大小与节点度成正比。节点面积越大，表示节点度越高，即融资平台公司拥有更

---

[1] 欧阳红兵、刘晓东：《基于网络分析的金融机构系统重要性研究》，《管理世界》2014年第8期。

多的直接担保关系数量，意味着其风险传染渠道更为广泛。担保网络中存在部分核心节点，例如融资平台公司 A，其节点度为 12，说明融资平台公司 A 拥有 12 条担保关系（包括对内接受担保和对外提供担保），而大多数节点只与少量节点相连。这一特征有助于监管部门有针对性地监测担保网络中具有系统重要性的融资平台公司，并对其加强管控从而阻断风险传染。

第三，部分融资平台公司具有"弱连接优势"，为债务风险的跨区域外溢提供了可能渠道。网络成员之间的连接关系可分为强连接和弱连接，强连接主要存在于经济社会特征相似的个体之间，而弱连接则存在于特征差异较大的个体之间。通过强连接所获得的信息和资源往往具有较高的冗余性和同质性，而弱连接获得的信息、资源以及风险更加多元化和差异化。① 在图 14—3 中，融资平台公司 B 具有明显的弱连接优势，尽管其直接风险传染路径很少［见图 14—3（a），融资平台公司 B 的节点度较小］，但该节点位于连接南京市和重庆市这两个网络结构的关键路径上，使得其中介中心度较高［见图 14—3（b）］，在债务风险的跨区域传导过程中发挥了重要的"桥梁"作用。

二　2023 年地方政府债务治理的新变化

随着地方政府债务风险日益凸显，中央先后提出"制定实施一揽子化债方案"和"建立防范化解地方债务风险长效机制"，标志着地方政府债务治理迈向新阶段。本章通过梳理 2023 年地方政府债务风险防控的政策演变（见表 14—1），总结了新一轮地方政府债务治理的三大变化，即新的治理思路、治理范畴和化债方式。

---

① 谢德仁、陈运森：《董事网络：定义、特征和计量》，《会计研究》2012 年第 3 期。

(一) 地方政府债务治理新思路

2015年以来，中国共进行了三轮地方政府债务风险化解，阶段性治理思路有所不同。第一轮化债周期为2015年1月至2018年8月，遵循"开前门、堵后门"的治理思路，地方政府发行约12.2万亿元置换债券，用于置换2014年年底甄别确认的以非政府债券形式存在的地方政府存量债务，旨在推动隐性债务显性化。但受制于各种客观原因，地方政府隐性债务依然增长较快，包括地方国有企事业单位等替政府举借，由政府提供担保或财政资金支持偿还的债务；地方政府在设立政府投资基金、开展政府和社会资本合作（PPP）、政府购买服务等过程中，通过约定回购投资本金、承诺保底收益等形式的政府中长期支出事项债务。① 第二轮化债周期为2018年8月至2023年7月，遵循"遏制增量、化解存量"的治理思路，《中共中央 国务院关于防范化解地方政府隐性债务风险的意见》（中发〔2018〕27号）首次对隐性债务作了权威界定，并要求5—10年内将隐性债务化解完毕。在此期间，地方政府发行约1.13万亿元特殊再融资债券，用于支持建制县隐性债务化解试点，以及北京、上海、广东等地全域无隐性债务试点。受稳增长压力加大、房地产市场深度调整、地方政府债务迎来到期高峰等因素影响，地方财政收支矛盾突出，隐性债务化解难度增加。2023年7月24日，中共中央政治局会议提出，有效防范化解地方债务风险，制定实施一揽子化债方案，由此开启新一轮化债周期。

当前及未来一个时期，地方政府债务治理思路不再是单纯压降隐性债务绝对规模，更为重要的是遵循"中央统筹、省负总责、市县尽全力"的化债思路，兼顾短期风险缓释和长效机制建设，统筹好地方

---

① 毛捷、徐军伟：《中国地方政府债务问题研究的现实基础——制度变迁、统计方法与重要事实》，《财政研究》2019年第1期。

债务风险化解和稳定经济发展。当务之急是妥善应对地方政府债务短期偿付风险，通过发行特殊再融资债券置换高成本隐性债务，协调金融机构支持债务重组、展期降息，实现债务高风险地区存量债务以更低成本平稳接续。从中长期来看，需要正确认识政府债务对经济发展的支持作用，建立同高质量发展相适应的政府债务管理机制。综观以往国际金融危机和经济衰退风险，世界各国几乎无一例外通过适当增加政府债务为基础设施建设、公共服务供给筹集财力，中国也分别通过增发国债和融资平台举债，成功应对1998年亚洲金融危机和2008年国际金融危机。当前中国经济复苏的主要矛盾是有效需求不足和市场预期转弱，政府保持适度举债规模，有助于扩大有效投资、带动居民消费和提振市场信心，避免全社会债务收缩对经济造成负面影响，巩固经济恢复基础。债务风险高的地区要边化债边发展，在债务化解过程中找到新的发展路径。债务风险较低的地区要在高质量发展上能快则快，特别是经济大省要真正挑起大梁，为稳定全国经济作出更大贡献。[1]

（二）地方政府债务治理新范畴

相较于此前一直强调防范化解地方政府债务风险，2023年7月，中共中央政治局会议将"地方政府债务"口径扩大至"地方债务"，10月中央金融工作会议延续这一提法，意在对地方政府法定债务和隐性债务、融资平台公司经营性债务实行合并监管，完善全口径债务管理体系。除了融资平台公司违法违规新增隐性债务，全口径债务管理还应关注两类债务。第一，村级债务监管缺失，容易新增隐性债务。当前"小村大债"已经成为一个不容忽视的问题，根据农业农村部抽样调查显示，截至2019年上半年，在全国70万个行政村中，村级债务总额高达9000亿元，村级组织平均负债

---

[1] 参见中央财办有关负责同志详解2023年中央经济工作会议精神。

达到130万元。因乡村工程建设导致的建设性债务是村级债务的主要来源，由于乡村基层工作人员对政府债务口径的理解存在一定偏差，在村级财力有限的情况下，很容易出现施工方进行垫资施工，或形成拖欠工程款等情况，容易引发新的隐性债务风险。

第二，地方财力紧张导致政府回款滞后，融资平台公司经营性债务风险随之上升。一方面，由于此前融资平台公司经营性债务并未纳入监管范围，在实践中，一些融资平台公司以新增经营性债务的名义进行隐性债务还本付息。另一方面，随着融资平台公司市场化转型加快推进，尽管融资平台公司举债逐步与地方政府信用脱钩，但政府回款仍是融资平台公司经营性收入的主要来源。地方政府拖欠企业账款不仅加大融资平台公司经营性债务偿付风险，还容易形成企业之间相互拖欠的"连环套"。中央高度重视政府拖欠企业账款问题，2023年9月20日，国务院常务会议审议通过《清理拖欠企业账款专项行动方案》，要求省级政府负总责、央企国企带头偿还，抓紧解决政府和企业之间相互拖欠的"连环套"。

（三）地方政府债务化解新方式

随着隐性债务化解工作的持续推进，地方政府结合自身经济实力、资源禀赋和债务情况不断探索符合区域特点的化债模式，目前常用的化债方式有三类。一是债务偿还，即安排财政资金，或出让政府股权和经营性国有资产权益偿还债务，适用于财政实力较强和国有资产丰富的地区。部分地区地方财政收支矛盾凸显，政府股权和经营性国有资产可供出让资源有限，难以依靠地方自有财力推进化债工作。二是债务置换和重组，通过拉长债务期限和压降融资成本，以时间换空间，逐步化解存量债务。例如，发行特殊再融资债券置换高成本隐性债务，已用于建制县隐性债务化解试点和全域无隐性债务试点。隐性债务置换虽然有助于缓释债务短期偿付风险，但可能强化财政金融实力较弱地区的隐性担保，反而促进了融资平台债务扩张，违背了"开前门、堵后门"的初衷。① 又例如，协调金融机构支持债务重组、展期降息，但金融机构出于监管要求往往提高融资平台公司参与债务重组时的信用资质和抵质押资产质量要求，弱资质融资平台公司申请债务重组难度较大。大规模展期降息可能造成银行（尤其是城农商行）盈利能力下降、不良资产率提高，融资平台债务风险向金融体系加速传导。三是债务转化，即推进融资平台公司市场化转型，将隐性债务转化为企业经营性债务。部分融资平台公司市场化转型后仍以承接公益性项目为主，可产生稳定现金流的经营性项目尚未步入正轨，陷入资产质量不高和盈利能力较弱的困境。

考虑到地方政府普遍为债所困、缺乏发展活力，中央提出制定实施一揽子化债方案以来，稳增长和防风险政策工具箱不断扩容。第一，财政化债强调优化中央和地方政府债务结构。从宏观杠杆率的国际比较来看，中国中央政府杠杆率处于较低水平，而地方政府杠杆率明显偏高且增长较快。面对政府杠杆率结构性失衡，通过中央政府适当加杠杆，缓解地方政府债务压力，使其有余力发展经济，是统筹稳增长和防风险的关键。2023年10月24日，全国人大常委会审议批准了国务院增发1万亿元特别国债，并将财政赤字率由3%提高到3.8%左右。这次在年末新增特别国债并调整预算赤字具有重要意义：一是作为特别国债管理但计入财政赤字。特别国债具有发行机制灵活、审批流程高效、资金专款专用等优势，一般不列入财政赤字。本次特别国债全额纳入中央财政赤字，释放了更为积极的财政政策信号。二是优化央地债务负担结构。不同于2020年抗疫特别国债由央地政府共同分担还本付息，此次增发特别国债还本付息全部由中央承担，不增加地方偿债压力。

第二，金融化债引入资产管理公司和应急流动性金融工具。此前金

---

① 邱志刚、王子悦、王卓：《地方政府债务置换与新增隐性债务——基于城投债发行规模与定价的分析》，《中国工业经济》2022年第4期。

融化债侧重于协调金融机构支持债务重组、展期降息，可能增加中小银行净息差和流动性压力，未来会逐步拓宽化债参与主体和金融工具。

其一，资产管理公司参与化解融资平台债务风险，主要有两种方式。一是债务重组模式。融资平台公司、债权人与资产管理公司签订债务重组协议，由资产管理公司折价收购债权资产，通过引入产业投资人对融资平台公司不良资产和债务进行重组。按照监管要求，资产管理公司需对融资平台债务进行实质性重组，不得通过收购到期债务的方式变相提供融资。二是化债基金模式。通常由地方政府牵头，引入金融机构、地方国企和社会资本成立债务风险化解基金，为融资平台到期债务提供短期流动性支持，或用于置换融资平台高成本债务。例如，信用保障基金通过提供担保或承诺等方式，为资质较弱的融资平台公司举债给予市场化增信支持。不同于信用保障基金旨在提供短期流动性支持，债务平滑基金主要用于置换融资平台存量债务，合理降低债务成本、优化期限结构。

其二，央行设立应急流动性金融工具，为融资平台公司提供低成本、长期限资金支持。2023年11月8日，中国人民银行行长潘功胜在金融街论坛上表示，必要时，央行将对债务负担相对较重地区提供应急流动性贷款支持。此前化债主要由省级政府调动区域金融资源，规模和效果相对有限；而央行设立应急流动性金融工具，相当于从中央层面统筹协调金融资源，化债效果更为显著。借鉴普惠小微企业贷款延期支持计划和普惠小微企业信用贷款支持计划的运作模式，央行设立应急流动性金融工具支持化债有两种方式。一是通过应急流动性金融工具鼓励银行进行贷款展期，以利率互换的形式、按照展期金额的一定比例给予银行补偿和激励，帮助融资平台公司缓解短期资金周转困难和偿债压力过大的问题。二是融资平台公司提供土地资产、上市公司股权作为抵质押物，鼓励银行为融资平台公司提供低成本、长期限信贷资金，央行再通过应急流动性金融工具购买一定比例的银行贷款，但不收取所购买贷款的利息。

第十四章 防范化解地方政府债务风险

表 14—1　　　　2023 年防范化解地方政府债务风险政策汇总

时间	政策/会议	主要内容
3月7日	《党和国家机构改革方案》	中国证券监督管理委员会由国务院直属事业单位调整为国务院直属机构，强化资本市场监管职责，划入国家发展和改革委员会的企业债券发行审核职责，由中国证券监督管理委员会统一负责公司（企业）债券发行审核工作
7月3日	《私募投资基金监督管理条例》（国务院令第762号）	私募基金管理人不得以要求地方人民政府承诺回购本金等方式变相增加政府隐性债务
7月24日	中共中央政治局会议	有效防范化解地方债务风险，制定实施一揽子化债方案
8月1日	中国人民银行、国家外汇管理局2023年下半年工作会议	统筹协调金融支持地方债务风险化解工作。进一步完善金融风险监测、评估与防控体系，继续推动重点地区和机构风险处置，强化风险早期纠正，丰富防范化解系统性风险的工具和手段，牢牢守住不发生系统性金融风险的底线
8月18日	证监会有关负责人就活跃资本市场、提振投资者信心答记者问	强化城投债券风险监测预警，把公开市场债券和非标债务"防爆雷"作为重中之重，全力维护债券市场平稳运行
8月28日	《国务院关于今年以来预算执行情况的报告——2023年8月28日在第十四届全国人民代表大会常务委员会第五次会议上》	制定实施一揽子化债方案。进一步压实地方和部门责任，严格落实"省负总责，地方各级党委和政府各负其责"的要求。中央财政积极支持地方做好隐性债务风险化解工作，督促地方统筹各类资金、资产、资源和各类支持性政策措施，紧盯市县加大工作力度，妥善化解存量隐性债务，优化期限结构、降低利息负担，逐步缓释债务风险。加强跨部门联合监管，始终保持高压态势，强化定期监审评估，坚决查处新增隐性债务行为，终身问责、倒查责任，防止一边化债一边新增。稳步推进地方政府债务合并监管，推动建立统一的长效监管制度框架
9月20日	《清理拖欠企业账款专项行动方案》	解决好企业账款拖欠问题，事关企业生产经营和投资预期，事关经济持续回升向好，必须高度重视。省级政府要对本地区清欠工作负总责，抓紧解决政府拖欠企业账款问题，解开企业之间相互拖欠的"连环套"，央企、国企要带头偿还。要突出实质性清偿，加强政策支持、统筹调度和监督考核，努力做到应清尽清，着力构建长效机制
10月21日	《国务院关于金融工作情况的报告》	认真落实党中央决策部署，坚持稳字当头、稳中求进，在部委和地方两个层面建立金融支持化解地方债务风险工作小组，制定化解融资平台债务风险系列文件，引导金融机构按照市场化、法治化原则，与重点地区融资平台平等协商，依法合规、分类施策化解存量债务风险，严控融资平台增量债务，完善常态化融资平台金融债务统计监测机制，加强对重点地区、重点融资平台的风险监测

· 387 ·

续表

时间	政策/会议	主要内容
10月31日	中央金融工作会议	建立防范化解地方债务风险长效机制，建立同高质量发展相适应的政府债务管理机制，优化中央和地方政府债务结构
11月6日	《财政部关于地方政府隐性债务问责典型案例的通报》	财政部通报8起隐性债务问责典型案例
11月8日	中国人民银行行长潘功胜在金融街论坛上的讲话	一是严肃财经纪律，推动地方政府和融资平台通过盘活或出售资产等方式，筹措资源偿还债务。二是对于债务负担相对较重的地区，严格控制新增政府投资项目。三是金融管理部门出台相关政策，引导金融机构按照市场化、法治化原则，与融资平台平等协商，通过展期、借新还旧、置换等方式，分类施策化解存量债务风险、严控增量债务，并建立常态化的融资平台金融债务监测机制。必要时，中国人民银行还将对债务负担相对较重地区提供应急流动性贷款支持。四是支持地方政府通过并购重组、注入资产等方式，逐步剥离融资平台政府融资功能，转型成为不依赖政府信用、财务自主可持续的市场化企业
12月12日	中央经济工作会议	统筹化解房地产、地方债务、中小金融机构等风险，严厉打击非法金融活动，坚决守住不发生系统性风险的底线。统筹好地方债务风险化解和稳定发展，经济大省要真正挑起大梁，为稳定全国经济作出更大贡献

资料来源：根据中华人民共和国中央人民政府、中国人民银行、国家外汇管理局、证监会、财政部网站整理得到。

三 防范化解地方政府债务风险的长效机制

当前地方政府隐性债务控增化存取得积极成效，缓释债务风险的短期政策应对固然重要，但更为关键的是推动中长期体制机制改革。本节聚焦"借、用、管、还"四个环节，探索构建统筹稳增长与防风险的地方政府债务管理长效机制。

（一）优化中央和地方政府债务结构，建立权责统一的专项债发行机制

第一，保障地方政府财权事权相匹配，防止超出财力盲目举债。根据

基本公共服务受益范围、信息管理复杂程度等事权属性，明晰界定支出责任和相应的债务资金来源。对于没有收益的公益性项目，尤其是全国性和区域性的重大基础设施建设，应直接发行国债和省级政府一般债进行融资，避免地方政府或融资平台公司过度依赖期限短、成本高的隐性债务。对于有一定收益的公益性项目，发行专项债并鼓励融资平台公司承接专项债项目。对于经营性项目，由融资平台公司按照市场化原则自行融资，并通过改善经营状况、提高资产收益等方式偿债。

第二，坚决遏制隐性债务增量，健全规范的地方政府举债融资机制。在严堵"后门"方面，支持地方政府通过并购重组、注入资产等方式，逐步剥离融资平台公司政府融资功能，转型成为不依赖政府信用、财务自主可持续的市场化企业。在开好"前门"方面，坚持"谁举债、谁偿还"的原则，完善借债主体与偿债主体相统一的举债融资机制，硬化预算约束。短期内压实市县一级政府偿债责任，科学做好还款安排，防范专项债偿付风险。同时，严格地方建设项目审核，减少收益来源单一和过度依赖土地出让收入的专项债项目。从中长期看，适时允许符合条件的地区先行试点市县政府自发自还专项债，待时机成熟再逐步推广，减少省级政府对市县政府举债的信用背书和隐性担保。加快完善专项债信息披露和信用评级制度，使专项债价格真实反映项目收益和资产价值，从而形成以市场化风险定价为基准的可持续的债务积累模式。

（二）拓宽政府债务投向领域，积极扩大有效投资

第一，合理扩大专项债用作项目资本金范围，吸引民间资本参与重大项目投资建设。结合区域产业发展布局和项目经济社会效应，统筹协调专项债项目和产业化项目，谋划一批外溢性高、带动作用强的专项债项目，通过贯通上下游产业链关键环节，激发民间投资活力。进一步挖掘交通、水利、清洁能源、新型基础设施等领域市场空间大、发展潜力强、符合国家重大战略和产业政策要求的项目，拓宽专项债用作项目资本金的适用范围，鼓励民间资本积极参与专项债项目的建设运营，充分发挥专项债对扩大有效投资的撬动作用。例如，积极探索专项债用于保障性住房建设、"平急两用"公共基础设施建设、城中村改造三大工程，鼓励和吸引更多民间资本。

第二，稳妥推进融资平台公司市场化转型，支持新型城镇化建设。一是理顺融资平台公司与政府和市场的关系，引导融资平台公司以市场法人的身份与政府建立新型契约关系。例如，鼓励融资平台公司承接专项债项目或参与公募基础设施REITs项目，发挥其在基础设施建设和运营领域的业务优势。二是融资平台公司应把握政策机遇并依托区位、资源优势，兼顾主责主业和市场化经营领域，分类分步实现市场化转型。例如，近期房地产利好政策和城市更新支持政策相继出台，为融资平台公司向保障性住房建设和城市更新业务转型提供契机，参与城市基础设施与房地产的联动开发。

（三）完善专项债项目资产管理，加强隐性债务风险动态监管

第一，重视专项债项目资产管理，提高"债务—资产"转化效率。目前关于专项债项目资产具体管理主体、方式等缺乏明确和可操作的制度规范，多数专项债项目资产由项目单位（融资平台公司或地方国有企业）进行核算管理，未纳入政府会计主体核算，导致预算管理和资产管理脱节。一是将专项债项目形成的资产尽数纳入国有资产管理，提高资产运营效率。将项目资产管理登记单位、项目资产类型、对应的政府收支预算科目等信息纳入预算管理一体化的范围，做好预算管理与资产管理衔接，建立健全政府债务与项目资产相对应的管理制度。二是加强专项债资金拨付和支出管理，确保形成实物工作量。严禁通过签订补充协议预付资金、设立第三方资金账户"以拨代支"等虚增支出进度，不得将专项债资金用于融资平台公司或地方国有企业融资的资产担保、收益质押和还贷承诺等。

第二，动态识别隐性债务风险网络的结构变化，建立跨部门、跨区域、跨政策的债务风险监管协调机制。综合考虑网络节点度和中介中心度两个维度的指标，识别融资平台担保网络中核心的风险传染企业，对防范化解跨区域系统性风险具有重要意义。融资平台担保网络中的重要风险节点主要包括两类：一是担保关系复杂的融资平台，二是在担保网络中占据"桥梁"位置的融资平台。为此，应加强部门间信息共享和协同监管，从银行信贷、债券和非标融资等多个市场维度构建融资平台公司及其与金融机构之间的风险传染网络，并审慎监管银行信贷和债券发行中的无序担保行为。同时，加强金融体系内隐性债务风险和房地产风险敞口统筹监管，防范隐性债务、房地产、金融等领域风险相互溢出。结合隐性债务风险敞口、房地产风险敞口以及银行自身的系统重要性，赋以审慎监管的资产风险权重惩罚，并通过增加拨备计提等预防性措施维护金融稳定。

（四）有效盘活存量资产，财政金融政策协同处置债务风险

第一，加快编制地方政府资产负债表，提高国有资产变现能力。中国债务扩张与资产积累同步进行，编制和公布地方政府资产负债表有助于提高财政管理透明度，客观评价政府债务风险，健全政府举债市场约束机制。以国企混合所有制改革和REITs为抓手推动国有资产保值增值，对于应对债务风险、保持债务可持续性具有重要作用。一是摸清债务底数。财政、审计和金融监管部门建立沟通交流机制，明晰和统一隐性债务统计口径，防止底数不清导致债务风险指标失真。二是厘清资产家底。相比于债务统计，地方政府资产家底更不清晰。资产统计面临估值定价、账实不符方面等难题，一些政府资产存在多元管理、权属不清的问题。国有资产分别由不同部门归口管理，造成跨部门统计加总的困难。应由更高层次机构统筹协调，把地方政府的资产家底摸清。

第二，在央地政府、融资平台公司、金融机构和投资者合理分担风险的前提下，加强财政、货币、金融监管政策的协调配合，共同应对隐性债务风险。一方面，对于因中央与地方共同事权形成的隐性债务，通过发行国债予以置换。考虑到当前中央政府仍有较大的加杠杆空间，且国债利率水平较低，在严肃财经纪律和规避道德风险的前提下，通过发行国债置换地方政府隐性债务，是缓释债务风险、维护政府信用的有效策略。另一方面，金融部门制定货币政策和推进金融监管应有效配合化债政策。为配合中央发债置换隐性债务，央行通过公开市场操作从二级市场购买国债，保持市场利率水平合理稳定，避免因利率快速上升加重债务压力。针对融资平台贷款展期对银行资产质量和盈利能力的负面冲击，金融监管部门可酌情考虑对贷款风险分类出台特别指引或设置过渡期，避免金融机构信用过度收缩引发区域性甚至系统性债务风险。

（执笔人：曹婧）

第十五章

加强和完善现代金融监管

2023年10月30—31日中央金融工作会议首度召开，党中央提出坚定不移走中国特色金融发展之路，加快建设金融强国的战略目标。这为推动金融事业高质量发展提供了根本遵循和行动指南。在复杂形势下，清晰认识中国金融发展的整体状况，全面梳理中国金融体系的风险因素与安全隐患，充分认识中国金融监管体系中值得进一步优化的领域，是强化金融监管，有效防范风险，提升金融韧性，确保金融稳定与安全的基本前提。未来，要全面加强金融监管，有效防范化解金融风险，保障金融功能有效发挥，助力中国式现代化。

本章首先梳理现代金融监管的定义，结合党和国家机构调整和中央金融工作会议精神，强调新进现代金融监管的重要领域。其后，简要梳理中国金融监管体系的演进，总结中国金融风险应对取得的重要进展，并提出中国金融系统亟待进一步改革优化的重点领域。更为重要的是，本章梳理了中国新一轮金融监管改革的动向和目标。最后提出优化风险应对举措和提升现代金融监管水平的政策建议。

一 现代金融监管的内涵

党的十八大以来，中国对不断强化金融监管水平，进一步加强金融监管的法治化建设，逐渐形成了愈加成熟的现代金融监管体系。党的二十大报告指出，要"加强和完善现代金融监管，强化金融稳定保障体系，依法将各类金融活动全部纳入监管，守住不发生系统性风险底线"。[1] 中央金融工作会议更是强调，要"全面加强金融监管，有效防范化解金融风险"。[2] 中国需要构建一个与中国式现代化需求相匹配的现代金融监管体系。一般地，现代金融监管包括宏观审慎管理、微观审慎监管、保护消费权益、打击金融犯罪、维护市场稳定、处置问题机构等方面。[3]

2023年3月以来，党中央、国务院机构改革对包括金融管理部门在内的多个机构进行改革优化和职能调整，2023年10月召开首次中央金融工作会议，要求全面加强金融监管。现代金融监管的内涵得到进一步深化。结合中国金融稳定和发展机制建设的要求，加强和完善现代金融监管是一个长期系统工程，有很多任务需要完成，当前，笔者认为要着重强调以下四个方面。

（一）确保金融稳定

金融监管最重要的功能是守住不发生系统性金融风险的底线，守住全局性金融安全的红线，在公正、统一、规范的金融监管体制下，维护三个方面的金融稳定，分别为金融市场的平稳运行、金融机构的稳健运营以及金融交易的顺利进行。现代金融监管的核心之一就是要确保金融稳定，防范化解重大金融风险，保障金融安全，维护好金融机构市场、金融机构和金融交易的有效和稳定运行。为了确保金融稳定，在宏观层面需要强化宏观审慎管理，着重对顺周期效应和系统重要性等进行有效应对，强化系统重要性金融机构

---

[1] 习近平：《高举中国特色社会主义伟大旗帜　为全面建设社会主义现代化国家而团结奋斗——在中国共产党第二十次全国代表大会上的报告》，人民出版社2022年版，第29、30页。

[2] 《中央金融工作会议在北京举行　习近平李强作重要讲话　赵乐际王沪宁蔡奇丁薛祥李希出席》，《人民日报》2023年11月1日第1版。

[3] 郭树清：《加强和完善现代金融监管》，《党的二十大报告辅导读本》，人民出版社2022年版。

的监管要求，弱化不同类型金融机构的内在复杂性，确保系统稳定；在微观层面需要加强微观审慎监管，全面加强机构监管、行为监管、功能监管、穿透式监管和持续监管，提升监管有效性。更为重要的是，在中国新的金融管理框架中，宏观审慎和微观监管分属不同的部门，宏观审慎管理与微观审慎监管要更加注重统筹协调、有效融为一体，共同确保金融稳定。

（二）金融监管全覆盖

中央金融工作会议强调，要将所有金融活动纳入到监管体系之内，不管是正规金融，还是非正规金融，这本质上要求金融监管实现全覆盖。非正规金融是中国未来金融风险防控和金融监管强化的重点领域，也是强化金融消费者权益保护的核心环节。随着中国金融体系的蓬勃发展，金融在经济体系中发挥了日益重要的作用。与此同时，由于中国金融部门发展仍未成熟，甚至存在一定程度的金融抑制，金融业务具有较大的盈利空间，一些机构或个人有意或无意地涉足金融业务，且部分业务没有被纳入到监管范围之内，甚至部分机构或个人是违法违规从事实质的金融业务，形成范围较广、涉众较多的非正规金融活动。一系列尚未纳入到现有金融监管体系的非持牌金融业务，或非正规金融业务，这潜藏着重大的金融风险，特别是涉众型金融风险。现代金融监管体系要求打击金融犯罪，要强化对非正规金融的监管，切实提高金融监管有效性，依法将所有金融活动全部纳入监管，消除监管空白和盲区，严格执法、敢于亮剑，严厉打击非法金融活动。[1] 中国金融监管机构的改革和中央金融工作会议都剑指非法金融活动和非正规金融，金融监管要"长牙带刺"，坚决打击金融犯罪和非法金融活动。

（三）强化消费者保护

中央金融工作会议强调金融的政治性和人民性，这对金融消费者和投

---

[1] 朱孟楠：《推动金融高质量发展，助力金融强国建设》，《经济学家》2023年第12期。

资者权益保护提出了更高的要求。金融在传统的资金融通过程中，核心就是实现储户存款和企业贷款的信用转换、期限转换、收益转换和风险转换。在现代金融系统中，家庭或个人还可能同时扮演储蓄者、借款人和消费者等多重角色。金融系统涉及数量众多的储蓄者或其他金融消费者，金融投资者或消费者权益保护是金融监管的基础性工作。一个完善的金融监管体系必然是把金融消费者权益保护放在突出的位置。只有将金融消费者的权益保障好，资金融通中的"四个转换"才能有效持续，资源配置功能才能充分凸显。现代金融监管要以法制为基础、以透明度为突破口、以市场化惩罚机制为抓手，充分尊重金融消费者市场主体地位，有效保障金融消费者或投资者各项权益。①

（四）统筹发展与安全

长期以来，金融监管功能和金融发展功能是金融管理部门两个重大权衡职责。由于中国是一个发展中国家、追赶型经济体，将包括资金在内的要素有效集中、重点使用是办大事、办成事的重要举措，也是成功经验。在这个过程中，中国存在更为关注金融发展职能的倾向，特别是在地方层面，重发展、轻监管的现象较为突出。

近期，面临内外复杂形势下，中国强调统筹发展和安全。习近平总书记强调，"维护金融安全，是关系我国经济社会发展全局的一件带有战略性、根本性的大事"。② 牢固树立安全发展理念，牢牢守住安全发展底线，把安全发展贯穿国家发展各领域全过程，是金融发展的应有之义和必然要求，是必须长期坚持的工作。中央金融工作会议强调，"要着力推进金融高水平开放，确保国家金融和经济安全"。③ 改革开放以来，中国金融发

---

① 郑联盛：《进一步加强和完善现代金融监管》，《清华金融评论》2023年第4期。
② 《习近平关于总体国家安全观论述摘编》，中央文献出版社2018年版，第95、96页。
③ 《中央金融工作会议在北京举行 习近平李强作重要讲话 赵乐际王沪宁蔡奇丁薛祥李希出席》，《人民日报》2023年11月1日第1版。

展经历过多次重大风险考验,之所以没有发生全面的金融危机,一个重要原因就是,我们坚持预防为先、防患未然,从最坏处着眼,做最充分准备,争取最好的结果,把金融风险和安全隐患消灭在萌芽状态和早期阶段。不过,在金融系统全面贯彻安全发展理念的过程中,个别主体出现过度强调泛化安全隐患的情形,甚至将一般金融风险泛化为金融安全,这使得金融发展的职能被弱化。

统筹发展和安全,是要以高质量发展促进高水平安全,以高水平安全保障高质量发展,要实现高质量发展和高水平安全的良性互动,金融监管职能和金融发展职能也要相互统筹。不发展是最大的不安全。现代金融监管的任务之一是金融发展更加稳健、金融创新更具活力、金融服务更有质效,能更好地服务高质量发展。金融系统本身就是管理和处置风险的部门,金融经济风险无法完全消除,金融发展与金融监管是一个动态平衡和相互交织的过程。好的金融监管是一个发展友好型的政策体系,希望通过高质量发展来解决问题、缓释风险、提升能赋。发展是执政兴国的第一要务,金融需要继续发挥要素功能、中介功能和市场功能。中国现代金融监管必定要能够促进金融进一步"脱虚向实",更好促进金融体系稳健发展和金融功能高效发挥,实实在在为现代产业、科技创新、转型与绿色发展和共同富裕等提供高质量服务。即在强调安全发展,强调金融监管的过程中,要兼顾金融高质量发展,相互统筹、良性互动。

二 金融监管改革的探索与成效

金融监管是金融稳定和金融发展的基础保障。改革开放以来,中国不断探索完善金融监管体制,走出了一条符合中国国情、具有中国特色、取得重大成就的金融监管道路。金融监管是一个动态发展的过程,需要与金融发展、经济社会发展相匹配。当前,中国式现代化是最大的政治,金融监管和金融发展要致力于锻长板、补短板,优化供求匹配,强化稳定保障，提升服务功能，扎实推进中国式现代化。

(一) 中国金融监管体系的演变与改革

改革开放以来，中国逐步建立了社会主义市场经济体制，现代化金融体系蓬勃发展。与此同时，中国金融监管体系不断完善。回顾历史，中国金融监管体系主要经历了四个阶段的演变与变革，金融监管框架不断完善，监管效力持续提升，对金融高质量发展的保障功能不断夯实。

第一阶段，改革开放初期至1992年的"一元"格局时期。1983年中国人民银行正式成为监管当局，完全摆脱具体银行业务，专门行使中央银行职能，中国正式建立中央银行体制，形成银行业、信托业、证券业"一元"监管格局，开启中国金融混业监管时期。

第二阶段，1992—2003年的"一行两会"格局时期。证监会和保监会分别于1992年、1998年相继成立，分别负责对证券业、保险业的监管，"一行两会"格局形成，金融监管体系由统一走向分立。

第三阶段，2003—2017年的"一行三会"监管格局时期。2003年中国银行业监督管理委员会成立，专职负责对银行业进行金融监管，与中国人民银行、中国证券监督委员会和中国保险监督委员会一起，形成中国金融监管体系的"一行三会"格局。此外，对于中央和地方金融监管职权的划分来说，金融业的监管主要集中在中央政府，地方政府则通过设立金融办的形式，协助参与金融监管。

第四阶段，2017年至今的调整优化时期。2017年11月设立国务院金融稳定发展委员会，负责加强金融监管协调、补齐监管短板。2018年中国银行业监督管理委员会和中国保险监督管理委员会合并成为中国银行保险监督管理委员会，负责统一监管中国的银行业和保险业。两次改革使中国金融监管形成了"一委一行两会"的架构。在中央地方监管协调方面，地方金融监管局通过国务院或银保监会等部门的委托授权，对地方小贷公司、融担公司、融资租赁公司等七类金融机构和辖内投资公司、农民专业合作社、社会众筹机构、地方各类交易所（所谓"7+4"类机构）实施监管。2023年3月党中央、国务院机构改革进一步优化金融监管架构，设立中央金融委员会强化党中央对金融工作的集中统一领导，设立中央金融工委加强金融系统党建的领导，同时金融管理部门进行了机构和职责的调整和优化。

（二）防范化解金融风险取得重要成效

加大金融支持实体经济的服务功能。在党中央的坚强领导下，原国务院金融稳定发展委员会统筹协调各项经济政策，增强监管协调的权威性和有效性，着重强调金融服务实体经济功能。中国人民银行通过总量性和结构性货币政策，保持流动性合理充裕，巩固实际贷款利率下降成果，加大对重点领域和薄弱环节支持力度。原中国银保监会出台多项政策举措，不断优化行业监管举措，确保机构、行业和市场稳定，切实推动银行保险机构提升服务实体经济质效，加强薄弱环节金融服务，强化产业转型升级的金融支持。2017年以来，金融系统较为有效地支持稳定宏观经济大盘和经济高质量发展。

稳妥有序推进风险处置。第一，不断推进高风险中小金融机构处置工作。2017年以来，金融监管机构共对600多家高风险中小金融机构进行了风险处置和改革重组，包括对若干不法金融集团风险的稳妥化解，如"明天系"、"安邦系"、"华信系"、海航集团、华融公司等，使得高风险金融机构的数量明显减少，金融风险程度大幅降低。推进不良资产认定和处置。2018年至2023年上半年，中国不良贷款余额持续增长，不良贷款率先增后减。根据国家金融监督管理总局数据，截至2023年上半年，中国商业银行不良贷款余额为3.20万亿元，商业银行不良贷款率为1.62%，不良贷款率为近五年来最低。不良贷款悉数认定与有效处置为银行业稳定发展提供了重要的支撑。

清理整顿金融秩序。第一，治理影子银行风险。影子银行风险持续收敛，根据中国人民银行《中国金融稳定报告（2023）》，2022年资管行业整体发展健康平稳，直接加总的资产总规模保持在90万亿元以上，年末资管产品净值化比例达到88.2%，较2018年年末提高41%。资管产品平均负债杠杆率等主要风险指标和流动性指标持续改善，资管行业整体抗风险能力不断提升。在影子银行的治理过程中，银行与非银行金融机构之间的债务债权关系弱化，内在复杂性降低，比如，2018—2020年银行对其他金融机构的债权是减少的（见图15—1）。第二，整改第三方互联网平台存款业务。互联网金融风险专项整治成功完成，2021年11月约5000家P2P在线借贷机构全部关闭，不合法合规的互联网金融机构清退，依法将互联网平台金融业务全面纳入监管。

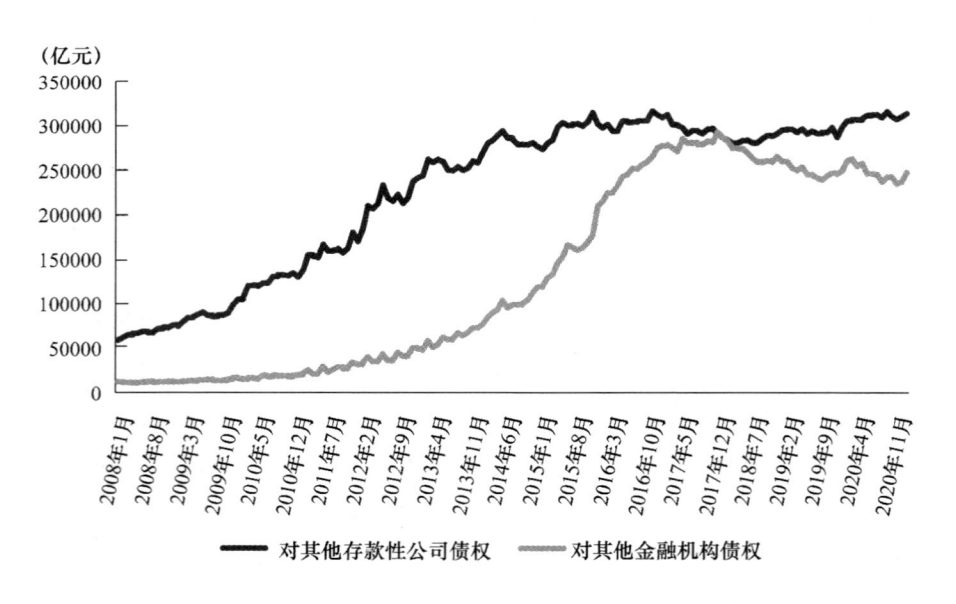

图15—1　银行之间和银行与非银行之间的债权规模

资料来源：Wind。

保持房地产市场稳健运行。出台了支持房地产平稳健康发展的16条措施，使金融机构支持非营利企业合理融资需求，维护房地产市场平稳有序运行。建立新发放首套房贷利率政策动态调整机制，推动个人住房贷款利率下行，更好满足刚性和改善性住房需求。其后，又将个人住房贷款利率下调覆盖至存量住房抵押贷款，进一步缓释居民的偿付压力。2023年下半年以来，金融部门又着力提升对房地产开发商的服务功能，通过多种举措为开发商和房地产行业提供资金和金融服务支持，改善了房地产市场风险应对的金融环境。2023年下半年，虽然房地产投资仍然为负，但没有继续明显下行（见图15—2）。

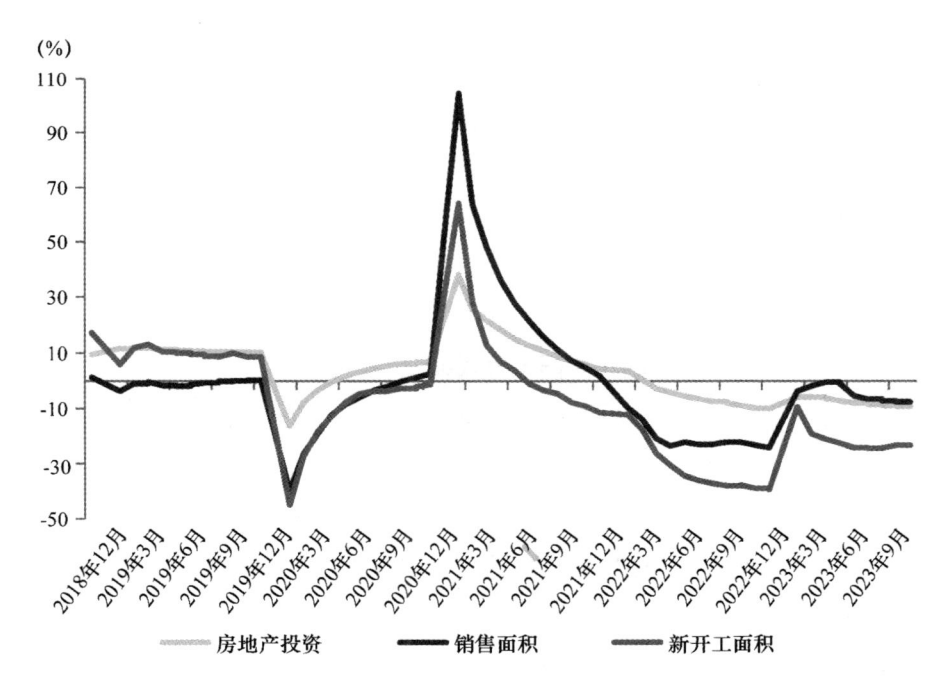

图15—2 房地产投资、销售面积和新开工面积增速走势

资料来源：Wind。

有效应对外部冲击风险。第一，在当前发达经济体通胀持续攀升的情况下，中国保持物价稳定，六年来CPI的年平均涨幅为2.1%，没有发生大幅度通货膨胀现象。第二，在国际金融市场大幅动荡的情况下，人民币

汇率保持稳定。2018年以来，人民币汇率经受住了重大外部冲击，弹性明显增强，发挥了调节宏观经济和国际收支自动稳定器作用，保持了在合理均衡水平上的基本稳定，外汇市场供求基本平衡。

金融稳定保障体系建设取得积极进展。为健全中国的金融安全网，增强中国应对重大金融风险的能力水平，2022年4月6日，《中华人民共和国金融稳定法（草案）》经全国人大常委会审议并公开征求意见，明确设立金融稳定保障基金，作为国家重大金融风险处置后备资金。为了进一步加强中国的金融安全网，金融稳定保障基金和现有的存款保险基金以及行业保证基金将联动运营。目前，金融稳定保障基金的基本框架已经建立，并积累了一定的资金。2023年金融监管体系改革调整后，在中国金融发展与稳定机制不断完善过程中，包括《中华人民共和国金融稳定法》在内的多项法律法规将进一步优化完善，为中国金融稳定提供更为扎实的法制基础。

（三）金融系统亟待优化的重要领域

中国金融系统的发展取得了重要的成就，为全面建成小康社会做出了重要的贡献，也将为全面建设社会主义现代化强国做出更大的贡献。当然，金融系统要发挥更大的功能，需要直面问题或短板，寻求高质量发展道路。中央金融工作会议明确指出，"要清醒看到，金融领域各种矛盾和问题相互交织、相互影响，有的还很突出"。[1] 目前金融领域还存在一些问题，亟待进行有效应对和妥善处置，同时要立足长远、着眼全局，构建金融高质量发展长效机制。当前，中国金融系统亟待优化的领域主要体现在以下四个方面。

经济金融风险隐患仍然较多。总体的，中国经济金融体系保持稳健发

---

[1] 《中央金融工作会议在北京举行 习近平李强作重要讲话 赵乐际王沪宁蔡奇丁薛祥李希出席》，《人民日报》2023年11月1日第1版。

展态势，稳中有进、长期向好。当然，由于内外风险因素叠加，特别是金融风险暴露滞后性，中国金融系统风险频发、多发的态势将延续一段时间。一方面，系统性金融风险防控压力仍然较大，特别是宏观杠杆率高企代表经济体系潜藏较为显著的脆弱性，这给金融系统带来较为凸显的顺周期效应。另一方面，中小金融机构、地方债务、房地产市场、跨区域、跨市场、跨境传递共振等重点领域的风险形势仍然较为严峻。

金融服务实体经济的质效不高。中国金融系统回归本源，服务实体经济的功能不断加强，服务质效也有所提升。但是，中国金融系统服务实体经济仍有一些值得改进之处。一是金融机构同质化竞争依然存在，未能形成多层次金融服务体系，国有大行、股份行、城商行和农商行等在多个领域进行同质化竞争。二是金融服务覆盖面不足，部分薄弱领域缺乏有效的金融服务供给，比如，即使在国有大行业务下沉过程中，小微企业融资可得性仍有较大的改进空间。三是金融机构对金融产品服务、业务经营模式等创新力度不够，中小金融机构本地化、差异化和特色化经营有待进一步加强。四是金融部门服务创新驱动发展战略的能力和水平亟待提高，以银行系统为主导的信贷供给和创新驱动所需的长期资本需求错配是中国金融服务体系中的重大结构问题，亟待在新发展阶段中有效改进。

金融乱象和腐败问题屡禁不止。一方面，鱼龙混杂的互联网金融领域暴露出各种问题，传统金融行业中一些金融产品创新过度脱离实体，影子业务、各类嵌套、邮币卡骗局、虚拟货币、场外市场打着现货旗号做期货等违法违规现象时有发生。另一方面，金融腐败现象形式多样，包括金融机构工作人员甚至监管部门工作人员利用职务便利以权谋私、利用核心机密换取"腐败收益"和参与洗钱等金融犯罪违法活动，不仅破坏经济活动的公平公正原则，破坏市场经济的有序竞争，也扰乱金融机构和管理部门的正常运行，损害金融系统的声誉，甚至造成重大风险损失，威胁金融体系稳定。

金融监管和治理能力薄弱。一方面，金融监管体制机制的顶层设计有待进一步完善，主要监管部门之间的监管协同需进一步加强，中央金融监管部门指导地方金融监管的力度要进一步加大。另一方面，部分金融监管人员的专业知识、治理能力和水平较难适应全面加强金融监管的需要以及金融创新风险管理的要求。落实全面从严治党"两个责任"有差距，受到内部和外部的"再监管"不够有力，一些重要岗位和关键环节存在廉洁风险，系统中利用监管权谋私问题不少，"四风"问题禁而未绝。

三 新一轮金融监管改革动向

2023年中国金融监管领域最重要的变化就是开启了新一轮金融监管改革。2023年3月，党中央、国务院印发了《党和国家机构改革方案》。本次机构改革调整中，金融管理机构的改革是重点，而金融工作领导机制、金融监管体制、机构和职能调整是重中之重，这是自2003年以来中国金融监管体制最重大的一次变革。改革后，中国金融监管将"一委一行两会"变为"一委一行一局一会"（中央金融委员会领导下的中国人民银行、国家金融监督管理总局、证监会）的监管模式，其核心要义在于强化党对金融工作的领导，全面加强机构监管、行为监管、功能监管、穿透式监管、持续监管，意味着未来中国金融业监管将从分业监管转向以包括机构监管、功能监管、行为监管等为重点的准统一监管格局。

（一）监管改革着力于服务中国式现代化

全面加强金融监管，有效防范金融风险，是金融高质量发展的基础保障。本次金融监管改革着力于适应中国金融发展的现实需要，着力于加强党中央对金融工作的集中统一领导，着力于防范化解系统性金融风险，着力于切实保护金融消费者权益，构建与中国式现代化相适应的现代金融监管体系。

第一，"一委一行两会"的金融监管架构难以适应现阶段的金融发展形势。前文所述,"一委一行两会"的金融监管架构虽有成效,但金融领域仍存在诸多待解决问题。"一委一行两会"的金融监管架构在解决目前金融领域的问题上存在滞后性。本次金融监管改革,是顺应金融发展趋势的主动求变,既尊重了金融发展的内在规律,又紧密地与中国金融结构的具体实践相结合,是金融监管方面的"守正创新"。

第二,进一步加强党中央对金融工作的集中统一领导,有效防范系统性金融风险。当前,中国面临的内外部经济金融环境日趋复杂,防范、化解重大金融风险及维护金融稳定面临严峻挑战,迫切需要党进一步坚强领导。组建中央金融委员会是此次中国金融监管体制最重要的举措,其目的就是加强党中央对金融工作的集中统一领导。[1] 本次金融监管改革在金融领域加强了党的领导,凸显了党领导金融工作的迫切性和重要性,有利于在全党和全国范围内加强金融监管的党性和政治性,进一步构建现代金融体系,有效防范系统性金融风险。

第三,为切实保护金融消费者权益。在现代金融体系中,家庭或个人可能同时拥有多重身份,既是储蓄者,又是借款人或消费者,多样的金融角色使得其面临金融风险的可能性大大提升。目前金融消费领域中的矛盾依然突出,消费者投诉情况较多,强化金融消费者保护尤为迫切。此外,强化消费者保护也是金融监管落实以人民为中心的发展思想、践行"金融为民"理念最重要的体现。本次金融监管改革,认真奉行金融消费者权益保护的原则,把金融消费者权益保护放在突出位置,切实维护好、保障好、发展好广大金融消费者的合法权益,只有这样才能进一步实现金融体系中的信用转换、期限转换、收益转换和风险转换,提高金融配置资源的效率。本次金融监管新组建的国家金融监管总局,其重要职责之一便是"统筹负责金融消费者权益保护"。

第四,为实现中国式现代化提供强大助力。本次金融监管改革是中国

---

[1] 郑联盛:《金融稳定和发展体制改革的新要求》,《中国外汇》2023 年第 7 期。

式现代化进程中的重要举措，有利于坚持党在金融领域的领导、扩大金融服务的覆盖面、以金融安全稳定守护物质文明，着力推动金融服务高质量发展，助力推进中国式现代化。

（二）监管改革核心在于完善监管机制

组建国家金融监督管理总局。撤销中国银行保险监督管理委员会，组建国家金融监督管理总局，主要负责证券行业之外的金融业监管。同时，国家金融监督管理总局还负有监管金融集团、保护金融消费者合法权益、保护投资者合法权益等职责，更加突出了统一监管的重要性。新模式下，过去金融监管职能和金融发展职能权衡中更加注重金融发展职能的情况将得到改变，金融监管职能将更为凸显。同时，中国人民银行剥离了监管职能和消费者保护职责，更加有利于其专注货币政策与宏观审慎监管，进一步完善现代中央银行体系。

推进中国人民银行分支机构改革。撤销中国人民银行主要分行、分支机构业务管理部门、总行直属业务管理部门、省会支行和县（市）支行。在31个省（自治区、直辖市）设立省级分行，在深圳、大连、宁波、青岛、厦门设立计划单列市分行。对于地方金融监管，建立以中央金融管理部门地方派出机构为主的地方金融监管体制，合理划分中央和地方金融监管的职权，并加强央地金融监管的协调与合作。

中国证券监督管理委员会调整为国务院直属机构。中国证券监督管理委员会地位的提高，强化了其对于资本市场监管的职责，提高了资本市场的地位，着力于促进资本市场更好地服务科技自立自强和创新驱动发展战略，进一步凸显资本市场服务实体经济的重要作用。其中，国家发展和改革委员会的企业债券发行审核职责划入中国证监会，提高公司债券（企业债券）发行审核统一化水平。

深化地方金融监管体制改革。非法金融活动在基层出现的情况较为普遍，而基层金融监管力量却相对薄弱。此次机构改革方案提出，建立以中央金融管理部门地方派出机构为主的地方金融监管体制，统筹中央和地方的金融监管工作，进一步合理划分中央和地方金融监管的职权，并加强央地金融监管的协调与合作。这意味着，地方金融监管机构将在中央统一领导下专注地方金融监管，有效增强基层金融监管能力，提高地方金融监管水平，使地方金融监管的效能得到充分发挥。

完善国有金融资本管理体制。将市场经营类机构从中央金融管理部门中分离出来，并将相关国有金融资产纳入国有金融资本受托管理机构，由其统一履行出资人职责。加强对金融管理部门的统一规范管理，相关金融监管部门的工作人员，统一划分为国家公务员，严格执行中国关于国家公务员的待遇标准，严禁将市场规则运用于国家公务员的工资待遇中。

（三）监管改革要确保守住不发生系统性风险底线

金融系统是从事风险管理的部门，金融因风险而生，金融活动时刻伴随金融风险的演进传递，风险总量和结构在时间和空间上进行动态分布，有效防范化解金融风险是金融工作的永恒主题。在内外经济金融形势日益复杂的条件下，如何更加有效防范金融风险，坚决守住不发生系统性金融风险的底线，是未来中国金融监管体系的核心任务。

在系统性金融风险防控方面，要着重考虑经济周期下行、金融系统自身风险累积以及外部政策外溢或风险冲击潜在的系统性威胁。金融体系具有顺周期性，且在经济下行周期中，其紧缩性的顺周期效应更加凸显，伴随坏账率大幅提升、资产价格大幅下跌、市场出现大量违约等风险，最为严重的可能引发高杠杆的悬崖效应。即经济下行是金融稳定的最大内在威胁。在金融系统自身风险中，由于金融创新等发展，金融业务呈现日益复杂化的趋势，这本质就是不同金融市场、行业和机构之间的资产负债表关联性在复杂化，当出现一些特定或偶然的风险冲击时，金融系统可能因资产负债表关联或其他冲击而陷入重大风险。在外部风险方面，由于主要发达经济体宏观经济政策特别是货币政策具有外溢性，大幅加息或央行资产负债表操作可能引发货币、债务和资产价格等波动加剧，甚至潜藏重大威胁。

在经济增速放缓、利率下行、需求不足的宏观经济条件下，资金在各大金融市场和金融体系间游走，建立起错综复杂的风险传播网，进一步加剧了风险爆发与传染的可能性，极易引发金融体系整体不稳定或爆发系统性金融风险。当前，尤其需要关注以下四条风险传染路径及其对系统性金融风险演进的影响。

第一，地方融资平台与金融机构间风险交织的问题突出。此前，地方金融机构除了通过传统信贷支持，还通过"非标"等融资产品以及购买平台债为平台公司提供资金。"非标"产品易使银行"多头授信"，从而产生共债风险。当地方融资平台成为"链接"不同金融机构资产负债关联的核心节点时，一旦地方融资平台出现债务恶化，相关风险会逐步向金融机构体系蔓延，造成财政问题金融化的共振现象，甚至引发区域性风险。

第二，房地产金融风险向金融体系传导。受房地产调控以及融资收紧等政策影响，较大部分大中型房企因长期杠杆经营进而爆发重大金融风险特别是流动性风险。流动性危机使房地产市场出现重大的风险及显著的传染效应，房企债券信用利差迅速扩大、房企股票大幅震动、评级机构调低信用评级，多家房地产企业遭遇生存危机。不仅如此，长期以来，房地产企业虚高偿债能力，通过大量发行商票的形式，将债务风险转移给了产业链上游。大量供应商流动性的恶化，将通过资产负债表渠道向金融体系传导，使得银行的信贷质量急剧下滑。一旦各种危机形成叠合冲击，引发系统性金融风险的概率将极大提高。

第三，资产抛售引发大面积踩踏和估值下调。此前债券市场的大幅波动影响到资管产品的估值，使得部分产品净值为负，引发投资赎回操作。为了应对投资者赎回等筹措资金，债券投资机构必须增加市场卖盘，这使得债券价格大幅下跌、债券收益率被迫大幅抬升，资产管理产品净值进一步走跌，市场进入赎回潮导致的螺旋式负反馈中。资产管理市场的这种负反馈效应所隐藏的流动性风险和其他金融风险值得警惕。

第四，跨境风险传染显著。当前，中国与世界经济互动程度也在逐步加深，但与此同时，中国经济受到的外溢效应也更加明显。一是地缘政治冲突给全球大宗商品市场带来冲击。俄乌冲突及随后美欧国家针对俄罗斯的经济制裁手段，造成了以原油为代表的原材料价格的飙升，引发全球输入性通货膨胀。二是美联储加息对人民币汇率、股票与债券等资产价格以及风险偏好等形成了显著的外溢冲击。三是美元汇率波动不仅影响着国际贸易支付，造成贸易体系震荡，且一定程度上引导着跨境资本流动，对国内金融市场产生实质影响。当前，美国货币政策具有显著的外溢效应，美国的高利率和强美元都能使得人民币资产面临较为显著的贬值压力，美国10年期国债收益率可能在较长时间内维持在4%以上（见图15—3）。

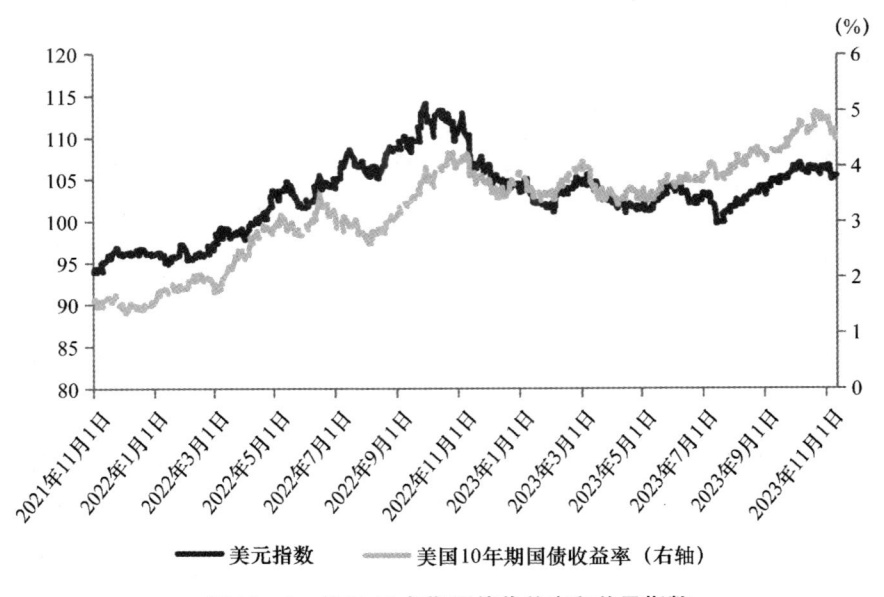

图15—3　美国10年期国债收益率和美元指数

资料来源：Wind。

（四）监管改革致力于提高监管有效性

本次国家金融监管机构改革，及时对中国金融监管现实问题或值得改进之处作出了针对性安排，通过金融监管体系的改革和优化，突出了功能监管以及完善金融监管统筹协调之需求，是持续深化金融体系改革的体现，也是守住不发生系统性风险底线的必然要求。具体来看，本轮金融监管体制改革将产生以下积极成效。

一是有利于统筹监管日益交叉混业的金融业，进一步提高金融监管水平，增强金融监管能力。通过对各金融监管机构职责的清晰划分，有利于各监管机构各司其职，在维护金融市场平稳有效运行的同时，将之前未被纳入监管的金融领域纳入监管，扩大金融监管的覆盖面。此外，在合理统筹协调中央与地方政府的监管职责方面做出重大调整，有利于在统一大市场的背景下，在党中央对金融工作的统一领导下，有效提升地方金融监管的效能。

二是进一步强化金融服务实体经济的功能。金融系统将切实加强对重大战略、重点领域和薄弱环节的优质金融服务。优化资金供给结构，把更多金融资源用于促进科技创新、先进制造、绿色发展和中小微企业，大力支持实施创新驱动发展战略、区域协调发展战略，确保国家粮食和能源安全等。做好科技金融、绿色金融、普惠金融、养老金融、数字金融五篇大文章。要着力打造现代金融机构和市场体系，疏通资金进入实体经济的渠道。①

三是有利于完善现代中央银行制度。随着金融控股公司监管和消费者行为保护职能划转给国家金融监督管理总局，中国人民银行将更加注重现代中央银行制度建设，着力于现代货币政策框架、金融基础设施服务体

---

① 王国刚、史建平、胡滨等：《加快建设金融强国专家笔谈》，《农村金融研究》2023年第11期。

系、宏观审慎政策框架（系统性金融风险防控体系）和国际金融协调合作治理机制的改革与建设。

四是增强对金融消费者和投资者的权益保护。消费券权益保护统一归口至国家金融监督管理总局，更加有利于维护金融消费者的合法权益。比如，通过强化金融投资者权益保护，有助于推动中国财富管理行业规范运行，促进财富管理市场蓬勃发展。

五是提高金融监管的效能。金融监管改革是一个系统工程，本轮党和国家机构改革和职能调整目标在于通过完善金融工作领导机制、调整金融监管组织架构、完善金融监管职能，以提高金融监管有效性。特别是强化金融监管的中央事权以及垂直管理，将风险管理关口下移，有利于提升金融风险管控质效和更好地保护金融消费者和投资者。

四　对策建议

金融是现代经济的血液，金融活，经济活；金融稳，经济稳。确保金融体系平稳有序，有效发挥资源配置功能，以更高绩效服务高质量发展，扎实推进中国式现代化是现代金融监管的核心目标。未来，在加强和完善现代金融监管中，有两个核心任务：一是全面加强金融监管，提高金融监管治理能力和水平；二是有效防范化解金融风险，牢牢守住不发生系统性金融风险底线。

（一）全面加强现代金融监管

依法将所有金融活动全部纳入监管。监管部门要坚持市场化、法治化原则，要对各类违法违规行为实行"零容忍"，所有金融活动必须全面纳入监管，所有金融业务必须持牌经营，实现机构、业务和风险监管全覆盖，扭转重发展、弱监管和风险击鼓传花、捂盖子的积弊，消除监管空白和盲区。对于持牌金融机构，要着重防范有照违章；对于非正规金融活动，要着重防范无证驾驶。

强化"五大监管"。一是机构监管。机构监管指的是按照不同机构来划分监管对象，分别由不同的金融监管部门对不同的金融活动进行监管。强化机构监管，有利于避免不必要的重复监管，减少监管资源的浪费，降低监管成本，从而在一定程度上可以提高监管功效。此外，机构监管还有助于进一步避免各金融机构之间的风险传导，维护金融安全。二是行为监管。行为监管指的是政府通过特定的机构，对金融交易行为主体进行的某种限制或规定，是关于金融产品交易者以及市场交易方面的政府规制。行为监管与审慎监管相对应，更强调对违法违纪行为的检查、处罚，保护好金融消费者权益。强化行为监管可以更好发挥监管问责的作用，对违法乱纪的责任人进行严肃追责，树立金融监管威信，在金融监管领域正风肃气。三是功能监管。功能监管指根据金融产品的性质及金融体系的基本功能设计金融监管方式和方法，以商业行为来判断监管边界。与机构监管相比，强化功能监管可以做到金融监管标准的公正统一，进一步提高金融监管的公平性，减少套利行为。四是穿透式监管。穿透式监管的含义是监督金融市场中的所有参与者，包括金融机构、市场参与者和投资者，穿透金融市场的各个层面，以确保市场的公平、透明和合规运作。"穿透式监管"可以分为两大类：第一类是对投资者的"穿透"，即在由监管失效造成多层嵌套的情况下，穿透识别最终投资者是否为"合格投资者"；第二类是对产品的"穿透"，即从监管比例、投资范围、风险计提等角度穿透识别最终投资标的资产是否合格。最终穿透式监管可以同时穿透上下两个方向进行监管，向上穿透核查投资者，向下穿透核查投资标的，即底层资产。强化穿透式监管，可以深入了解市场的各个方面，进一步识别潜在的风险和不当行为，并采取相应措施来维护市场秩序和保护投资者利益，有助于提高市场的透明度、稳定性和安全性。五是持续监管。持续监管强调监管在时间上的连续性，指的是对金融市场和金融机构的动态变化和发展趋势，如对金融产品发展和金融风险变化等进行持续性监管，目的在于保证金融市场的连续性和稳定性。强化持续监管，要注意两个方面：要加强金融监管政策的稳定性，在政策实施上保持金融监管的持续性；要注重金融监管行为的连续性，向金融机构和金融市场等传递明确的政策和监管预期，从而进一步提高金融监管的成效。

提升金融监管能力和水平。一是及时适调监管理念，改进监管方法，充分运用科技监管手段，加强监管队伍专业性建设。二是提高监管查处威慑力，依法强化机构和人员"双罚"，健全处罚信息公示、联合惩戒、市场准入等惩罚机制。三是要匹配更多的金融监管资源和投入，确保金融管理部门和金融监管人员具有组织、政策、资源等保障，同时具有权责对等的激励机制。

加强中央和地方监管协同。一是建立以中央金融监管部门派出机构为主的地方金融监管体制。地方政府要在坚持金融管理主要是中央事权的前提下，在党中央对金融监管工作统一领导的原则下，加强对本地区金融活动的有效监管。地方金融监管权是中央金融监管事权在地方的延伸，即"中央委托事权"，是国家权力。一方面，要加强中央对地方金融监管工作的有效指导，实现地方金融监管行为与中央金融监管行为的协调统一，在完善相应指导机制的同时，也要做到常态化指导。另一方面，要加强中央对地方金融监管工作的必要协助，通过地方金融机构间接参与地方金融监管活动，进一步加强党中央对金融监管的统一领导。二是调整优化地方金融监管布局。在地方设立中央金融监管部门的派出机构，并增强其与地方政府间的协调配合，根据实地情况，因地制宜优化地方金融监管格局。三是央地金融监管协作。一方面，加强中央金融监管机构与地方金融监管机构的协作，建立信息共享机制，通过中央金融监管机构的业务指导和必要协助，增强金融监管行为的协调性，提高地方金融有效监管的水平和能力，并强化对地方金融监管的监督与问责。另一方面，各地金融监管部门之间也要互相合作，消除金融监管壁垒，互通有无，利用部门协调机制和区域协调机制，进一步完善地方金融监管体系，有效加强现代金融监管。

强化监管权责对等。一是健全监督问责机制。制定更加全面、系统的问责制度，树立起违规追究、违法查处的警戒线，严格落实"上追两级""双线问责"监管要求，不仅要处理事件直接责任人和不严格执行规章制度的其他相关人员，还要严格追究高管人员失职责任，也要对履职不到位、监督检查不到位的合规部门和人员进行问责。在金融业务必须持牌经营、监管全覆盖的原则下，如果由于监管缺失导致的金融风险，监管部门应承担相应的责任，这样才有可能改变监管不作为的问题。进一步理清监管机构与被监管机构的关系，尽量在行政、人事、利益等方面做好分离，监管机构在规范监管的基础上，为市场营造公平市场环境，切实保护金融消费者和投资者的合法权益。二是赋予金融管理部门充分的监管权力和监管资源，以权责对等的原则来优化金融监管体系建设。强化依法行政，依法监管，依法依规追责，避免监督问责过度泛化，要积极营造有利于金融监管有效实施的良好环境，特别是在落实党中央决策部署和重大风险应对处置中，要强化法治原则、权责对等和市场规律，敢于为担当者担当、为负责者负责、为干事者撑腰，进一步提升金融监管有效性。

（二）有效防范化解金融风险

建立防范化解地方债务风险长效机制。一是建立同高质量发展相适应的政府债务管理机制，优化中央和地方政府债务结构，在债务管理方面完善中央及地方事权责任，探索形成央地协调、不同部门分工合作的监管新框架。二是在年度赤字分配中继续适度向中央倾斜、提高国债占比，在中央转移支付体系中加大向基层政府、高负债省份等财政缺口较大的地方政府的倾斜力度。三是推动建立统一的长效监管制度框架。推进地方政府隐性债务和法定债务合并监管，提高财政信息透明度，规范债务行为，逐步将债务监管、金融监管、部门预算监管、地方财政运行监控、财会监督相统一，避免债务风险指标失真以及部分地方政府在两类债务间利用套利空间。对于高负债省份要建立风险共担机制，避免出现道德风险。

第十五章 加强和完善现代金融监管

促进金融与房地产良性循环。一是健全完善主体监管和资金监管，针对重要性较强的头部房企以及风险较高的房企加强业务活动以及资金流方面的监测与管理，对预售资金被挪用的监管力度或也将持续加强。二是优化宏观审慎管理制度，如三道红线、房地产贷款集中度等，适度减少房企融资方面的严格限制。三是进一步满足房企合理融资需求和居民购房需求，一视同仁满足不同所有制房地产企业合理融资需求，加快"三大工程"建设，构建房地产发展新模式。

及时处置中小金融机构风险。一是有序推进中小金融机构改革化险，对出现流动性风险但资可抵债的机构，尽量安排其自救；对于不具备拯救价值，重组或重整完成后仍不符合设立条件的，有序实施市场退出。二是拓展中小银行资本金补充渠道，例如通过适度放松上市银行融资约束（如估值约束）、设立服务再融资相关的特殊目的机构（SPV）、引入战略性投资者、发行专项债等方式建立起长效资本补充机制。三是加强公司治理，优化中小银行股权结构，探索推行"中小银行股东加重责任"，即突破股东在股本限额内承担有限责任的原则，要求银行主要股东承担超过股本限额的非有限责任。

防范风险跨区域、跨市场、跨境传染共振。一是建立区域金融风险防控部门协调体系，重点预防企业部门沿产业链、供应量向其他部门风险传染，重视金融部门资产恶化在引发跨区域连锁反应的中枢地位，避免单一部门的金融风险引发系统性金融风险。二是引导稳定金融市场行为和预期，根据市场形势及时采取措施，防范股票市场、债券市场、外汇市场风险传染，保障金融市场稳健运行。三是要重视国际金融市场体系中重要资产、重大货币和关键金融政策变化引发的国际性连锁反应，提高对风险的研究和判断能力，完善现用的风险识别机制并改进防范体系，并有针对性地做出预警和预案。

总而言之，中央金融工作会议提出了加快建设金融强国的战略目标，提出坚定不移走中国特色金融发展之路，为未来金融高质量发展提供了根本遵循和行动指南。加强党中央对金融工作的集中统一领导，是做好金融工作的根本保证。未来要着重强化党对金融监管体系建设和金融风险防范化解等工作的领导。由于经济和金融的共生共荣关系，中国金融部门要着力于更好地服务实体经济，扎实推进中国式现代化。与此同时，要通过完善金融稳定和发展机制，加强和完善现代金融监管，全面强化机构监管、行为监管、功能监管、穿透式监管、持续监管，提高监管范式的科学性、监管工具的有效性和金融实施的协调性。稳定大局、统筹协调、分类施策、精准拆弹，着力把控经济金融风险重要环节，牢牢守住不发生系统性金融风险底线。最后，要着力金融高水平开放，提升国内金融体系与国际金融体系的利益关联和市场互动质效。以高水平开放促进高质量发展，以高质量发展促进高水平安全，以高水平安全保障高质量发展。

（执笔人：王瑶、李俊成、郑联盛）

第十六章

加强党对金融工作的全面领导

党的十八大以来，以习近平同志为核心的党中央把马克思主义金融理论同当代中国具体实际相结合、同中华优秀传统文化相结合，积极探索新时代金融发展规律，不断加深对中国特色社会主义金融本质的认识，不断推进金融实践创新、理论创新、制度创新，积累了宝贵经验，逐步走出一条中国特色金融发展之路。习近平总书记曾指出："一定要认清，中国最大的国情就是中国共产党的领导。什么是中国特色？这就是中国特色。"[①]2023年中央金融工作会议系统阐述了中国特色金融发展之路的本质特征，提到"八个坚持"的第一条就是"坚持党中央对金融工作的集中统一领导"。坚持党中央对金融工作的集中统一领导，把党领导经济工作的制度优势转化为治理效能，是中国金融事业发展的成功经验，也是新时代做好金融工作的根本保证。

加强党对金融工作的全面领导是时代所需、使命所系、人民所盼。本章按照为什么要加强党对金融工作的全面领导、如何加强党对金融工作的全面领导的逻辑思路展开，主要分两个板块进行研究阐释：一是集中论述了加强党对金融工作全面领导的依据；二是重点分析了加强党中央对金融工作的集中统一领导的路径。

[①] 《习近平著作选读》（第一卷），人民出版社2023年版，第190页。

一　加强党对金融工作全面领导的依据

加强党对金融工作的全面领导，具有理论依据、文化依据、历史依据和现实依据，符合马克思主义金融理论的内在要求，契合中华优秀传统文化的历史基因，既是中国共产党历史的经验总结，也是做好中国金融工作的重要保证。

（一）马克思主义金融理论的内在要求

马克思、恩格斯基于劳动价值论、剩余价值论等重要学说构建了包括货币、信用、银行、资本等范畴的金融理论，深刻揭示了金融的本质、运行规律和发展特点。[1] 金融是基于商品生产和市场交换的一种经济活动，金融资本通过信贷、股票、债券等方式，控制和调节着商品生产、分配和流通等环节。金融活动贯穿于整个经济体系的运行之中，影响着个人的生活、社会的稳定和国家的发展。马克思、恩格斯没有关于无产阶级政党领导金融活动和社会主义国家管理资本市场的直接论述。但是，作为无产阶级政党的创始人，马克思、恩格斯多次强调坚持无产阶级政党领导的重要性；作为马克思主义金融理论的奠基者，马克思、恩格斯对资本主义经济活动过程中货币、资本的本质和运行规律以及信用和虚拟资本的性质和作用等都有系统的阐发。因此，马克思主义金融理论为理解金融资本的本质和风险提供了重要视角，在此基础上为加强党对金融工作的全面领导提供了理论依据。

马克思主义经典作家客观分析了信用制度的二重性质，从而明确指出对金融活动加强干预和监管的必要性。马克思从分析商品和商品交换入

---

[1] 中央金融委员会办公室、中央金融工作委员会：《用马克思主义基本原理观察金融、把握金融、引领金融》，《求是》2023年第23期。

手，引出货币的概念，进而阐释货币向资本的转化。货币作为商品交换的媒介，马克思强调了货币的价值尺度和流通手段以及货币形态的历史演变。在最初的阶段，货币本身也是商品，具有稳定性，且流通的数量受到严格限制。随着社会生产力的发展和交换方式的变革，货币的形态从金属货币演变为纸币，货币借助信用发展出金融产业。信用是资本主义生产方式的重要基础，一方面，信用加速了资本的集中和积累，带来了金融市场的蓬勃兴起和繁荣发展；另一方面，信用扩大了资本主义经济矛盾，造成了金融资本的过度积累和风险积聚。马克思认为，通过信用，货币以三种方式得到节约：A. 相当大的一部分交易完全用不着货币；B. 流通手段的流通加速了；C. 金币为纸币所代替。[1] 同时，马克思强调了信用制度固有的二重性质是："一方面，把资本主义生产的动力——用剥削他人劳动的办法来发财致富——发展成为最纯粹最巨大的赌博欺诈制度，并且使剥削社会财富的少数人的人数越来越减少；另一方面，造成转到一种新生产方式的过渡形式。正是这种二重性质，使信用的主要宣扬者，从约翰·罗到伊萨克·贝列拉，都具有这样一种有趣的混合性质：既是骗子又是预言家。"[2] 罗莎·卢森堡更是尖锐地指出，在现代资本主义经济中，如果说有一种手段可以使它的各种矛盾发展到极致，那就是信用。[3] 罗莎·卢森堡特别提到了信用激化四类矛盾，即激化生产方式和交换方式之间的矛盾、激化生产方式和占有方式之间的矛盾、激化财产关系和生产关系之间的矛盾、激化生产的社会性和生产的私有性之间的矛盾。马克思主义经典作家强调了货币、资本和市场的重要性，同时指出了金融市场的复杂性和不稳定性以及对国家经济社会健康发展的潜在破坏性。因此，加强党对金融工作的全面领导，是消除金融领域隐患、推动中国经济高质量发展的重要保障。

---

[1] 《马克思恩格斯文集》（第七卷），人民出版社2009年版，第493、494页。
[2] 《马克思恩格斯文集》（第七卷），人民出版社2009年版，第500页。
[3] 何萍主编：《罗莎·卢森堡全集》（第七卷），人民出版社2021年版，第493页。

马克思主义经典作家深刻揭露了金融资本的寄生性和腐朽性。马克思认为，"生息资本或高利贷资本（我们可以把古老形式的生息资本叫做高利贷资本），和它的孪生兄弟商人资本一样，是资本的洪水期前的形式，它在资本主义生产方式以前很早已经产生，并且出现在极不相同的经济社会形态中"。[①] 恩格斯指出，"交易所并不是资产者剥削工人的机构，而是他们自己相互剥削的机构；在交易所里转手的剩余价值是已经存在的剩余价值，是过去剥削工人的产物。只有在这种剥削完成后，剩余价值才能为交易所里的尔虞我诈效劳"。[②] 列宁则从生产领域发生的深刻变化的角度赋予了"金融资本"的时代内涵，指出："生产的集中；从集中生长起来的垄断；银行和工业日益融合或者说长合在一起，——这就是金融资本产生的历史和这一概念的内容。"[③] 列宁强调了银行资本与工业资本之间的联系和互动，提出"银行资本和工业资本已经融合起来，在这个'金融资本的'基础上形成了金融寡头"[④] 是20世纪初帝国主义的五个全球经济特征之一。列宁进一步指出，"金融资本对其他一切形式的资本的优势，意味着食利者和金融寡头占统治地位，意味着少数拥有金融'实力'的国家处于和其余一切国家不同的特殊地位"。[⑤] 金融资本家还会借助高额寄生利润，对工人阶级实行"金融收买"，培植"工人贵族"，达到分化工人阶级从而缓解阶级矛盾的目的。同样的，金融掠夺是资本输出的最高阶段。在世界范围内，国际金融垄断资本也会操盘控制落后国家，利用金融霸权将国内阶级矛盾和经济危机转嫁到第三世界国家。当今仍然处于马克思、恩格斯所判定的资本主义历史时代，仍处于列宁所鉴定的垄断资

---

① 《马克思恩格斯文集》（第七卷），人民出版社2009年版，第671页。
② 《马克思恩格斯文集》（第十卷），人民出版社2009年版，第644页。
③ 《列宁专题文集　论资本主义》，人民出版社2009年版，第136页。
④ 《列宁专题文集　论资本主义》，人民出版社2009年版，第176页。
⑤ 《列宁专题文集　论资本主义》，人民出版社2009年版，第148页。

本主义即帝国主义发展阶段。① 国际金融垄断资本表现出强烈的扩张性，不同程度上加剧了全球范围内的和平赤字、发展赤字、安全赤字、治理赤字。因此，加强党对金融工作的全面领导，可为世界经济的复苏和全球可持续发展注入更多稳定力量。

（二）中华优秀传统文化的历史基因

金融活动和商品交易如影随形，都是人类经济活动和社会分工复杂化的产物。在中国古代，封建统治集团在金融活动中占据优势地位，统治者运用金融治理来巩固集团的统治地位和王朝的经济体系，其中货币治理和信贷治理是古代中国金融治理的主要手段。从使用最早的海币到现今的纸币，中华民族使用货币的历史达五千年之久。中国古代货币在形成和发展的过程中，先后经历了五次极为重大的演变：自然货币向人工货币的演变、由杂乱形状向统一形状的演变、由地方铸币向中央铸币的演变、由文书重量向通宝和元宝的演变、金属货币向纸币"交子"的演变。② 春秋战国时期，随着金属铸币的开启，为了维护中央集权的统治，统治者十分重视对货币的管控，由此逐渐形成丰富的货币政策和货币理论。其中，"子母相权论"就是当时的金融思想家对货币流通实践的经验总结。"子母相权论"的提出者单旗主张，货币的发行必须尊重商品的价格水平，不可滥发货币造成货币贬值而损害百姓生计，否则民怨四起引发社会动荡危及王权稳定。这一理论后来逐步扩大为铜钱与铁钱、铜钱与纸币、白银与纸币之间的相权而行，西汉的"轻重"理论、唐代的"虚实"理论、宋代的"称提"理论，实际上都是对"子母相权"的继承和发展。③ 总之，为实现社会稳定和缓和阶级矛盾，历朝历代统治者都非常重视中央集权对

---

① 王伟光：《国际金融垄断资本主义是垄断资本主义的最新发展，是新型帝国主义》，《社会科学战线》2022年第8期。
② 和平：《货币史上质的跨越》，《中国银行保险报》2022年4月23日第5版。
③ 尤越：《中国最早的货币理论——子母相权论》，《中国城市金融》2017年第2期。

铸币权和货币发行权的控制，古代金融思想家也往往在超发货币和弥补财政之间的争执中直言劝谏。

随着私有制的产生，社会开始出现贫富分化，借贷行为也就应运而生。中华民族早在西周时期就出现了信贷治理制度，政府设有"泉府"这一机构专门负责管控国家征税、收购滞销物资、收发贷款与利息。西周政权的借贷有"赊"和"贷"两种，前者是针对祭祀和丧祭活动的消费性无息借贷；后者是针对劳动人民生产经营活动的生产性低息借贷。西周政权的信贷治理出于稳定民情、巩固政权的目的，主要通过发放无息贷款来救济、帮扶底层民众。随着商业的发展，城市经济的成长，金属货币的广泛流通，消费水平的提高以及统治阶级各种贪欲的膨胀，导致在西周时期以救济为主要功能的借贷，经过礼崩乐坏的春秋时代，到战国时代逐渐演变为以攫取高额利息为主要目的的高利贷。[①] 为了缓解民间高利贷对平民百姓的过重盘剥，自秦朝开始历代政府采取了各种信贷治理措施以缓解阶级矛盾。例如，秦律曾有可服役还债的规定，北魏发布禁止收利过本的规定，隋唐时期更是建立了一套完善的借贷限制条规，宋代设立了检校库、抵当库和市易务等官方借贷机构，元朝中后期规定"本利相侔而止"，明清对高利贷者设定了刑罚（针对超过上限收取利息的和不告官司而私自强抢人口、牲畜、田产的债权人），等等。总之，中国封建社会各朝代高利借贷普遍存在，元代的官营高利贷更是登峰造极。中国古代政府通过立法的形式禁止高利贷过于膨胀，本质上仍是出于缓解借贷双方矛盾从而维护封建统治政权稳定的目的。

2012年12月，习近平总书记在中央经济工作会议上的讲话中强调艰苦奋斗、厉行节约，引用了《管子·八观》中"国奢则用费，用费则民贫"这句话。谈到中国古代金融理论，就不得不提成书于战国时期的《管子》。《管子》一书蕴含了丰富且系统化的金融理论，对中国古代金融

---

① 徐祗朋：《周代借贷性质的演变》，《松辽学刊》（哲学社会科学版）2000年第2期。

治理有着深远的影响。例如,该书提出了保障粮食安全的政策,不仅主张政府加强粮食储备以稳定粮食市场,抑制富商对农民的盘剥和粮价的操控,以赈济、贷款等方式扶持贫困农户进行粮食生产;还强调要高度关注诸侯国之间的粮食市场,认为既要防止本国粮食被他国掠夺,还要以粮食充当商战工具以迫使他国屈从。该书提到"若岁凶旱水泆,民失本,则修宫室台榭",即国家在出现经济危机的时候,政府应雇用失业者兴修大型工程以保障社会稳定。该书还提到"内守国财而外因天下",意在鼓励国内的工商业发展,还要充分吸收国外的财富。该书还提出贫富有度、奢俭兼顾,认为"夫民富则不可以禄使也,贫则不可以罚威也"。总而言之,中国古代金融思想家主张通过金融治理达到控制货币流通、稳定市场秩序的目的;通过金融治理达到调节借贷矛盾、巩固政权稳定的目的;通过金融治理达到确保国家粮食安全、实现富国强兵的目的等一系列丰富的金融理论,为当前加强党对金融工作的全面领导、扎实推进全体人民共同富裕的现代化注入了深厚的中华优秀传统文化基因。

(三)中国共产党历史的经验总结

鸦片战争以后,中国开始从封建社会逐步沦为半殖民地半封建社会。反动阶级,也就是毛泽东同志笔下的"勾结帝国主义的军阀、官僚、买办阶级、大地主阶级以及附属于他们的一部分反动知识界",[1] 在帝国主义的扶植下,将金融当作掠夺、剥削和奴役劳动人民的重要手段。新民主主义革命时期,中国共产党积极发展红色金融事业,充分发挥红色金融在支持革命战争、发展工农业生产、促进商品流通等方面的重要作用。在大革命时期,中国共产党就领导工农群众成立衙前信用合作社、安源工人消费合作社、海丰县总农会、柴山洲特别区第一农民银行等一批具有金融属性的合作组织;在土地革命战争时期,湘赣边界工农兵政府就在井冈山革

---

[1] 《毛泽东选集》(第一卷),人民出版社 1991 年版,第 9 页。

命根据地创办了第一家造币厂——井冈山红军造币厂。随着革命形势的蓬勃发展，红色银行在大大小小的苏区如雨后春笋般生长起来，如东固平民银行、闽西工农银行、中华苏维埃共和国国家银行、湘鄂赣省工农银行、鄂豫皖特区苏维埃银行、陕北省苏维埃银行等。在抗日战争时期，中国共产党领导金融工作的主要任务则是争夺货币发行权和贸易结算权、保障根据地军民的物资供应。皖南事变爆发后，为回击国民党掀起的反共浪潮，陕甘宁边区政府禁止法币在边区流通，各个根据地的银行发行自己的货币，积累了丰富的货币斗争经验。在解放战争时期，为了弥补内战产生的巨额军费，国民党政府大肆印钞，造成恶性通货膨胀，导致经济崩溃、民不聊生。中国共产党先后成立中共中央财政经济部和中国人民银行，在各解放区迅速统一货币、平衡财政，稳定了解放区的金融市场，有力地支援了解放战争，为迎接新中国的成立奠定物质基础。

1949年3月，毛泽东同志在七届二中全会的会议报告中指出，在全国胜利的局面下，党的工作重心必须由农村转入城市，"党和军队的工作重心必须放在城市，必须用极大的努力去学会管理城市和建设城市"。[①]新中国成立初期，中国共产党就与上海的反动资本家在金融和经济领域开展过"银元之战"和"两白一黑"（棉花、大米、煤炭）之战，为中国共产党接管大城市和调控经济提供了宝贵的经验。"银元之战"是新中国的第一场经济战役，为人民币全面占领市场扫除了障碍，成为遏制通货膨胀的重要一步。而"两白一黑"之战中，中国共产党通过市场、税收、信贷、管理等一系列金融政策"组合拳"，仅用经济力量就打退了不良资本家对新生政权的进攻。1950年6月，毛泽东同志向中共七届三中全会提交的书面报告指出，大约需要三年时间，或者还要多一点，实现整个财政经济状况的根本好转，并提出要"巩固财政经济工作的统一管理和统

---

① 《毛泽东选集》（第四卷），人民出版社1991年版，第1427页。

第十六章 加强党对金融工作的全面领导

一领导，巩固财政收支的平衡和物价的稳定"。① 中国共产党为新中国制定了"边接管、边建行"的金融工作方针：一边接管官僚资本金融业，打破封锁、取消外资银行特权，整顿和改造私营金融业，组建新的中国人民保险公司；另一边初步形成统一领导的银行体系，建立统一的货币制度，制止通货膨胀，稳定金融物价，发放贷款支持生产、发展经济。② 中国共产党初步建立了一个由中国人民银行为营运主体和管理主体的社会主义银行体系，不仅为恢复国民经济提供了资金力量，还有力地支援了抗美援朝战争前线，极大地促进了工、农、商业的社会变革和整个国民经济的发展。计划经济时期，中国共产党金融政策作为国家实施重工业优先发展工业化战略的"推手"。同时，政府运用行政手段调控金融运行、化解金融风险，例如在特殊阶段，紧急控制机关团体在银行的存款，调控国家银行信贷支出总规模。③

1978年12月，党的十一届三中全会决定，全党把工作重点转移到以经济建设为中心的轨道上来，从此揭开了经济体制改革的序幕。在党的领导下，中国开始了有计划、有步骤的金融体制改革。1979年10月，邓小平同志就发出"要把银行真正办成银行"的重要指示。1986年12月，邓小平同志在听取几位中央负责人汇报经济情况和下一年改革设想时再次强调："金融改革的步子要迈大一些。要把银行真正办成银行。"④ 1993年11月，党的十四届三中全会明确提出了"整体推进，重点突破"的改革战略，并在各经济领域展开全方位的经济体制改革。在党中央的决策部署下，国务院颁布了金融体制改革的决定，明确了改革目标为：建立在国务院领导下，独立执行货币政策的中央银行宏观调控体系；建立政策性金融

---

① 《毛泽东文集》（第六卷），人民出版社1999年版，第70、71页。
② 杨其广：《党的光辉照进"金融史话"——重读〈中国共产党领导下的金融发展简史〉》，《中国金融家》2021年第3期。
③ 赵学军：《党领导金融工作的历史经验》，《中国金融》2024年第1期。
④ 《邓小平文选》（第三卷），人民出版社1993年版，第193页。

与商业性金融分离，以国有商业银行为主体、多种金融机构并存的金融组织体系；建立统一开放、有序竞争、严格管理的金融市场体系。① 在金融体系方面，以中国银行、中国农业银行、中国工商银行、中国建设银行、中国交通银行、中国邮政储蓄银行等国有银行打破各自专业边界，进入相互自由竞争的阶段；一些地方政府和国有企业纷纷成立股份制银行；以城市商业银行、农业信用社体系银行、村镇银行和农村资金互助社为代表的地方性银行陆续诞生。在金融监管方面，除了国务院于1983年正式下发《国务院关于中国银行专门行使中央银行职能的决定》，一些专门性的金融监管机构陆续成立，例如中国证监会于1992年成立，中央金融工作委员会于1998年成立，中国保监会于1998年成立，中国银监会于2003年成立。在金融改革方面，进入21世纪以后，金融机构围绕产权结构调整开始新一轮改革，从2004年中央汇金公司成立到2012年中国光大银行在国内公开上市，此轮改革使得中国金融机构的经营理念、经营方式、资本充足率、风险管理能力、科技水平等都上了一个台阶，构成了中国金融体系成功抵御2008年国际金融危机的基础。②

（四）做好中国金融工作的根本保证

党的十八大以来，在以习近平同志为核心的党中央的坚强领导下，我们积极探索新时代金融发展规律，不断加深对中国特色社会主义金融本质的认识，不断推进金融实践创新、理论创新、制度创新，积累了宝贵经验，逐步走出一条中国特色金融发展之路。2023年中央金融工作会议系统阐述了中国特色金融发展之路的本质特征，提到"八个坚持"的第一条就是"坚持党中央对金融工作的集中统一领导"。维护党中央集中统一领导，是一个成熟的马克思主义执政党的重大建党原则。习近平总书记关

---

① 《十四大以来重要文献选编》（上），人民出版社1996年版，第593页。
② 曹远征：《大国大金融：中国金融体制改革40年》，广东经济出版社2018年版，第23页。

于坚持党中央对金融工作的集中统一领导的重要论述，体现了新时代中国共产党人金融观对马克思主义金融理论的继承与发展。同时，加强党中央对金融工作的集中统一领导，是党长期以来领导金融工作的经验总结，也是做好新时代金融工作的根本保证。新时代新征程，中国金融要更好服务于中国式现代化，必须坚持和加强党对金融工作的全面领导，尤其是党中央对金融工作的集中统一领导，确保金融改革发展正确方向，确保国家金融安全。

加强党中央对金融工作的集中统一领导，才能确保金融改革发展始终保持正确方向，以金融高质量发展有力支撑中国式现代化新征程中经济社会发展大局。金融改革发展的正确方向首先表现为始终坚持社会主义市场经济改革方向。改革开放以来，中国取得经济快速发展和社会长期稳定两大奇迹的关键因素就是，在党中央的坚强领导下确立了社会主义市场经济体制，把社会主义制度的优越性同市场经济的一般规律有机结合起来。当前，作为中国全面深化改革中的重要领域和关键环节，金融领域改革必须在以习近平同志为核心的党中央坚强领导下，围绕处理好政府和市场的关系全方位展开、系统性推进。当前，世界大变局加速演进，世界之变、时代之变、历史之变正以前所未有的方式展开，世界进入新的动荡变革期。党的二十大报告明确概括了中国式现代化具备人口规模巨大、全体人民共同富裕、物质文明和精神文明相协调、人与自然和谐共生、走和平发展道路五个方面重要特征。复杂多变的国际形势和繁重艰巨的国内任务决定了，加强党中央对金融工作的集中统一领导，才能深刻把握金融工作的政治性、人民性。旗帜鲜明讲政治是中国共产党的优良传统，也是当前金融改革发展确保正确方向的现实要求。充分加强党中央对金融工作的集中统一领导，才能有效发挥党中央在金融体制改革和金融强国建设过程中的引领和动员能力，确保金融改革发展为中国经济高质量发展提供有力支持。坚持以人民为中心是中国共产党的根本执政理念，也是当前金融改革发展确保正确方向的关键价值取向。充分加强党中央对金融工作的集中统一领导，才能有效发挥党中央在金融服务实体经济、服务人民群众过程中的监督和引导作用，确保金融改革发展在为扎实推进全体人民共同富裕的进程中大有可为。

加强党中央对金融工作的集中统一领导，才能切实发挥党中央对金融工作的领导力、影响力，把维护国家经济金融安全的战略主动权牢牢掌握在自己手里。面对错综复杂的国内外金融环境与发展形势，党中央将防范金融风险置于维护国家金融安全的战略定位。2017年4月，十八届中央政治局就维护国家金融安全进行第四十次集体学习，习近平总书记在主持学习时强调："金融安全是国家安全的重要组成部分，是经济平稳健康发展的重要基础。维护金融安全，是关系我国经济社会发展全局的一件带有战略性、根本性的大事。"[1] 2023年中央金融工作会议在充分肯定了金融工作过去的成绩的同时，明确指出了当前金融工作的风险挑战，"金融领域各种矛盾和问题相互交织、相互影响，有的还很突出，经济金融风险隐患仍然较多，金融服务实体经济的质效不高，金融乱象和腐败问题屡禁不止，金融监管和治理能力薄弱"[2]。为应对各种可以预见和难以预见的狂风暴雨、惊涛骇浪，必须充分发挥党在金融事业中总揽全局、协调各方的领导核心作用。因此，加强党中央对金融工作的集中统一领导，形成全国一盘棋的金融风险防控格局，有助于国家安全机关对金融领域国家安全风险密切监测、准确预判、有效防范，依法打击惩治金融领域危害国家安全的违法犯罪活动；加强党中央对金融工作的集中统一领导，把党的领导贯穿于"一行一总局一会一局"（中国人民银行、国家金融监督管理总局、证监会、国家外汇局）工作的各方面、全过程，有助于切实把党的领导政治优势和制度优势转化为金融治理效能；加强党中央对金融工作的集中统一领导，在境内外金融市场互联互通中牢牢守住开放条件下的金融安全

---

[1] 《习近平谈治国理政》（第二卷），外文出版社2017年版，第281页。
[2] 《中央金融工作会议在北京举行　习近平李强作重要讲话　赵乐际王沪宁蔡奇丁薛祥李希出席》，《人民日报》2023年11月1日第1版。

底线，有助于稳慎扎实推进人民币国际化和稳步扩大金融领域制度型开放。

二 加强党中央对金融工作的集中统一领导

中国共产党领导是中国特色社会主义制度的最大优势，加强党中央对金融工作的集中统一领导是做好金融工作的根本保证。一方面，要完善党领导金融工作的体制机制，为金融事业高质量发展提供坚强政治保障；另一方面，要加强金融干部人才队伍建设，在金融党建中坚持法治和德治相结合，为金融事业发展提供人才支撑、文化滋养和法治保障。

（一）完善党领导金融工作的体制机制

完善党领导金融工作的体制机制，必须发挥好中央金融委员会的作用，做好统筹协调把关。根据新一轮党中央和国务院的机构改革方案，新设立中央金融委员会，主要负责金融稳定和发展的顶层设计、统筹协调、整体推进、督促落实，研究审议金融领域重大政策、重大问题等。党的十八大以来，中国金融系统有力支撑经济社会发展大局，在服务经济高质量发展方面发挥了积极作用。但是，相对于经济高质量发展的需求，中国多层次金融体系还不够发达，金融产品还不够丰富，金融市场广度深度有待进一步拓展，金融服务实体经济的能力还需提高。这就需要发挥好中央金融委员会的统筹协调把关作用，抓紧研究出台具体政策和工作举措，推动更多金融资源流入事关高质量发展的重点领域和薄弱环节。

完善党领导金融工作的体制机制，必须发挥好中央金融工作委员会的作用，切实加强金融系统党的建设。根据新一轮党中央和国务院的机构改革方案，新组建中央金融工作委员会，主要负责统一领导金融系统党的工作，指导金融系统党的政治建设、思想建设、组织建设、作风建设、纪律建设等。在中央金融工作委员会的指导下，切实加强金融系统党的政治建设，始终坚持党对金融工作的全面领导，坚持党中央对金融工作集中统一领导；切实加强金融系统党的思想建设，牢固树立金融为国为民的价值取向，做实做细金融领域意识形态工作；切实加强金融系统党的组织建设，充分发挥金融领域基层党组织的战斗堡垒作用，坚决守住不发生系统性金融风险的底线；切实加强金融系统党的作风建设，积极开展清廉金融文化建设，纠树并举促进作风建设常态长效；切实加强金融系统党的纪律建设，做好金融领域关键岗位的监督管理，统筹好惩治金融腐败和防控金融风险。

完善党领导金融工作的体制机制，必须发挥好地方党委金融委员会和金融工委的作用，落实属地责任。根据新一轮党中央和国务院的机构改革方案，建立以中央金融管理部门地方派出机构为主的地方金融监管体制，统筹优化中央金融管理部门地方派出机构设置和力量配备。加强党对金融工作的全面领导，"全面"二字，横向上是指党的领导必须落实和体现到金融领域的各方面和各环节，纵向上包括党中央集中统一领导、地方党委领导和基层党组织领导。发挥好地方党委金融委员会和金融工委的作用，就是指地方党委金融委员会要贯彻当地党委对属地金融工作的领导，对当地金融事务统一决策，特别是做好当地金融的行政监管和风险处置；地方金融工委则要指导做好属地金融机构党建工作。发挥好地方党委金融委员会和金融工委的作用，就是要合理界定中央和地方政府权责分工，统筹化解房地产、地方债务、中小金融机构等风险，完善地方与中央金融监管双协调机制。

（二）建设高素质专业化金融干部人才队伍

党的十八大以来，以习近平同志为核心的党中央，非常重视金融干部人才队伍的建设。2017年7月，习近平总书记在全国金融工作会议上的讲话中指出："要大力培养、选拔、使用政治过硬、作风优良、业务精通的金融人才，特别是要注意培养金融高端人才，努力建设一支宏大的德才兼备的高素质金融人才队伍。"① 2024年1月，习近平总书记在省部级主要领导干部推动金融高质量发展专题研讨班上的讲话中更是明确了"强大的金融人才队伍"是建设金融强国应当具备的六大关键核心金融要素之一。金融领域专业性强、复杂程度高，人才队伍至关重要。回顾历史，中国共产党领导的红色金融能够从无到有、从小到大，为根据地发展与军事斗争服务，为发展经济与改善民生服务，离不开无数为执着追求理想信念而前赴后继的金融先辈。从二万五千里长征到抗战的烽火硝烟，从扁担银行、窑洞银行到马背银行、帆船银行，金融先辈们扛着扁担、拉着马匹、坐在窑洞、驾着帆船，创造了一个个从无到有的红色金融奇迹。

党管人才是中国人才制度的独特优势，也是党的组织制度的重要组成部分。加强党对金融工作的全面领导，必须以金融队伍的纯洁性、专业性、战斗力为重要支撑，坚持政治过硬、能力过硬、作风过硬标准，锻造忠诚干净担当的高素质专业化金融干部人才队伍。习近平总书记提出的"三个过硬"标准，是对金融干部人才提出的严格要求和殷切期望：政治过硬标准，强调的是金融干部人才队伍的纯洁性。金融人才必须深刻把握金融工作政治性和人民性，拥护党中央对金融工作的集中统一领导，牢固树立为人民服务的宗旨意识，深刻把握中国特色金融发展之路的本质；能力过硬标准，强调的是金融干部人才队伍的专业性。金融人才必须准确把握金融发展的本质和规律，系统掌握金融学的基本理论知识和业务技能，了解国内外金融实践的新变化新趋势新动向；作风过硬标准，强调的是金融干部人才队伍的战斗力。金融人才必须敢于直面风高浪急甚至是惊涛骇浪的考验，善于破解金融改革发展稳定各类难题，能够为统筹好金融发展和金融安全提供人才支持。

党的十八大以来，以习近平同志为核心的党中央以前所未有的勇气和

---

① 《习近平谈治国理政》（第二卷），外文出版社2017年版，第281页。

定力全面从严治党，打出了一套自我革命的"组合拳"。中国共产党之所以有勇气、有底气进行自我革命，就在于中国共产党没有任何自己特殊的利益。二十届中央纪委三次全会强调，突出重点领域，深化整治金融、国有企业、能源等权力集中、资金密集、资源富集领域的腐败。金融反腐是防范化解金融领域重大风险的关键一环，也是锻造忠诚干净担当的高素质专业化金融干部人才队伍的重要举措。加强党中央对金融工作的集中统一领导，必须对标政治过硬、能力过硬、作风过硬标准，坚定稳妥推进金融领域反腐败斗争。据统计，2023年金融系统内接受执纪审查的干部超100名，涉及银行、保险、证券等多领域，其中信贷领域是金融干部违法违规的重灾区，"靠金融吃金融"、以贷谋私等情况频发。银行信贷作为资金提供的主要渠道，是典型的资源富集、权力集中领域，干部容易受到"围猎"。[①] 因此，严肃金融领域的政治生态，应该深化标本兼治、系统治理，引导金融干部人才树立正确的权力观、政绩观、事业观，一体推进金融干部人才不敢腐、不能腐、不想腐的思想自觉。

（三）积极培育中国特色金融文化

2024年1月，习近平总书记在省部级主要领导干部推动金融高质量发展专题研讨班上首次提出"中国特色金融文化"的概念，这个重要提法不仅把马克思主义金融理论同当代中国具体实际相结合、同中华优秀传统文化相结合，为金融系统注入传承传统、积极向上的文化基因，也赋予了中华优秀传统文化新的时代内涵，指明了提升金融软实力、建设金融强国的前进方向。习近平总书记提出，"推动金融高质量发展、建设金融强国，要坚持法治和德治相结合，积极培育中国特色金融文化，做到：诚实守信，不逾越底线；以义取利，不唯利是图；稳健审慎，不急功近利；守

---

① 王方然：《2023年金融反腐盘点：百余名干部被查、信贷领域成重灾区》，《第一财经日报》2024年1月4日第7版。

正创新，不脱实向虚；依法合规，不胡作非为"。① 这"五不"标准正是金融的核心理念、价值观和行为规范，是人们在金融活动中对"是非""优劣""好坏""对错"等的基础认识和判断标准，与中华优秀传统文化具有高度契合性。

积极培育诚实守信，不逾越底线的金融文化。诚信作为社会主义核心价值观个人层面的价值准则之一，是社会主义道德建设的重要内容，是构成社会主义和谐社会的重要纽带。在中华传统文化中，诚信是一种与"善"紧密相连的道德规范。中国古代商人无不将诚信作为经营秘诀和生存之道。在现代经济活动中，诚信是一种无可取代的市场竞争力。金融本身就是一种信用经济，从经济学的角度来看，诚信可降低商业活动中的交易成本；从法律的角度来说，诚信也是法律的一项基本要求。近年来，金融市场失信乱象屡禁不止，资本暴雷、卷款跑路、欠债不还等现象时有发生，严重损害了金融消费者的合法权益，也影响了经济社会的发展稳定。应该看到，金融失信引发的金融风险问题，不仅仅是单纯的经济问题，金融领域的失信问题还可能引发社会风险。从德治的层面来看，加强党对金融工作的全面领导，需要积极培育诚实守信的金融文化，进一步夯实金融市场诚信基础，增强金融市场主体的信用意识和契约精神。

积极培育以义取利，不唯利是图的金融文化。对"义"与"利"的追求代表着人类对精神财富与物质财富的追求，涉及义利的问题，也是中华传统文化中一个经久不衰的道德伦理问题。先秦儒家义利观内涵丰富，例如孔子倡导"见利思义"，孟子坚持"义以为上，何必曰利"，荀子主张"巨用之者，先义而后利"等，奠定了中国古代社会生活的道德基础，也成为中国古人从事商业活动的价值导向。在中国特色社会主义市场经济中，坚持公有制为主体、多种所有制经济共同发展，不可避免地在资本的

---

① 《习近平在省部级主要领导干部推动金融高质量发展专题研讨班开班式上发表重要讲话强调　坚定不移走中国特色金融发展之路　推动我国金融高质量发展之路　赵乐际王沪宁丁薛祥李希韩正出席　蔡奇主持》，《人民日报》2024年1月17日第1版。

逐利性与社会主义生产根本目的之间存在一定矛盾。① 金融资本具有天生的逐利性和极强的流动性。金融工作必须坚持政治性、人民性，既要充分发挥资本在促进社会生产方面的积极作用，又要防止资本无序扩张、野蛮生长，危害国家安全和人民利益。从德治的层面来看，加强党对金融工作的全面领导，需要积极培育以义取利的金融文化，引导金融市场主体追求经济效益与社会效益的统一，金融业要服务实体经济、服务人民群众，为以中国式现代化推进中华民族伟大复兴的千秋伟业提供金融支持。

积极培育稳健审慎，不急功近利的金融文化。稳健审慎是中华传统文化中的处世哲学和经营策略，也是唯物辩证法中关于质量互变的规律的实践要求。中国古代商人讲究"处乎其安，不忘乎其危"的经营理念。反观西方金融市场产生的金融泡沫，正是由于过度的投资引起资产价格的过度膨胀，因太过急功近利而盲目追求经济增长，使得国内投资规模急剧膨胀，导致虚假繁荣的一种假象。2023年中央金融工作会议强调，"坚持把防控风险作为金融工作的永恒主题"。防范化解金融风险，就必须把握好快和稳的关系。稳是主基调，稳住金融大局，才能有效防范化解风险、促进金融高质量发展。习近平总书记强调："我们提出的国家制度和国家治理体系建设的目标必须随着实践发展而与时俱进，既不能过于理想化、急于求成，也不能盲目自满、故步自封。"② 脚踏实地，一件事情接着一件事情办，一年接着一年干，不急于求成，是中国共产党治国理政的科学世界观和方法论。从德治的层面来看，加强党对金融工作的全面领导，需要积极培育稳健审慎的金融文化，坚守理性务实的风险思维，尊重金融业的客观发展规律，增强风险防范和化解能力。

积极培育守正创新，不脱实向虚的金融文化。习近平总书记指出："创新是一个民族进步的灵魂，是一个国家兴旺发达的不竭动力，也是中

---

① 刘凤义：《论社会主义市场经济中资本的特性和行为规律》，《马克思主义研究》2022年第9期。
② 《习近平著作选读》（第二卷），人民出版社2023年版，第286页。

华民族最深沉的民族禀赋。"① 党的二十大报告多次强调"必须坚持守正创新"。守正创新体现出鲜明的唯物史观意蕴，体现了"变"与"不变"、原则性与创造性的辩证统一。金融改革的守正创新必须正确处理"守正"与"创新"的辩证关系。"守正"要求积极践行金融工作的政治性、人民性。党领导下的金融工作具有鲜明的人民属性，金融发展为了人民，金融繁荣依靠人民，金融资源人民共享，金融成果惠及广大人民，而不是被少数阶层和特殊人物独占。金融是实体经济的血脉，为实体经济服务是金融的天职，是金融的宗旨。国际经验表明，脱实向虚会导致国家实体经济过度空心化，造成大量资本涌入虚拟经济而产生经济泡沫，不仅容易造成严重的金融危机，也会危害实体经济的健康发展，进而影响国家的经济发展和社会稳定。从德治的层面来看，加强党对金融工作的全面领导，需要积极培育守正创新的金融文化，坚持把金融服务实体经济作为根本宗旨，推进金融供给侧结构性改革，不断满足经济社会发展和人民群众日益增长的金融需求。

积极培育依法合规，不胡作非为的金融文化。法治思想在中国源远流长，前文所提中国古代金融理论巨著《管子》就是先秦时期法家思想的经典著作。春秋以来，德治、法治分别是儒家和法家所持的治国理念，而《管子》提出了德法并重的主张，既强调"有生法，有守法，有法于法。生法者君也，守法者臣也，法于法者民也，君臣上下贵贱皆从法，此谓为大治"，又主张"一曰礼，二曰义，三曰廉，四曰耻"。在中华传统法律文化中，有许多优秀的思想、理念、原则、规则和制度历久弥坚。习近平总书记指出："法律和道德都具有规范社会行为、调节社会关系、维护社会秩序的作用，在国家治理中都有其地位和功能。"② 无论是古代商贸活动中主张的规则秩序，还是现代经济活动中强调的契约精神，都是旨在规

---

① 《习近平谈治国理政》（第一卷），外文出版社2018年版，第59页。
② 《习近平谈治国理政》（第二卷），外文出版社2017年版，第133页。

范交易活动、调节商贸关系、维护市场秩序的价值伦理。从德治的层面来看，加强党对金融工作的全面领导，需要积极培育依法合规的金融文化，使守法合规经营逐渐成为市场主体的自觉和习惯，为金融高质量发展营造良好金融法治环境。

（四）加强金融法治建设

2023年中央金融工作会议鲜明提出，"坚持在市场化法治化轨道上推进金融创新发展"。[①] 由于金融资本的逐利性、高杠杆性等特征，如果缺乏严格的金融监管和金融治理，容易造成金融乱象和金融风险，从而危害金融体系的稳健运行。社会主义市场经济本质上是法治经济。实现金融法治化，利于牢牢守住不发生系统性金融风险的底线，维护国家金融稳定和安全；能够确保金融始终服务于国家经济社会发展大局和实体经济，防止金融脱实向虚；也能为创建公平有序运行和竞争的金融市场提供法治保障；更是社会主义金融强国建设和践行"以人民为中心"发展思想的必然选择。加强党对金融工作的领导，就必须提高党领导经济工作的法治化水平，将加强党对金融法治建设的全面领导落实贯彻到完善金融立法、严格金融执法、优化金融司法等各方面与全过程中。

完善金融立法，着力健全金融法律体系。加强党中央对金融工作的集中统一领导，要切实把党的全面领导贯彻到金融立法全过程、各方面，坚持党的领导、人民当家作主、依法治国在金融领域的有机统一。党的十八大以来，中国金融领域立法工作取得了显著成就，一方面，在党中央的集中统一领导下，及时推进了金融重点领域和新兴领域立法。例如，2023年12月，《非银行支付机构监督管理条例》正式公布，该条例进一步完善支付领域监管的顶层设计，提升了支付机构监管法律层

---

① 《中央金融工作会议在北京举行　习近平李强作重要讲话　赵乐际王沪宁蔡奇丁薛祥李希出席》，《人民日报》2023年11月1日第1版。

级，更全面、系统地规定了支付领域重大事项的管理和处置，体现了贯彻落实中央金融工作会议关于"依法将各类金融活动全部纳入监管"的指示精神。另一方面，在党中央的集中统一领导下，研究完善了金融领域定期修法协调机制。例如，在推动对既有金融法律体系进行全面修订，推动对既有金融法律体系进行全面修订，充分考虑金融法律间的整合、补充与协调，推动金融法律与其他法律的有效衔接等方面稳步推进，金融法治根基正在不断夯实。同时，金融立法建设仍存在明显不足，部分领域仍缺乏统筹安排和整体设计，需要充分发挥党中央集中统一领导的优势，提升金融立法的包容性和匹配性，补齐金融立法领域的制度短板，坚持在市场化法治化轨道上推进金融创新发展，做到金融治理和金融监管有法可依。

严格金融执法，切实维护金融管理秩序。中国法治建设方针已实行从"有法可依、有法必依、执法必严、违法必究"到"科学立法、严格执法、公正司法、全面守法"的历史性飞跃。加强金融法治建设，重在执行。党的十八大以来，中国金融领域执法取得了重大进展，金融执法工作机制持续优化，执法力度不断加大，执法水平显著提高，执法力量不断充实，金融秩序得到切实维护。严格金融执法需要完善金融监管，提高金融监管的法制化、规范化水平。2023年5月，国家金融监督管理总局正式揭牌亮相，其主要职责为统一负责除证券业之外的金融业监管，加强风险管理和防范处置，依法查处违法违规行为。国家金融监督管理总局的正式成立，体现了贯彻落实中央金融工作会议关于"牢牢守住不发生系统性金融风险底线"的指示精神和坚决维护人民群众合法权益的强大决心。同时，严格金融执法需要加大执法力度，充分发挥党中央对金融工作集中统一领导的优势，推动部门合作、央地合作，推进联合执法，扭转部分领域金融违法成本较低的局面，对金融违法行为形成联合打击的高压态势。

优化金融司法，营造良好金融法治氛围。司法是维护公平正义的最后一道防线。党的领导是社会主义法治最根本的保证,是我们同西方资本主义国家法治最大的区别。党的领导在中国金融司法领域也发挥着定海神针的作用。党的十八大以来,中国金融司法工作取得了系列成绩,上海金融法院、北京金融法院、成渝金融法院先后设立,标志着金融审判专业化建设进入新阶段;民间借贷、虚假陈述等方面的司法解释完成修订,织牢了"首恶"和"帮凶"的法律责任之网;特别代表人诉讼制度成功落地实施;金融纠纷多元化解机制和金融纠纷在线诉调对接机制相继建立。① 当前,金融市场快速发展,新的金融业态、金融产品和金融服务不断出现,金融纠纷也呈现多元化、复杂化的特点。同时,金融司法工作又具有高度专业性,对金融司法工作者的政治性、专业性都提出了较高的要求。加强党对金融司法工作的全面领导,利于金融审判组织与审判人员牢牢把握正确的政治方向与价值取向,自觉将金融司法工作融入党和国家事业发展大局中。此外,加强金融法治建设,还需要在党的集中统一下不断提升金融司法水平,深入普及金融法律知识,广泛开展金融法治宣传教育,营造良好金融法治氛围。

综上所述,加强党对金融工作的全面领导具有深邃的理论逻辑、深厚的文化逻辑、深刻的历史逻辑、深切的现实逻辑。从理论逻辑看,加强党对金融工作的全面领导符合马克思主义金融理论的内在要求;从文化逻辑看,加强党对金融工作的全面领导契合中华优秀传统文化的历史基因;从历史逻辑看,加强党对金融工作的全面领导是中国共产党历史的经验总结;从现实逻辑看,加强党对金融工作的全面领导是做好中国金融工作的重要保证。加强党中央对金融工作的集中统一领导是加强党对金融工作的全面领导的关键一环。本章认为,探索加强党中央对金融工作的集中统一领导的实施路径,可从制度改革、人才培养、文化培育、法治建设等方面统筹协调、多管齐下。完善党领导金融工作的体制机制,从而提升党中央

---

① 邢会强:《中国金融法治建设这十年》,《金融博览》2022年第11期。

第十六章　加强党对金融工作的全面领导

对金融工作的领导力、影响力，是落实加强党对金融工作的全面领导的首要任务。同时，要加强金融干部人才队伍建设，为金融事业发展提供人才支撑；要积极培育中国特色金融文化，为金融事业发展提供文化滋养；要加强金融法治建设，为金融事业发展提供法治保障。

（执笔人：龚云、李霞）

参考文献

主报告

马克思：《资本论》（第三卷），人民出版社 2004 年版。

《毛泽东选集》（第三卷），人民出版社 1991 年版。

习近平：《在文化传承发展座谈会上的讲话》，《求是》2023 年第 17 期。

《习近平在省部级主要领导干部推动金融高质量发展专题研讨班开班式上发表重要讲话强调 坚定不移走中国特色金融发展之路 推动我国金融高质量发展之路 赵乐际王沪宁丁薛祥李希韩正出席 蔡奇主持》，《人民日报》2024 年 1 月 17 日第 1 版。

《中央金融工作会议在北京举行 习近平李强作重要讲话 赵乐际王沪宁蔡奇丁薛祥李希出席》，《人民日报》2023 年 11 月 1 日第 1 版。

白钦先、郭纲：《关于我国政策性金融理论与实践的再探索》，《财贸经济》2000 年第 10 期。

陈森、袁乐平、贾健：《中国政策性银行国家补贴依赖程度测算》，《金融研究》2012 年第 11 期。

董昀：《论新发展阶段的中国特色宏观调控》，《中共中央党校（国家行政学院）学报》2023 年第 1 期。

李广子：《跨区经营与中小银行绩效》，《世界经济》2014 年第 11 期。

参考文献

李扬、刘世锦、何德旭等：《改革开放40年与中国金融发展》，《经济学动态》2018年第11期。

廖岷、王鑫泽：《商业银行投贷联动机制创新与监管研究》，《国际金融研究》2016年第11期。

林毅夫、姜烨：《经济结构、银行业结构与经济发展——基于分省面板数据的实证分析》，《金融研究》2006年第1期。

彭信威：《中国货币史》（上册），中国人民大学出版社2020年版。

张晓晶、汪勇：《社会主义现代化远景目标下的经济增长展望》，《中国社会科学》2023年第4期。

张晓晶、王庆：《中国特色金融发展道路的新探索——基于国家治理逻辑的金融大分流新假说》，《经济研究》2023年第2期。

［德］马克斯·韦伯：《儒教与道教——世界宗教的经济伦理》，王容芬译，中央编译出版社2018年版。

［美］弗雷德里克·S.米什金：《货币金融学》（第十二版），王芳译，中国人民大学出版社2022年版。

［美］万志英：《剑桥中国经济史：古代到19世纪》，崔传刚译，中国人民大学出版社2016年版。

Arezki, R., Bolton, P., Peters, S., et al., 2017, "From Global Savings Glut to Financing Infrastructure", *Economic Policy*, 32（90）：221-261.

Berger, A. and Udell, G., 2006, "A More Complete Conceptual Framework for SME Finance", *Journal of Banking and Finance*, 30（11）：2945-2966.

Boot, A. and Thakor, A., 1997, "Financial System Architecture", *Review of Financial Studies*, 10（3）：693-733.

Brickley, J., Linck, J. and Smith, C., 2003, "Boundaries of the Firm：Evidence from the Banking Industry", *Journal of Financial Economics*, 70（3）：351-383.

Carlini, F., Cucinelli, D., Previtali, D., et al., 2020, "Don't Talk Too Bad! Stock Market Reactions to Bank Corporate Governance News", *Journal of Banking and Finance*, 121, 105962.

Deng, S. and Elyasiani, E., 2008, "Geographic Diversification, Bank Holding Company Value, and Risk", *Journal of Money, Credit and Banking*, 40 (6): 1217–1238.

Emmons, W., Gilbert, R. and Yeager, T., 2004, "Reducing the Risk at Small Community Banks: Is it Size or Geographic Diversification that Matters?", *Journal of Financial Services Research*, 25 (2–3): 259–281.

Goldsmith, R., 1969, *Financial Structure and Development*, New Haven, CT: Yale University Press.

Honohan, P. and Klingebiel, D., 2003, "The Fiscal Cost Implications of an Accommodating Approach to Banking Crises", *Journal of Banking and Finance*, 27 (8): 1539–1560.

Keynes, J. M., 1912, "Book Review: The Economic Principles of Confucius and his School", *The Economic Journal*, 22 (88): 584–588.

第一章

贾根良：《财政货币制度的革命与国内大循环的历史起源》，《求索》2021年第2期。

易纲：《建设现代中央银行制度》，《中国金融》2022年第24期。

第二章

《财税加力支持民企拓市场》，《经济日报》2023年12月21日。

方军雄、秦璇：《高管履职风险缓释与企业创新决策的改善》，《保险研究》2018年第11期。

钟腾、汪昌云：《金融发展与企业创新产出——基于不同融资模式对比视角》,《金融研究》2017 年第 12 期。

庄毓敏、储青青、马勇:《金融发展、企业创新与经济增长》,《金融研究》2020 年第 4 期。

Amore, M., Schneider, C. and Zaldokas, A., 2013, "Credit Supply and Corporate Innovation", *Journal of Financial Economics*, 109 (3): 835–855.

Atanassov, J. and Liu, X., 2020, "Can Corporate Income Tax Cuts Stimulate Innovation?", *Journal of Financial and Quantitative Analysis*, 55 (5): 1415–1465.

Ayyagari, M., Demirguc-Kunt, A. and Maksimovic, V., 2011, "Firm Innovation in Emerging Markets: The Role of Finance, Governance, and Competition", *Journal of Financial and Quantitative Analysis*, 46 (6): 1545–1580.

Baker, S., Bloom, N. and Davis, S., 2016, "Measuring Economic Policy Uncertainty", *Quarterly Journal of Economics*, 131 (4): 1593–1636.

Belenzon, S. and Berkovitz, T., 2010, "Innovation in Business Groups", *Management Science*, 56 (3): 519–535.

Benfratello, L., Schiantarelli, F. and Sembenelli, A., 2020, "Banks and Innovation: Microeconometric Evidence on Italian Firms", *Journal of Financial Economics*, 90 (2): 197–217.

Brav, A., Jiang, W., Ma, S., et al., 2018, "How does Hedge Fund Activism Reshape Corporate Innovation?", *Journal of Financial Economics*, 130 (2): 237–264.

Chang, X., Chen, Y., Wang, S., et al., 2019, "Credit Default Swaps and Corporate Innovation", *Journal of Financial Economics*, 134 (2): 474–500.

Chang, X., Fu, K., Lowa, A., et al., 2015, "Non-Executive Employee

Stock Options and Corporate Innovation", *Journal of Financial Economics*, 115 (1): 168 – 188.

Chemmanur, T., Loutskina, E. and Tian, X., 2014, "Corporate Venture Capital, Value Creation, and Innovation", *Review of Financial Studies*, 27 (8): 2434 – 2473.

Ellis, J., Smith, J. and White, R., 2020, "Corruption and Corporate Innovation", *Journal of Financial and Quantitative Analysis*, 55 (7): 2124 – 2149.

Fang, L., Lerner, J. and Wu, C., 2017, "Intellectual Property Rights Protection, Ownership, and Innovation: Evidence from China", *Review of Financial Studies*, 30 (7): 2446 – 2477.

Hall, B. and Lerner, J., 2010, "The Financing of R&D and Innovation", *Handbook of the Economics of Innovation*, 1: 609 – 639.

Hardy, B. and Sever, C., 2021, "Financial Crises and Innovation", *European Economic Review*, 138, 103856.

Manso, G., 2011, "Motivating Innovation", *Journal of Finance*, 66 (5): 1823 – 1860.

Mukherjee, A., Singh, M. and Zaldokas, A., 2017, "Do Corporate Taxes Hinder Innovation?", *Journal of Financial Economics*, 124 (1): 195 – 221.

Nanda, R. and Nicholas, T., 2014, "Did Bank Distress Stifle Innovation during the Great Depression?", *Journal of Financial Economics*, 114 (2): 273 – 292.

Tian, X. and Wang, T., 2014, "Tolerance for Failure and Corporate Innovation", *Review of Financial Studies*, 27 (1): 211 – 255.

Wellalage, N. and Fernandez, V., 2019, "Innovation and SME Finance: Evidence from Developing Countries", *International Review of Financial*

Analysis, 66, 101370.

Xu, Z., 2020, "Economic Policy Uncertainty, Cost of Capital, and Corporate Innovation", *Journal of Banking and Finance*, 111, 105698.

第三章

习近平：《高举中国特色社会主义伟大旗帜　为全面建设社会主义现代化国家而团结奋斗——在中国共产党第二十次全国代表大会上的报告》，人民出版社2022年版。

《独家专访马骏：一些银行为何"不敢"为转型活动提供金融服务？转型金融体系需具备五要素》，《21世纪经济报道》2022年3月16日。

《试点工作初显成效　转型金融为"两高"企业绿色化提供保障——专访中国人民大学重阳金融研究院执行院长王文》，新华财经，https://bm.cnfic.com.cn/sharing/share/articleDetail/164039012/1，2022年。

方桂荣：《论绿色金融监管的立法发展与制度构建》，《经贸法律评论》2020年第6期。

国家监督管理总局办公厅：《周亮在2023中国国际金融年度论坛上的致辞》，https://www.cbirc.gov.cn/cn/view/pages/ItemDetail.html?docId=1125590&itemId=915，2023年。

黄卓、王萍萍：《金融科技赋能绿色金融发展：机制、挑战与对策建议》，《社会科学辑刊》2022年第5期。

李晓西、夏光、蔡宁：《绿色金融与可持续发展》，《金融论坛》2015年第10期。

刘阳、秦曼：《中国东部沿海四大城市群绿色效率的综合测度与比较》，《中国人口·资源与环境》2019年第3期。

王遥、任玉洁、金子曦：《推动"双碳"目标实现的转型金融发展建议》，《新金融》2022年第6期。

肖仁桥、肖阳、钱丽：《绿色金融、绿色技术创新与经济高质量发展》，

《技术经济》2023年第3期。

叶大凤、黄楚楚、杨祯奕：《中国绿色金融政策执行难题及对策探讨》，《法制与经济》2022年第1期。

张承惠、谢孟哲、田辉等：《发展中国绿色金融的逻辑与框架》，《金融论坛》2016年第2期。

张弛：《"双碳"目标下转型金融发展任重道远》，《金融时报》2022年6月23日第7版。

赵以邠：《绿色金融的中国实践：意义、现状与问题》，《武汉金融》2018年第2期。

中金研究部、中金研究院：《碳中和经济学：新约束下的宏观与行业分析》，2021年。

中央财经大学绿色金融国际研究院：《绿金新闻 | 绿色金融发展B面：资产稀缺、竞争加剧》，https://iigf.cufe.edu.cn/info/1019/5696.htm，2022年。

周椿宝、杨新房、黎月：《绿色金融发展水平和成效的指标体系构建研究》，《当代经济》2023年第6期。

Blanchard, O. and Tirole, J., 2021, "Major Future Economic Challenges", The Commission on Major Economic Challenges.

Weidmann, J., 2020, "Combating Climate Change—What Central Banks can and cannot Do", In Speech at the European Banking Congress.

第四章

《习近平主持召开中央全面深化改革委员会第二十四次会议强调 加快建设世界一流企业 加强基础学科人才培养 李克强王沪宁韩正出席》，《人民日报》2022年3月1日第1版。

白钦先、佟健：《重提普惠金融是对金融普惠性异化的回归》，《金融理论与实践》2017年第12期。

邓向荣、冯学良、李宝伟：《金融改革与地区产业结构升级———来自金融改革试验区设立的准自然实验》，《经济学家》2021年第4期。

葛永波、陈虹宇：《劳动力转移如何影响农户风险金融资产配置？———基于金融排斥的视角》，《中国农村观察》2022年第3期。

何婧、田雅群、刘甜等：《互联网金融离农户有多远——欠发达地区农户互联网金融排斥及影响因素分析》，《财贸经济》2017年第11期。

梁洁莹、刘小勇、张展培：《金融改革与县域经济包容性增长———基于国家金融综合改革试验区设立的准自然实验》，《金融经济学研究》2023年第4期。

刘阳、张雨涵：《居民金融素养与家庭诈骗损失》，《消费经济》2020年第2期。

罗剑朝、张珩：《农村信用社发展现状及改革方向》，《人民论坛》2023年第21期。

莫秀根：《普惠金融高质量发展的新起点》，《中国金融》2022年第20期。

孙久文、胡恒松：《社会信用体系的完善与经济发展——基于国内大循环视角的思考》，《甘肃社会科学》2021年第1期。

孙梁涛：《以人民为中心推进普惠金融高质量发展》，《中国金融》2022年第9期。

王贤彬、王明灿、郑莉萍：《金融改革推动地方经济高质量发展了吗？——来自国家金融综合改革试验区设立的证据》，《经济社会体制比较》2020年第4期。

王修华、赵亚雄：《县域银行业竞争与农户共同富裕——绝对收入和相对收入的双重视角》，《经济研究》2023年第9期。

星焱：《普惠金融：一个基本理论框架》，《国际金融研究》2016年第9期。

姚东旻、许艺煊、张鹏远：《参考点依赖偏好能够解释中国居民的储蓄行为吗》,《财贸经济》2019 年第 2 期。

张珩、张洋:《金融服务精准对接新市民需求的困境、成因与优化对策》,《江淮论坛》2023 年第 4 期。

张晓晶:《金融发展与共同富裕:一个研究框架》,《经济学动态》2021 年第 12 期。

中国人民银行金融消费权益保护局编著:《中国普惠金融发展研究》,中国金融出版社 2020 年版。

左川、乔智、王亚童:《金融基础设施对长三角金融一体化的影响——基于金融效率的视角》,《南通大学学报》(社会科学版) 2021 年第 6 期。

Amable, B. and Chatelain, J. B., 2001, "Can Financial Infrastructures Foster Economic Development?", *Journal of Development Economics*, 64 (2): 481 – 498.

Chen, K. C. and Chivakul, M., 2008, "What Drives Household Borrowing and Credit Constraints? Evidence from Bosnia and Gerzegovina", *Social Science Electronic Publishing*, 8 (202): 1 – 34.

Wang, H., Yan, J. and Yu, J., 2017, "Reference-dependent Preferences and the Risk-Return Trade-off", *Journal of Financial Economics*, 123 (2): 395 – 414.

第五章

《习近平向 2022 年世界互联网大会乌镇峰会致贺信》,《人民日报》2022 年 11 月 10 日第 1 版。

《中央金融工作会议在北京举行 习近平李强作重要讲话 赵乐际王沪宁蔡奇丁薛祥李希出席》,《人民日报》2023 年 11 月 1 日第 1 版。

黄益平、黄卓:《中国的数字金融发展:现在与未来》,《经济学(季刊)》2018 年第 4 期。

Boissay, F., Ehlers, T., Gambacorta, L., et al., 2021, "Big Techs in Finance: On the New Nexus between Data Privacy and Competition", BIS Working Papers, No. 970.

Cornelli, G., Frost, J., Gambacorta, L., et al., 2020, "Fintech and Big Tech Credit: A New Database", BIS Work Papers, No. 887.

De Fiore, F., Gambacorta, L. and Manea, C., 2023, "Big Techs and the Credit Channel of Monetary Policy", BIS Working Papers, No. 1088.

Gambacorta, L., Khalil, F. and Parigi, B. M., 2022, "Big Techs vs Banks", BIS Working Papers, No. 1037.

Lau, R. Y., Zhao, J. L., Zhang, W., et al., 2015, "Learning Context-Sensitive Domain Ontologies from Folksonomies: A Cognitively Motivated Method", INFORMS Journal on Computing, 27（3）: 561–578.

第六章

陈骁、张明：《养老金投资对经济金融稳定性影响研究综述》，《金融监管研究》2023 年第 8 期。

党俊武、王莉莉、杨晓奇等：《中国老龄产业发展报告（2021—2022）》，社会科学文献出版社 2023 年版。

董克用、姚余栋主编：《中国养老金融发展报告（2016）》，社会科学文献出版社 2016 年版。

胡继晔：《养老金融：理论界定及若干实践问题探讨》，《财贸经济》2013 年第 6 期。

黄佳莺：《职业年金代理人投资监督的挑战及应对》，《中国社会保障》2023 年第 6 期。

李绍光：《养老金：现收现付制和基金制的比较》，《经济研究》1998 年第 1 期。

林义：《养老基金与资本市场互动发展的制度分析》，《财经科学》2005 年第 7 期。

屈信明、葛孟超：《金融推动养老服务优化供给》，《人民日报》2023年7月10日第18版。

全国社会保障基金理事会：《基本养老保险基金受托运营年度报告（2022年度）》，2023年11月4日。

全国社会保障基金理事会：《社保基金年度报告（2022年度）》，2023年9月28日。

人力资源和社会保障部：《人力资源社会保障部举行2023年一季度新闻发布会》，2023年4月24日。

人力资源和社会保障部社会保险基金监管司：《全国企业年金基金业务数据摘要（2023年三季度）》，2023年11月29日。

王向楠：《发展账户制个人养老金：国际经验与中国设计》，载张晓晶主编《中国金融报告2022：助力经济回归潜在增长水平》，中国社会科学出版社2023年版。

张玉胜：《养老护理员数量不足　需多方发力提升吸引力》，《中国城市报》2023年4月17日第8版。

郑秉文主编：《中国养老金发展报告2022——账户养老金与财富积累》，经济管理出版社2022年版。

Blake, D. and Cairns, A., 2021, "Longevity Risk and Capital Markets: The 2019–20 Update", *Insurance: Mathematics and Economics*, 99: 395–439.

Bodie, Z., Detemple, J. and Rindisbacher, M., 2009, "Life-cycle Finance and The Design of Pension Plans", *Annual Review of Financial Economics*, 1(1): 249–286.

Mader, P., Mertens, D. and van der Zwan, N. (eds), 2020, *The Routledge International Handbook of Financialization*, Routledge.

van der Zwan, N., 2020, "Patterns of Pension Financialization in Four European Welfare States", *Revista Internacional de Sociología*, 78(4): e175.

Zhang, X. J. and Chang, X., 2016, "Better Play the Role of the Government: Reconstruction of the Government Functions", *The Logic of Economic Reform in China*, 149-167.

第七章

《中央金融工作会议在北京举行 习近平李强作重要讲话 赵乐际王沪宁蔡奇丁薛祥李希出席》,《人民日报》2023年11月1日第1版。

中央金融委员会办公室、中央金融工作委员会:《坚定不移走中国特色金融发展之路》,《求是》2023年第23期。

陈丽湘:《中东资本展现"钞能力",扫货中国优质资产》,《证券时报》2023年9月9日第A004版。

陈雨露:《以金融强国建设全面推进中国式现代化》,《红旗文稿》2023年第24期。

董昀:《创新发展视角下的"科技—产业—金融"良性循环——理论逻辑、核心要义与政策启示》,《农村金融研究》2023年第6期。

郝项超、李宇辰:《政府产业基金吸引私人风险资本的政策效果与机制研究》,《南开经济研究》2022年第10期。

黄运成:《推动提高上市公司质量要做好战略谋划》,《中国经济时报》2023年6月27日第A01版。

黄泽瑞、罗进辉、李向昕:《中小股东的人多势众的治理效应——基于年度股东大会出席人数的考察》,《管理世界》2022年第4期。

李扬、张晓晶等:《中国国家资产负债表2020》,中国社会科学出版社2021年版。

李自钦:《让更多中长期资金为资本市场提供源头活水》,中国金融新闻网,https://www.financialnews.com.cn/pl/cj/202311/t20231109_281981.html,2023年。

林毅夫、徐佳君、杨子荣等:《新结构金融学的学科内涵与分析框架》,

《经济学（季刊）》2023年第5期。

上海交通大学上海高级金融学院：《中国风险投资发展年度报告（2023）》，2023年10月。

屠光绍：《应建立社会融资体系、居民财富结构、资本市场功能三者的良性循环》，中国证券网，https://news.cnstock.com/news,bwkx-202401-5173180.htm，2024年。

王向楠：《第三支柱养老保险的财政金融支持——账户制个人养老金的国际经验》，《金融市场研究》2023年第7期。

吴晓求、何青、方明浩：《中国资本市场：第三种模式》，《财贸经济》2022年第5期。

吴晓求、许荣、孙思栋：《现代金融体系：基本特征与功能结构》，《中国人民大学学报》2020年第1期。

袁康：《投资者保护基金先行赔付制度的反思与重构》，《中国法学》2023年第3期。

张俊瑞、仇萌、张志超：《机构投资者抱团与公司前瞻性信息披露》，《统计与信息论坛》2023年第5期。

张晓晶：《金融强国，怎么看、怎么建——底线要求在哪里？》，《学习时报》2023年11月8日第2版。

张晓晶：《汲取国际经验走中国自主的金融发展道路》，《开发性金融研究》2022年第3期。

张晓晶、王庆：《中国特色金融发展道路的新探索——基于国家治理逻辑的金融大分流新假说》，《经济研究》2023年第2期。

张跃文：《我国上市公司"退市难"的制度根源与现实对策》，《经济体制改革》2020年第3期。

张跃文：《上市公司质量评价》，《中国金融》2019年第3期。

中山证券课题组：《中美资本市场财富效应比较研究》，《证券市场导报》2021年第4期。

参考文献

［美］威廉·戈兹曼：《金融千年史》，张亚光、熊金武译，中信出版集团2017年版。

Bencivenga, V. R. and Smith, B. D., 1991, "Financial Intermediation and Endogenous Growth", *The Review of Economic Studies*, 58（2）：195–209.

Black, F. and Scholes, M., 1973, "The Pricing of Options and Corporate Liabilities", *Journal of Political Economy*, 81（3）：637–654.

Bodie, Z., Kane, A. and Marcus, A., 2014, *EBOOK：Investments-Global Edition*, McGraw Hill.

Bodie, Z., Merton, R. and Crane, D. B., 1995, *Global Financial System*, Mass.：Harvard University Press.

Fama, E. F., 1970, "Efficient Capital Markets：A Review of Theory and Empirical Work", *Journal of Finance*, 25（2）：383–417.

Ferguson, C. H., 2000, *High Stakes, No Prisoners：A Winner's Tale of Greed and Glory in the Internet Wars*, New York：Crown Publishing Group.

Kahneman, D. and Tversky, A., 1979, "Prospect Theory：An Analysis of Decision under Risk", *Econometrica*, 47（2）：263–229.

Levine, R., 1991, "Stock Markets, Growth, and Tax Policy", *The Journal of Finance*, 46（9）：1445–1465.

Markowitz, H. M., 1952, "Portfolio Selection", *Journal of Finance*, 7（1）：77–91.

Pagano, M., 1993, "Financial Markets and Growth：An Overview", *European Economic Review*, 37（2–3）：613–622.

Perold, A. F., 2004, "The Capital Asset Pricing Model", *Journal of Economic Perspectives*, 18（3）：3–24.

Saint-Paul, G., 1992, "Technological Choice, Financial Markets and Economic Development", *European Economic Review*, 36：763–781.

第八章

习近平：《高举中国特色社会主义伟大旗帜　为全面建设社会主义现代化国家而团结奋斗——在中国共产党第二十次全国代表大会上的报告》，人民出版社2022年版。

《中央金融工作会议在北京举行　习近平李强作重要讲话　赵乐际王沪宁蔡奇丁薛祥李希出席》，《人民日报》2023年11月1日第1版。

陈君君：《我国投资银行业务发展存在问题及对策》，《中国中小企业》2022年第1期。

董晨、杨丰强等：《我国加快建设世界一流投行的研究》，《创新与发展：中国证券业2018年论文集》（上册）。

李华林：《上市券商业绩整体回暖向好》，《经济日报》2023年9月11日第7版。

李林：《培育一流投资银行　提升执业质量是关键》，《证券日报》2023年11月10日。

刘洋、徐欣：《我国投资银行业务现状及发展策略》，《湖北工业大学学报》2017年第32期。

施炤劼：《浅析我国投资银行问题现状及发展对策》，《科技经济市场》2020年第12期。

史本良、牛轲：《借鉴国际投行商业模式转型经验打造我国国际一流投资银行》，《金融会计》2021年第3期。

汪从起：《我国投资银行业务存在的问题及对策研究》，《中国外资》2020年第19期。

王彦琳：《证券行业展望：格局重塑　业绩修复》，《上海证券报》2024年1月2日第8版。

徐翌成、王小溪等：《建设我国国际一流投行的政策建议》，《中国证券业2018年论文集》（上册）。

许盈：《中证协解析证券业2022年经营情况前十券商贡献行业六成净利》，《证券时报》2023年3月31日第A06版。

中国证券业协会：《证券公司2023年上半年度经营情况分析》，2023年9月。

周尚伃：《全面注册制对一流投行提出更高要求 证券行业并购重组仍将是渐进式过程》，《证券日报》2023年11月14日第A03版。

第九章

《中央金融工作会议在北京举行 习近平李强作重要讲话 赵乐际王沪宁蔡奇丁薛祥李希出席》，《人民日报》2023年11月1日第1版。

《国家金融监管总局关于2022年度机动车交通事故责任强制保险业务情况的公告》，2023年7月28日，http://www.cbirc.gov.cn/cn/view/pages/ItemDetail.html?docId=1120187&itemId=925&generaltype=0。

段白鸽、王永钦、夏梦嘉：《金融创新如何促进社会和谐？——来自中国医疗纠纷的证据》，《金融研究》2023年第7期。

国家知识产权局知识产权发展研究中心、中国人民财产保险股份有限公司：《中国知识产权保险白皮书（2022）》，2022年12月。

邵全权、王博、柏龙飞：《风险冲击、保险保障与中国宏观经济波动》，《金融研究》2017年第6期。

孙祁祥、郑伟：《保险制度与市场经济：六个基本理念》，《保险研究》2009年第7期。

田玲、高俊：《"助推器"还是"稳定器"：保险业对经济产出作用的经验证据》，《保险研究》2011年第3期。

王建伟、李关政：《财产保险对国民经济总量和经济波动性的影响——基于套期保值模型与中国的实证》，《财经研究》2008年第8期。

魏思佳、韩迪、王一鸣：《覆盖31个省保障5.7亿人——自然灾害民生保险崭露头角》，《中国应急管理》2023年第8期。

新华社:《10年来城乡居民大病保险赔付超7000万》,2024年1月3日。

徐利:《推动保险创新融入社会治理》,《前线》2021年第8期。

应急管理部:《2023年前三季度全国自然灾害情况》,2023年10月。

于泳:《交强险保民生坚实有力》,《经济日报》2023年8月3日第7版。

曾德金:《我国个人养老金开立账户超5000万人》,《经济参考报》2024年1月10日第6版。

朱艳霞:《专属商业养老保险"试点"转"常态"》,《中国银行保险报》2023年10月26日第1版。

[德]乌尔里希·贝克:《风险社会》,何博闻译,译林出版社2004年版。

Baluch, F., Mutenga, S. and Parsons, C., 2011, "Insurance, Systemic Risk and the Financial Crisis", *The Geneva Papers on Risk and Insurance. Issues and Practice*, 36 (1): 126–163.

Foster, A. D. and Rosenzweig, M. R., "Microeconomics of Technology Adoption", *Annual Review of Economics*, 2010, 2 (1): 395–424.

International Association of Insurance Supervisors (IAIS), 2011, "Insurance and Financial Stability", https://www.iaisweb.org/uploads/2022/01/Insurance_and_financial_stability.pdf.

Janzen, S. A. and Carter, M. R., 2019, "After the Drought: The Impact of Microinsurance on Consumption Smoothing and Asset Protection", *American Journal of Agricultural Economics*, 101 (3): 651–671.

Kessler, D., de Montchalin, A. and Thimann, C., 2016, "The Macroeconomic Role of Insurance", in Hufeld, F., Koijen, R. S. J. and Thimann, C. (eds.), *The Economics, Regulation, and Systemic Risk of Insurance Markets*, Oxford Academic.

Outreville, J., 1990, "The Economic Significance of Insurance Markets in Developing Countries", *Journal of Risk and Insurance*, 57, 487.

Ward, D. and Zurbruegg, R., 2000, "Does Insurance Promote Economic Growth? Evidence from OECD Countries", *Journal of Risk and Insurance*, 67（4）：489－506.

第十章

习近平：《高举中国特色社会主义伟大旗帜　为全面建设社会主义现代化国家而团结奋斗——在中国共产党第二十次全国代表大会上的报告》，人民出版社 2022 年版。

习近平：《论把握新发展阶段、贯彻新发展理念、构建新发展格局》，中央文献出版社 2021 年版。

习近平：《在经济社会领域专家座谈会上的讲话》，人民出版社 2020 年版。

习近平：《开放共创繁荣　创新引领未来：在博鳌亚洲论坛 2018 年年会开幕式上的主旨演讲》，人民出版社 2018 年版。

习近平：《习近平谈治国理政》（第二卷），外文出版社 2017 年版。

习近平：《在庆祝香港回归祖国二十五周年大会暨香港特别行政区第六届政府就职典礼上的讲话》，《人民日报》2022 年 7 月 2 日第 2 版。

《习近平在省部级主要领导干部推动金融高质量发展专题研讨班开班式上发表重要讲话强调　坚定不移走中国特色金融发展之路　推动我国金融高质量发展之路　赵乐际王沪宁丁薛祥李希韩正出席　蔡奇主持》，《人民日报》2024 年 1 月 17 日第 1 版。

《习近平出席首届中国—阿拉伯国家峰会并发表主旨讲话强调弘扬守望相助、平等互利、包容互鉴的中阿友好精神，携手构建面向新时代的中阿命运共同体》，《人民日报》2022 年 12 月 10 日第 1 版。

《中央金融工作会议在北京举行　习近平李强作重要讲话　赵乐际王沪

宁蔡奇丁薛祥李希出席》,《人民日报》2023年11月1日第1版。

《十八大以来重要文献选编》(上),中央文献出版社2014年版。

陈创练、姚树洁、郑挺国等:《利率市场化、汇率改制与国际资本流动的关系研究》,《经济研究》2017年第4期。

陈元、钱颖一:《资本账户开放:战略、时机与路线图》,社会科学文献出版社2014年版。

陈中飞、王曦、王伟:《利率市场化、汇率自由化和资本账户开放的顺序》,《世界经济》2017年第6期。

霍颖励:《金融市场开放和人民币国际化》,《中国金融》2019年第14期。

蒋一乐、施青、何雨霖:《我国金融市场制度型开放路径选择研究》,《西南金融》2023年第9期。

刘元春:《提升上海国际金融中心建设能级的三个关键》,《新金融》2023年第11期。

潘功胜:《人民币国际化十年回顾与展望》,《中国金融》2019年第14期。

上海市人民政府新闻办公室:《新时代上海国际金融中心建设的成效与展望》,2022年10月11日,https://www.shanghai.gov.cn/nw12344/20221011/d02f33436a7343218b9193734c00ba6f.html。

万喆:《提升香港国际金融中心新阶段面临的挑战及对策》,《中信经济导刊》2023年1月11日。

杨小海、刘红忠、王弟海:《中国应加速推进资本账户开放吗?——基于DSGE的政策模拟研究》,《经济研究》2017年第8期。

杨雪峰:《提升国际化水平 打造上海国际金融中心建设"升级版"》,中国社会科学网,2023年8月29日,https://www.cssn.cn/glx/glx_llsy/202308/t20230829_5682135.shtml。

张春、蒋一乐、刘郭方:《中国资本账户开放和人民币国际化的新路径:

境内人民币离岸金融体系建设》，《国际经济评论》2022年第4期。

张礼卿：《对中国资本账户开放进程的一些观察与思考》，《国际金融》2021年第11期。

张明：《跨境资本流动新特征与资本账户开放新讨论》，《财经智库》2022年第1期。

Farhi, E. and Werning, I., 2012, "Dealing with the Trilemma: Optimal Capital Controls with Fixed Exchange Rates", NBER Working Paper 18199.

Liu, Z. and Spiegel, M., "Optimal Monetary Policy and Capital Account Restrictions in a Small Open Economy", *IMF Economic Review*, 2015, 63 (2): 298 – 324.

Ostry, J. D., Ghosh, A. R. and Habermeier, K., 2010, "Capital Inflows: The Role of Controls", IMF Staff Position Note 10/04.

Unsal, D. F., 2013, "Capital Flows and Financial Stability: Monetary Policy and Macroprudential Responses", *International Journal of Central Banking*, 9 (1): 233 – 285.

第十一章

《中央金融工作会议在北京举行 习近平李强作重要讲话 赵乐际王沪宁蔡奇丁薛祥李希出席》，《人民日报》2023年11月1日第1版。

张策、何青：《上市企业汇率风险暴露及影响因素研究》，《金融监管研究》2022年第5期。

Calvo, G. A. and Reinhart, C. M., 2002, "Fear of Floating", *Quarterly Journal of Economics*, 117: 379 – 408.

Miranda-Agrippino, S. and Rey, H., 2020, "US Monetary Policy and the Global Financial Cycle", *Review of Economic Studies*, 87: 2754 – 2776.

第十二章

马克思：《资本论》（第一卷），人民出版社2004年版。

习近平：《高举中国特色社会主义伟大旗帜　为全面建设社会主义现代化国家而团结奋斗——在中国共产党第二十次全国代表大会上的报告》，人民出版社2022年版。

习近平：《论把握新发展阶段、贯彻新发展理念、构建新发展格局》，中央文献出版社2021年版。

习近平：《习近平谈治国理政》（第二卷），外文出版社2017年版。

《习近平关于社会主义经济建设论述摘编》，中央文献出版社2017年版。

《习近平主持召开中央全面深化改革委员会第二次会议强调　建设更高水平开放型经济新体制　推动能耗双控逐步转向碳排放双控　李强王沪宁蔡奇出席》，《人民日报》2023年7月12日第1版。

《中央金融工作会议在北京举行　习近平李强作重要讲话　赵乐际王沪宁蔡奇丁薛祥李希出席》，《人民日报》2023年11月1日第1版。

《中共中央关于坚持和完善中国特色社会主义制度、推进国家治理体系和治理能力现代化若干重大问题的决定》编写组：《中共中央关于坚持和完善中国特色社会主义制度、推进国家治理体系和治理能力现代化若干重大问题的决定》，人民出版社2019年版。

《党的十八届五中全会〈建议〉学习辅导百问》编写组：《党的十八届五中全会〈建议〉学习辅导百问》，党建读物出版社、学习出版社2015年版。

边卫红：《离岸人民币市场步入阶段性调整期：人民币国际化与离岸市场发展会议综述》，《国际金融》2017年第1期。

陈彪如：《关于人民币迈向国际货币的思考》，《上海金融》1998年第4期。

陈卫东、边卫红、熊启跃等：《本币国际化：理论和现实的困局及选择》，《国际金融研究》2023年第7期。

陈雨露：《以金融强国建设全面推进中国式现代化》，《红旗文稿》2023年第24期。

戴相龙等：《领导干部金融知识读本》（第三版），中国金融出版社2014年版。

范小云、陈雷、王道平：《人民币国际化与国际货币体系的稳定》，《世界经济》2014年第9期。

韩文秀：《建言中国经济成长》，中国言实出版社2018年版。

黄达：《人民币的风云际会》，《经济研究》2004年第7期。

黄益平：《人民币离国际货币有多远？》，《中国外汇》2011年第8期。

霍颖励：《人民币走向国际化》，中国金融出版社2018年版。

李扬：《货币政策和财政政策协调配合：一个研究提纲》，《金融评论》2021年第2期。

林楠：《国际货币关系研究》，中国金融出版社2023年版。

林楠：《人民币国际化：基于马克思主义政治经济学视角》，中国金融出版社2022年版。

林楠：《外汇市场主要风险点和防控举措》，载王国刚等《金融风险之点和可选防控之策》，中国社会科学出版社2017年版。

陆磊、李宏瑾：《纳入SDR后的人民币国际化与国际货币体系改革：基于货币功能和储备货币供求的视角》，《国际经济评论》2016年第3期。

潘功胜：《人民币国际化十年回归与展望》，《中国金融》2019年第14期。

潘英丽：《论人民币国际化的战略目标》，《财经智库》2016年第2期。

潘英丽：《有序推进人民币国际化》，《中国金融》2015年第19期。

彭红枫、谭小玉：《人民币国际化研究：程度测算与影响因素分析》，《经济研究》2017年第2期。

王爱俭：《人民币国际化政策考量与理念创新》，《现代财经》2013 年第 9 期。

王国刚：《马克思的金融理论研究》，中国金融出版社 2020 年版。

王国刚：《人民币国际化的冷思考》，《国际金融研究》2014 年第 4 期。

王孝松、刘韬、胡永泰：《人民币国际使用的影响因素：基于全球视角的理论及经验研究》，《经济研究》2021 年第 4 期。

学习贯彻习近平新时代中国特色社会主义经济思想　做好"十四五"规划编制和发展改革工作系列丛书编写组：《促进金融更好服务实体经济》，中国计划出版社、中国市场出版社 2020 年版。

余永定：《最后的屏障：资本项目自由化和人民币国际化之辩》，东方出版社 2016 年版。

曾康霖：《为中国金融立论》，西南财经大学出版社 2022 年版。

张礼卿：《稳慎扎实推进人民币国际化：发展历程与路径探析》，《学术前沿》2024 年第 1 期。

张明：《稳慎扎实推进人民币国际化》，《经济学家》2023 年第 12 期。

张明：《中国资本账户开放：行为逻辑与情景分析》，《世界经济与政治》2016 年第 4 期。

张晓晶：《底线要求在哪里》，《学习时报》2023 年第 11 月 8 日第 2 版。

张晓晶：《中国共产党领导中国走向富强的百年探索》，《中国社会科学》2021 年第 11 期。

张宇燕：《人民币国际化：赞同还是反对》，《国际经济评论》2010 年第 1 期。

张宇燕、夏广涛：《源本抵押品：一个理解全球宏观经济和金融市场的概念》，《国际金融》2022 年第 2 期。

中国人民银行：《2023 年人民币国际化报告》，http://www.pbc.gov.cn/huobizhengceersi/214481/3871621/5114765/index.html。

Young, A., "Increasing Returns and Economic Progress", *The Economic*

Journal, 1928（38）：527 – 542.

第十三章

中共中央文献研究室编：《邓小平年谱一九七五——一九九七（上）》，中央文献出版社2004年版。

蔡真、池浩珲：《新加坡中央公积金制度何以成功——兼论中国住房公积金制度的困境》，《金融评论》2021年第2期。

刘国光：《稳中求进的改革思路——在一次研讨会上的发言》，《财贸经济》1988年第3期。

陶然、陆曦、苏福兵等：《地区竞争格局演变下的中国转轨：财政激励和发展模式反思》，《经济研究》2009年第7期。

汪利娜：《政策性住宅金融：国际经验与中国借鉴》，《国际经济评论》2016年第2期。

张莉、王贤彬、徐现祥：《财政激励、晋升激励与地方官员的土地出让行为》，《中国工业经济》2011年第4期。

张卓元：《体制改革和经济发展应稳中求进》，《中国计划管理》1989年第1期。

张卓元：《稳中求进还是改中求进》，《数量经济技术经济研究》1989年第2期。

[美] 兹维·博迪、[美] 罗伯特·C. 莫顿：《金融学》，伊志宏等译，中国人民大学出版社2000年版。

Wu, J., Gyourko, J. and Deng, Y., 2016, "Evaluating the Risk of Chinese Housing Markets: What We Know and What we Need to Know", *China Economic Review*, 39: 91 – 114.

第十四章

《中央金融工作会议在北京举行　习近平李强作重要讲话　赵乐际王沪

宁蔡奇丁薛祥李希出席》,《人民日报》2023 年 11 月 1 日第 1 版。

曹婧、韩瑞雪:《地方政府债务风险的传导机制及化解路径》,《金融市场研究》2023 年第 12 期。

刘守英、王志锋、张维凡等:《"以地谋发展"模式的衰竭——基于门槛回归模型的实证研究》,《管理世界》2020 年第 6 期。

毛捷、徐军伟:《中国地方政府债务问题研究的现实基础——制度变迁、统计方法与重要事实》,《财政研究》2019 年第 1 期。

毛锐、刘楠楠、刘蓉:《地方政府债务扩张与系统性金融风险的触发机制》,《中国工业经济》2018 年第 4 期。

欧阳红兵、刘晓东:《基于网络分析的金融机构系统重要性研究》,《管理世界》2014 年第 8 期。

邱志刚、王子悦、王卓:《地方政府债务置换与新增隐性债务——基于城投债发行规模与定价的分析》,《中国工业经济》2022 年第 4 期。

温来成、徐磊:《项目管理、信息披露与地方政府专项债券价格形成机制》,《财政研究》2021 年第 3 期。

谢德仁、陈运森:《董事网络:定义、特征和计量》,《会计研究》2012 年第 3 期。

熊琛、周颖刚、金昊:《地方政府隐性债务的区域间效应:银行网络关联视角》,《经济研究》2022 年第 7 期。

张路、龚刚:《房地产周期、地方政府财政压力与融资平台购地》,《财经研究》2020 年第 6 期。

第十五章

习近平:《高举中国特色社会主义伟大旗帜 为全面建设社会主义现代化国家而团结奋斗——在中国共产党第二十次全国代表大会上的报告》,人民出版社 2022 年版。

《习近平关于总体国家安全观论述摘编》,中央文献出版社 2018 年版。

《中央金融工作会议在北京举行 习近平李强作重要讲话 赵乐际王沪宁蔡奇丁薛祥李希出席》,《人民日报》2023年11月1日第1版。

郭树清:《加强和完善现代金融监管》,《党的二十大报告辅导读本》,人民出版社2022年版。

王国刚、史建平、胡滨等:《加快建设金融强国专家笔谈》,《农村金融研究》2023年第11期。

郑联盛:《金融稳定和发展体制改革的新要求》,《中国外汇》2023年第7期。

郑联盛:《进一步加强和完善现代金融监管》,《清华金融评论》2023年第4期。

朱孟楠:《推动金融高质量发展,助力金融强国建设》,《经济学家》2023年第12期。

第十六章

《马克思恩格斯文集》(第七卷),人民出版社2009年版。

《列宁专题文集 论资本主义》,人民出版社2009年版。

《毛泽东文集》(第六卷),人民出版社1999年版。

《毛泽东选集》(第一卷),人民出版社1991年版。

《毛泽东选集》(第四卷),人民出版社1991年版。

《邓小平文选》(第三卷),人民出版社1993年版。

《习近平著作选读》(第一卷),人民出版社2023年版。

《习近平著作选读》(第二卷),人民出版社2023年版。

《习近平谈治国理政》(第二卷),外文出版社2017年版。

《习近平谈治国理政》(第一卷),外文出版社2018年版。

《十四大以来重要文献选编》(上),人民出版社1996年版。

《习近平在省部级主要领导干部推动金融高质量发展专题研讨班开班式上发表重要讲话强调 坚定不移走中国特色金融发展之路 推动我国

金融高质量发展之路　赵乐际王沪宁丁薛祥李希韩正出席　蔡奇主持》，《人民日报》2024年1月17日第1版。

《中央金融工作会议在北京举行　习近平李强作重要讲话　赵乐际王沪宁蔡奇丁薛祥李希出席》，《人民日报》2023年11月1日第1版。

中央金融委员会办公室、中央金融工作委员会：《用马克思主义基本原理观察金融、把握金融、引领金融》，《求是》2023年第23期。

曹远征：《大国大金融：中国金融体制改革40年》，广东经济出版社2018年版。

何萍主编：《罗莎·卢森堡全集》（第七卷），人民出版社2021年版。

和平：《货币史上质的跨越》，《中国银行保险报》2022年4月23日第5版。

刘凤义：《论社会主义市场经济中资本的特性和行为规律》，《马克思主义研究》2022年第9期。

王方然：《2023年金融反腐盘点：百余名干部被查、信贷领域成重灾区》，《第一财经日报》2024年1月4日第7版。

王伟光：《国际金融垄断资本主义是垄断资本主义的最新发展，是新型帝国主义》，《社会科学战线》2022年第8期。

邢会强：《中国金融法治建设这十年》，《金融博览》2022年第11期。

徐祗朋：《周代借贷性质的演变》，《松辽学刊》（哲学社会科学版）2000年第2期。

杨其广：《党的光辉照进"金融史话"——重读〈中国共产党领导下的金融发展简史〉》，《中国金融家》2021年第3期。

尤越：《中国最早的货币理论——子母相权论》，《中国城市金融》2017年第2期。

赵学军：《党领导金融工作的历史经验》，《中国金融》2024年第1期。

后　　记

中国金融报告一直以来的特点，就是紧紧围绕中央关于经济金融工作的重要精神来展开。简单梳理一下2020年以来的主题（一般以报告的副标题来呈现），分别是：新发展格局下的金融变革、稳字当头擘画金融发展、助力经济回归潜在增长水平，本年度的中国金融报告则聚焦2023年10月底召开的中央金融工作会议精神，形成特辑"中国特色金融发展之路"。

习近平总书记在中央金融工作会议上强调，"金融是国民经济的血脉，是国家核心竞争力的重要组成部分，要加快建设金融强国……坚定不移走中国特色金融发展之路，推动我国金融高质量发展，为以中国式现代化全面推进强国建设、民族复兴伟业提供有力支撑"；并以"八个坚持"来概括中国特色金融发展道路的核心要义。

在年初的省部级主要领导干部推动金融高质量发展专题研讨班开班式上，习近平总书记进一步强调，中国特色金融发展之路既遵循现代金融发展的客观规律，更具有适合我国国情的鲜明特色，与西方金融模式有本质区别。

要建成现代化强国实现中华民族伟大复兴，必须要加快建设金融强国；而实现金融强国必须走中国特色金融发展之路，推动金融高质量发展。可见，中国特色金融发展之路是金融强国之本，它内嵌于中国式现代化道路，内嵌于中国特色社会主义道路。

本报告主要围绕"三着力"（着力营造良好的货币金融环境，切实加强对重大战略、重点领域和薄弱环节的优质金融服务；着力打造现代金融机构和市场体系，疏通资金进入实体经济的渠道；着力推进金融高水平开放，确保国家金融和经济安全）和"两加强"（全面加强金融监管，有效防范化解金融风险；加强党中央对金融工作的集中统一领导，是做好金融工作的根本保证）展开，并涵盖五篇金融大文章、资本市场枢纽作用、一流投行、保险的减震器和稳定器作用等新提法，以及金融高水平开放和房地产地方债等重要主题。

主报告《中国特色金融发展道路的历史逻辑、理论逻辑与现实逻辑》可以说是本报告的灵魂，分别从历史维度、理论维度与现实维度，深入阐释了中国特色金融发展道路的丰富内涵。不过，这些研究阐释还只是"阶段性"成果，有待在后续研究中继续推进。特别是要以习近平总书记关于金融工作的重要论述为指南，从"两个结合"出发，把握金融发展的"中国特色"，讲好中国金融故事，破解中国金融发展迷思，推动新时代中国金融理论的创新发展，加快建构中国自主的金融学知识体系。

张晓晶

2024 年 2 月